訂正書通

（明）閔齊伋 輯

（清）畢弘述 篆訂

上海書店出版社
SHANGHAI BOOKSTORE PUBLISHING HOUSE

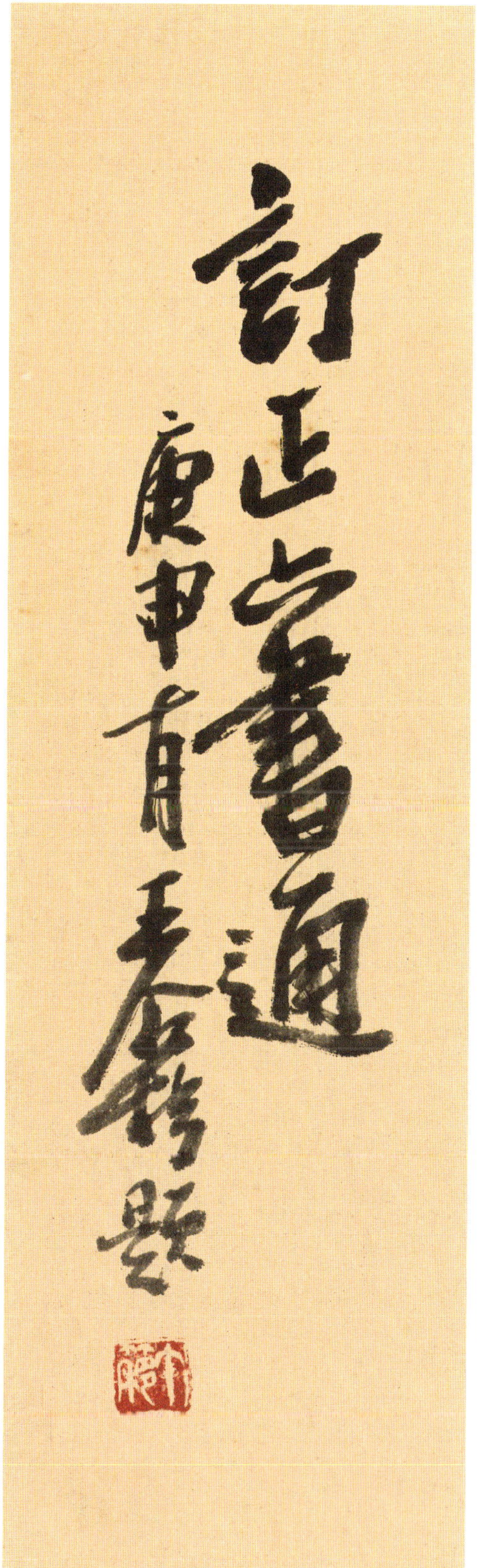

王个簃（1897—1988）

中國現代著名書畫家、篆刻家、藝術教育家

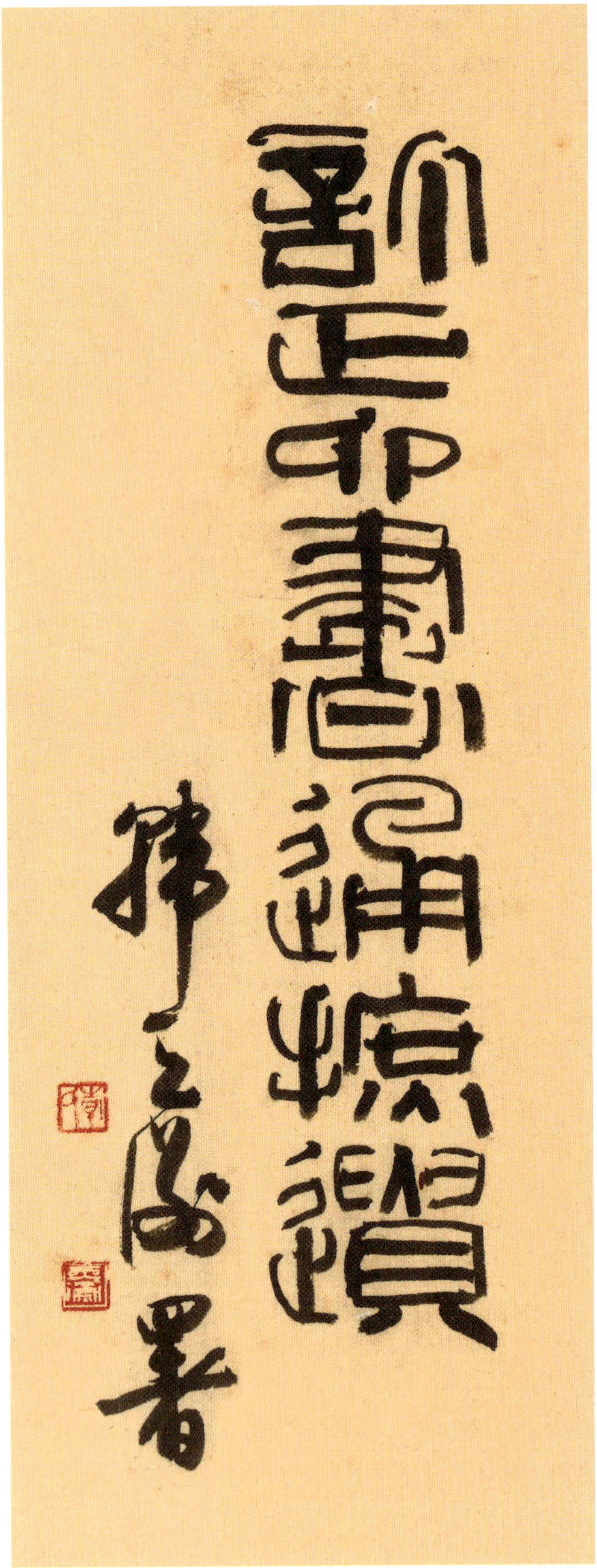

韓天衡（1940-　　）

中國當代著名書畫家、篆刻家、藝術教育家

出版説明

『六書通』取自『通六書之變也』。『六書』，是中國古代的一種造字法。漢代時期，學者把漢字構成和使用方式歸納成六種類型，即象形、指事、會意、形聲、轉注、假借，總稱漢字『六書』。

《訂正六書通》，原名《六書通》，明末閔齊伋輯。閔齊伋，號寓五，浙江烏程（今湖州）人，其所刻書以朱墨套印著稱，世稱閔本，刻書甚多，民國著名藏書家陶湘有《明吳興閔刻書目》。

《六書通》仿照《金石韻府》的體例，以《洪武正韻》統字。每一字楷書上列俗體字，下列《説文》中的小篆及反切，《説文》以大徐本《説文》爲主。凡是《説文》中的部首字，均標明『建首』二字，然後列古文、籀文、鐘鼎彝器以及秦漢公私印章。凡是《説文》所無者，均注明出處，自爲注解，並引經史加以證明。是書閔齊伋完成於順治辛丑（一六六一年），時年八十二，但當時並未付梓印行。

後抄本傳至笤溪程煒處，程煒與畢弘述之兄長過往甚密。畢弘述（一六六二—一七二二），清康熙年間書法家，字既明，號念園，安徽歙縣人，後遷浙江海鹽。能詩文，工書、印章、棋、畫，尤精篆籀諸法，有《韓侯碑》《輪公禪師塔銘》及所書各家墓誌銘拓本行世。因畢弘述『尤精篆籀諸法』，繼而程煒請正於畢弘述。畢用四年時間，於康熙五十九年（一七二一年）厘定付梓以廣其傳，因以『訂正』冠諸原書前，易名《訂正六書通》。此書被收入《四庫全書存目》巾。

《訂正六書通》行世後，畢弘述之孫畢星海在嘉慶年間又廣收博采，成《六書通摭遺》，其書仍以韻分隸《説文》字。此書自序雲：『凡《六書通》所未載之字及筆跡有不同者，輒爲摹録』，在選擇碑碣、鐘鼎、瓦當、古文字上比《訂正六書通》有了進步，鐘鼎文字『據金石家所藏拓本』，秦漢瓦當『今悉采入，晉磚有篆文者亦附録之』，古文奇字『所收至愼，惟碑碣真本鑿鑿可據，苟有小異，具録於編』……書中吸收了前代字書、器物以及當時人的研究成果，成爲《訂正六書通》的有益補充，使《六書通》得以完璧。祖孫相承同理一書，成爲一段文壇佳話。

本書包括《六書通》和《六書通摭遺》，是一本保存字體、研究漢字字體演變及書法篆刻的工具書，是古文字研究和書法學習的重要資料。

我社曾於一九八一年以清光緒六年（一八七八年）刻本爲底本影印出版，此後多次影印再版，常銷至今。現以原底本重新掃描，並將開本由原三十二開平裝調整爲大十六開精裝，與老版相比，版式疏朗，字跡清晰，更方便使用。

上海書店出版社

二〇二四年六月

六書通者何通六書之變也孰通之通說文解字之孰也非重為蒼史功臣蒼史之道千古不墜者非重之力也第謂字當止於說文之文而餘皆棄而不錄則非蒼史之意矣亦非天地鬼神之意矣昔蒼史氏創為五百四十字天雨粟而鬼夜哭何為者以為五百四十字之變將不可勝窮必且十三經必且廿一史必且諸子百家必且篆隸真草貫天地之化集鬼神之靈於是焉在夫是以天為之瑞而鬼以之感也不然五百四十字耳且不足以適於用其能動天地鬼神耶今觀岣嶁片石其文皆說文之字也而字非說文也其略同於說文者十許字耳計其事當在舜相堯之日於時去蒼史未遠而其變已如斯矣降而夏商周而列國而秦漢不知其幾岣嶁也其為變可勝言耶蓋世與世禪字亦與字禪不有損益不足以成其禪於焉而各是其是各非其非可曰蒼史是而岣嶁非乎記曰書同文同也者異也同乎昭代正其異於前代也是故一代之同文即為一代之變體變變相尋充塞

宇宙而五百四十字者方新而未艾也故曰貫天地橐鬼神者存乎變或曰羲皇之畫在書契先矣其猶未足以動天神耶曰兩儀初闢五行之遞生也不壹而足天一生水必待地六以成之文明之肇開也亦不壹而足羲之畫而不字猶天之水而不成也不字則不辭不辭則何以前民用故羲之畫必待蒼之字而後成也使天不生蒼史是無羲皇使蒼史而無後世之變亦無蒼史若是乎變之不可以不通也

順治辛丑仲冬五湖閔齊伋寓五父記時年八十有二

六書通為五湖閔寓五先生彙本余得之苕谿程子袁文家先生集三代秦漢篆法其體以說文字為標首下列古文籀文以及鼎彝符印有變體必載使觀者知其全得其變與通也而又繼之以附通附通者如東字之後附之以涑先字之後附之以姚東先具各變體加水加女則雜變也然即東先之變參之以水女亦不可謂無本也附之以不變通之以雜不可變義精而體詳有功後學不淺惜殘闕且淹沒而不復傳余為之討求數載增補篆訂為成書同學諸公為之參訂相與贊成授梓人諸公好古如斯也先生學古之學不淹沒而果傳哉說文一書為三代以來古本自不待言如元周伯琦著說文字原楊升菴識之然自不失為好古之士升菴為索隱祖說文而加詳矣若金石韻府正韻傳體例與是編近而是編更加詳矣於戲自秦火而後古學淪亡不可復見學者幾不識一字曰流變于下不復窮變于上而學術之衰也可勝言哉楊升庵曰秦之吏人猶誦爰歷滂喜漢世童子無不通急就凡將後漢許慎著說文軒周之迹猶有存者若程元岑之隸史游之章鍾繇之行楷出而字曰訛頹墜王著

玉篇以楷書寫籀古十訛九矣元黃芳曰文字之變自龍穗而鳥篆而科斗而大小篆而八分而隸而行艸率皆各難即易厭詳就省而其道升降淳漓之象見矣周伯琦曰漢興儒者各以所記者和相授受類多蹐駁又曰漢制學僮十七以上始試諷誦籀書九千字乃得為吏又以八體試之郡移太史并課最者已為尚書史書或不正輒舉劾之故還固之書字頗近古六經皆古文唐天寶三年詔集賢學士衛包改古文從楷書以便習讀今世所傳並依體矣於戲六書之季焚于秦壞于漢絕于唐也愈變而愈下設窮其變于上而通之于古則興籀學于既亡也蓋其難哉先生自叙曰通者何通六書之變也亂通之通說文解字之執也岣嶁去倉史未遠而變世與世禪字亦與字禪而變又曰使天不生倉史是無羲皇使羲後世之變是無倉史先生既已尊重為倉史功臣又通乎尊重之執乃真見倉史矣夫其運窮于變則必返乎盛是非盛世同文之應而軒周復見哉學者知窮變于上而通焉又何疑矣余又焉辭夫俴陋而不為之增訂以公諸同好哉

康熙五十九年歲次庚子清和之望　海鹽畢弘述既明氏識

文從字出者也故韓子有言為文須先多識字字不審則義不明
文安從生古人以六書之道製字一點一畫各有義存焉此天地
之文也余少讀鄭氏通志六書略歎其持論精審以為通是說
者可以析字學之精微揭古人之秘奧傾六書遺意傳于篆籀
而今之楷書已盡失其舊六書之義往往齟齬而不能盡通且
古字之廢既久周秦形製時人已不能多見見亦不能盡識也
況能溯厥淵源尋蒼史之舊迹而心知其故哉嗟乎字體日遷
則六書幾熄古人創制之精心已久沉晦於天下余嘗思集三古
篆籀遺文別源流審同異詮比以六書之法以附於鄭氏之末
俾有志古學者得覩古人之字以知古人之意傾金石散佚裒
集為難且卒卒未暇也比畢子既明過余手一編相示曰此吳
興閔寓五先生所詮次六書通也余讀其立例以韻為序先標
楷書而篆法之變以次綜比源流異同釐釐精晰不禁躍然以
為先得我心蓋其用以實勤而嘉惠後學為不淺矣既明謀授
梓人以公同好嗚呼以先生用心之勤且久如此而六書之學

之沉晦而不明如此凡有心者其忍令菁華之墜于地而不一傳之耶余以宦薄不能獨任其事而淮之南北率多振古好奇之士余為慫慂而成此舉行見是書一出流傳日廣古人六書之微旨煥然復昭於天下實稽古者之一快也余聞閔先生篤學負老既沒而其書流落人間數十年後乃得既明表章相與謀為是舉夫世間奇書知復何限不幸遇非其人而零落于破窓敗壁間僅以為覆醬瓿易餅餌之具者何可勝惜而既明乃能增篆考訂壽諸不朽豈非幸哉然則今日能成既明之志而表章是書者謂其功不在閔君下可也

康熙五十九年歲次庚子四月之望襄平張涵題

凡著書可傳者皆有得於天得於天故終不泯古賢傑所著書往〻沉埋播棄積歲月勢且銷亡不傳而卒傳者其精神與天脗合天則不忍喪之者也韓愈文唐人大小恠之越數百年歐陽脩藴洵父子抉其槀於殘牘敗紙間而推以為起衰之作司馬遷史記魏晉名賢槩置弗重及徐廣考異同作音義裴駰作集解而史記行於世甚者詩書易春秋三禮及孔曾孟諸書俱為餘燼而數十百年後復炳然出於人間非天不忍喪斯文也歟而後之名賢可無懼焉矣晟溪閔寓五先生好古讀書生明季能遠紹倉頡徽旨於三代秦漢諸篆法遐搜備其形體窮討遡其本原參互辨其疑似勞精竭神者五十餘年輯成書題曰六書通而先生老死是書流傳散失幾付之荒烟而又六十餘年煒得之煒交于畢殿揚先生先生弟既明先生工文詞善書尤精篆籀諸法余曰殿揚先生以六書通請正焉先生一見驚絶謂周秦古法復見于今惜殘闕非全書且傷其幾于泯滅也為之加參考篆訂閱四載書成且付之梓人以傳于後嗚呼兩先生學同也攻苦同也前後相間六七十年而共成是書非天之不忍喪之哉又非特歐蘇之於昌黎徐裴之於龍門矣余感其精神與天有脗合故為之叙以記其異焉

康熙庚子清和月穀旦　茗溪程煒赤文氏識

程煒之印

赤文

天地人物之名義象數皆備於書〻獨立為文猶八卦也牉合為字猶六十四卦也字書夥矣大抵形與聲盡之有無形而有聲者未有無聲而有形者聲之通限於地形之通限於時限於時者不能以考文不能以識字也元永嘉戴氏六書故以今文為經篆古為緯稍変許氏連首之舊自言書病乎不盡通〻則極文字之變不能逃焉近世海鹽畢氏畧倣其例而以官韻為序次所采較多檢尋良便其曰通猶之曰故也有典故有訓故訓故之故釋詁之詁也典故之故已然之跡也形是也形不一形會而通其変焉此書之所以作抑其所以傳也夫

乾隆六十年歲在旃蒙單閼皋月

南滙吳省蘭題

凡例

一是書以通爲義凡說文之一字而重文如蔥風者及他書之變乎說文如冬𪔡徒冬切者與夫楷書止一字而說文二三見如彤赨徒冬切詆呧並都禮切者皆所編錄如止單文無變者附於得變者之尾曰附通建首之字雖單文必錄

一古籀鼎彝之文遠者數千年近不下千餘年傳摹不知幾更手其能無少異乎諸編方駕或連或斷或屈或伸或左或右或增或減除灼然乖悖者芟之稍涉疑似安知古人之不出於疑似也理當並存以俟千古

一凡俗書如忽雍等字說文所無而間以冠於楷書之前便查閱也

一秦漢印章皆古人精神所寄不但運刀之法後人難到即其章法如雲蒸霞蔚不可端倪可以其繆篆也而置諸乎前代名賢雖別有藪錄是仍繆篆目之謂資摹刻之用耳安在金石之必不可通於簡冊耶茲特併而一之以不負作者之意

一凡楷書只一字而篆書兩文兩義如卦變之𢒈變亂之䜌糜粥之鬻糜爛之爢理當各爲一行但以楷無異文姑因音同而合爲一注中不得不存其義然古人混用久矣如楷雖無異文而音不同如燕雀之燕與燕趙之燕參差之差與差誤之差音既不同篆文各別故有一楷而兩見者非犯重也

一鐘鼎文作者自有取義十九不可強解此理在六書之外不必為之說
一九折文止作官印近世之同文也秩宗自有書茲不贅
一字之次序依正韻一字或二三音至五七音者止見於一韻以說文為主
一古無其法以意損益之離合之屈伸之謂之杜撰是誠不可若古有其偏旁而移彼合此亦猶夫古耳兩旁相配如八卦之遞蕪所增字不啻千萬矣是又附通之所推變不能盡載學人參究焉可也

同人姓氏

程　穧 馨九
程　庭 且碩
程　埈 眷谷
程　翕 起純
程　鏊 未夫
程光奎 斗文
程鳳文 翼書
程振箕 澤弓
孫志韓 獻山

程國耆 霞起
曹　治 濬友
程文階 羽格
程　璣 若谷
程夢鼐 巨函
程名琦 偉士
曹　榴 有騫
程嘉萊 北山
王元俊 榮士

附徵刻小啟

竊惟表揚美善慰作者扵九京羽翼風流拈向　来之一　辦是以草玄有作流傳需後世之知洎乎金石成書懸購豈一人之力况書原籀史菐揮天地之微而體創雲陽窮極鬼神之祕苟欲晰其实與故應　溯厥源流　淅右閱寓五先生曾彙六書釐為十卷縹緗合虞影含夏禹之碑萹帙分時字錯周宣之鼓　柰汗青之無日　致頭白以終年畢子既　明雅擅八分備精諸體懸針倒薤　蕭子良久號書家纖點濃波衛巨山熟精字勢乃中郎獨斷忍祕枕中而呂覽千金思懸市上　但伐木同呼　邪許斯舉曷無苦斷臏敢望助以朱提庶幾得垂青簡行見光生玉軸家傳李斯程邈之名　因之巻別牙籤人仰金錯銀鉤之跡諒能恕余瑣〻知不吝此區〻

襄平張涵具

六書通總目

去聲上第七

去聲下第八

入聲上第九

入聲下第十

六書通摭遺總目

去聲上第七

去聲下第八

入聲上第九

入聲下第十

六書通　上平聲上第一

海鹽畢弘述既明篆訂

苕溪閔章含貞　程昌煒赤文　同校

一東

【東】建首動也从木官溥說从日在木中得紅切　古文　古孝經　穆公鼎　印藪隴東太守章　東方賢　東里忠　東季　朱脩能印書

【附通】說文水出發鳩山入於河德紅切　極也多貢切　闕○六書統云周帀也作曹切○閔氏詮次日案說文之無變者三千餘字今各以類附於得變者於以通其變焉他書不與也以後免說文二字

【冬】說文四時盡也都宗切　古文　石經　碧落碑　存乂切韻　楊桓書學正韻　楊升菴逸古摘　朱鬱

儀古文奇字　紀冬成○以後免印藪二字　脩能印書

【附通】艸也都宗切

【通】說文達也他紅切　古文　古孝經　古老子　奇字　逸古摘　迥通之印　叔孫通印　神通印　緜通之印　鄒通之印

王通之印　吳通私印　黃通　翟通　名印

【同】說文會合也臣鉉等曰同爵名周書曰太保受同齊故从口史籀亦从口李陽冰云从口非是徒紅切　古孝經　古老子　商鐘　石鼓文　詛楚文　郝敦

同文集　同典　閔印　專同　仁同成

【附通】痛也一日呻吟也他紅切　魚名一日鱶也直隴切　大皃詩曰神网時侗音恫　共也一日譀也周書日在夏后之詷音侗

赤金音同　直項皃他孔切　馳馬洞去也音洞　吳楚謂瞋目顧視日眮音駧　通簫也音駧　攤引也漢有挏馬官作馬酒徒總切　迵迭也徒弄切

【童】說文男有辠日奴奴日童女日妾徒紅切　【僮】說文未冠也徒紅切　【犝】說文無角牛也古通用僮徒紅切　古文　華嶽碑　義雲章　存乂切韻

碧落碑　說文籀文童从廿廿古文疾字敏速之意　楊桓書學　同文集　逸古摘　尹童

【附通】陷敶車也尺容切　意不定也音幢　水出廣漢梓潼南入墊江音童　罬也音童　帆橈也宅江切　帳極也音撞

桐 說文榮也徒紅切 汗簡 存乂切韻

曈 說文曈曨日欲明也徒紅切 楊桓書學

彤 說文丹飾也徒冬切 說文赤色也徒冬切 石鼓 師毀敦 宰辟父敦 楊桓六書統 古文奇字

𪚴 說文龜名徒冬切 開元文 書學

鼕 說文鼓聲也徒冬切 古文奇字

龍 說文鱗蟲之長从肉飛之形力鍾切 汗簡 籀文 漢十二辰鑑 鐘鼎文 古文奇字 嶧山碑 碧落碑 同文集 存乂切韻 龍驤將軍章 龍驤司馬之印 龍宜年印 龍有 蘧龍 龍當時印 馮龍之印 鍾龍 龍世 爰龍

附通

天龕也音龍 雨瀧瀧皃盧紅切 舉土器一日笭也音龍 礱也天子之桷椽而礱之盧紅切 檻也音龍 兼有也音龍 喉也音龍 丘壠也力踵切

房室之疏也音龍 禱旱玉龍音龍 飛龍也徒合切

曨 說文曈曨也盧紅切

朧 說文月朦朧也盧紅切

聾 說文無聞也盧紅切 古老子 張揖集 逸古摛

蠪 說文丁螘也盧紅切 古爾雅

豅 說文大長谷也盧紅切 存乂切韻 六書統 古文奇字

隆 說文豐大也从生降聲徐鍇曰生而不已益高大也力中切 古文 存乂切韻 商鐘 碧落碑 左降私印 並申降私印

癃 香癃私印 趙癃私印 李癃 方癃私印 史癃私印 曾癃 寬癃私印 脩能印書

癃 說文罷病也力中切 楊桓書學

蓬 說文蒿也薄紅切 古文奇字 名印

芃 說文艸盛也詩曰芃芃黍苗旁戎切 升菴索隱云見漢衛彈碑

冢 蒙 說文覆也莫紅切 說文王女也莫紅切 古尚書 朱育集字 古文奇字 蒙文 蒙成 印書

附通 蓋衣也音冢 驢子也音冢 鞠生衣也音冢 微雨也音冢 蝬蠓也莫孔切 水鳥音冢 月朦朧也音冢 童矇也一日不明也音冢

鏓 說文盛器滿皃詩曰有鏓簋飧莫紅切 楊桓書學 升菴索隱

怱 悤 說文多遽悤悤也倉紅切〇詮次日案勿字注云州里所建旗所以趣民故遽稱勿勿古人尺牘有作勿勿者蓋兩可云 存乂切韻

附通 鎗鏓也一日大鑿平木者音悤

驄 馬青白雜毛音悤 然麻蒸也作孔切 屋階中會也音悤 石似玉者音悤

聰 說文察也倉紅切 六書統 周伯琦六書正譌

蔥 說文菜也倉紅切 古文 說文帛青白色音蔥

宗 說文尊祖廟也作冬切 古孝經 孫讓文 侯宗私印 宗善 宗紹 史宗私印

附通 瑞玉也藏宗切 南蠻賦也音琮 樂也音琮

嵏 說文斂足也誰鵙醜其飛也子紅切 楊桓書學 古文奇字

附通 船著不行音嵏 種也一日內其中也音嵏 青徐沇冀謂木細枝曰葼音嵏

嵏 九嵏山在馮翊谷音嵏 馬鬣也音嵏

椶 說文栟櫚也可作萆子紅切 石鼓

鬷 說文釜屬子紅切 臣鬷

稯 說文布之八十縷爲稯子紅切

蹤 說文車迹也臣鉉等曰今俗別作蹤非是卽容切 楊桓書學

叢 **菆** 說文聚也徂紅切 古文 六書統 名印

叢 說文艸叢生見徂紅切 古文奇字

潨 **潀** 說文小水入大水曰潨詩曰德鷖在潨徂紅切 說文水聲音潨 楊桓書學 申潨私印

從 建首相聽也疾容切 說文隨行也慈用切○此本去聲字但經史印章俱借爲平聲用弗能正矣姑兩存之 古老子 詛楚文 尨敦 樂司徒卣 林罕集

刅 存乂切韻 希裕畧古 古文奇字 从道之印 立義從事 從時長印 伯從 馮從私印 從志私印 專從 馬從紀印

文從生印 孔從 孔從私印 李從之印 尹從之印 司馬從 脩能印書

附通

豵 生六月豚子紅切 蝑蠑也音蹤 松葉栢身

七恭切 病也卽容切 絨屬足容切

松 說文木也祥容切○正韻與嵩同音鄉人亦有讀作從者不知其本於說文也 古文 古尚書 徐松 名印 禺陽印志

洪 說文洚水也戶工切 古文 古尚書 貝丘長碑 升菴逸古摘 存乂切韻 洪福私印

紅 說文帛赤白色戶工切 紅延之印

鴻 說文鴻鵠也戶工切 南嶽碑 碧落碑 祝尚書韻 孔鴻之印 名印

琟 說文鳥肥大琟也戶工切

虹 說文螮蝀也狀似蟲明堂月令曰虹始見籀文从申申電也戶工切 鐘鼎 存乂切韻 六書統

烘 說文尞也詩曰卬烘于煁呼東切 六書正譌

空 說文竅也苦紅切 雲臺碑 司空彝 碧落碑 存乂切韻 六書統 古文奇字 附通 直流也哭工切又苦江切 引也詩曰控于大邦匈奴名引弓控弦苦貢切 柷樂也苦江切

公 說文平分也从八从厶八猶背也韓非曰背厶為公古紅切 古孝經 古老子 雲臺碑 召公鼎 公牧敦 漢宜君公鑑 鐘鼎 古文奇字 公孫弘印 公師戎 公孫勝 公孫寶印 周中公 成公衛 公孫稚君 公孟之印 公丘晏 徐中公 徐子公 公孫闕 公乘武印 公孫玄印 于公加 倪汝公印 陳公望 公孫吳印 公孟闕 公孫喜 公孫留 李公卿印 公壽 附通 志及衆也職茸切 舉角也古雙切

功 說文以勞定國也古紅切 古文 存乂切韻 古文奇字 同文集 師龢尊 李功印信 雒功私印 公孫功印 王允功印 成公諺印 脩能印書

工 建首巧飾也象人有規榘也古紅切 石鼓 九工鑑 巧工都尉 巧工司馬 脩能印書 附通 大腹也戶工切 橫關對舉也古雙切 訌 讀也詩曰蟊賊內訌音仜 飛聲音仜 陳臭米音仜 車轂中鐵音扛 玉也音仜 牀前橫木也音扛 頭後也胡講切

攻 說文擊也古洪切 攻生單印

翁 **⿰翁頁** 說文頸毛也烏紅切 楊桓書學 逸古摘 寒翁伯 田翁主 夏翁伯 中翁游印 文翁信印 聃翁孫印 雷翁伯 陳翁 附通 雲气起山烏孔切 蟲在牛馬皮者音翁 竹兒音翁 魚名音翁

風 颿 建首八風也風動生蟲故蟲八日而化方戎切 汗簡 古周禮 古文 古老子 王庶子碑 雲臺碑 附通

碧落碑 存乂切韻 六書統 古文奇字 同文集 風病巳印 名印 禺陽印志 脩能印書

艸得風皃盧含切 誦也芳鳳切 木也厚葉弱枝善搖一名櫜音風 大風也手筆切

豐 豐 建首豆之豐滿者也一日鄉飲酒有豐侯者敷戎切 古文 汗簡 單癸卣 秦銘勛鐘 古文奇字

豐 新豐長印 毛豐印 楊豐信 莊豐私印 王豐 李豐私印 左豐私印 附通 周文王所都在京兆杜陵音豐今書作豐 煮麥也音豐

大屋也易曰豐其屋音豐

丰 說文艸盛丰丰也敷容切 楊桓書學 附通 石次玉者補蠓切

夆 說文啎也敷容切 楊桓書學 丁氏長夆唯印 附通 使也敷容切 奉也音夆

峯 說文山耑也敷容切 雲臺碑 西嶽碑 六書統 禺陽印志 名印

鋒 說文兵耑也敷容切 虎步挫鋒司馬

蜂 逢 蠭 說文飛蟲螫人者敷容切 書學

烽 說文燧候表也邊有警則舉火敷容切 書學

封 說文爵諸侯之土也从之从土从寸守其制度也徐鍇曰各之其土也會意府容切 古文 古尚書 希裕畧古 封谿長印 封彭惠印

封 楊封 封宜之印 封字印 李封私印 封筐印 禺陽印志 附通 枲履也博蠓切

葑 說文須從也府容切 書學

馮
說文姬姓國房戎切
說文馬行疾也从馬仌聲臣鉉等曰本音皮冰切經典通用依馮之馮今別作憑非是房戎切
馮循印信
馮異
馮推
馮龍之印
馮伯
馮登私印
馮虎
馮從私印
馮舍
馮鼻
馮騰之印
馮推
馮不問
馮闕
馮藺私印
馮郎私印
馮照
脩能印書

逢
說文遇也符容切
存乂切韻
朱逢
張逢
戴逢喜印
富逢喜印
蓋逢時
逢廣
逢淳印
蟻逢私印
李逢私印
逢賜
朱逢之印

縫
說文以鍼紩衣也符容切
古文

嵩 崧
說文中岳嵩高山也从山从高亦从松韋昭國語注云古通用崇字息弓切
存乂切韻
六書統
逸古摘
蘇嵩
卜嵩印信
名印

蜙
說文蜙蝑以股鳴者息恭切臣鉉等曰蜙今俗作古紅切以爲蜈蜙蟲名
朱育集字

充
說文長也高也从儿昌終切
存乂切韻
同文集
張充國印
減充
貿充國
被充

沖 种
說文涌搖也直弓切
說文盅器虛也老子曰道盅而用之直弓切
碧落碑
李陽冰侍郎碑
諸季种巍
書學
方沖
段沖
种壽君

忡
說文憂也詩曰憂心忡忡敕中切
書學

衝
說文通道也春秋傳曰及衝以擊之昌容切
書學
折衝將軍

中
說文和也陟弓切
古文
古孝經
古尚書
古老子
雲臺碑
碧落碑
南宮中鼎
同文集
衛宏字說
古文奇字
中山王壽
中山
徐中公印
中成樂印
中昌
艸中倫
守中
薛中君

附 通
艸也音中

忠　說文敬也陟弓切　古老子　同文集　古文奇字　逸古摘　王忠　王忠　邢丘忠印　乙忠之印　孟忠私印　王忠　東里忠之印

終　說文絿絲也職戎切　古文　古孝經　古尚書　碧落碑　希裕畧古　夏終私印　脩能印書　附通　水也音終

螽　說文蝗也職戎切　石經　希裕畧古　六書統

鼨　說文豹文鼠也職戎切　籀文

鍾

鐘　說文樂鐘也秋分之音物穜成職茸切　說文酒器也職容切　經史印章鍾鐘通用○　古文　粤鍾　南和鍾　寳和鍾　寅簋

許子鍾　宋公經鍾　遲父鍾　碧落碑　光遠集綴　古文奇字　升菴索隱鍾量名　升菴逸古

田汝成同文集　鍾喜　鍾奴　鍾意　鍾離宮印　鍾離高　鍾龍　刁鍾私印

戎　說文兵也如融切　古文　古老子　張輯集　同文集　鄭戎私印　趙戎私印　戎張之印　戎宗光印　公師戎印

馬戎　許戎夫之印　胡戎私印　王戎　畢戎私印　薄戎奴印　昭戎私印　董戎之印　附通　帝高辛之妃偰母號也詩曰有娀方將息弓切　馬高八尺音戎

茸　說文艸茸茸皃而容切　古文奇字　附通　酒也音茸　推擣也而隴切

鬆　說文亂髮也而容切　楊桓書學　附通　鞍毳飾而隴切

幒　說文幝也一曰帙職茸切

崇　說文嵬高也鉏弓切　古尚書　存乂切韻　霍崇私印　干崇私印　綦崇　陳崇私印　王崇之章　宋崇私印

蟲　建首有足謂之蟲無足謂之豸直弓切　汗簡　存乂切韻　逸古摘　名印
附通　爞　旱气也音蟲

鱅　説文魚名蜀容切　昭卿字指

融　説文炊气上出也以戎切○正韻　碧落碑　義雲章　書統　逸古　張融　馬融

肜　説文舟行也丑林切○正韻音融本从舟今作月又音郴　楊桓書學　以肜私印

容　説文盛也从宀谷臣鉉等曰屋與谷皆所以盛受也余封切
頌　説文皃也似用切又余封切○平去兩存　古孝經　古老子
雲臺碑　華嶽碑　碧落碑　谷口甬　存乂切韻　古文奇字　同文集　容城丞印　容城丞印　容疾　王容之印
碑　尹容私印　脩能印書
附通　溶　水盛也余隴切又音容　蓉　芙蓉音容　鰫　魚也音容　搈　動搈也余隴切　不安也一曰華余隴切　器也上封切

庸　説文用也从用从庚庚更事也易曰先庚三日余封切　説文用也从亯从自自知臭香所食也讀若庸余封切　古尚書　石鼓文　稚古
希裕畧古　存乂切韻　庸理　庸慶書　印
附通　傭　均直也音庸　鷛　鳥也音庸　慵　嬾也蜀容切　鏞　大鐘謂之鏞音庸　南夷國音庸

墉　説文城垣也余封切　六書統　正譌　升菴索隱

𧳜　説文猛獸也余封切　山海經　六書統

鎔　説文冶器法也余封切　碧落碑

弓　建首以近窮遠居戎切　石經　石鼓　齊侯鎛　弓壺　存乂切韻　古文奇字　弓曾之印　弓義
附通　穹　窮也去弓切

躬　躳　説文身也居戎切　古文　義雲章　同文集見漢書从勹云恭謹皃　同文集又　六書統　王躬私印

宮　建首室从宀躬省聲居戎切　汗簡　古老子　中鼎　華嶽碑　義雲章　言宮
附通　擊空聲也徒冬切又火宮切

恭 說文肅也俱容切 穆鼎 齊侯鐘 伯姬鼎 存乂切韻 六書統 伊恭 諸葛恭印 張恭之印 箕恭

龔 龏 說文給也俱容切 說文慤也紀庸切 齊侯鐘 盄和鐘 邾敦 屖敦 王庶子碑 存乂切韻 商隱字畧 龔蘋

常龏龔嬰 古文奇字 印書

芎 說文营藭香艸也司馬相如說或从弓去弓切

供 說文設也一曰供給俱容切 張仲簠 古文奇字

窮 說文極也渠弓切 說文夏后氏諸侯夷羿國渠弓切 附通 营藭也渠弓切

邛 說文地在濟陰縣渠容切 鐘鼎文 附通 檽梮木音邛

蛩 說文蛩蛩獸也一曰謂蟬蛻曰蛩渠容切 升菴玉篇表瑜

農 說文耕也奴冬切 古尚書 演說文 碧落碑 光遠集綴 存乂切韻 希裕畧古 逸古摘

農府丞印 稻農左長 陳農之印 樊農私印 王農之印 萬農私印 未識古印 胥農 脩能印書 奇字

濃 醲 穠 襛 說文露多也詩曰零露濃濃女容切 說文厚酒也女容切又奴同切 說文衣厚皃詩曰何彼襛矣汝容切○今詩作穠 古文奇字

膿 說文腫血也奴冬切 說文俗盥 附通 痛也奴動切

舂 說文擣粟也从廾持杵臨臼上午杵省也書容切 魏莊渠六書精蘊 附通 直視也丑龙切 愚也丑江切 樅杙也啄江切

凶 建首惡也許容切 汗簡 古孝經 古老子 奇字

匈 說文膺也許容切 晉匈奴率善伯長 附通 涌也許拱切

訩 詾 說文說也 許容切

邕 雍 雝 廱 說文四方有水自邕城池者 於容切 說文雝鶏也 於容切 說文天子饗飲辟廱 於容切 籀文 古文 龙敦升菴以爲邕字 公緘鼎雝 存乂切韻 邕 奇字 雝 奇字 廱 奇字 逸古 摘 雝荀印信 雝伋私印 脩能印書

附通 河灘水在宋音邕

饔 說文孰食也 於容切 周才字鼎 存乂切韻

附通 腫也音雍

雄 說文鳥父也 羽弓切 古老子 雄尊 六書統 張雄印信

熊 建首獸似豕山居冬蟄 羽弓切 古文 汗簡 碧落碑

二 支

支 建首去竹之枝也从手持半竹 章移切 汗簡 石經 古孝經 存乂切韻 支美 脩能印書

附通 水都也音支 與也詩曰鞫人伎忒 渠綺切 很也 之義切 行也 巨支切 鬼服也一曰小兒鬼 奇寄切 婦人小物 音伎 馬彊也 音支 緣大木也一曰行兒 音蚑 足多指也 音蚑 三足鍑也一曰滫米器 魚綺切 舉頭也詩曰有頍者弁 丘弭切 巧也 音伎 祭山曰庪縣 過委切

枝 說文木別生條也 章移切 古文 碧落碑 古文奇字

附通 小頭蘇蘇也讀若規又已恚切

肢 胑 說文體四胑也 章移切 六書統

巵 建首圜器也一名觛所以節飲食象人卪在其下也 章移切 汗簡

附通 木實可染音巵 小巵也 旨沇切 小巵有耳蓋者 市沇切

鳷 說文鳥也一曰雉度 章移切 書學

脂 說文戴角者脂無角者膏 旨夷切 古文 奇字

祗
說文敬也 旨移切 碧落碑 六書統 祗檀

之
建首出也象艸過屮枝莖益大有所之止而切
古孝經 商鐘 比干墓 曾侯鐘 許子鐘 君季鼎 碧落碑
李陽冰 侍郎碑 卬仲 槃 存乂切韻 奇字 校尉之印章 荊王之璽 撫烈將軍之印 騎督之印 宣惠長史
祿之印 儒光之印 徐軌之 辛富之印 韓喜之印 韓罝之 陳勝之 錢傳之章 蟜趯之印 王通之印 王世之印
丁建之印 劉彊之印 周鄺之印 趙之 趙鎮之印 馬廣之印 王鳳之印 蘊之 卜乙之印 獻之 孫福之印 默之 升菴索隱

附通
飛盛皃 侍之切

芝
說文神艸也 止而切 禺陽印志

甾
建首東楚名缶曰甾 側詞切 古文奇字

菑
說文田不耕也从艸甾易曰不菑畬徐鍇曰當言从艸从巛从田田不耕則艸塞之故从巛巛音災若从甾則與甾缶字相亂 側詞切

附通
錙 六銖也 側持切

緇
說文帛黑色也 側持切 脩能印書

輜
說文輜車前衣車後也 側持切 古老子 印書

施
說文旗皃亝欒施字子旗知施者旗也 式支切 古文 說文敷也 式支切 汗簡 希裕 碧古 存乂切韻 楊桓書學 施禹 萬施

柂
脩能 小異 禺陽 印志 書

附通
暆 日行暆暆也樂浪有東暆縣弋支切 蛅蟴強芈也音施 椸 衣架也 音暆

詩
說文志也 書之切 存乂切韻 奇字 同文集 郭詩印信 同詩

尸
建首陳也 式脂切 汗簡

附通
行戹戹也 又卜切

屍 說文終主式脂切 脩能印書

蓍 說文蒿屬生千歲三百莖易以為數式脂切 楊桓書學

師 說文二千五百人為師从帀从自自四帀衆意也疎夷切 古文 古孝經 古老子 籀韻 齊侯鐘 父乙彝 師箷敦 冀欒

義雲章 同文集 公師戎印 黄師憲印 江師周 江師弓 師明之印 宅師綵印 師信 師豐私印 陳師湯印 名印

禹陽印志

篩 說文竹器也可以取粗去細所宜切 六書統

縒 說文參縒也楚宜切 說文齒參差楚宜切 書學 六書統

時 說文四時也市之切 曾侯彝 同文曾彝小異 石鼓 侍郎碑 龍當時印 從時長 從中時印 時武私印 趙當時

宋當時

附通 塒 雞棲垣為塒音時

匙 說文匕也是支切 書學

漦 說文順流也一日水名俟甾切○或云魚龍身濡滑者蛟將嗇人先以漦涂之嗇死者漦着身厚尺許以鐵刮之乃散夏后氏所藏龍漦是也 存乂切韻

兒 說文孺子也象小兒頭囟未合汝移切 籀文 古文 古父乙彝 逸古摘 同文集 趙宋兒 脩能印書

附通 言相說司也女家切 刺魚也五雞切 老人齒音鯢 寒蜩音鯢 石地惡也五歷切 婜婗也一日婦人惡兒音鯢 敗也五計切 角鯢曲也研啟切 恒訟 也許激切

而 建首頰毛也象毛之形周禮日作其鱗之而如之切 古孝經 齊侯鎛 王庶子碑 碧落碑 同文集

附通 魚子也一日魚之美者東海之鮞音而

艸多葉皃沛城父有揚芣亭音而　屋枅上標也爾雅曰檽謂之榕音而　喪車也音而

胹　說文爛也如之切　古文　奇字　說文洝也一曰煑孰也如之切○洝湯也

腝　說文有骨醢也人移切

斯　說文析也詩曰斧以斯之息移切　古尚書　古爾雅　古老子　齊侯鎛　仲斯鬲　嶧山碑　碧落碑　奇字

義雲章　存乂切韻　鄭斯之印　脩能印書

附通　流久也音斯　水索也音斯　榹榹也先稽切

虒　說文委虒虎之有角者息移切　古文　存乂切韻

附通　水出襄國東入湡音虒　騂虒也土雞切　低虒不憂事也移爾切　趧隱輕薄也直离切

槃也音虒　繫褫也一曰維也郎兮切　角傾也敕豕切

鷈　說文鼠也息移切　義雲章　書學　奇字

褫　說文福也息移切　古文奇字　脩能印書

厶　建首姦衺也韓非曰蒼頡作字自營爲厶息夷切　古老子　存乂切韻　書學云不方不圓見意　奇字

附通　石之似玉者息夷切

私　說文禾也北道名禾主人曰私主人息夷切　中昌私印　趙進私印　王常私印　故成平侯私印　馮張私印　馮藺私印　王讓私印　綺常私印

關阮私記　椒欽私記　高綸私印　梁福私印　王應私印　王憲私印　騶舒私印　呂駿私印　杜宏私印　尹祿私印　吏宗私印

步重私印　幼安私印　畢釗私印　元苟私印　白平私印　馬廣私印　名碧私印

附通　茅莠也音私

思　建首容也息兹切　汗簡　古孝經　牧子文　碧落碑　嶧山碑　古文奇字　升菴索隱　吳相思

趙商思　劉房思印　脩能印書

附通　彊力也詩曰其人美且偲倉才切　涼風也音思　思之意胥里切　角中骨穌來切

罳 說文罘罳屏也息茲切 脩能印書

緦 說文十五升布也一曰兩麻一絲布也息茲切 古文

絲 建首蠶所吐也息茲切 絲聞 六書精蘊

司 建首臣司事於外者从反后息茲切 別部司馬 司馬延年 司馬 司馬滿印 司馬豎 司馬遠疾 李陽字司

附通 笥 飯及衣之器也相吏切

雌 說文鳥母也此移切 古文 古老子

髭 說文口上須也臣鉉等曰今俗別作髭非是即移切 楊桓書學

郪 說文宋魯閒地即移切 古文

咨 說文謀事曰咨即夷切 說文嗟也子之切 古文 存乂切韻 李洛

附通 楶 欂櫨也子結切

資 說文貨也即夷切 汗簡 古孝經 老子 資赦之印 碧落碑 脩能印書

附通 薋 艸多皃疾茲切 久雨

涔澬也一曰水名才私切又音資 積米也詩曰積之秩秩音資

姿 說文態也即夷切

姕 說文婦人小物也詩曰屢舞姕姕即夷切 義雲章 奇字 樊姿

粢 說文稷也即夷切

齍 說文黍稷在器以祀者即夷切 古禮記 趠鼎 鐘鼎文

齌 說文緶也即夷切 書學

茲 說文黑也春秋傳曰何故使吾水茲子之切 古文 比干銅槃 南宮中鼎 石鼓 碧落碑 存乂切韻 同文集 徐茲卿 脩能

印書

滋　說文益也一曰滋水出牛飲山白陘谷東入虖沱子之切　古老子　籀文　孫彊集　六書統　印書

附通　艸木多益从艸茲省聲音茲　鷀鷀也疾之切

趑　說文趑趄行不進也取私切　楊桓書學

孳　說文汲汲生也子之切　書學　印書

鼒　鎡　說文鼎之圜掩上者詩曰鼐鼎及鼒子之切　古文

疵　說文病也疾咨切　說文瑕也側史切○此說文上聲字正韻無痄字正作疵疵有平上兩音也宜併於此　古老子　程疵　印書

慈　說文愛也疾之切　古孝經　古老子　存乂切韻　同文集　奇字　高慈印信　名印

茨　說文以茅葦蓋屋疾茲切　希裕畧古

餈　說文稻餅也疾資切

垐　說文以土增大道上疾資切○按正韻垐子悉切無作平聲者

瓷　說文瓦器疾資切　書學

知　說文詞也陟离切　古孝經　古老子　存乂切韻　同文集　古文奇字云从血者謂主器者也

附通　酒也音知

蜘　說文鼅鼄蟊也陟离切　楊桓書學

摛　說文舒也丑知切　碧落碑　書學

螭　說文若龍而黃北方謂之地螻或云無角曰螭丑知切　義雲章　六書統

鴟　說文雖也處脂切　雖古文　存乂切韻　書學

蚩　說文蟲也赤之切　古文

附　通　水出南陽東入汝直几切　刺也豬几切　蟲曳行也从屮丑善切　騃具也丑郢切○二文非蚩因無所附以其似蚩而附之

癡　說文不慧也丑之切　六書統　名印

齝　說文吐而噍也爾雅曰牛曰齝丑之切　古文奇字

馳　趍　說文大驅也直离切　說文趍趙久也直离切　石經　古老子　商隱字略　六書統　同文集　禺陽印志

池　說文江別流也臣鉉等曰池沼通用此字今別作池非是徒何切通作直离切　黃庭經玉池　夏侯池　名印

篪　說文管樂也直离切　存乂切韻　孫彊集　六書統　同文集小異　脩能印書

褫　說文奪衣也讀若池直离切　印書

踟　說文躕也直离切　說文待也直里切　楊桓書學

墀　說文涂地也禮天子赤墀直尼切　書學

坻　說文小渚也詩曰宛在水中坻直尼切　古爾雅　存乂切韻　六書統

遲　說文徐行也詩曰行道遲遲直尼切　說文从也讀若遲杜兮切　古文遲　古尚書　遲父鐘　同文遲父如此　六書統

義雲章　商隱字略　古文奇字　同文集　遲廣從印

治　說文水出東萊曲城陽丘山南入海直之切　古孝經　古老子　石鼓　周陽侯甗　師毀敦　微欒鼎　牧敦

古文奇字　董治　書學从肉从辭言治有罪者必傷其肉故當盡其辭也

【蚳】說文畫也巨支切　六書統

【蚔】說文螘子也周禮有蚔醢讀若祁直尼切

【菧】說文菧也直宜切

【持】說文握也直之切　古老子　雲臺碑　胡持印信

【批】說文反手擊也匹齊切　書學

【紕】說文氐人𦃇也卑履切○正韻平上二音从俗附此　書學

【披】【旇】說文从旁持曰披敷羈切　說文旌旗披靡也敷羈切　古史記　義雲章　古文奇字

【悲】說文痛也府眉切　古老子　千字文

【陂】說文阪也一曰沱也彼爲切　古文　存乂切韻　同文集

【羆】說文如熊黃白文彼爲切　古文　古韻　奇字　羆軒

【椑】說文圜榼也部迷切　印信　椑朗之印　椑復

【卑】說文賤也執事也補移切　古文　張輯集　存乂切韻　昭卿字指　希裕畧古　摭古遺文　古文奇字　徐毋卑　晉鮮卑率善邑長　卑耐之印　卑戎私印　脩能印書

【附通】黍屬并弭切　鍳鉀也府移切　女之卑者便俾切　禾别也旁卦切　雨衣一曰蓑衣一曰萆藨似烏韭扶歷切　短脛犬薄蟹切　别也音鉀　中伏舍一曰屋庳音婢　毁也辟米切　上臟符支切　筳箄也音粺　水在丹陽匹卦切　毇也旁卦切　傾首也匹米切　刀室也并頂切　短人立埤埤皃傷下切　蜀縣也音脾　罌謂之𤭛音皮

軝
說文長轂之軝也詩曰約軝錯衡渠支切

碑
說文豎石也府移切　碑華嶽　碑雲臺　奇字

裨
說文接益也府移切　說文益也符支切　張騫　裨將軍

皮
建首剝取獸革者謂之皮符羈切　汗簡　石鼓文　脩能印書
附通　魚名敷羈切　弘農謂帬帔也披義切

大鈹也一曰劒如刀裝者音鈹切　鬄也平義切　駊騀也普火切　迻予也彼義切　櫖也一曰折也甫委切　辯論也彼義切　勞也音皮　條屬博禾切

狴
說文牢也所以拘非也邊兮切　楊桓書學

陴　埤
說文城上女牆俾倪也符支切　說文增也符支切　孫彊集　古文奇字　六書正譌

毘
說文人臍也从囟取气通上也房脂切　名印
附通　莔也音毘　梠也音毘　妃也匹計切　導也今俗謂之篦邊兮切　齧牛蟲音篦

膍
說文牛百葉也一曰鳥膍胵房脂切

貔
說文豹屬出貉國詩曰獻其貔皮周書曰如虎如貔房脂切

枇
說文枇杷木也房脂切　印書

蚍
說文蚍蜉大螘也房脂切

麋
說文鹿屬麋冬至解其角武悲切　古文　石鼓　存乂切韻　印書
附通　蘪蕪也靡爲切

縻
說文䊳也音縻　說文飦也武悲切臣鉉等曰今俗作粥音之六切　書學

夷　徯　䟘　痍　侇
說文平也東方之人也以脂切　說文行平易也以脂切　說文傷也以脂切　古尚書　古老子　同文老子如此

同文集 書學夷侯之夷 晉蠻夷率善邑君 安夷將軍章 蠻夷邑侯 晉歸義夷王 附通 妻之女弟同出爲姨音夷 騬羊也徐姊切

艸也杜兮切 赤楝也詩曰隰有杞桋音夷 南陽謂大呼曰咦音夷

【歋】 說文人相笑相歋瘉以支切 楊桓 書學

【彝】 說文宗廟常器也以脂切 古文 存乂切韻 伯克尊 單從盉 冏從彝 司空彝 品伯彝

伯英彝 司寇匜 微欒鼎 南宮中鼎 曾侯鐘 子父巳卣 師望敦 師望簠 祖辛卣 兄癸卣 丁亥父乙

尊 寶卣 父乙彝 父丁彝 父丁甗 父辛鼎 雲雷彝 父乙鼎 蜼尊 伯鬲 單彝字印 附通 木也音彝

【遺】 說文亡也以追切 古文 古孝經 雲臺碑 六書統 遺登 馮遺之印 原遺 周遺 禺陽印志

【宐】 說文所安也从宀之下一之上多省聲魚羈切 古文 戊命彝 漢登 升菴索隱 楊桓書學 古文奇字 宜陽太守章

賜宜王印 並宜子孫 封宜之印 張宜王 宜黃 龍宜 譚宜生 長宜子孫

【儀】 說文度也魚羈切 碧落碑 逸古摘 劉儀印信

【涯】 說文水邉也魚羈切 摭古遺文

【疑】 說文惑也从子止匕矢聲語其切 說文未定也語其切 古文 王庶子碑 疑生豆 秦權 碧落碑 存乂切韻

書學 昭卿字指 脩能印書 附通 茂也詩曰黍稷薿薿魚巳切 小兒有知也詩曰克岐克嶷魚力切 駷也一曰惶也五溉切

【移】 說文禾相倚移也一曰禾名弋支切 說文遷徙也弋支切 古孝經 冀師槃 六書統 附通 艸萎移音移 閣邉小屋音移

【嶷】 說文九嶷山舜所葬在零陵營道語其切 同文集

乁 建首流也弋支切

匜 說文似羹魁中有道可以注水移爾切 寒戊匜 杞公匜 孟姜匜 季姬匜 叔匜 奇字 同文集○此說文上聲字正韻有平上二音俗讀多从平者今平上兩存

台 說文說也與之切 古文 商鐘 牧敦 碧落碑 存乂切韻 同文集 逸古摘 令史台 東台○以上二印當是胎音然無分別也

怡 說文和也與之切 存乂切韻 摭古遺文

飴 說文米蘗煎也籀文从異省與之切 六書統

枱 說文耒耑也弋之切

附通 鮐 海魚名徒哀切 眙 直視也丑吏切 邰 炎帝之後姜姓所封周棄外家國詩曰邰有部家室土來切 炱 灰炱煤也音鮐

齝齝謂之齝與之切 蚩笑也呼來切 擊也丑之切 縧勞郎紿徒亥切

貽 詒 說文贈遺也經典通用詒與之切 說文相欺詒也一曰遺也與之切

頤 宧 建首顧也與之切 說文養也室之東北隅食所居與之切 汗簡 古周易 同文集 沈頤私印 名印

附通

茝 蘺也昌改切 石之似玉者音匜 取蟣比也居之切

配 說文廣臣也與之切臣鉉等曰戺今俗作牀史切以爲階戺之戺 鐘鼎 古文奇字

圯 說文東楚謂橋爲圯與之切 王圯之印 或如此

奇 說文異也一曰不耦渠羈切 古老子 逸古摘

附通 畸 殘田也居宜切 踦 一足也去奇切 剞 剞劂曲刀也居綺切 觭 虎牙也音踦 陭 上黨陭氏坂也

於离切　侍中說椅卽椅木可作琴音旖

旗旖施也於离切　偏引也音剞　角一俯一仰音猗　弃也俗語謂死曰大猗音猗　舉脛有渡也音猗　文繪也祛彼切　梓也音旖　木旖施賈

騎　說文跨馬也渠羈切　同文集

祇　示　說文地祇提出萬物者也从示氏聲巨支切　建首天垂象見吉凶所以示人也从二古上字三垂日月星也觀乎天文以察時變示神事也神至切○本去聲建首正韻以爲卽祇字　汗簡

祁　說文太原縣巨支切　祁不害印

岐　說文周文王所封在右扶風美陽中水鄉巨支切　存乂切韻

箕　其　建首簸也从竹甘象形下其丌也居之切○詮次曰說文無其字此皆箕字也朱鬱儀云以其簸揚未定故借爲其然之詞箕當在齊韻借義勝故从其置此渠宜切唯箕字不借仍歸齊韻再見　古文　汗簡　古老子　商鐘　穆公鼎　左父鼎　方寶鼎　京姜鬲

單癸卣　仲偁父鼎　圓寶鼎　仲斯鬲　並鐘鼎文　碧落碑　同文集　逸古摘

其長壽印　周其私印　脩能印書

附通　水出河內東入河音其　魚名音其　博綦音其

期　說文會也渠之切　古尚書　碧落碑　存乂切韻　左期之印　夏期　趙臨期印　賈期　脩能印書

旗　說文熊旗五游以象罰星士卒以爲期周禮曰率都建旗渠之切　單父乙鼎　雞單彝　商隱字畧　曹旌伯旗

旂　說文旗有衆鈴以令衆渠希切　牧敦　戠敦

綦　說文帛蒼艾色詩曰縞衣綦巾未嫁女所服一曰不借綦渠之切　古文　父乙鼎　同文集　綦毋絡　綦崇　綦毋宫

附通 舉也春秋傳曰晉人或以廣墜楚人畀之黃顥說廣車陷楚人爲舉之杜林以爲麒麟字渠記切 蘩月爾也音綦

璂 說文弁飾往往冒玉也渠之切

祺 說文吉也渠之切 籀文 類釋 古文奇字

麒 說文仁獸也麋身牛尾一角渠之切 希裕 略古

騏 說文馬青驪文如博綦也渠之切 書學 名印

耆 說文老也渠脂切 書學 附通 馬鬣音者 柱砥古用木章移切

祈 說文求福也渠希切 稚古文 晉姜鼎○旂斷皆古祈字字書不載 伯碩父鼎 遲父鼎 姬寏豆 召仲考父壺 伯冏父敦

邛仲槃 齊侯鐘 碧落碑 奇字

畿 附通 圻 說文天子千里地以遠近言之則言畿也巨衣切 古文 楊桓書學○此說文垠字重文地垠也一曰岸也語斤切然尚書圻父左傳天子之地一圻皆同畿字今兩見 六書統

義 說文气也許羈切 古孝經 六書統 周義顧氏作義俞氏作義

虛 建首古陶器也許羈切 古文奇字 附通 土鍪也胡到切

犧 說文廟牲也許羈切 泰文

僖 說文樂也許其切 說文說樂也許其切 石經 存乂切韻 六書統

禧 說文禮吉也許其切 尹卣 魯禧印信

熹 說文炙也許其切 六書統

熙　說文燥也許其切　籀文　古老子　熙子私印　印書

醯　說文酸也呼雞切　古文　六書正譌

稀　說文疏也香衣切○詮次曰說文無希字而有諸偏旁非無其字失錄也今凡諸書希字及諸偏旁無變者皆附於此　補說文希　古老子希　碧落碑希　雲臺碑

古文　商隱字略　升菴索隱　同文集　吳希元印

附通　訟面相是喜皆切　酒器丑脂切　望也海岱之閒謂眄曰睎香衣切　豕走豨豨

虛豈切　兔葵音希　細葛也音絺　周邑也音郗　笑也一日哀痛不泣曰唏音稀　戲也音希

睎　說文乾也香衣切　禺陽印　志原睎

吚　說文唸吚呻也馨伊切　楊桓書學

伊　說文殷聖人阿衡尹治天下者於脂切　石經　碧落碑　同文集　存乂切韻　伊道私印　伊孔尚印　伊恭

猗　說文犗犬也於离切　名印

衣　建首依也上日衣下日裳象覆二人之形於希切　汗簡　庬敦　宰辟父敦　鐘鼎文　繡衣執法大夫　名印

附通　女字也音衣

酒泉天依阪也音衣

依　建首歸也从反身徐鍇曰古人所謂反身修道故曰歸也於機切　說文倚也音衣　雲臺碑　古文奇字　馬依私印

醫　說文治病工也殹惡姿也醫之性然得酒而使王育說一日殹病聲酒所以治病也古者巫彭初作醫於其切　奇字　殿中太醫　醫聖君

附通　擊中聲也於計切○案此字他字書不載石鼓汧殹沔沔王氏注云即也字郭氏注云讀如緊語助辭　盛弓矢器也於計切　戟衣也一日赤黑色繒烏雞切　媿也音緊　華蓋也音医　塵埃也音翳　劇聲也於賣切　鳧屬詩曰鳧鷖在梁音翳　小黑子音翳

詞　說文意内而言外也似茲切　汗簡　石經　王庶子碑　義雲章　光遠集綴　逸古摘　同文集

辭　說文訟也从𤔔𤔔猶理辜也似茲切　古文　存乂切韻　牧敦

辤　說文不受也从辛从受受辛宜辤之似茲切　古文　齊侯鎛　脩能印書　辭辤通

祠　說文春祭曰祠品物少多文詞也似茲切　古文奇字　典祠令印

微　說文隱行也春秋傳曰白公其徒微之無非切　說文妙也从人从攴豈省聲無非切　古文　籀文　古尚書　古老子　石鼓

娟氏鼎　碧落碑　光遠集綴　六書統　六書正譌

附通　中夕雨青黑武悲切　司也音微

溦　說文小雨也無非切　六書統

薇　說文菜也似藿無非切

𥲖　說文竹也無非切

惟　說文凡思也以追切　蛟篆鐘唯　碧落碑　武惟私印　名印　○金石之文多以隹作惟古通用可也今通收不可也从心者歸惟从口者歸唯餘㚢見灰韻隹下

附通　心憂也古多通用離呂支切

維　說文車蓋維也以追切　維季　震維

附通　水出琅邪東入海音維

帷　說文在旁曰帷洧悲切　名印

肥　說文多肉也从肉从卪臣鉉等曰肉不可過多故从卪符非切　光遠集綴　古文奇字

附通　盧蜚也音肥

妃　說文匹也芳非切　碧落碑　存乂切韻　六書統

【非】非 建首違也从飛下翍取其相背甫微切 古文 古老子 希裕略古 升菴索隱 傳非子 脩能印書 禹陽印志

【附通】戲也步皆切

兩壁耕也一日覆耕種也音誹 謗也數尾切 往來斐斐一日醜皃音妃 塵也房未切 戶扇音非 隱也扶沸切 驂旁馬音非 跀也音辈

毛紛紛也音非 大目也音非 脛腨也符飛切 風病蒲罪切 帛赤色音非 河東聞喜縣薄回切 赤羽雀也出鬱林房未切

【飛】飛 建首鳥翥也甫微切 古文 汗簡 雲臺碑 碧落碑 六書統 升菴索隱 同文集

武衛次飛 武賁將印 名印 印書

【附通】馬逸足司馬法日飛衛斯輿音飛

【霏】霏 說文雨雪皃芳非切 書學

三齊

【齊】建首禾麥吐穗上平也徂兮切 說文等也徂兮切 古史記 父丁鬲 鐘鼎文 雲臺碑 書學 逸古摘 齊丘平 齊歐

齊朔私印 陳齊私印 齊癸 孫齊人 齊角

【附通】穫刈也一日撮也在詣切 等輩也仕皆切 炊餔疾也音穧 排也子計切 材也祖雞切

木也可以為大車軸音齋 齋蠹音齊 齊也音穧

【臍】說文肶齎也徂兮切 六書精蘊

【西】【棲】【栖】建首鳥在巢上象形日在西方而鳥棲故因以為東西之西先稽切 師㲉敦 牧子文 存乂切韻

古文奇字 升菴索隱 平西將軍 名印 禹陽印書

【悽】說文痛也七稽切 牧子文

【犀】【㹀】說文南徼外牛一角在鼻一角在頂似豕先稽切 說文犀遲也先稽切 古文

【附通】語諄謘也直离切

嘶 說文悲聲也先稽切 說文散聲先稽切 書學 脩能印書

妻 說文婦與夫齊者也七稽切 古尚書 古孝經 存乂切韻 同文集 奇字

附通 淒 雲雨起也詩曰有渰淒淒音妻

霋 霽也音妻 新鄭汝南縣音妻

萋 緀 說文艸盛詩曰萋萋萋萋七稽切 說文白文皃詩曰緀兮斐兮成是貝錦七稽切○今詩作萋正韻亦通作萋 存乂切韻

齎 說文持遺也祖雞切 王齎印

躋 隮 說文登也商書曰予顛躋祖雞切 古文 古史記 石鼓文 籀文 存乂切韻 六書統 脩能印書

韲 整 說文韲也祖雞切 古莊子

隄 堤 說文唐也都兮切 孫彊集 六書統 古文奇字

提 說文挈也杜兮切 說文媞不能行爲人所引曰媞䉲都兮切

題 說文頟也杜兮切 義雲章 禺陽印志 六書統

附通 題 顯也杜兮切

啼 嗁 說文號也杜兮切 書學

蹄 蹏 說文足也杜兮切 汗簡 古史記 六書統

⿰金虒 說文器也杜兮切 古文 奇字

鵜 鵜 說文鵜胡汙澤也杜兮切

尼 說文從後近之女夷切 汗簡 古孝經 鄧尼 索尼 賈尼

附通 反頂受水丘奴低切 潰米也武移切 稻落來年自生曰秜里之切

衂怩慙也音尼

泥　說文水出北地郁郅北蠻中奴低切　籀文　古尚書　升菴索隱

霓　說文屈虹青赤或白色陰气也五雞切　碧落碑

倪　說文俾也五雞切　說文齊地五雞切　遜古摘　倪汝公印

輗　說文大車轅耑持衡者五雞切

离　說文山神獸也歐陽喬說猛獸也呂支切　古文　六書統云絺離二音离離通用　附通　謧詍多言也音离　鬼屬丑之切　以絲介履音离

離　鸝　說文黃倉庚也鳴則蠶生呂支切　說文黧黃也一日楚雀也其色黧黑而黃郎兮切　古孝經離　古老子離　楊桓書學雚　義雲章離

鍾離意印　鍾離宮印　鍾離某印　附通　江蘺蘼蕪音離

醨　說文薄酒也呂支切　六書學精蘊

黎　𨛫　黧　說文履黏也作履黏以黍米郎奚切　殷諸侯商書曰西伯戡黎𨛫郎奚切○今書作黎　古文　亢倉子　史黎篡　光遠集綴

書學　古文奇字　名印　附通　恨也一日怠也郎尸切　金屬一日剝也音黎　徐也音黎

藜　說文艸也郎奚切　書學　奇字　名印

犁　說文耕也郎奚切　古文　書學

儷　說文棽儷也呂支切　希裕略古

驪　說文馬深黑色呂支切　晉高句驪率善邑長

鱺　說文魚名也郎兮切音離　石鼓　馬日集　楊桓書學

劙　說文割也劃也里之切　古文　書學

釐　說文家福也里之切　古尚書　齊侯鎛　敔敦　尹卣　史頌父鼎　伯碩父鼎　同文伯碩小異　昭卿字指　脩能印書

氂　說文犛牛尾也里之切　存乂切韻

嫠　說文無夫也里之切　同文集　趙嫠

貍　說文伏獸也里之切　古尚書　存乂切韻　六書統

雞　說文知時畜也古兮切　籀韻　古老子　兄丁尊

禾　建首木之曲頭止不能上也古兮切
附通　積秜也不伸之意一曰木名俱羽切
附通　稽秜而止也賈侍中說木名古老切　山名奚氏避難特造此字非古胡雞切

稽　建首留止也古兮切　汗簡　會稽內史印　稽寧壽印

卟　說文卜以問疑也讀與稽同書云卜卟疑古兮切　古文　古尚書　碧落碑

笄　說文簪也古兮切　古文

羈　說文馬絡頭也居宜切　古文　昭卿字指　印書

肌　說文肉也居夷切　古文奇字

幾　說文微也殆也从丝从戍戍兵守也丝而兵守者危也居衣切　古文　孟妳甗　存乂切韻　禺陽印志
附通　禾機也音幾　精謹也明堂月令歲將幾終巨衣切　誹也音幾　鬼俗也淮南傳曰吳人鬼越人譏渠希切　蝨子也一曰齊謂蛭曰蟣居狶切　以血有所刏涂祭也渠稀切　小食也音幾　走也音幾　頰肉

也音幾　大石激水也音幾

機　說文主發謂之機居衣切　碧落碑　脩能印書

⿰豈幾　說文⿰豈幾也訖事之樂也臣鉉等曰說文無⿰豈幾字渠稀切　古文幾　籀文　古老子　碧落碑○詮次曰以上五文皆幾字也無一爲訖事樂者豈古卽幾字歟何假借之偶同也

璣　說文珠不圓也居衣切　杜璣　郭璣

饑　說文穀不熟爲饑居衣切

飢　說文餓也居夷切　汗簡　古尚書　古老子　光遠集綴

姬　說文黃帝居姬水以爲姓居之切　齊侯槃　季姬匜　肇父敦　應侯敦　遲父鐘　存乂切韻　六書統　奇字　名印

朞　說文復其時也虞書曰朞三百有六旬有六日居之切　汗簡　籀文　六書統　古文奇字　脩能印書

丌　建首下基也薦物之丌象形居之切

基　說文牆始也居之切音雞　汗簡　六書正譌　同文集

箕　建首簸也居之切○其五文餘三見其下　古文　箕鼎　古尚書　奇字　箕恭　箕慶　名印　印書

其　說文豆莖也渠之切　摭古遺文

諆　說文欺也去其切　古文　許子鐘　汾寧鐘　杞公匜

欺　說文詐欺也去其切　六書精蘊

【娸】說文人姓也杜林說娸醜也去其切

【魌】說文醜也今逐疫有䫏頭去其切 楊桓書學

【谿】【溪】【磎】說文山瀆无所通者苦兮切 古文谿 溪通 古老子 存乂切韻 六書統 封谿長印 名印 馬陽印志

【攱】說文持去也从支去其切 書學

【敧】說文敧嘔也从危支聲去其切 古文

【兮】說文語所稽也胡雞切 古老子 漢九子鑑 名印 遥古摘

【奚】【嫨】【傒】說文大腹也从大𦃃省聲𦃃籀文系字胡雞切 說文女隸也胡雞切 ○正韻通用奚傒 古文 古老子 牧敦 敔敦 寅簋 六書統傒隸之稱又夷名 存乂切韻 奚福之印 奚博私印 奚𫬢 嫇氏鼎

【附通】豯 生三月豚腹豯豯皃胡雞切 螇鹿蟷蠑也音奚

小鼠也音奚 驒騱馬也音奚 水蟲也薉貉之民食之音奚

【睎】說文蔽目視也讀若攜手一曰直視也又苦兮切

【攜】說文提也戶圭切 𨔵不能行爲人所引曰𨔵䙆戶圭切 碧落碑 存乂切韻

【附通】巂 周燕也从屮象其冠也一曰蜀王望帝婬其相妻慙亡去爲子巂鳥故蜀人聞子巂鳴皆起云望帝 𧬙 言壯皃一曰數相怒也讀若畫呼麥切 孈 愚戇多態也式吹切 鑴 瓽也音巂 觿 佩角銳耑可以解結詩曰童子佩觿音巂 𢽣 創裂也一曰疾𢽣以水切 䕨 綾也山垂切 纗 維綱中繩音巂 鄐 東海之邑音巂

【𢣷】說文有二心也戶圭切 印 書

【蠵】說文大龜也以胃鳴者司馬相如說从𩵦戶圭切

畦　說文田五十畝日畦戶圭切　畦覩　書學

縻　說文牛轡也莫兮切

迷　說文惑也莫兮切　古老子　華嶽碑　存乂切韻　升菴索隱　逸古摘　古文奇字

附通　謎　隱語也莫計切

麛　說文鹿子也莫兮切　說文狻麑獸也五雞切〇正韻麛同孔子素衣麑裘則非狻麑矣朱注亦云鹿子　六書統

彌　說文久長也武移切　古老子　孟金敦　六書統　奇字　名印

附通　瀰　大水也音彌

冞　說文周行也詩曰冞入其阻武移切　楊桓書學

四魚

魚　建首水蟲也語居切　徐鉉說文序云李斯筆迹小異非別體　古文　石鼓　古尚書　古孝經　雲臺碑　同文集

鱻　建首二魚也語居切

漁　說文捕魚也語居切　古文　商隱字略　六書統

虞　說文騶虞也仁獸詩曰于嗟乎騶虞五俱切　古文　古尚書　周虞敦　雲臺碑　同文集小異　古文奇字　虞子韻印

虞弘　虞子游印　虞見　虞山之印　虞鬼　虞儉　虞于私印　虞永之印　虞武之印　虞貞之　虞貞之白牋

愚　說文戇也麌俱切　古文　同文集

娛　說文樂也虞俱切　名印

隅　說文陬也噳俱切　古老子　同文集小異似勝

于 建首於也象气之舒亏从丂从一一者其气平之也羽俱切 比干墓或云茲 石鼓 于斯簠 遥古摘 虞于私印 于皿于 鮮于賢 淳于寬 于樂

附通 滿弓有所鄉哀都切 諸衧也音于 憂也況于切 股衼也乙于切 大芌實根駭人故謂之芌也徐鍇曰芌猶言吁吁驚辭故曰駭人王遇切 指麾音亏 張目也一日朝鮮謂盧童子曰盱音怜 管三十六簧也音于 石之似玉者音于 避也音于 軠內環靼也音于 詘也一日縈也音于 武王子所封國在河內野王況于切 詭譌也一日訏蕃齊楚謂信曰訏況于切

盂 說文飯器也羽俱切 伯索盂 奇字

雩 說文夏祭樂于赤帝以祈甘雨也羽俱切 升菴索隱 肖雩

附通 右扶風鄠胡古切

謣 說文妄言也羽俱切

余 說文語之舒也从八舍省聲以諸切 古文 商鐘 單癸敦 邾敦 古文奇字

附通 稻也周禮曰牛宜稌徒古切 黄牛虎文同都切 艅艎舟名音余 騶駼也音稌 酒母也音稌 臥引也音稌 杼也似嗟切 貰買也式車切 邾下邑也音稌 折竹箆也音稌 次第也徐呂切 水浦也音敘

歟 說文安气也以諸切 六書統

輿 說文車輿也以諸切 升菴索隱 名印

舁 建首共舉也以諸切 說文對舉也以諸切 古文學 索隱

餘 說文饒也以諸切 古老子 碧落碑 餘杭長印

旟 說文錯革畫鳥其上所以進士衆旟旟衆也周禮曰州里建旟以諸切 齊侯鐘 存乂切韻 古文奇字

附通 水也

畬 說文三歲治田也易曰不菑畬田以諸切 楊桓書學

俞 說文空中木爲舟也从亼从舟从巜巜水也羊朱切 脩能印書

附通 翟羽飾衣一日直裾謂之襜褕羊朱切 氄毹也音俞 褕屬音蝓 委輸也式朱切 夏羊牡曰羭音俞 甌器也音蝓 薄也論語曰私覿愉愉如也音俞 猰貐似貙虎爪食人迅走以主切 變汙也一日渝水在遼西東出塞音俞 虒蝓也音俞 引也音俞 欲也音俞 北陵西隃鴈門是也傷遇切 巧黠也託侯切 穿木戶一日空中也音俞 築牆短版也度侯切 榆白枌音俞 緰貲布也音蝓 清河縣音輸 醬䤰也田候切

瑜 說文瑾瑜美玉也羊朱切 錢君瑜

逾 踰 說文逾進也周書曰無敢昏逾羊朱切 說文越也羊朱切 六書統

歈 歋 說文歌也切韻云巴歈歌也案史記渝水之人善歌舞漢高祖采其聲後人因加此字羊朱切 楊桓書學

臾 說文束縛捽抴爲臾从申从乙臣鉉等曰乙屈也羊朱切 書學 脩能印書

附通 鼠梓木詩曰北山有楰音臾 諂也音臾 茱萸音臾 腹下肥音臾

於 說文無於字此乃烏字重文經史借爲轉語之用音迂 古老子 小篆 商鐘 石鼓 師箟敦 秦權 同文小異 碧落碑 存乂切韻 名印

附通 鬱也一日殘也音於 積血也依倨切

虛 說文大丘也崐崘丘謂之崐崘虛臣鉉等曰今俗別作墟非是丘如切又朽居切 古老子 齊侯鎛 存乂切韻 希裕略古 古文奇字 同文集 東虛唯印 名印 六書正譌

附通 吹也音歔 欷也一日出气也朽居切

魖 說文耗鬼也朽居切 存乂切韻 古尚書

吁 說文驚也況于切 書學

山 建首山盧飯器以柳爲之去魚切

區 說文踦區藏匿也从品在匸中品衆也豈俱切 王庶子碑 附通 齊歌也烏侯切 魚名狀似蝦無足長寸大如叉股出遼東豈俱切 母也於遇切 小盆音謳

蓲 艸也去鳩切 私宴歓也音嫗 編枲衣一日頭樞一日次裏衣於侯切又於武切

嶇 說文敧也臣鉉等曰今俗作崎嶇非是豈俱切 楊桓書學 摭古遺文

驅 敺 說文馬馳也豈俱切 六書統 正譌 逸古摘

軀 說文體也豈俱切 書學

居 凥 說文蹲也从尸古者居从古臣鉉等曰居从古者言法古也九魚切○居下有重文踞字踞又再見足部居御切許氏誤也今删此存彼 說文處也从尸得几而止孝經仲尼凥凥謂閒居如此九魚切

古文 古孝經 南宮中鼎 季娟鼎 碧落碑 存乂切韻 古文奇字 左居之印 名印 附通 衣袍也音居

檐唐也居御切 音居 戟挶也 音居 水也 音居 櫝也 音居 北方謂鳥腊曰腒傳曰堯如腊舜如腒音居 瓊琚詩曰報之以瓊琚音居

拘 說文止也舉朱切 古文 六書統

斞 說文挹也舉朱切 書學

駒 說文馬二歲曰駒三歲曰駣舉朱切 緐駒父鼎 仲駒敦 寅簋 逸古摘

渠 說文水所居彊魚切 楊桓書學 吳人呼彼 脩能印書 附通 雎鰈音渠

籧 說文籧篨粗竹席也彊魚切 籧龍

豦 說文鬬相丮不解也司馬相如說封豕之屬一日虎兩足舉強魚切 古文奇字 附通 菜也似蘇音豦 蘧麥音豦 飲牛筐方日筐圜日篆居許切 且往也昨誤切

務也其據切　璩 環屬音豦

衢 說文四達謂之衢其俱切　林罕集

癯 說文少肉也其俱切　學書

瞿 建首鷹隼之視也九遇切又音衢　汗簡　瞿應明印

附通　行皃音瞿　魚名九遇切　氍毹氉毲皆氍毹之屬蓋方言也音瞿　兵器音瞿

走顧皃音瞿　水出汝南吳房入瀙音瞿　行皃音瞿

鸜 說文鴝鵒也其俱切　學書

劬 說文勞也其俱切　名印

胥 說文蟹醢也相居切　胥農　胥妾　奇字

附通　知也私呂切　魚也音胥　知也音諝　莤酒也一日浚也一日露皃詩曰有酒湑我又零露湑兮音諝

蜙蝑也音胥　糧也音諝　取水沮也音胥　木也音諝　祭具也音諝

須 說文待也相俞切　籀韻　古尚書　六書統　存乂切韻　同文集

鬚 建首面毛也臣鉉等曰此本須鬢之須借爲所須之須俗書从水非是相俞切　須子　須簡　名印

附通　須髮半白也府移切　短須髮皃敷悲切　絆前兩足

也漢令蠻夷卒有顉相主切　女字也楚詞曰女嬃之嬋媛賈侍中說楚人謂姊爲嬃音須　檳盨負戴器也音須

需 說文顉也遇雨不進止顉也从雨而聲易曰雲上於天需李陽冰云當從天然諸書皆从而無有从天者相俞切　古文　正譌从天

附通　短衣也一日㬎衣人朱切　臂羊矢也

那到切　怒犬皃乃侯切又奴豆切　鬼彪聲䨲䨲不止也奴豆切　厚酒也而主切　染也周禮六曰擩祭音需　水出涿郡故安東入漆涑音儒

繻 說文繒采色臣鉉等曰漢書傳符帛也相俞切　繻況

【且】建首薦也子余切又千也切〇平上兩見餘詳者韻 附通 石戴土詩曰陟彼岨矣七余切 田賦也則吾切 茅藉也禮曰封諸侯以土苴以白茅音苴 拙也似魚切
益州部謂螾場日坥音岨 人相依宜也音苴 履中艸子餘切 驕也子去切 豕屬疾余切 疏也徂古切 牡馬也一日馬蹲駔也子朗切 險也側呂切
琮玉之瑑則古切 事好也才與切 玃屬一日狙犬暫齧人者一日犬不齧人也親去切 含味也慈呂切 右扶風鄠鄉千余切 趑趄也音岨
【疽】說文癰也七余切 林罕集
【雎】說文王鴡也七余切 楊桓書學
【罝】說文兔网也子邪切〇本遮韻字以類相從借置此
【沮】說文水出漢中房陵東入江子余切 巨沮信印 沮憲
【菹】說文酢菜側魚切 說文醢也从血菹聲側余切 石鼓帛魚鱳鱳其盬氏鮮鄭氏注盬亦菹字
【諏】說文聚謀也子于切 書學 六書統
【蛆】說文蠅乳肉中也七余切 書學
【徐】說文安行也似魚切 說文緩也似魚切 古老子 徐就 徐松 徐良登印 徐賈 徐穉 徐亮 徐中公印 徐茲卿
徐復 徐福之印 徐常 徐子公 徐志敏 徐德之印 徐軌之白牋 徐登之印 徐細 徐毋卑 徐譚 徐哉
徐福 徐強之印 徐強 徐宇印 徐最之印 徐伐私印 徐兄 董徐來
【書】說文著也商魚切 古文 籀文 嶧山碑 華嶽碑 碧落碑 六書統 升菴索隱 內殿書印 王尊書
李書印 壽張典書令印 長書 名印 禺陽印志

舒　說文伸也一曰舒緩也傷魚切　樊先生碑　楊大夫集　存乂切韻　同文集　古文奇字　舒長年　辛長舒印　舒策之印
騶舒私印　臣舒
附通　地名式車切

紓　說文緩也傷魚切　楊桓書學

諸　說文辯也章魚切　古尚書　古孝經　嘉仲盉　諸旅鬲　光遠集綴　諸兼孝印　諸吳之印　諸葛恭印　諸駕　禺陽印志

藷　說文藷蔗也章魚切　奇字
附通　偫也直魚切

豬　說文豕而三毛叢居者陟魚切　趙豬
附通　水所亭也陟魚切　莖藸也直魚切

朱　說文赤心木松柏屬从木一在其中章俱切　說文純赤也虞書丹朱如此章俱切　鐘鼎文　碧落碑　存乂切韻　升菴索隱　同文集　朱臨
朱隱　朱祿私印　朱誰私印　朱雪生　朱勳印　朱憲私印　朱象白牋　朱象　朱有
附通　水出泰山蓋臨樂山北入泗市朱切　權十分黍之重
也音洙　茱萸茱屬音洙　鳥口也音朱　桙雙也音株　木根也陟輸切

邾　說文江夏縣陟輸切　邾志

誅　說文討也陟輸切　古尚書　義雲章　楊桓書學　升菴索隱　脩能印書

蛛　說文鼅鼄也陟輸切

除　說文殿陛也直魚切　古老子　疢疾除永康休萬壽寧　石除
附通　水名音除　籧篨也直魚切　黃蒢職也音除

廚　說文庖屋也直株切　古文　鐘鼎文　凌臺文

躕　說文峙躇不前也直魚切　楊桓學書

殊 說文死也漢令曰蠻夷長有罪當殊之市朱切 古尚書

乙 建首鳥之短羽飛乙乙也市朱切

殳 杸 建首以杸殊人也市朱切 說文軍中士所執也司馬法曰執目从杸音殳 汗簡 義雲章 升菴索隱

附通 說文殳也或說城郭市里高縣羊皮有不當入而欲入者暫下以驚牛馬曰祋故从示殳詩曰荷戈與祋丁外切 繇擊也从殳豆聲古文祋如此度侯切 陶竈牕也營隻切 譱吺多言也當侯切 上谷名豬殺音投 民皆病也音投

如 說文从隨也人諸切 王庶子碑 碧落碑 義雲章 楊桓書學 古文奇字 澹如護軍章 烏如年印 馮相如 陰如 鄭如雨 名印 脩能印書

附通 巾帤也一曰幣巾女余切 敝緜也息據切 地名音如 漸溼也人庶切○正韻作洳

飤馬也音澤

儒 說文柔也術士之稱人朱切 古文 籀文 王庶子碑 碧落碑 存乂切韻 六書精蘊 同文集 儒光之印 張儒私印 張儒之印 成儒

懦 說文駑弱者也人朱切 說文弱也一曰下妻也相俞切 摭古遺文 奇字

鴽 說文牟毋也人諸切

樞 說文戶樞也昌朱切 名印

姝 說文好也昌朱切 說文好也詩曰靜女其姝昌朱切 說文佳好也詩曰靜女其袾昌朱切○今詩作姝姝亦說文字也兩引詩而不姝何也 六書統

摴 說文舒也又摴蒲戲也丑居切 書學

樗 說文木也丑居切 書學

閭　說文里門也力居切　碧落碑　閭丘譚印

臚　說文皮也力居切○膚又見五模　名印

盧　說文寄也秋冬去春夏居力居切　牧敦　存乂切韻　升菴索隱　古文奇字○三文俱小異未知孰是

驢　說文似馬長耳力居切　古文　義雲章　六書統　遜古摘

膢　說文楚俗以二月祭飲食也一日祈穀食新日離膢力居切　古文　升菴索隱云八月祭也鹽鐵論非膢臘不休息注八月旦日膢

貙　說文貙貗似貍者敕俱切　脩能印書

趨　說文走也七逾切　存乂切韻　六書統　升菴索隱

五模

模　說文法也莫胡切　古漢書　六書統　升菴索隱

摹　說文規也莫胡切　南嶽碑

謨　說文議謀也虞書日咎繇謨莫胡切　古史記　奇字　六書統　逸古摘

逋　說文亡也博孤切

餔　說文日加申時食也博孤切　玉篇表瑜

徂　說文往也退齊語全徒切　古尚書

殂　說文往死也虞書放勛乃殂落胙胡切　古省文　汗簡　古文奇字

鉏　說文立薅所用也士魚切　古文　楊桓書學

雛　鶵　說文雞子也士于切

蒲　蒱　說文艸也可以作席薄胡切○正韻摴蒲博戲與蒲通用　書學　淳于蒲蘇　張蒲私印　郎蒲　趙蒲私印　郭蒲

都　說文有先君之舊廟曰都周禮距國五百里爲都當孤切　石經　太齊侯鐘　公緘鼎　同文集　殿中都護
漢都亭侯　強弩都尉　虎步都尉司馬　都尉　武猛都尉　就都亭宰印　郭都　趙廣都　賈都

徒　說文步行也同都切　古老子　齊侯鎛　齊侯鐘　碧落碑　試敦　商隱字略　司徒左長史印　申徒朗　徒單　司徒平

途　塗　涂　說文泥也同都切　說文會稽山一曰九江當嵞也民以辛壬癸甲之日嫁娶虞書曰予娶嵞山同都切　說文水出益州西北入澠同都切○正韻通作途塗
古尚書　汗簡　古爾雅　存乂切韻

荼　說文苦荼也同都切臣鉉等曰此卽今之荼字　碧落碑　茶廣年印　茶聚　茶象茶

圖　說文畫計難也从口从啚啚難意也徐鍇曰規畫之也故从口同都切○啚嗇也方美切　古老子　碧落碑　存乂切韻　楊桓書學
逐古摘　名印　印書

屠　說文刳也同都切　古文奇字　晉屠客率善阡長　晉屠客率善佰長　勝屠勳　屠寧　屠名印
附通　左馮翊鄜陽亭音屠

菟　說文楚人謂虎爲烏麂同都切　楊桓書學

盧　說文飯器洛乎切　華嶽碑　存乂切韻　盧建印　盧冒　盧次孺印
附通　櫨　柱上柎也伊尹曰果之美者箕山之東青鳧之所有櫨橘焉夏孰也一曰宅櫨木出弘農山也音盧
舳艫也一日船頭音盧　鬣也音盧　拏持也音盧　鱸鱍音盧　水名音盧　剛土也音盧　布縷也音盧　積竹矛戟矜也音盧

鑪 鑪 爐 說文䍃也洛乎切 古文 說文方鑪也臣鉉等曰今俗別作爐非足洛乎切 義雲章

顱 說文頊顱頂骨也洛乎切 書學

蘆 說文蘆菔也一曰薺根洛乎切○今俗以爲蘆葦之蘆 名印

旅 黸 說文黑色也義當用黸洛乎切 說文齊謂黑爲黸洛乎切

奴 說文奴婢皆古之辠人也乃都切 古尚書 同文集 晉匈奴率善佰長 豺奴之印 陳奴 薄戎奴 叜閭奴 蘇張奴 鍾奴 名印

附通 亂也詩曰以謹惽怓女交切 絜緼也一曰敝絮易曰需有衣絮女余切 石可以爲矢鏃夏書梁州貢砮丹音奴 弊衣也女加也 鳥籠也乃故切

帑 努 說文金幣所藏也乃都切○正韻通作努說文無努字 牧子文努 六書統努

胡 說文牛頷垂也戶吳切 王庶子碑 古文奇字小異 存乂切韻 六書統 同文集 漢歸義胡帥長 胡欽之印 胡持印信 胡義 胡福之印 胡戎私印 胡慶 公孫胡 胡世之印 胡光吉印

附通 醍醐酪之精者也音胡 珊瑚也音胡 斬𪕮鼠黑身白腰若帶手有長白毛似握版之狀類蝯蜼之屬戶吳切○書學以爲猢猻字

湖 說文大陂也揚州浸有五湖浸川澤所仰以灌溉也戶吳切 名印

糊 說文黏也戶吳切

餬 說文寄食也戶吳切 說文餰也戶吳切 楊桓書學 六書統

附通 木出橐山他乎切

乎 說文語之餘也从兮象聲上越揚之形也戶吳切 古老子 碧落碑

壺 建首昆吾圜器也戶吳切 古文 籀文 汗簡 仲考壺 碧落碑 存乂切韻 古文奇字 升菴索隱 壺讓私印

壺駿私印　修能印書

孤　說文無父也古乎切　古文　碑　碧落　存乂切韻　名印　印書
附通　吹鞭也古乎切

觚　柧　說文鄉飲酒之爵也一日觴受三升者謂之觚古乎切　說文棱也一日柧棱殿堂上最高之處亡胡切

呱　說文小兒嗁聲詩日后稷呱矣古乎切　楊桓書學

辜　說文辠也古乎切　籒文　六書統
附通　嫴　保任也音辜〇律有保辜當是此字然正韻無嫴字但作辜

姑　說文夫母也古胡切　石經　伯庶父敦　晉姜鼎　義雲章

沽　酤　夃　說文一宿酒也一日買酒也古乎切　說文水出漁陽塞外東入海古胡切　說文秦以市買多得爲夃詩日我夃酌彼金罍古乎切〇今詩作姑是夃兼姑沽二義
古文奇字
附通　韭鬱也苦步切

枯　說文槀也苦孤切　說文枯也苦孤切

虍　建首虎文也荒烏切　奇字

呼　虖　嘑　謼　說文外息也荒烏切　說文哮虖也荒烏切　說文號也荒烏切　說文召也荒烏切　說文溫吹也虎烏切　說文評謼也荒故切〇正韻與呼通用　古文　古孝經　王惟恭黃庭經　陰符經　尨敦　郙敦〇二文俱乎字通用　存乂切韻
附通　地名呼古切

吾　說文我自稱也五乎切　古孝經　古老子　六書統　同文集　吾丘王孫　吾丘郚　建牛吾
附通　行皃魚舉切又音牙　守之也魚舉切　水出琅邪東北入潍音吾　齒不相值魚舉切　獸名司夜切　東海縣故紀侯之邑也音吾

菩　說文艸也楚詞有菩蕭艸五乎切　古文奇字

【梧】說文梧桐木一名櫬五胡切　汗簡　津梧長印　脩能印書

【吳】說文姓也亦郡也一曰吳大言也五乎切　吳鼎　義雲章　存乂切韻　升菴索隱　吳富私印　吳安

吳樂成　吳慶　吳通　吳崇伯永　吳宗　吳賀私印　吳中君印　吳倫　吳勝之印　吳定之印　徐吳之印　吳世闕　諸吳之印

吳心　吳希元印　印書

附通　俁　大也詩曰碩人俁俁魚禹切

【麤】建首行超遠也倉胡切　六書統　玉篇表瑜

附通　蔍　艸履也倉胡切

【烏】建首孝烏也孔子曰烏盱呼也取其助气故以爲烏呼哀都切　古文　籀文　碧落碑　侍郎碑　晉烏丸率善邑長

烏如年印　印書

附通　䲧　走輕也安古切　太原縣　音趨

【歍】說文心有所惡若吐也一曰口相就哀都切　書　學

【杇】說文所以涂也秦謂之杇關東謂之槾哀都切　書學

【蘇】說文桂荏也素孤切

【穌】說文把取禾若也素孤切　古文　淳于蒲蘇　蘇順　蘇武　蘇門　蘇闕　蘇鳳　蘇收　蘇豐

蘇文　蘇遂印　蘇張奴　蘇闕　蘇豆之印　蘇豪印信　蘇廣　蘇瘦　脩能印書

【初】說文始也从刀从衣裁衣之始也楚居切　季辟父敦　卬仲盦　師毀敦　散季敦　伯碩父鼎　義雲章　升菴索隱云鐘鼎之字未可以武后曾用併廢古文　古文奇字　弇洲藝苑卮言云宣和書譜初字乃从二貝　黽初宮印　名印　印書

【芻】說文刈艸也象包束艸之形叉愚切　古文　古老子

附通　犓　以芻莝養牛也國語曰犓豢幾何音芻　齺　齒搚也一曰齰也一曰馬口中糜也音鄒　媰　婦人妊身也周書曰至于媰婦側鳩切　縐　絺之細也詩曰蒙彼縐絺一曰蹴也側救切

足 建首足也上象腓腸下从止弟子職曰問疋何止古文以為詩大疋字亦以為足字或曰胥字一曰疋記也所葅切

疏 說文通也所葅切 說文門戶疏窻也所葅切 義雲章 統 六書精蘊 印書 附通 齋財卜問為䟽讀若所疏舉切 附通 蔬 菜也音疏

梳 說文理髮也所葅切 古印 文書

敷 尃 說文㪟也周書曰用敷遺後人芳无切 說文布也芳无切 古尚書敷 商鐘 齊侯鐘 存乂切韻 古文 六書正譌 奇字敷

附通 䩩 軶裹也 匹各切 榑 榑桑神木日所出也 防無切 髆 肩甲也 補各切 溥 大也 滂古切 嚍 堅也 補各切 轉 車上索 音髆 縛 束也 符钁切 噂 嗤兒 音髆 膊 薄脯膊之屋上 音轉 賻 助也 符遇切

孚 說文卵孚也从爪从子一曰信也芳無切古文从呆呆古文保字 牧敦 仲偁父鼎 希裕略古 遜古摘 同文集 附通 烰 烝也詩曰烝之烰烰 縛牟切 俘 軍所獲也音孚 莩 艸也音孚 桴 棟名音浮 脬 膀光也匹交切 莩 筳也音孚 郛 郭也音孚

桴 說文稃也芳无切

膚 說文臚字重文皮也力居切 ○今依正韻音夫再見从俗 古孝經 奇字 六書統 遜古摘 同文集 馮膚印書

夫 建首丈夫也从大一以象簪也周制以八寸為尺十尺為丈人長八尺故曰丈夫甫無切 汗簡 古孝經 古老子 宋君夫人鼎 召夫鼎

許子鐘 大夫始鼎 繡衣執法大印但於大字了筆作二字章法奇甚 孔夫人 莚夫人 陰夫印書 附通 袂 襲袂也音夫 芙 芙蓉音夫

鈇 鈇魚出東萊音夫 莝斫刀 音夫 琅邪縣一名純德音夫

麩 說文小麥屑皮也甫無切 楊桓書學

扶 說文左也防無切 說文扶疏四布也防無切 書學 光遠集綴 同文集

㒷　說文舒㒷鷩也防無切　古文　奇字　名印

無　无　說文亡也从亡無聲奇字无通於元者王育說天屈西北爲无武扶切　說文豐也从林𡘽或說規模字从大卌數之積也林者木之多也卌與庶同意商書曰庶艸繁無文甫切〇徐鉉進說文表內一款云霖本蕃廡之廡有無之無本从亡李斯書碑諱亡以諛始皇借此爲有無字後世仍之然以豐盛之義而爲消亡之用大不相侔矣今平上兩存　古文　古老子

嶧山碑　貝丘長碑　碧落碑　孟姜匜　孟姜敦　杞公匜　冀師盤　季娟鼎　或如此　公緘鼎　晉姜鼎

印仲盤　印仲盉　存乂切韻　同文集　奇字有無　奇字蕃無　檮無害印　賈無恙　同

無　名印　禹陽印志

附通　覆也荒烏切　愛也韓鄭曰憮一日不動文甫切　媢也音憮　三采玉音無　無骨腊也揚雄說鳥腊周禮有膴判音幠

水出南陽東入潁音憮　弘農陝東陝也武扶切　穢也音膴　膴妻微視也莫浮切

毋　建首止之也从女有奸之者武扶切　汗簡　遥古摘　石毋　萬毋　毋彊　毋莠　毋利　佴毋傷　狗毋傷　華毋忌　毋闕

段毋方印　秦毋方　孔毋何　徐毋卑　脩能印書

附通　人無行也賈侍中說秦始皇母與嫪毒淫坐誅故世罵淫曰嫪毒過在切〇當是毒誅後始作無行解不然豈有以無行命名

巫　建首祝也女能事無形以舞降神者也象人兩褎舞形古者巫咸初作巫武扶切　古文　詛楚文　存乂切韻　遥古摘　古文奇字　巫九張印

誣　說文加也武扶切　六書統　脩能印書

六書通 上平聲第二

海鹽畢弘述旣明篆訂

苕溪 閔章含貞 程煒赤文 同校

六皆

皆 說文俱詞也古諧切 古老子 王庶子碑 王皆之印 倄能印書 附通 水流湝湝也一曰湝湝寒也詩曰風雨湝湝音皆 馬和也音諧 黑石似玉者音鍇 九江謂鐵曰鍇苦駭切 彊也詩曰偕偕士子一曰俱也音皆 鳥鳴聲一曰鳳凰鳴聲喈喈音皆 臞也音皆 大絲也口皆切

佳 說文善也古膎切 古文 同文集 印書

階 說文陛也古諧切 雲臺碑 存乂切韻 古文奇字 六書精蘊

諧 說文詥也戶皆切 說文樂和龤也書曰八音克龤戶皆切 汗簡 商隱字略 古文奇字

骸 說文脛骨也戶皆切 書學 楊桓 摘逸古

鞋 鞵 說文革生鞮履也戶佳切鞋同 書學

膎 鮭 說文脯也戶皆切 書學

乖 說文戾也从丫而兆兆古文別兵列切篆文分別字也古懷切 古文 六書統 義雲章 存乂切韻 摘逸古 同文集

𠦬 建首背呂也古懷切 汗簡

懷 褱 說文念思也戶乖切 說文袖也一曰藏也戶乖切 說文俠也一曰橐戶乖切 古尚書 古老子 晉姜鼎 南宮中鼎 雲臺碑 碧落碑 古文奇字 賈懷印信 倄能印書 附通 北方水也音懷

槐 說文木也戶恢切 奇字 琅槐丞印 印書

淮 說文水出南陽平氏桐柏大復山東南入海从水隹聲戶乖切 林師淮卣 同文集 吳元滿六書總要云淮諧隹聲从隹者誤 張淮 附通 器也

胡罪切

釵 說文笄屬本只作叉此字後人所加楚佳切

叉 說文手指相錯也初牙切 存乂

齋 說文戒潔也側皆切籀文从𩏂省𩏂籀文禱字 古文 切韻 希裕略古 齊侯鐘 遜古摘 升菴索隱

俱名印 容齋見俞氏印譜豈善五筆之人邪

豺 說文狼屬狗聲士皆切 豺奴之印

柴 寨 說文小木散林臣鉉等曰師行野次豎散木爲區落名曰柴籬後人語譌轉入去聲又別作寨字非是士佳切 楊桓書學

祡 說文燒柴焚燎以祭天神虞書曰至于岱宗祡仕皆切 古文 籀文

排 說文擠也步皆切 同文集

埋 薶 說文瘞也莫皆切 書學 附通 風雨土也莫皆切

崖 說文山邊也五佳切 說文高邊也五佳切 書學 名印 禹陽印志

開 說文張也苦哀切 古文奇字 天台經幢 王開光印 開元 京兆郡開國公章

剴 說文大鎌也一曰摩也五來切 齊侯鐘

該 晐 說文軍中約也古哀切 說文兼晐也古哀切 碧落碑

垓 晐 說文兼垓八極地也國語曰天子居九垓之田古哀切 六書統 古文奇字 摭古遺文

陔 說文階次也古哀切 碧落碑

孩 咳 說文小兒笑也戶來切 天台經幢 六書統 升菴索隱 奇字

哀 說文閔也烏開切 古孝經 師𣪊敦 碧落碑 逸古摘

皚 說文霜雪之白也五來切 六書統

胎 說文婦孕三月也土來切 六書統

台 說文說也與之切〇正韻又音胎俗用之 同文集云古胎字从口音圍大也

臺 說文觀四方而高者徒哀切 古文 天台經幢 王惟恭黃庭經 雲臺碑 六書統 名印

附通 儓 遲鈍也闒儓亦如之音臺 儓能印書

駘 說文馬銜脫也徒哀切 莊駘之印 趙駘

苔 菭 說文水衣徒哀切 書學

來 棶 建首周所受瑞麥來麰一來二縫象芒朿之形天所來也故爲行來之來詩曰詒我來麰洛哀切 說文齊謂麥棶也洛哀切 古孝經 趙盦 存乂切韻

奇字 來鼻君 淳于來 來任之印 彭將來印 名印 禺陽來印志 印書

附通 內視也洛代切 目童子不正音覩 水起北地廣昌東入河并州浸音來 馬七尺爲騋音來 𡍬璜玉也音來 犬張齗怒也魚僅切 問也謹敬也一曰說也一曰甘也春秋傳曰昊天不憖又曰兩君之士皆未憖音㦗 魚也力珍切

萊 說文蔓華也洛哀切 楊桓書學 奇字

褦　說文彊曲毛可以箸起衣洛哀切　趙　褦

猜　說文恨賊也倉才切　說文疑之等越而去倉才切　尹巨　猜　鍾龍　未猜

哉　說文言之閒也祖才切　說文傷也祖才切○古文碧落碑俱用爲哉字　周穆公鼎　古文　徐哉

附通　大㰻也側吏切　酢漿也徒奈切　故國

在陳留作代切

災　烖　說文天火曰烖祖才切　說文害也从一雝川春秋傳曰川雝爲澤凶祖才切　古孝經　嶧山碑　存乂切韻　古文奇字

○此菑字也正韻與災同說文不耕田也側詞切已見支韻此不贅　六書統

才　材　說文艸木之初也从丨上貫一將生枝葉一地也徐鍇曰上一初生岐枝下一地也昨哉切　說文木梃也昨哉切　古文　汗簡　古孝經　華嶽

附通　財　人所寶也音才　餅鞠也音才

碑　同文集

七灰

灰　說文死火餘妻也呼恢切　天台經幢　楊桓書學

揮　麾　撝　說文奮也許歸切　說文裂也一曰手指也許歸切　說文旌旗所以指麾也許爲切　楊桓書學　六書統　古文奇字

隳　墮　說文敗城自日陸今俗作隳非是許規切　古老子　同文集

眭　說文深目也亦人姓許規切○正韻音兮無隳音　書學

睢　說文仰目也許惟切　眞　睢

暉　煇　輝　說文光也許歸切　說文光也況韋切　碧落碑　雲臺碑　商隱字略　單輝字印　禺陽印志　脩能印書

徽　說文衺幅也一曰三糾繩許歸切　六書統　司馬徽印　趙徽

幑　說文幑也以絳幑帛箸於背春秋傳曰揚幑者公徒許歸切　六書統

翬　說文大飛也一曰伊洛而南雉五采皆備曰翬詩曰如翬斯飛許歸切　楊桓書學　解翬印信

恢　說文大也苦回切　古文　馬適恢印　尹恢

悝　說文啁也春秋傳有孔悝一曰病也苦回切　薛悝

魁　說文羹斗也苦回切　侯魁之印　脩能印書

闚　說文閃也去隓切　古文　古老子

窺　說文小視也去隓切　存乂切韻

睽　說文目不相視也苦圭切　六書精蘊

刲　說文刺也易曰士刲羊苦圭切　楊桓書學

虧　說文气損也去爲切　義雲章

附通　鳥也荒鳥切

威　說文姑也漢律曰婦告威姑於非切　古老子　宣威將軍　建威偏將軍　宣威長印　漢威武將校尉　白威

附通　椷　椷匬褻器也音威

隈　說文水曲隩也烏灰切　存乂切韻　六書統　脩能印書

逶　說文逶迆衺去之皃於爲切　說文或从虫爲

倭　說文順皃詩曰周道倭遲於爲切　六書統

痿　說文痺也儒隹切　說文病也於爲切

傀 瑰 說文偉也周禮曰大傀異公回切 瑰 說文玫瑰一曰圜好公回切○正韻通作傀 朱育集字 六書統

規 雉 說文有法度也居追切 古文 碧落碑 義雲章 六書統 倚能印書 附通 三足釜音規 媞也秦晉謂細腰爲嫢居隨切

歸 說文女嫁也舉韋切 古文 古老子 石經 唯叔鬲 南宮中鼎 存乂切韻 升菴索隱 歸趙侯印 漢歸義夷王 晉歸義夷帥長 吳歸之印信 尹歸 倚能印書 禺陽印志 附通 注目視也渠追切 薺實也驅歸切

嬀 溈 說文虞舜居嬀汭因以爲氏居爲切 說文地名居爲切 書學

龜 建首舊也外骨内肉者也从它龜頭與它頭同天地之性廣肩無雄龜鼈之類以它爲雄居追切 古文 汗簡 存乂切韻 升菴索隱 書學 王龜年印

圭 珪 說文瑞玉也上圜下方以封諸侯古畦切 古文 正譌 禺陽印志 倚能印書 附通 特立之戶上圜下方如圭音圭 姓也戶圭切 鮮明黃也戶圭切 黃華乎瓦切 四通道也古膎切 圜深目皃或曰吳楚之間謂好曰娃於佳切 缺盆也苦圭切 行竈也口迴切 諂聲音娃 兩髀之間音奎 盾握也音奎 桂叉可以劃麥音圭 鹿屬音圭 江南木百藥之長古惠切 牝牂羊生角者下瓦切 隴西上邽也音圭 甑空也烏瓜切 蠆也烏蝸切

回 迴 說文轉也戶恢切 丁回 禺陽印志 附通 溯洄也戶灰切

危 建首在高而懼也从产自卪止之魚爲切 古尚書 古孝經 汗簡 麗危 附通 仰也从人在厂上一曰屋梠秦謂之桷齊謂之产魚毀切 蟹也過委切 頭閑習也語委切 臿屬一曰瑩鐵也音蛫 水出南郡東入繇音蛫 祔祪祖也音蛫 閑體行姽姽也音蛫 黃木可染者音蛫 羊角不齊也音蛫

嵬 建首高不平也五灰切 書學

【巍】 說文高也从嵬委聲牛威切臣鉉等曰今人省山以爲魏國之魏語韋切○詳去隊 王惟恭黃庭經

【堆】【𠂤】 建首小𠂤也臣鉉等曰今俗作堆都回切 崔 說文高也都回切 說文屋从上傾下也都回切 古文 古尚書 正譌

【頹】【隤】 說文禿皃杜回切 說文下隊也杜回切 籀文 古詩 六書統 古文奇字

【魋】 說文獸似熊杜回切 古文

附通 讙 誤也音魋

【靁】【䨻】 說文陰陽薄動靁雨生物者也畾象回轉形魯回切 古文 古尚書 存乂切韻 升菴索隱 奇字

【雷】 正譌 雷比干

附通 儡 相敗也音雷 藟 艸也詩曰莫莫葛藟一曰秬鬯也力軌切 推也盧對切 玉器也音雷

【畾】【䨻】【櫑】 說文龜目酒尊刻木作雲雷象象施不窮也魯回切

【纍】 說文綴得理也一曰大索也力追切 楊桓書學

附通 儽 垂皃一曰嬾解也音藟 水出鴈門陰館累頭山東入海或曰治水也音纍 山行所乘者力追切

【羸】 說文瘦也力爲切 古文 古老子 奇字 升菴索隱 倄能印書

附通 不均也力臥切 銼鑹也魯戈切 都中病郎古切 畜産疫病音羸

【崔】 說文大高也胙回切 古文 丁父彝 張崔

附通 漼 深也詩曰有漼者淵七罪切 摧 擠也一曰挏也一日折也音崔 催 相擣也詩曰室人交徧催我音崔 璀 璀璨玉光也音漼 縗 箸絲於箸車也穌對切

【夂】 建首行遲曳夂夂楚危切

附通 㡀 蓋也象皮包覆㡀下有兩肩而夂在下亡范切

【杯】【桮】 說文匱也布回切 汗簡 義雲章 六書統

【丕】 說文大也敷悲切 存乂切韻 同文集 倄能印書

附通 伓 有力詩曰以車伓伓音丕 駓 黃馬白毛音丕 秠 一稃二米詩曰誕降嘉穀維秬維秠天賜后稷

之嘉穀 也音丕 大䕶也其小 者名鯀音丕 奚仲之後湯左相仲虺 所封國在魯辥縣音丕

醅 說文醉飽也匹回切 書學

枚 說文榦也可爲杖詩曰施于條枚莫杯切 汾陰鼎 蘇枚

梅 說文枏也可食莫悲切 古尚書 存乂切韻 逸古摘 梅當私印 梅賀私印 印書 六書正譌 名印

玫 說文火齊玫瑰也莫桮切 楊桓書學

眉 建首目上毛也从目象眉之形上象頟理也武悲切 古文 演說文 商鐘 穆公鼎 齊侯鎛 許子鐘 公緘鼎 晉姜鼎 姬寏豆 孟姜敦 高克尊 龙敦 仲盤印 書學 古文奇字 玉篇表瑜

附通 瑂 石之似玉者音眉 右扶風縣音眉

楣 說文秦名屋櫋聯也齊謂之檐楚謂之梠武悲切 古爾雅

湄 說文水艸交爲湄武悲切 書學 脩能印書

㐖 垂 陲 建首艸木華葉㐖象形是爲切 說文遠邊也是爲切 說文危也是爲切 古文㐖 集古 六書統 奇字 希裕略古

附通 磊也洛猥切 八銖也直垂切 厜㕒山顛也姊宜切 諈諉纍也竹寘切 雖也是偽切 河津也在西河西土禾切 諉也音諈 堅土也丁果切 瘢胝也竹垂切 擣也直類切

隨 說文从也旬爲切 華嶽碑 碧落碑 存乂切韻 書學 隨賢之印 印書

附通 裂肉也徒果切

隹 建首鳥之短尾緫名也象形職追切 古文 籀文 汗簡 商鼎 散季敦 南宮中鼎 宰辟父敦 奇字○餘文甚多頗欠雅醇置不錄

附通 鋭也音隹 姿雄姿也一曰醜也許惟切 賣去手詩曰賈用不售承臭切 隹隗高也都辠切 艸多皃音隹 動也亦地名千水切 一鳥

枚也持一隹曰隻二隹曰雙之石切 仳仳醜面許惟切 鳥也荒烏切 雗鷽也侯幹切 舂也都隊切 出額也直追切 尻也示隹切 擊也齊謂之終葵音傾

琟 石之似玉者以追切

騅 說文馬蒼黑雜毛職追切 杜騅
附通 鳥也五隹切

追 說文逐也陟隹切 伯碩父鼎 嶧山碑 存乂切韻 古文奇字 脩能印書
附通 以繩有所縣也持僞切 關東謂之槌關西謂之持直類切

甤 蕤 說文艸木實甤甤也儒隹切 說文艸木華垂皃儒隹切 古文

𧖴 說文赤子陰也或从血子回切 天台經幢 書學

綏 說文車中把也息遺切 古尚書 奇字 同文小異 綏武侯印 綏民校尉

雖 說文似蜥蜴而大息遺切 古文 存乂切韻 奇字小異

荾 說文薑屬可以香口息遺切 書學

奞 建首鳥張毛羽自奮也息遺切

爲 說文母猴也其爲禽好爪爪母猴象也下腹爲母猴形薳支切 古文 古孝經 古老子 石鼓 晉姜鼎 嶧山碑 碧落碑 六書正譌 名印 脩能印書
附通 闢門也國語曰闖門而與之言韋委切 屋皃音闖 鄭地坂春秋傳曰將會鄭伯于隯許爲切 資也
或曰此古貨字說僞切〇又見去個 口咼也音闖

囗 圍 建首回也象回帀之形羽非切 守也羽非切
附通 不流濁也音圍

韋 建首相背也从舛口聲獸皮之韋可以束枉戾相韋背故借以爲皮韋羽非切 韋子尊 六書統 韋咸私印 韋賢 韋曇印 禺陽印志

附通 褘 蔽厀也周禮曰王后之服褘衣謂畫袍許歸切 茅蒐染韋也莫佩切 音褘 囊也 音韋 宮中門 音韋 回也 杅者于鬼切木也可屈為 云貴切 織橫絲也

違 說文離也羽非切 說文衺也羽非切 說文戾也羽非切 說文不說也羽非切 古文 碧落碑 希裕略古 印書

禕 說文重衣皃羽非切 奇字

葵 說文菜也彊惟切 說文葵也求癸切○張有復古編作葵正韻同 商隱字略 李宗言釋字 六書統 升菴索隱

逵 說文九達道也似龜背故謂之馗馗高也渠追切

夔 說文神魖也如龍一足象有角手人面之形渠追切 齊侯鎛鐘 素腹鼎 夔鼎 存乂切韻 奇字 升菴索隱 同文集小異

裴 說文長衣皃臣鉉等按漢書裵回用此今俗作徘徊非是薄回切 書學 鄉裴國尉 曹裵印信

培 說文培敦土田山川也薄回切 說文重土也一日滿也薄回切

衰 說文減也一日耗也楚追切 說文艸雨衣穌和切○又詳歌韻

誰 說曰何也示隹切 古老子 閻誰尹印 朱誰 陝誰 名印

吹 說文出气也昌垂切 說文龠音律管壎之樂也昌垂切 籀韻

炊 說文爨也昌垂切 義雲章 古文奇字

推 說文排也他回切 古老子 馮推印 董推私印

附通 萑也詩曰中谷有蓷音推

附通 持弩拊渠追切 權也渠追切 脛肉也一日曲脛也渠追切 ○無變文可附并附韻末

八眞

眞 說文仙人變形而登天也側鄰切 碑 碧落 存乂切韻 說文以眞受福也側鄰切 古文奇字 古老子 眞宮之印 汗簡○華嶽碧落二碑俱用爲顛字 盛治眞印 雎眞 名印 籀文 南宮中鼎 雲臺碑

附通 禛 種概也周禮曰禛理而堅之忍切

盛皃待年切 轃 車轃釖也苦閑切 滇 益州池名都年切 瞋 起也昌眞切 霣 雨聲帥夷切

珍 說文寶也陟鄰切 存乂切韻 六書統 刁珍印信 張珍之印 名印

唇 說文驚也側鄰切 ○口耑之脣見後 存乂切韻 鐘鼎文

申 建首神也七月陰气成體自申束以臼自持也吏旨餔時聽事申旦政也失人切 籀文 申鼎 伯申鼎 叔液鼎 鐘鼎奇字

碧落碑 申隆之印 中層朗 申世之印 申潔私印 申蒼所 申農 申屠詔 申徒申 管印 名印 脩能印書

附通 紳 大帶也音申 夾脊肉音申

伸 說文屈伸失人切 說文引也失人切

附通 𢹲 理也直刃切

呻 說文吟也失人切 六書統

身 建首躳也失人切 古文孝經 古老子 汗簡 齊侯鐘 杞公匜 孟姜匜 古文奇字 遜古摘

同文集 身相印 宜身至前宋憲記印

附通 侲 神也失人切

瞋 說文張目也昌眞切 說文恚也賈侍中說 謓笑昌眞切 書學 六書統

附通 瞋 盛气也待年切 ○正韻瞋同

辰 建首震也三月陽气動靁電振民農時也物皆生辰房星天時也植鄰切 說文日月合宿爲曟植鄰切 古文 父乙鼎 召公尊 漢長生鑑 脩能印書

奇字 存乂切韻 解辰私印

附通 娠 女妊身動也一日官婢女隸謂之娠音身 侲 僮子也章刃切 賑 富也之忍切 麎 牝麋也音辰 宸 屋宇

也音辰 伏皃一日屋宇珍忍切 動也側鄰切

【晨】建首早昧爽也从臼从辰辰時也丮夕為𡖋臼辰為晨皆同意食鄰切○𡖋俗作夙 碧落碑 古文 汗簡 【附通】鷐風也植鄰切

【農】說文房星為民田時者植鄰切 類釋 義雲章

【神】說文天神引出萬物者也食鄰切 說文神也食鄰切 古文 古尚書 古老子 齊侯鎛 神寶鑑 孫讓文 華嶽碑

雲臺碑 碧落碑 希裕略古 存乂切韻 林罕集 陰符經 古文奇字 神通印

【人】【儿】建首天地之性最貴者也如鄰切 建首仁人也古文奇字人也孔子曰在人下故詰屈如鄰切 籀文 古孝經 古老子 雲臺碑

碧落碑 存乂切韻 奇字 千人督印 朱聖人印 孫齊人印 朱芾 莊夫人 名印 脩能印書

【仁】說文親也如鄰切 籀韻 同文集从人上 仁同成 中廣仁 脩能印書

【辛】建首秋時萬物成而孰金剛味辛辛辠也辛承庚象人股息鄰切 汗簡 存乂切韻 召夫鼎 辛鼎 冀父辛卣 父辛舉○鐘鼎多犯辛字 辛富之印

辛丞私印 【附通】唐厗石也杜兮切 寒病也所臻切

【新】說文取木也息鄰切 古老子 戊巳鬲 義雲章 存乂切韻 同文集 古文奇字 新城令印 永新令印

新牛印 新貞私印 新目 印書

【薪】說文蕘也息鄰切 汗簡 六書統 同文集 李薪君印

【親】說文至也七人切 說文至也初僅切○嶧山碑寴輒遠方亦作親用親字亦有初僅之音理合併此 古尚書 古孝經 古老子 義雲章 光遠集綴

存乂切韻 楊桓書學 六書統 奇字 王親 親意 陝親 繆親 印書 【附通】水出南陽舞陽中陽山入潁七吝切

【聿】說文聿飾也俗語以書好爲聿將鄰切 古文 存乂切韻

【津】說文水渡也將鄰切 說文气液也將鄰切 古尚書 存乂切韻 希裕略古 書學 六書統 奇字 津梧長印 臨津左尉

附通 艸皃子僊切

【秦】說文伯益之後所封國地宜禾一日秦禾名匠鄰切 古尚書 古文蓁通 盉和鐘 詛楚文 同文集 古文奇字

秦安世印 秦尹 秦文 秦之印 秦泉方 秦母

附通 水出桂陽臨武入匯側詵切 大車簣也側詵切

【賓】說文所敬也从貝𡧍聲必鄰切 古文 古老子 鐘鼎 夏鉤帶 張仲簠 存乂切韻

古文奇字 六書統 靳賓之印 李長賓 左賓私印 鄭賓之印

附通 恨張目也詩曰國步斯矉符眞切 頻髮也必刃切 死在棺將遷葬柩賓遇之音鬢 郲嵩也毗忍切 暫見也音鬢 鬼皃音矉

【繽】【闠】說文鬬也匹賓切 書學

【彬】【份】【斌】說文文質備也論語曰文質份份府巾切臣鉉等曰今俗作斌非是〇今論語从古文也 盉和鐘 吳彬之印

【豳】【邠】說文周太王國在右扶風美陽亭卽豳也補巾切 奇字

【濱】【頻】【瀕】建首水厓人所賓附頻蹙不前而止从頁从涉臣鉉等曰今俗别作水濱非是符眞切〇濱頻瀕三共此一字 古尚書濱 存乂切韻 正譌

附通 涉水顰蹙符眞切 匹也音頻 木也音頻

【嬪】說文服也符眞切 籀文 古尚書 丙寅卣又見賓 碧落碑 楊桓書學

【薲】【蘋】說文大萍也符眞切 龔蘋

貧　說文財分少也符中切　籀文　古文奇字　同文集　樂貧印信　駱聳

蠙　玭　說文珠也宋弘云淮水中出玭珠玭珠之有聲步因切　六書統

民　建首衆萌也从古文之象彌鄰切　古文　籀文　孝經　古老子　晉姜鼎　古文奇字　逸古摘　升菴索隱

同文集　綏民校尉　名印　脩能印書

附通　竹膚也武盡切　滅也音箟　釣也武巾切

珉　說文石之美者武巾切　商隱字略　奇字　六書統

岷　說文山在蜀湔氐西徼外武巾切　書學

閩　說文東南越蛇種武巾切　書學　名印

緡　說文釣魚繁也吳人解衣相被謂之緡武巾切　書學

陳　說文宛丘舜後嬀滿之所封直珍切　古尚書　古老子　石經　華嶽碑　義雲章　存乂切韻　古文奇字　逸古摘

同文集　陳衛士長　陳公望　陳奴　陳德　陳常私印　陳幼卿　陳意　陳陳晉

臣　建首牽也事君也象屈服之形植鄰切　古孝經　師毀敦　司徒卣　南宮中鼎　奇字　臣矯　賁臣　宋臣　脩能印書

附通　許也職雉切　艸也音臣　舉目視人皃式忍切　地名音臣　仕也胡慣切

塵　說文鹿行揚土也直珍切　籀文　古老子　存乂切韻　印書

鄰　說文五家爲鄰力珍切　古尚書　古老子　碧落碑　莊鄰里印

麟　說文牝麒也力珍切　說文大牝鹿也力珍切　印書

鱗 說文魚甲也力珍切 華嶽碑 同文集

因 囟 說文就也於眞切 說文就也於眞切 演說文 古孝經 嶧山碑 碧落碑 遜古摘

附通 嗌也烏前切 馬陰白雜毛黑音因

姻 婣 說文壻家也女之所因故曰姻於眞切 古文 秦碑 六書統

附通 水也音因 嬰也乙冀切

茵 鞇 說文車重席司馬相如說茵从革於眞切 古文

氤 說文壹壹也从凶从壺不得泄凶也易曰天地壹壺於云切○今易作絪縕

縕 說文紼也於云切 存乂切韻 同文集 楊桓書學 馚馧香也

垔 陻 湮 堙 說文塞也尚書曰鯀垔洪水於眞切○今書作陻 說文沒也於眞切 古史記 六書統

附通 羊羣相羵也一曰黑羊鳥開切 匋也居延切 豕首也側鄰切 城內重門也詩曰出其闉闍音垔

禋 說文潔祀也一曰精意以享爲禋於眞切 六書統

殷 說文作樂之盛稱殷易曰殷薦之上帝於身切 古文 籀文 虢叔鼎 古文奇字 同文集 殷延年印 殷光 殷譙私印 殷星私印 楊殷興印 殷駿私印

慇 說文痛也於巾切 存乂切韻 遜古摘

雲 云 建首山川气也王分切 古文 汗簡 古孝經 大風歌 雲臺碑 碧落碑 存乂切韻 遜古摘 淳于雲印 賈雲 吳雲之印 禺陽印志

附通 回也音云 轉流也音云 有所失也春秋傳曰抎子辱矣于敏切 大也魚吻切

物數紛䉙亂也羽文切○正韻作紜 江水大波謂之澐音雲 雲布也徒含切

芸　說文艸也似目宿淮南子說芸艸可以死復生王分切　古文

耘　說文除苗間穢也羽文切　朱育集字

妘　說文祝融之後姓也王分切　㜏氏鼎　季㜏鼎　奇字

均　說文平偏也居勻切　古老子　存乂切韻　奇字　趙均印　馮均印

附通　茇也茅根也于敏于倫二切　竹皮也王春切

鈞　說文三十斤也居勻切古文从旬　尚書　孫彊集　脩能印書

附通　憂也常倫切　少也羊倫切　獨行也渠營切　少少歙也余刃切

君　說文尊也發號故从口舉云切　古尚書　古孝經　籀文　孔子題季札墓　升菴索隱如此　同文如此　王庶子碑　藾君孺　孫彊集　存乂切韻　古文奇字　同文集　南昌君布　晉鑾夷率善邑君　葉君之印　黃君生印　王申徒畀君　王廉君印　淳于君　名印　鐘鼎文

附通　食已而復吐之爾雅曰太歲在申曰涒灘他昆切　迫也渠隕切　牛藻也音窘　軺車前橫木也牛尹切

麇　麏　麕　說文麞也居均切　六書統

附通　拾也居運切

頵　說文頭頵頵大也於倫切　古文　晉姜鼎　伯姬鼎

軍　說文圜圍也四千人爲軍軍兵車也舉云切　古文　古老子　王庶子碑　華嶽碑　義雲章　同文集　大將軍印章　寧遠將軍章　偏將軍　建威偏將軍章　冠軍侯印　偏將軍印　參軍都尉　平西將軍　滄如護軍章　廣武將軍章　軍曲

附通　人姓吾昆切　輥軥也音渾　重厚也於粉切　無齒也音惲　鼠出丁零胡皮可作裘音渾　土也洛陽有大葷里音渾　大口也牛殞切　足坼也音軍　獸名許韋切　大目出也古鈍切　六乂犂音渾　日月气也王問切　河內沁水鄉有鄆地音暈　野餽曰餫音暈　緯也音暈

巾 建首佩巾也居銀切 古老子

斤 建首斫木也舉欣切 汗簡 存乂切韻 附通 強也巨衣切 二斤也語斤切 剢斷也宜引切 笑兒音釿 行難也丘堇切 求福也渠稀切 旦明日將出許斤切 水出泰山蓋青州浸魚衣切 瀫也魚僅切

筋 建首肉之力也居銀切 古文

堇 建首黏土也从土从黃省巨今切 汗簡 同文集 楊桓書學 桓堇生 附通 材能也渠吝切 病也音堇 蝡也弃忍切 會稽縣語今切 道中死人人所覆也詩曰行有死人尚或殣之渠吝切 塗也音僅 艸也根如薺葉如細柳蒸食之甘居隱切 蔬不孰為饉音僅 拭也居焮切

勤 說文勞也巨斤切 古老子

廑 說文少劣之居巨斤切 王庶子碑

芹 說文楚葵也巨斤切 說文菜類也周禮有菦菹巨斤切 六書統 芹相中意 芹相樂印

銀 說文白金也語巾切 銀青光祿大夫章

誾 說文和說而諍也語巾切 六書統

訢 說文喜也許斤切 訢閔 郭訢印信

垠 圻 說文地垠也一曰岸也語斤切 六書統 孟圻

嚚 說文語聲也語巾切 古尚書 存乂切韻

㹜 狺 建首兩犬相齧也語斤切 說文兩虎爭聲語巾切 說文虎聲也語斤切 說文犬吠聲語斤切 古文齗 書學 存乂切韻 附通 艸多

兒音 圻

齗 說文齒本也語斤切 書學

寅 建首髕也正月陽气動去黃泉欲上出陰尚彊象宀不達髕寅於下也弋眞切 古文 古省文 齊侯鐘 文姬匜 寅簋

牧敦 南宮中鼎 師寏敦 伯庶父敦 升菴索隱 六書正譌 彭寅亮印 脩能印書 名書

附通 戭 兔瓜也翼眞切 長槍也春秋傳有擣戭以淺弋刃二切

夤 說文敬惕也易曰夕惕若夤翼眞切 古文 商隱字略 存乂切韻 逸古摘 王夤

附通 演 水脈行地中演演也弋刃切

囷 說文廩之方謂之京圜謂之囷去倫切 同文集 摭古遺文

附通 箘 箘簬也一日博棊也渠殞切 瘃足也苦本切 走意丘忿切

熏 說文火煙上出也許云切 存乂切韻 張仲簋 逸古摘如此 同文集如此

附通 薰 香艸也音熏 醺 醉也詩曰公尸來燕醺醺音熏

勳 說文能成王功也許云切 古尚書 同文集 樂勳 輔勳私印 李勳私印 勝屠勳印 趙勳 劉勳私印 查勳

朱勳印 張勳之印 王勳私印 王勳私印 長勳

葷 說文臭菜也許云切 古文

纁 說文淺絳也許云切 楊桓書學

羣 說文輩也臣鉉等曰羊性好羣故从羊渠云切

宭 說文羣居也渠云切 說文朋侵也渠云切 碧落碑 牧子文 光遠集綴 六書統

奇字 逸古摘

裠 帬 說文下裳也渠云切 古文 六書統 脩能印書

欣 說文笑喜也許斤切 說文喜也許斤切 說文闓也司馬法曰善者忻民之善閉民之惡許斤切 夶商鐘

附通 舉出也春秋傳曰掀公出于淖虛言切

諄 說文告曉之孰也章倫切 古文 古文 奇字

屯 說文難也象艸木之初生屯然而難从屮貫一一地也尾曲易曰屯剛柔始交而難生陟倫切 奇字

附通 樓牆也徒損切 鈍也徒困切 兵車也徒魂切

大也常倫切 葬之厚夕春秋傳曰窀穸从先君於地下陟倫切 黃濁也他衮切 篇也音庉 面䪼也章倫切 他名臣鉉等曰今俗作村非是此尊切

春 說文推也从艸从日艸春時生也屯聲昌純切 古孝經 石經 籀文 商鐘 奇字小異 遙古小異 雲臺碑 存乂切韻

六書統 奇字 李春私印 尹春 夏春 正譌 名印

附通 鬌髮也舒閏切

杶 櫄 說文木也夏書曰杶榦栝柏敕倫切 升菴 索隱

純 說文絲也論語曰今也純儉常倫切 古文 商鐘 侍郎碑

醇 說文不澆酒也常倫切 古文 古尚書 六書統 脩能印書

淳 說文淥也常倫切 古老子 王庶子碑 淳于章印 淳于德 淳于任 淳于寬 淳于游 淳于壽 逢淳印

淳超 邯鄲淳

附通 謹鈍目也之閏切

𦎫 說文孰也一曰鬻也常倫切

附通 畫弓也都昆切 束稈也之閏切 口气也詩曰大車啍啍他昆切 明也春秋傳曰焞燿天地他昆切 雝屬常倫切○

楷作鶉 矛戟柲下銅鐏也詩曰厹矛沃錞徒對切 黃牛黑脣也詩曰九十其犉如勻切

脣 說文口耑也食倫切 古文 奇字

漘 說文水厓也詩曰寘之河之漘兮常倫切 說文水𠂤也食倫切 楊桓書學

荀 郇 說文艸也臣鉉等案今人姓荀氏本郇侯之後宜用郇字相倫切 說文周武王子所封國在晉地相倫切 雝荀印信 元荀私印

詢 說文謀也相倫切 王庶子碑 六書統 奇字

逡 說文行夋夋也一曰倨也七倫切 說文復也七倫切 說文行趚趚也七倫切

附通 晙 明也音俊 焌 然火也周禮曰遂焌龠其焌焌火在前以焞焯龜倉半切又子寸切 狡兔也音逡 皴 皮細起也音逡 捘 推也春秋傳曰捘衛侯之手子寸切 竣 偓竣也國語曰有司已事而竣七倫切 止也此緣切 鵔 鵕鸃鷩也私閏切 脧 赤子陰也子回切

存 說文恤問也徂尊切 古老子 華嶽碑 雲臺碑 碧落碑 存乂切韻 同文集 古文奇字 石尙存 名印 脩能

蹲 說文踞也徂尊切 楊桓書學

附通 栫 以柴木壅也徂悶切 印書

旬 說文徧也十日爲旬詳遵切 鐘鼎文 逸古摘小異 存乂切韻 六書統

附通 恂 信心也相倫切 㑞 鈞適也男女併也居勻切 峋 嶙峋 也音恂 領耑也 音恂 恂 疾也辭閏切 洵 過水中也音恂 胸 胊䏰蟲名漢中有朐䏰縣地下多此蟲因以爲名考其義當作潤蠢如順切 珣 醫無閭珣玗琪周書所謂夷玉也一曰器相倫切

灥 說文三泉也詳遵切 建首 汗簡

巡 說文視行皃詳遵切 籀文 李斯嶧山窺軸遠方作巡〇按說文車部有䡅字注車約䡅也周禮曰孤乘夏䡅一曰下棺車曰䡅敕倫切今兩存又見川附通

循 說文行順也詳遵切 逸古摘 馮循信印 小循 冷循

馴 說文馬順也詳遵切 存乂切韻 日馴

倫 說文輩也一日道也力屯切 方倫 吳倫 草中倫 孟迴倫印 季倫 封倫之印 潘倫

論 說文議也盧昆切 古老子 王庶子碑 奇字

侖 說文思也力屯切 古文 籀文 碧落碑 存乂切韻

附通 欲知之兒音倫 山自陷也音倫 毋杶也陟倫切 目大也左傳有鄭伯睔古本切

淪 小波爲淪詩曰河水清且淪漪一日沒也力迍切 崑崙也音論

掄 說文擇也盧昆切 書學楊桓

輪 說文車輪也盧昆切 古文奇字

蜦 說文蛇屬黑色潛于神淵能興風雨力屯切

綸 說文青絲綬也古還切 徐綸之印 脩能印書 ○正韻亦音倫今从之

文 建首錯書也象交文無分切 建首穢也 汗簡 籀文 古尚書 古孝經 古老子 魯公鼎 晉姜鼎 扆鼎 師餘尊 碧落碑 古文奇字 同文集 逸古摘 升菴索隱 文翁私印 秦文 司馬文印 印 名

附通 旻 秋天也虞書曰仁閔覆下則稱旻天武巾切 馼 馬赤鬣縞身目若黃金名曰媽吉皇之乘周文王時犬戎獻之春秋傳曰媽馬百駟畫馬也西伯獻紂以全其身音文

汶 桑欽說汶水出琅邪或云出泰山萊蕪西南入泲亡運切 紊 亂也商書曰有條而不紊音汶

聞 說文知聞也無分切 古文 古老子 奇字 光遠集綴 六書統 逸古摘 聞人長公

闅 說文低目視也弘農湖縣有闅鄉汝南西平有闅亭無分切 古文

蚊 說文齧人飛蟲無分切 說文蟁也武巾切 古史說 貝丘長碑 六書統

芬 說文艸初生其香分布撫文切 博雅馚馧香也

附通 棻 香木也音芬

氛 雰 說文祥气也符分切 夏雰印 藪俱作夏雨 兪氏本作雰今兩存

紛 說文馬尾韜也撫文切 說文鬭連結闠紛相牽也一本从焚音紛 古老子 雲臺碑 碧落碑 義雲章

分 說文別也刀以分別物也甫文切 商鐘 雲臺碑 碧落碑

附通 長衣皃音分 魚名出薉邪頭國符分切 楚謂大巾曰帉音分 鳥聚皃一曰飛皃 水出太原晉陽山西南入海或曰出汾陽北山冀州浸音紛 復屋棟也音紛 榆也音紛 握也房吻切 悁也敷粉切 牂羊也音紛 詩曰美目盼兮音分匹莧切

饙 餴 說文滫飯也府文切 古文 叔夜鼎 卬仲盦 奇字本小異

墳 說文墓也符分切 書學 遜古摘

焚 說文燒田也附袁切 書學 六書統 名印

鼖 說文大鼓謂之鼖八尺而兩面以鼓軍事符分切 書學

渾 說文混流聲也一曰洿下皃戶昆切 楊桓書學

蚰 建首蟲之總名也古魂切〇正韻作蜫 汗簡昆同

昆 說文同也古渾切 說文周人謂兄曰罤古魂切 古文 籀文 古論語 碧落碑 存乂切韻 六書統 古文奇字

附通 轂齊等皃周禮曰望其轂欲其輥古本切 煌也胡本切 織帶音輥 崑崙山名漢書作昆侖音昆 同也音輥 同也音昆

琨 說文石之美者虞書楊州貢瑤琨古渾切

鶤 說文鶤雞也古渾切 義雲章

褌 說文幒也古渾切 書學 六書統

溫 說文仁也从皿以食囚也烏渾切 說文水出犍爲涪南入黔水烏魂切 伯溫父甗 朱本俱小異 王庶子碑 六書統 溫國 脩能印書

附通

轀 臥車也音溫 醞 釀也於問切 慍 怒也音醞 媼 女老偁也烏皓切 熅 鬱煙也音溫 搵 沒也烏困切 嗢 咽也烏沒切 緼 紼也音媼○又見氳字下 殟 胎敗也音嗢 薀 積也春秋傳曰薀利生孽於粉切

昏 說文日冥也从日氐省氐者下也一曰昬聲呼昆切 古文 古老子 碧落碑 六書統 侍郎碑 正譌

附通

捪 撫也又摹也武巾切 錉 業也賈人占錉武巾切 䫒 繫頭殟也莫奔切 䳟 鳥也音錉

婚 說文婦家也禮娶婦以昏時婦人陰也故曰婚呼昆切 籀文 師㲉敦 六書統 古文奇字

附通

轋 車伏兔下革也眉殞切

惛 殙 說文不憭也呼昆切 說文瞀也呼昆切 說文怓也呼昆切

閽 說文常以昏閉門隸也呼昆切 古文 碧落碑 存乂切韻 書學 逸古摘

坤 說文地也易之卦也从土从申土位在申苦昆切 古文 碧落碑 孫坤 監坤 名印 脩能印書

髡 說文鬄髮也苦昆切 說文無髮也一曰耳門苦昆切

奔 說文走也博昆切 古文 石鼓 碧落碑 朱育集字 六書統

歕 噴 說文吹气也普魂切 說文吒也一曰鼓鼻普魂切 六書統

盆 說文盎也步奔切 雲臺碑

門 建首聞也莫奔切 古孝經 古老子 華嶽碑 升菴索隱 禁門大使章 牙門將之章 牙門將印 樂門私印 名印

附通

閵 登也从門二二古文下字臣鉉等曰言自下而登上也直刃切 閵 火兒从火𠭥省聲良刃切 捫 撫持也詩曰莫捫朕舌音門

瑀 說文玉䵂色也禾之赤苗謂之虋言瑀玉色如之莫奔切 楊桓書學

孫 說文子之子曰孫思魂切 古文 汗簡 古老子 太公簋 許子鐘 圓寶鼎 牧敦

尺柄 存乂切韻 孫政私印 芮少孫印 宜子孫 子孫寶之 宜爾子孫 孫摯 孫荆 孫辟疆 孫玆私印 蕭子孫

斗 宜子孫 孫習 孫宣 子子孫孫用之協相 未識古印 古文奇字孫 名印 附通 香艸也音孫

飧 說文夕食一曰餔也思魂切 古文 奇字

尊 說文酒器也臣鉉等曰今俗以爲尊卑之尊別作罇非是祖昆切 古文 古老子 尊癸爵 伯寶卣 夔敦 寶尊 子父已尊

古父乙尊 乙尊 丁亥父 丁尊 乙酉父 命尊 己酉父 祖辛卣 寶卣 召公尊 師寏鼎 京姜鬲 諸旅鬲 華嶽碑

統 六書統 奇字 千歲單祭尊印 南孟尊 君王尊書 陳尊私印 張尊私印 李尊

單尊字印 杜尊之印 李許尊 名印 附通 壿舞也从士詩曰壿壿舞我慈損切 噂聚語也詩曰噂沓背憎言背則相憎音壿 鐏柲下銅也徂寸切

僔聚也詩曰僔沓背憎音壿○ 鱒赤目魚 藏豬中女子無絝以帛爲巠

案詩作噂已見上此謬重 音壿 空用絮補核名曰䵴衣音尊

遵 說文循也將倫切 昭卿字指 義雲章 存乂切韻 古文奇字 逸古摘 王遵私印 郭遵

吞 說文咽也土根切 存乂切韻 楊桓書學

豚 㹠 建首小篆也徒魂切 汗簡 六書統 奇字 豚瘦之印 脩能印書

臀 說文髀也徒魂切 存乂切韻 同文集

敦 說文怒也詆也一曰誰何也都昆切又丁回切 古文 達敦 伯敦 應侯敦 仲酉父敦 碧落碑 奇字 敦昌私印 敦章

脩能印書

附通

下垂也一日千斤椎都回切

雕也詩日匪皷匪薦度官切

惇 說文厚也都昆切 古孝經 籒文 王庶子碑 光遠集綴 存乂切韻

臻 說文至也側詵切 石經 陳臻印信

榛 說文木也一日蕪也側詵切 說文果實如小栗春秋傳日女摯不過亲栗側詵切 六書統

蓁 說文艸盛皃側詵切 古文

侁 說文行皃所臻切 六書統 說文進也所臻切

駪 說文馬衆多皃所臻切 古文奇字 逸古摛

甡 說文衆生竝立之皃詩日甡甡其鹿所臻切 古文

屾 建首二山也所臻切

根 說文株也古痕切 古老子 義雲章 升菴索隱 脩能印書

跟 說文足踵也古痕切

恩 說文惠也烏痕切 碧落碑 尹恩 杜子恩印 印書

衮 說文炮肉以微火溫肉也烏痕切 古文

九　寒

寒 說文凍也从人在宀下以茻薦覆之下有仌胡安切 古文 穆公鼎 鐘鼎 古老子 義雲章 存乂切韻 南宮鐘鼎 朱本小異

寒戊匜　同文小異　兄癸卣　古文奇字　寒翁伯　寒章　禹陽印志　脩能印書　附通　馬腹縶也去虔切　飛皃虛言切

騫　走皃音搴　拔取也南楚語楚詞曰朝搴批之木蘭九輦切

韓　說文井垣也胡安切　光遠集綴　韓信　韓詔之印　韓憲　韓壽印信　韓萬私印　韓敞之印　韓喜之印　韓伯私印

韓定國印　韓定國　韓廣

邯　說文趙邯鄲縣胡安切　邯鄲淳　邯政私印

看　說文睎也苦寒切　古文　逸古摘　脩能印書

刊　說文剟也苦寒切

栞　說文槎識也夏書曰隨山栞木音刊　古文　南宮中鼎

干　建首犯也从反人从一古寒切　汗簡　干褒　干饒　干拾　干安之印　干崇私印　干己林印　于皿干　附通　竹梃音干

人液音開

玕　說文琅玕也禹貢雝州球琳琅玕古寒切　古尚書　附通　木藏音干　門也汝南平輿里門曰閈侯旰切　目多白也古旱切　晚也春秋傳曰日旰君勞

古案切　不雨也乎旰切　摩展衣音旰　面相斥罪相告訐也居謁切　行喜皃空旱切音幹　齒見皃五版切　舉尾走也巨言切　臥息也音汗　臂鎧音開

切　極也　國也今屬臨淮一日本屬吳胡安切　水厓而高者音旱　犯婬也音干　骸也音肝　小熱也詩曰憂心灰灰直廉切　軒乾革也苦肝切　進也音干

安　說文靜也烏寒切　籀文　古孝經　商鐘　孝成鼎　甘泉內鐙　同文如此　齊安鑪　雲臺碑

光遠集綴　同文集　樂安王章　高安縣開國公章　萬安使者　安陵亭侯　安昌亭侯　陽安長印　高安佐印　安成君　衛安成

安泰　安官　肖安國　侯安私印　安宮印　干安之印　陳安載　陽成安印　成安　丁安　陳安　幼安　狢安　李安

附通 晏也 渜水也音安烏旰切 艸也音洝 轢禾音洝 馬鞁具也音安 雇也烏諫切

歡 說文喜樂也呼官切

懽 說文喜款也古玩切 ○依正韻併歡下 古孝經 古文 存乂切韻 六書統 名印

驩 說文馬名呼官切 古文 古尚書 吳驩私印 汝驩 脩能印書

貛 說文野豕也呼官切 楊桓書學

讙 說文譁也呼官切 說文呼也呼官切

寬 說文屋寬大也苦官切 石經 鍾鼎 侍郎碑 奇字 存乂切韻 許寬私印 淳于寬 麗寬 梁寬 炅寬 闕 公孫寬 名印

附通 髖 髀上也音寬

官 說文吏事君也古丸切 古文 古老子 王庶子碑 漢四神鑑 升菴索隱 長土官 長官 黃室私官右丞 安官之印 上官爵印

附通 倌 小臣也詩曰命彼倌人古患切 輨 轂耑沓也古滿切 輨 車轂具也晉輨 悹 憂也音倌 婠 體德好也一完切

棺 說文關也所以掩尸古丸切 汗簡

涫 說文灊也酒泉有樂涫縣古丸切 中涫之印

冠 說文絭也所以絭髮弁冕之總名也古丸切 古文 孟嘗鼎 碧落碑 六書統 冠軍侯印 冠軍侯章 印書

毌 建首穿物持之也从一横貫象寶貨之形古丸切 摭古遺文

刓 說文剸也一日齊也五丸切 書學

潘 說文淅米汁也一日水名在河南滎陽普官切 潘政私印 潘年 潘錫祚印 潘赤 潘陸

附通 藩 大箕也一日蔽也甫煩切

般 說文辟也从舟象舟之旋从殳殳所以旋也北潘切 周穆公鼎 附通 轉目視也音盤 臥結也音盤 痍也音盤 盤蝥毒蟲音般 蹣姍下色音盤

搬 說文擊擭不正也薄官切 古文 書學

𠦒 建首箕屬所以推棄之器也北潘切 亦穆公鼎般字知古般𠦒通用矣

盤 槃 柈 說文承槃也薄官切 古文 齊侯槃 印仲槃 魯正叔槃 莫師槃 六書統

同文集 古文奇字 禺陽印志

鞶 說文大帶也易曰或錫之鞶帶男子帶鞶婦人帶絲薄官切 書學

㒼 說文平也母官切 說文相當也母官切

墁 鏝 槾 說文鐵杇也母官切 書學

酸 說文酢也關東謂酢曰酸素官切 逸古摘 附通 小雨也素官切

狻 說文狻麑如虦貓食虎豹者素官切 六書統

𨏔 說文車衡三束也曲轅䡅縛直轅𨏔縛借官切

欑 說文積竹杖也一曰穿也一曰叢木在丸切 石經

耑 端 建首物初生之題也上象生形下象其根中一地也多官切 說文直也多官切 古文 夏琱戈 楊氏阡銘 碧落碑 希裕略古 名印 脩能印書 附通 音耑 衣正幅 以玉爲信也是僞切 數也一曰相讓也尺絹切 疾息也昌沇切 憂懼也詩曰惴惴其慄之瑞切 箠也一曰椯度也一曰剟也兜果切 頭顓顓謹皃職緣切 角觽獸也狀似豕角善爲弓出胡休多國多官切 獸也音湍 腨腸也市沇切 以判竹圜以盛穀也市緣切 禾垂皃丁果切 口氣

引也 音篆

湍 說文疾瀨也他耑切 印書

⿰黃耑 說文黃黑色也他耑切 商隱字略 同文集

摶 **圜** 說文圜也度官切 說文圜也度官切 古老子 古文奇字 六書統 楊桓書學

漙 說文露皃度官切 書學

䜌 說文亂也一曰治也一曰不絕也呂員切 升菴索隱

鸞 說文亦神靈之精也赤色五采雞形鳴中五音頌聲作則至洛官切 伯鸞氏 脩能印書 名印

附通 漏流也音䜌 目矕矕也武版切 日旦昏時音䜌

鑾 說文人君乘車四馬鑣八鑾鈴象鸞鳥聲和則敬也洛官切 古文

巒 說文山小而銳洛官切 名印

附通 杍滿也俱願切

欒 說文木似欄禮天子樹松諸侯柏大夫欒士楊洛官切 欒小孫印

孿 說文係也呂員切〇正韻孿在先韻音與諸䜌微異此以類聚便通故借附此 楊桓書學 古文奇字

附通 樊也呂員切 臱葵音䜌 吹皃音䜌

桓 **瓛** 說文亭郵表也胡官切 說文桓圭公所執胡官切 齊侯鐘 桓光 桓晏私印

貆 說文貉之類胡官切 汗簡 石經 存乂切韻 脩能印書

完 說文全也古文以爲寬字胡官切 存乂切韻 書學从火从金 古文奇字 楊丙完印 徐年封完 印信封完

附通 胃府也古卯切

丸 建首圜傾側而轉者从反仄胡官切 汗簡 晉烏丸率善邑長 晉烏丸率善伯長 丸步之印 脩能印書

附通 素也音丸 搔生瘡也胡岸

切
骨耑骫臾也於詭切　鶩鳥食已吐其皮毛如丸音骫　泣淚皃音丸　闕芳萬切

【莞】【芄】說文艸也可爲席胡官切　說文芄蘭莞也詩曰芄蘭之枝胡官切
附通　魚名戶版切　完也逸周書曰朕實不明以完伯父胡困切　以黍和灰而鬃也胡玩切

檲木薪也胡本切

【雚】建首鴟屬有毛角胡官切　汗簡

【莧】建首山羊細角者胡官切

十刪

【刪】說文剟也所姦切
附通　竹器穌旰切

【山】建首宣也宣气散生萬物所開切　古文　南宮鐘鼎　碧落碑　逸古摘　山千秋印　中山壽王　賈山　勳山
王廣山　王山私印　名印　脩能印書　禺陽印志
附通　腹痛也所晏切　魚游皃音疝　地名音山

【關】說文以木橫持門戶也古還切　古老子　楊桓書學　古文奇字　關內侯印　關外侯印　關少君　關阮私印　關敞私印
附通　織絹音關

【鰥】說文魚也古頑切　古文　汗簡　古孝經
附通　昆干不可知也古渾切　目相及也徒合切　迨也音眔　棔欙木也音眔

【彎】說文持弓關矢也烏關切　貝丘長碑　名印　禺陽印志說文無灣字正韻通作彎

【還】說文復也戶關切　古文　古老子　王惟恭黃庭經　存乂切韻　義雲章　禺陽印志

【環】說文璧也肉好若一謂之環戶關切　載敦
附通　目驚視也詩曰獨行睘睘渠營切　市垣也音還　蟲行也香沇切　車裂人也春秋傳曰轘諸栗門胡慣切

總髮也古婦人首飾琢玉爲兩環音環　兒初生瞥者邦免切〇瞥目翳　貫也春秋傳曰擐甲執兵胡慣切　圜案也似緣切　小飛也許緣切　急也古縣切　疾也況袁切

落也胡畎切　网也一日綰也音慣　欜味稔棗音欜

寰　說文王者封畿內縣也戶關切　汗簡　伯姬鼎　奇字　充寰素印

姦　說文私也古顏切　籀文　存乂切韻　奇字　義雲章　附通　艸出吳林山音姦

菅　說文茅也古顏切　菅禹

閒　說文隙也从門从月徐鍇曰夫門夜閉閉而見月光是有閒隙也古閑切　古孝經　汗簡　古文奇字　迫事毋閒　未識名古印　印　附通　愉也音鷳　鳽也戶閒切　武兒詩曰瑟兮僩兮下簡切　大木皃古限切　車軸鐵也古莧切　鬝禿也苦閑切　馬一目白日騆二目白日魚音鷳　病也音㵎

艱　說文土難治也古閑切　古石經　古文　鐘鼎文　楊桓書學

顏　說文眉目之閒也五姦切　古文　顏汝吉印　顏齒　顏虎　顏舜私印　脩能印書

頑　說文㮯頭也五還切　說文訟也女還切　說文吷聲五還切

班　說文分瑞玉布還切　敔敦　楊氏阡銘　存乂切韻　六書統　班彪之印　班安最印　印書

斑　彪　說文駁文也布還切　說文虎文彪也布還切　古文　書學

頒　攽　說文大頭也一日鬢也詩曰有頒其首布還切　說文分也周書曰乃惟孺子攽布還切　籀文　說文賤事也从丵从八八分之也布還切〇籀文通之何不可通邪

虤　建首虎怒也五閑切　附通　分別也胡畎切

攀　建首引也从反𠬞普班切　古文〇正韻音班通作攀

蠻 說文南蠻莫還切 蠻夷邑侯 晉蠻夷率善邑君

孱 說文迮也一曰呻吟也士連切 魏孱之印

附通 潺 水聲昨閑切 輾 車名士限切 僝 具也虞書曰旁鳩僝功士戀切○今書作僝

餐 說文呑也七安切 古文 張仲簋

闌 說文門遮也洛干切

⿵門䜌 說文妄入宮掖也洛干切

讕 說文抵讕也洛干切 臣市闌

附通 所以盛弩矢人所負也音闌

蘭 說文香艸也洛干切 古文 逸古摘 印書

附通 灡 潘也音闌

斕 瞵 說文目精也力珍切○正韻斕通見皇甫謐傳忘青紫之斑瞵 古文 書學

瀾 漣 說文大波爲瀾洛干切臣鉉等曰漣今音連○漣又見先韻

閑 嫻 說文闌也戶閒切 說文雅也戶閒切 王惟恭黃庭經 奇字 義雲章 同文集

瞯 覵 說文戴目也江淮之閒謂眄曰瞯戶閒切 說文很視也齊景公之勇臣有成覵者苦閑切 古文 古春秋 書學

慳 掔 說文固也臣鉉等曰今別作慳非是苦閑切 建首堅也古文以爲賢字丘耕切又苦閑切○又見先韻庚韻

翻 說文飛也孚袁切 存乂 切韻 楊桓 書學 古文 奇字

旛 說文幅胡也臣鉉等曰胡幅之下垂者也孚袁切 石鼓 禺陽印志

幡 說文書兒拭觚布也甫煩切 天台經幢

璠 說文璵璠魯之寶玉孔子曰美哉璵璠遠而望之奐若也近而視之瑟若也一則理勝二則孚勝附袁切 琬璋字略 奇字

⿰鼠番 說文鼠也或曰鼠婦附袁切 趙琬璋古字略 奇字

番 說文獸足謂之番象其掌附袁切 六書統 奇字 番忘 附通 冕也音番 黃腹羊音番 小蒜音番 鄱陽豫章

縣薄波切 木也音番 犬鬬聲音番 大波也音旛

蕃 說文艸茂也甫煩切 奇字

藩 說文屏也甫煩切 藩弘

煩 說文熱頭痛也附袁切 六書精蘊 附通 青蘋似莎者音煩

繁 說文馬髦飾也春秋傳曰可以爲旌緐乎附袁切 六書統 附通 泉水也符萬切 白蒿也音繁

膰 燔 說文宗廟火孰肉春秋傳曰天子有事緐焉以饋同姓諸侯附袁切 說文爇也附袁切 古爾雅 升菴索隱

樊 說文鷙不行也附袁切 古文 說文京兆杜陵鄉附袁切 奇字 李彤集 樊孝 樊姿 樊疾 樊農私印 樊良私印 樊彥

樊襄 脩能印書 附通 藩也詩曰營營青蠅止于棥音樊 自攀也音樊 大醜皃音樊 覷覼也音樊〇覷暫見也

奴 建首殘穿也昨干切 存乂切韻 附通 叡深堅意也貝堅寶也古代切 囚突出也胡八切

殘 戔 說文賊也昨干切 說文賊也周書曰戔戔巧言徐鍇曰兵多則殘也故从二戈昨干切 說文禽獸所食餘也昨干切 古文奇字 印書 附通 善言一曰謔也

音踐 水自音踐 淺也音踐 帬也一曰帔也一曰婦人脅衣所八切 虎竊毛謂之虦苗竊淺也昨閑切 齹也初版切 送去也才線切 賈少也才線切

單 說文大也都寒切 古文 父乙鼎 籀韻 鐘鼎文 存乂切韻 六書統 同文集

千歲單祭尊印 單麗單 單衆私印 附通 笥也漢律令箄小筐也傳曰箄食壺漿都寒切〇楊桓書學云箄食器本作單借爲單薄單複之用又借爲姓上演切借反爲主故加竹以別之 以旁

鳴者市連切 開也易曰闡幽昌善切 疾也周禮曰句兵欲無僤徒案切 車敝皃詩曰檀車幝幝音闡 宗廟盛主器也周禮曰祭祀共匰主音單 勞病丁幹丁賀二切 炊也春秋

傳曰燀之以薪音闡切 喘息也一曰喜也詩日嘽嘽駱馬他干切 貙屬徒干切 野土也常衍切 亭歷也多殄切 驒騱野馬也一曰青驪白鱗文如鼉魚代何切 木也可以爲櫛旨善

殛盡也音單 提持也徒旱切 帶緩也音闡 魚名皮可爲鼓常演切 邯鄲縣都寒切

襌 說文衣不重都寒切 希裕略古 書學 附通 嬋娟態也音蟬

丹 建首巴越之赤石也都寒切 汗簡 清明鑑 六書統 同文集 慶丹

灘 說文水濡而乾也它干切又呼肝切 六書統

壇 說文祭場也徒干切 雲臺碑 碧落碑

難 說文鳥也那干切 古文 籀文 古尚書 古老子 王庶子碑 存乂切韻

升菴索隱 同文集 落索平難司馬 附通 安難溫也奴案切 敬也女版切 艸也呼肝切〇按說文難字共五文从鳥者一而從隹者四鶉其第一也火部然字重文有𦻳字注云古文然字𦵏艸部又有𦻳字注云艸也如延切此爲再見已爲徐鉉拈出乃艸部去聲又有此字是一字而三重可發一笑

海鹽畢弘述旣明篆訂

茗溪閔章含貞 程煒赤文 同校

十一先

先 建首前進也从儿从之臣鉉等曰之人上是先也穌前切 古文 籀文 汗簡 古孝經 希裕略古 古文奇字 同文集 六書統 劉先臣印 先名印
附通 殷諸侯爲亂疑姓也左傳曰商有姺邳所臻切 致言也詩曰螽斯羽詵詵兮音姺 足親地也音銑

仙 說文長生僊去相然切○碧落碑用爲山字 碧落碑仙 奇字 名印 脩能印書 禹陽印志
附通 人在山上呼堅切○華嶽碑用爲僊字

鮮 說文魚名出貉國相然切 石鼓 善邑長 晉鮮于率 鮮于賢 鮮周卿印
附通 小雨財零也息移切 乾瘍也息淺切

鱻 說文新魚精也相然切 古文 古尚書 六書正譌

躚 **蹮** 說文蹁躚旋行穌前切 楊桓書學正韻

天 說文顚也他前切 古文 汗簡 古尚書 古老子 石鼓 師秦宮鼎 雲臺碑 華嶽碑 義雲章 碧落碑 六書統 古文奇字 三俱秦璽天傳寫或異 天祿永昌 大帝使者 郭天中印 樂天 名印 脩能印書

千 說文十百也从十从人此先切 古孝經 六書統 六書正譌 千孺 千廣之印 千萬 千載 山千秋印 茅千 漢仟長印 魏率善叟仟長
附通 水也音千 艸盛皃音千

阡 說文路東西爲陌南北爲阡倉先切 禺陽印志

遷 說文登也七然切 說文升高也七然切 古尚書 六書統 司馬遷 趙遷 潘遷之印 附通 地名音遷

箋 說文表識書也則前切 古文 籀文 義雲章 古文奇字 張震白箋 錢郡白牋 白牋 莊緒之白牋 脩能印書

韉 說文馬鞁具也則前切 楊桓書學

建 說文自進極也子仙切 六書統

煎 說文熬也子仙切 六書統

湔 說文水出蜀郡緜虒玉壘山東南入江一曰手瀚之子仙切 希裕略古

前 說文不行而進謂之歬从止在舟上昨先切 比干銅槃 一云此爲前字而上乃後字兩存以俟博雅 古老子 沈子彝 碧落碑 前將軍司馬

聚降尉右前侯 宜身 鄺前 名印 附通 女鬢垂皃音剪 山苺也子賤切

錢 說文銚也古田器詩曰庤乃錢鎛即淺切又昨先切 六書統 同文集 錢傅之印 錢郡 錢長 錢起

宀 建首交覆深屋也武延切

臱 說文宀宀不見也武延切

寡 說文寡寡不見也武延切

矈 說文目旁薄緻宀宀也武延切 附通 屋櫋聯也音臱 髮皃音臱 走意音邊 箓也武移切

邊 說文行垂崖也布賢切 詛楚文 秦文 印書

籩 說文竹豆也布玄切 希裕略古

眠 說文翕目也臣鉉等曰今俗別作眠非是武延切 存乂切韻 籀韻 奇字

緜 說文聯微也武延切 古文 古老子 存乂切韻 脩能印書

鞭 說文驅也 卑連切 古文 汗簡 希裕略古 古文奇字 楊桓書學

鯿 說文魚名 房連切

猵 說文獺屬 布玄切

偏 說文頗也 芳連切 說文半枯也方連切 古史記 師毀敦 雲臺通作偏 古文奇字 建威偏將軍 中部偏將軍章 偏將軍中士

偏將軍印 偏將軍印

翩 說文疾飛也芳連切 說文輕皃芳連切 書學

顛 說文頂也都年切 說文木頂也一曰仆木也都年切 說文跋也都年切 說文走頓也都年切 說文病也一曰腹張都年切

華嶽碑 碧落碑 光遠集綴 商隱字略 希裕略古 同文集

田 建首陳也樹穀曰田待年切 古文 古卣 同文集

附通 天子五百里地堂練切 中也春秋傳曰乘中佃一轅車音甸

鈿 說文金華也待年切 古文 六書統 書學

畋 說文平田也周書曰畋爾田待年切 古尚書 六書統

窴 說文塞也待年切 說文塞也陟鄰切又待年切

年 說文穀孰也春秋傳曰大有年奴顛切 古文 古孝經 石經 古老子 商鐘 齊侯鐘 尨生鼎 齊荞史鼎 公緘鼎

牧敦 晉姜鼎 史頊父鼎 召考父壺 義母匜 齊侯匜 杞公匜 孟姜匜 應侯敦 郝敦 仲信父方甗 叔夜鼎

陽嘉洗 神寶鑑 滕公墓 唐韻 六書統 古文奇字 升菴索隱

萬年　袁延年印　潘年　徐年印　信封完　司馬延年　王龜年印　龍有年印　荼廣年印　烏如年印　常年　張延年印　長年

程長年　孔年　齊萬年印

郱　說文左馮翊谷口鄉奴顛切　朱育集字　古文奇字

連　說文員連也力延切

聯　說文連也从耳耳連於頰也从絲絲連不絕力延切　文從生連

附通　齒見皃音連　魚名音連　謰謱也音連　銅屬音連

漣　說文泣下也易曰泣涕漣如力延切〇今易作漣　說文瀾字重文洛干切臣鉉等曰今俗作力延切〇兩見

蓮　說文芙蕖之實也落賢切　名印

憐　說文哀也落賢切　古文　石鼓　脩能印書

堅　說文剛也古賢切　古老子　靳堅之印

附通　擣頭也口莖切

肩　說文髆也从肉象形古賢切　古文　徐邈集　同文集

附通　頭鬢少髮也周禮數目顧脰苦閑切

幵　建首平也象二干對構上平也古賢切　升菴　索隱　同文集　幵喜

附通　諍語訮訮也呼堅切　龍者脊上龗龗古賢切　似鍾而頸

長戶經切　石鳥一名雝鶏一日精列春秋傳秦有士雃苦堅切　三歲豕肩相及詩日太驅從兩豜兮音幵　獟犬也一日逐虎犬五句切　鵁鶄也音幵　鹿之絕有力者音幵　屋櫨

也古兮切　獸足企也音豜　小束也古典切

牽　說文引前也从牛象引牛之縻也苦堅切　籀文

辛　建首辠也从干二二古文上字去虔切　說文過也去虔切　說文過也去虔切　古文　籀文　六書統

褰　說文絝也春秋傳曰徵褰與襦去虔切　說文摳衣也去虔切　楊桓書學

汧 說文水出扶風汧縣西北入渭苦堅切 古文奇字

賢 說文多才也胡田切 古老子 東方賢 韋賢 齊賢 孔賢私印 鮮于賢 陳賢 孫賢 王賢 浩賢

弦 建首弓弦也从弓象絲軫之形臣鉉等曰今別作絃非是胡田切 附通 布出東萊音弦 急也音弦 有守也音弦 艸也音弦 急走也音弦 狠也从弦省聲音弦

㢟 建首安步㢟㢟也丑連切○正譌無此字音次當在川字之下以㢟延多混故置此易辨也 附通 長木也詩曰松桷有梴丑連切○說文多混从延今以音切相近正之 生肉醬丑連切 車溫也丑連切 長矛也市連切 長也式連切 語唌歎也夕連切 以石扦繒也石戰切

延 說文長行也从㢟丿聲以然切 石經 古禮記 季札墓 王庶子碑 商隱字略 義雲章 奇字 同文集 司馬延年 袁延印信 張延年印 王延 皇延私印 成延年 趙延 萬延年 李延壽 李延 肆延之印 次延年印 萬延 蔡延印 附通 八方之地也音延 鄭地音延 竹席也周禮曰度堂以筵筵一丈音延

研 說文䃺也五堅切 義雲章

妍 說文技也一曰不省錄事一曰難侵也一曰惠也一曰安也五堅切 義雲章

焉 說文焉鳥黃色出於江淮象形有乾切 古文 籀文 比干銅盤 古孝經 華嶽碑 雲臺碑 碧落碑 商兹鐘○此已見安字古安焉通用今兩存 脩能印書 附通 引爲賈也於建切 長皃 水出西河中陽北沙南人河音焉 菸也音焉 南郡縣孝惠三年改爲宜城音焉

言 建首直言曰言論難曰語語軒切○徐鉉曰中畫不當上曲自李斯始後人以爲茂美而傚之 古文 汗簡 古尚書 古孝經 古老子 父癸彝 言卣 言鼎 碧落碑 希裕略古 光遠集綴 楊桓書學 同文集 古文奇字 附通 待也胡禮切 臥驚也一曰小兒號㝑㝑一曰河內相呼也火滑切 䨢䨢震電皃一曰衆言也丈甲切 罵也力智切 石似玉者音言

煙　烟　說文火气也烏前切　古文　六書統　名印

酀　說文地名烏前切　建首玄鳥也籋口布翄枝尾象形於甸切〇又詳去霰　燕客　燕次翁　燕蔡　燕

肙　說文小蟲也一曰空也烏玄切　古文奇字　附通　厭也音肙　角弓也洛陽名弩曰弲音肙　挑取也一曰窒也音肙　麥莖也音涓　棄也音肙　小盆也火玄切　小流也古玄切　解字蜎也別本亦然正韻蟲行皃狂沇切　徒隸所居也一曰女牢音涓　焆焆烟皃因悅切　青驪馬詩曰駜彼乘駽音鞙　大車縛軛靼音蜎　䣹酒也音涓　繒如麥稍吉掾切

沿　說文緣水而下也春秋傳曰五沿夏與專切　說文沇字重文注云古文沇此再見　古老子

娟　說文嬋娟態也於緣切　說文好也委員切〇脩能印書亦作娟字　印書

悁　說文忿也一曰憂也於緣切　同文集

還　說文往來數也易曰目事遄往市緣切　石鼓　碧落碑　附通　木也音遄

船　說文舟也食川切　印書

玄　建首幽遠也黑而有赤色者爲玄象幽而入覆之也胡涓切　古文　汗簡　號姜鼎　碧落碑　六書統　附通　盛服也黃絢切

古文奇字　同文集　玄平長印　毛玄私印　公孫玄印　左玄之印　名印　印書

泫　潛流也上黨有泫氏縣胡畎切　爓燿也音泫　牛百葉也音玄　不成遂急戾也於罽切

懸　縣　說文繫也臣鉉等曰此本是縣挂之縣借爲州縣之縣今俗加心別作懸義無所取胡涓切　小篆　碧落碑　古文奇字　同文集

淵　說文回水左右岸也中象水皃烏玄切　古文　古孝經　石鼓　六書統　同文集　玉篇　表瑜　附通　鼓聲

囂囂也音淵 鳥羣也音淵 行皃音淵

冤 說文屈也从兔从冂兔在冂下不得走益屈折也於袁切 古文 史冤之印

附通 宴婉也於願切 棘蒬也於元切 黑有文也於月切

𩋁 說文量物之𩋁一曰抒井𩋁古以革於袁切

然 說文燒也臣鉉等曰今俗別作燃蓋後人增加艸部有蘸注云艸也此重出如延切 說文語聲也如延切 說文犬肉也如延切 古尚書 古孝經 古老子 王庶子碑 雲臺碑 碧落碑 陰符經 林罕集 古文奇字 屈然 名印 印書

附通 意膬也臣鉉等曰膬耎易破也人善切 人姓也奴見切 絲勞也音然 執也一曰蹂也乃殄切 酸小棗一曰染也音僰

涎 建首慕欲口液也敘連切 汗簡 書學 六書統

附通 歠也以支切

羴 羶 膻 建首羊臭也式連切

附通 羊相厠也一日相出前初限切

饘 飦 說文麋也周謂之饘宋謂之餬諸延切 說文鬻也諸延切 叔夜鼎 楊氏阡銘 六書統

旃 說文旗曲柄也周禮曰通帛爲旃所以旃表士衆諸延切

鸇 說文鸇風也諸延切 楊桓書學

鱣 說文鯉也張連切 希裕略古 六書統

廛 說文一畝半一家之居也从广里八土直連切 古文廛○奇字以爲府字

纏 說文繞也直連切 書學

躔 說文踐也直連切 書學

【軒】說文曲輈藩車虛言切 古文 古省文 籀文 寅簋 牧敦 古文奇字 梁軒 羆軒

名禹陽印印志

【祆】說文胡神也火千切 書學

【乾】說文上出也从乙乙物之達也渠焉切又古寒切 籀文 石經 碧落碑 同文集 六書統 古文 王庶子碑〇瀡

以下四字乃乾溼之乾也當獨音古寒切

【附通】地名古寒切

【虔】說文虎行皃渠焉切 晉姜鼎 鐘鼎文 商隱字略 古文奇字 虔善印 服虔私印 【附通】

相援也音虔 蹇行越越也去虔切 河東聞喜聚渠焉切

【騈】說文駕二馬也部田切 奇字

【便】說文安也人有所不便更之房連切 摯交便 脩能印書

【宣】說文天子宣室也須緣切 郝敦 碧落碑 王庶子碑 希裕略古 義雲章 六書統 宣威將軍 趙宣 名印

【回】印書 印譜 【附通】寬嫺心腹皃詩曰赫兮愃兮況晚切 璧六寸也音宣

【亘】說文求亘也从二从回回古文回象亘回形上下所求物也徐鍇曰回風回轉所以宣陰陽也須緣切 古文 【附通】水在齊魯閒羽元切 犬行皃周書曰尚狟狟音洹 奢查也音

洹 緩也音洹 角匕也 趄田易居也音洹

【詮】說文具也此緣切 趙詮之印

【銓】說文衡也此緣切 古文 楊桓書學

諯 說文專教也此緣切 碧落碑

鐫 說文穿木鐫也一曰琢石也子全切 六書統

旋 說文周旋旌旗之指麾也疋足也徐鍇曰人足隨旌旗以周旋也似沿切 古文 古文奇字

附通 鏇 圜鑪也辭戀切 好也似沿切 以長繩繫牛也音鏇

璿 璇 說文美玉也春秋傳曰璿弁玉纓似沿切 希裕略古 六書統 古文奇字

漩 說文回泉也似沿切 書學

全 說文完也疾緣切 古文 古老子 商鐘 王庶子碑 希裕略古 古文奇字 俱小異 倚全印信

附通 佺 偓佺仙人也此緣切 輇 蕃車下庳輪也一曰無輻也市緣切 牷 牛純色音全 荃 芥脃也音佺 詮 謹也音佺 跧 蹴也一曰卑也蔡也莊緣切 絟 細布也音佺

泉 說文水原也疾緣切 古文 比干銅盤 同文集如此 希裕略古 侍郎碑 赤泉侯印 泉陵令印

穿 說文通也昌緣切 古文

川 建首貫穿通流水也虞書曰濬く巜距川言深く巜之水會爲川也昌緣切

附通 釧 臂環也尺絹切 紃 圜采也詳遵切 軔 車約軔也周禮曰孤乘夏軔一曰下棺車曰軔敕倫切〇又見真韻巡字 下李斯刻石用爲巡字

專 建首專小謹也从幺省屮財見也職緣切 專 說文六寸簿也一曰專紡專職緣切 嫥 說文壹也一曰嫥嫥職緣切 古文 古老子 陰符經 頌氏鼎 存乂切韻 希裕略古 六書統 古文奇字 專從 專廣年印 專應 專厷闕 脩能印書

附通 鱄 魚也旨沇切 僔 等也音鱄 膞 切肉也市沇切 篿 圜竹器度官切 蒪 蒲叢也常倫切

壖 暵 說文城下田也一曰暵卻也而緣切 書學

暄 媛 說文溫也況袁切〇又見旱韻 六書統

喧 吅 建首驚嘑也臣鉉等曰或通用讙今俗别作喧非是況袁切 六書統

諼 說文詐也況袁切 楊桓書學

萱 蕿 說文令人忘憂艸也詩曰焉得蕿艸況袁切 書學

塤 壎 說文樂器也以土爲之六孔況袁切 書學 六書統 脩能印書

儇 嬛 譞 說文慧也許緣切 說文譞慧也許緣切 說文材緊也傳曰嬛嬛在疚許緣切

捐 說文棄也與專切 王捐之印 靳捐之印

鳶 說文鷙鳥也臣鉉等曰一本从屰今俗别作鳶非是與專切 古文 書學 古文奇字 同文集

員 建首物數也王權切 古文 汗簡 六書統 古文奇字 員慶私印

附通 憂皃王分切 水出南陽東入夏音隕 面色顛顛皃于閔切 外博衆多視也王問切 切孰肉內於血中和也穌本切 病也音覞 持綱紐也周禮曰縜寸爲贊切 漢南之國羽文切

圓 圜 說文天體也王權切 說文圜全也王問切〇六經俱以方圓之用然無作去聲者宜併於此 古文奇字

圓 說文規也似沿切 古文

爰 說文引也籒文以爲車轅字羽元切 碧落碑 義雲章 書學 存乂切韻 奇字 爰閭奴 爰王孫

附通 潺湲水聲音爰 大目也況晚切 大視也音暖 鋝也戶關切 面不正于反切

援 說文引也雨元切 希裕略古 馬援 楊援

袁 說文長衣皃羽元切 存乂切韻 同文集 袁誕 袁寧 袁信私印 袁延印信 袁衛 袁延年印 袁渭

園 說文所以樹果也羽元切 古文 王庶子碑 杜園之印 常山漆園司馬 漆園司馬 朱園私印

轅 說文輈也雨元切 奇字 禹陽印志

猿 說文善援禺屬臣鉉等曰今俗別作猨非是雨元切 六書統

寏 院 說文周垣也胡官切院又奚眷切〇又見去霰

垣 說文牆也雨元切 義雲章 存乂切韻 六書統 新垣福印

元 說文始也愚袁切 古文 師㔶敦 汗簡 雲臺碑 存乂切韻 元極圖見同文集 元季中 元尹 張元印信 元名印

附通 車轅耑持衡者魚厥切 水出牂牁東北入江音元 大鼈音元 榮蚖蛇醫以注鳴者音元 魚毒也音元 刜也一日齊也五丸切 鄭邑虞遠切

原 源 邍 說文水泉本也从灥出厂下愚袁切臣鉉等曰今別作源非是 高平之野人所登从辵备彔愚袁切 古文 古 古省 古尚書 古老子 石鼓 晉姜鼎 雲臺碑 碧落碑 存乂切韻 同文集 古文奇字 陰符經 原豕 原喜 原遺 黃原澤 原未央

附通 黠也魚怨切 台國之女周棄母字也音原 逸也周書曰獂有爪而不敢以撅胡官切 徐語也孟子曰故源源而來音傆 帛赤黃色一染謂之縓再染謂之䞓三染謂之纁七絹切 艸木形音原 謹也魚怨切

權 說文黃華木一曰反常巨員切 滕權印 權價信印

十二蕭

蕭 說文艾蒿也穌彫切 古文 南嶽碑 蕭定之印 蕭子孫 附通 水名相邀切

簫 箾 說文參差管樂象鳳之翼穌彫切 說文以竿擊人也虞舜樂曰箾韶所角切又音簫○正韻通作簫 希裕略古 六書統 古文奇字 正譌

宵 說文夜也相邀切 古尚書 脩能印書

霄 說文雨霓爲霄齊語也相邀切 楊桓書學 名印

逍 說文逍遙猶翱翔也臣鉉等案詩只用消搖此二字字林所加相邀切

貂 說文鼠屬大而黃黑出胡丁零國都僚切 古文 籀文

雕 鵰 說文鷻也都僚切 籀文 古爾雅

琱 彫 說文治玉也一曰石似玉都僚切 說文琢文也都僚切○雕琱彫通用 夏琱戈 升菴索隱如此 宰辟父鼎 大夫始鼎 伯姬鼎 升菴如此 師毀敦 古文奇字如此 鐘鼎文 碧落碑 名印 附通 半傷也都僚切○正韻亦與上三字通用

刀 刁 建首兵也都牢切 汗簡 刀鐘 私印 刀珍印信○古無刀刁之分或云自晉始以倒筆別之 附通 楚人謂治魚古屑切 怒也魚旣切

祧 說文遷廟也他雕切 六書統

鍫 斛 銚 說文斛旁有斛一曰突也一曰利也尒疋曰斛謂之疀古田器也臣鉉等曰今俗別作鍫非是土彫切 說文溫器也一曰田器以招切○正韻斛同 摭古遺文 書學 六書統 古文奇字銚

挑 說文撓也一曰摷也國語曰卻至挑天土凋切 書學

跳 說文蹶也一曰躍也徒聊切 說文雀行也徒遼切 楊桓書學

迢 說文迢遰也徒聊切 脩能印書

苕 說文艸也徒聊切 說文華華也徒聊切 摭古遺文 名印

調 說文和也徒聊切 雲臺碑 古文奇字小異 秦調 張調私印 王調之印 王調私印

條 說文小枝也徒遼切 義雲章 集 同文

卤 建首艸木實垂卤卤然徒遼切 古文 六書 希裕略古

蜩 說文蟬也詩曰五月鳴蜩徒聊切 六書統

聊 說文耳鳴也洛蕭切 古文 書學 六書統 聊廣國

膋 說文牛腸脂也詩曰取其血膋洛蕭切

寮 說文穿也从穴論語有公伯寮洛蕭切 牧敦 王庶子碑 六書統 義雲章 名印

寥 說文空虛也从广膠聲臣鉉等曰今別作寥非是洛蕭切 碧落碑 奇字 書學 人姓从广未詳當是省廖字尒力救切

遼 說文遠也洛蕭切 古文

料 說文量也从斗米在其中洛蕭切

撩 說文理也洛蕭切 古文 石經

敹 說文擇也周書曰敹乃甲胄洛蕭切 古文奇字

澆 說文沃也古堯切 脩能印書

梟

県 建首到首也賈侍中說此斷首到縣県字古堯切 說文不孝鳥也日至捕梟磔之从鳥頭在木上古堯切 汗簡

附通

鄡 鉅鹿縣牽遙切

【嘄】說文聲嘄嘄也古堯切　奇字

【僥】說文南方有焦僥人長三尺短之極五聊切　楊桓書學

【徼】古堯切　說文循也古堯切　說文幸也古堯切　林罕集
附通　光景流也从白从放以灼切　水礙斜疾波也一日半遮也吉歷切　所謂也古弔切　生絲縷也之若切　二尺書胡狄切　杖耑角音檄　玉佩古了切　空也牽料切　旁擊也苦弔切

【驕】說文馬高六尺爲驕詩曰我馬維驕一曰野馬舉喬切　古文　古孝經　古老子　古文奇字

【嬌】說文姿也舉喬切　義雲章　奇字　脩能印書

【幺】建首小也象子初生之形於堯切

【妖】說文巧也一曰女子笑皃詩曰桃之娭娭於喬切　說文木少盛皃詩曰桃之枖枖於喬切　六書統

【祅】說文地反物爲祅也於喬切　楊桓書學

【要】【腰】說文身中也象人要自臼之形於消切又於笑切　古文　碧落碑　陰符經　古文奇字
附通　艸也詩曰四月秀葽劉向說此味苦苦葽也音腰　旗屬鳥皎切

【焦】【燋】【爑】說文火所傷也从火雥聲即消切　說文所以然持火也周禮曰以明火爇燋也即消切　說文灼龜不兆也春秋傳曰龜爑不兆即消切　古文　楊桓書學　三焦無形之腑　六書統　古文奇字　焦武　焦賡私印　焦義之印
附通　鐎斗也音焦　生枲也音焦

【鷦】說文鷦鷯桃蟲也即消切　名印

【椒】說文茮菉子寮切　書學　椒欽私印

樵 說文散木也昨焦切 名印

憔 說文顦顇也昨焦切 說文而焦枯小也即消切 書學

飆 說文扶搖風也甫遙切 說文犬走皃甫遙切○正韻通作飆 附通 旌旗飛揚皃甫遙切

杓 說文科柄也臣鉉等曰今俗作市若切以爲桮杓之杓甫遙切 書學

票 說文火飛也方招切 說文火飛也甫遙切○正韻票同 古文 義雲章 六書統 六書正譌 附通 黃馬發白色一曰白鬣尾也毗召切

飄 說文回風也撫招切 義雲章 附通 刀削末銅也音飄 輕皃匹妙切 輕也匹招切 旌旗旚䌰也音嫖 苕之黃華一曰末也方小切 疾也

音蔈 木杪末也音蔈 目有察省見也音蔈 瞭也音蔈 幟也卑遙切

鑣 說文馬銜也補嬌切 附通 麆屬从鹿票省聲薄交切 雨雪皃甫嬌切 行皃詩曰行人儦儦音麃 牛黃白色音瀌 左馮翊縣甫無切

穮 說文耕禾間也春秋傳曰是穮是衮甫嬌切

藨 說文鹿藿也一曰蔽屬平表切○正韻穮同 古文 楊桓書學

漂 說文浮也匹消切又匹妙切 籀文 脩能印書

瓢 說文蠡也从瓠省票聲符宵切 希裕略古 升菴索隱

嘌 說文疾也詩曰匪車嘌兮撫招切 說文輕行也撫招切 六書統

螵 說文蟲蛸也匹嘌切 書學

苗 說文艸生於田者武鑣切 希裕略古 六書統小異云宗斎也 苗遂 附通 目裏好也莫交切 旄絲也周書曰惟緢有稽音苗

貓 說文貍屬莫交切 書學

弨　說文弓反也詩曰彤弓弨兮尺招切　書學

超　說文跳也敕宵切　古文　古老子　雲臺碑　古文奇字　義雲章　超武將軍之印　馬超之印　淳超　錢超

脩能印書

昭　佋　說文日明也止遙切　說文廟佋穆父為佋南面子為穆北面市招切〇經典俱作昭字亦無讀如韶者正韻云李涪說李如字為漢諱改音韶理容有之　商鐘　同文集小異

王惟恭黃庭經　遲父鐘　張廷珪劒銘　碧落碑　希裕略古　昭普　昭豐私印　司馬昭印　昭戎私印

招　說文手呼也止搖切　戊命彝　父丁爵　晉姜鼎　光遠集綴

釗　說文刓也止遙切　籀文　丁釗私印　皇釗　畢釗私印　鄭釗私印

盄　說文器也止遙切　書學　盄和鐘　古文奇字

韶　說文虞舜樂也書曰簫韶九成鳳皇來儀市招切　六書統　希裕略古　韓韶之印

朝　說文旦也陟遙切　古文　侍郎碑　奇字　升菴索隱　脩能印書

鼂　說文匽鼂也揚雄說匽鼂蟲名杜林以為朝旦非是臣鉉等曰今俗作晁直遙切　古文　古尚書　晁不疾印　鼂息

潮　說文水朝宗于海从水朝省直遙切　古文　石經　書學　禺陽印志

饒　說文飽也如昭切　蘇饒私印　干饒　同饒　夏饒　印書

蕘　說文薪也如昭切　林罕集　古文奇字

嶢　說文焦嶢山高皃古僚切　楊桓書學

垚 建音土高也吾聊切

堯 說文高也从垚在兀上高遠也吾聊切 汗簡 希裕略古 奇字 同文集

附通

鐃 小鉦也軍法卒長執鐃女交切 恚呼也音鐃 猏犬也五弔切 女也一日擾戲弄也一日嫽也奴鳥切 腹中短蟲也如招切 懼也詩曰唯予音之嘵嘵音膮 豕肉羹也許么切 良馬也古堯切 爇也式招切 擾也奴巧切 高長頭五弔切

遙 說文逍遙也又遠也余招切 古文 義雲章 名印

繇 䌛 說文隨從也臣鉉等曰今俗从䍃余招切 古文 寅簋 奇字 書學 六書統 繇通之印 李繇私印

附通

傜 喜也自關以西物大小不同謂之傜音繇〇正韻通作繇 開閉門利也一日縷十紘也旨沇切 弓便利也火招切 瓜也音繇 艸盛皃夏書曰厥艸惟蘨音繇

搖 颻 說文動也余招切 說文樹動也余招切 說文兩肩行皃音搖 光遠集綴 楊桓書學

謠 䍃 嗂 說文徒歌余招切 說文瓦器以周切〇正韻通作謠 說文喜也余招切〇貝丘長碑用爲謠字 貝丘長碑

瑤 說文玉之美者詩曰報之以瓊瑤余招切 古文

附通

文鰩魚名音瑤 歙歙气出皃音瑤 跳也音瑤 鷙鳥也弋笑切

姚 說文虞舜居姚虛因以爲姓或爲姚嬈也史篇以爲姚易也余招切 光遠集綴 雲臺碑 古文奇字 姚矯之印 姚景利印 脩能印書

窯 說文燒瓦竈也余招切 書學

蕘 莜 說文蚍蜉也渠遙切 書學

翹 說文尾長毛也渠遙切 說文行輕皃一日趬舉足也牽遙切〇楊桓以爲翹字 楊桓書學

橋 說文水梁也巨驕切 橋霸 同橋 泠橋

僑 說文高也巨嬌切 萬僑之印 馬適僑印 馬子僑 蔡僑

蟜 說文蟲也居夭切○正韻又音喬 蟜趯之印 脩能印書

喬 說文高而曲也詩曰南有喬木巨嬌切 籀文 古尚書 印書 六書統

附通 嶠 山高而銳也古通用喬渠廟切 獢 獨獢也許驕切

善緣木走之才去囂切 鐈 似鼎而長足音喬 鷮 走鳴長尾雉也乘輿以為防釳著馬頭上巨嬌切 敿 擊連也周書曰敿乃干居夭切 繑 絝紐也牽搖切 墧 堅不可拔也苦角切

囂 說文聲也气出頭上頁首也許嬌切 希裕略古

附通 嚻 炊气皃音囂 虈 楚謂之蘺晉謂之虈齊謂之茝音囂

虓 說文虎鳴也一曰師子許交切 古文奇字

十三爻

爻 建首交也象易六爻頭交也胡茅切 楊桓書學

附通 較 車騎上曲銅也古岳切

殽 崤 說文相錯雜也胡茅切 南嶽碑 書學 六書統

附通 肴 啖也徐鍇曰謂已修庖之可食也音殽 㕭 刺也一日痛聲音爻

姣 說文好也胡茅切 書學

交 建首交脛也从大象交形古爻切 說文會也古爻切 交父彝 敔敦盤 碧落碑 古文奇字 同文集 擘交便

名印 脩能印書 禺陽印志 名印

附通 駮 駮駽也一日駮驢也音交 洨 水出常山東南入于泜下交切 蛟 龍之屬也池魚滿三千六百蛟來為之長能率魚飛置笱水中即去

音交 狡 少狗也匈奴地有狡犬巨口而黑身古巧切 鮫 海魚皮可飾刀音交 憢 憭也古了切又下交切 㼎 蒲角切 茭 乾芻一日牛蘄音交 駮 獸如馬倨牙食虎豹北角切

烄 交木然也音佼 骹 脛也口交切 筊 竹索也胡茅切 窔 窅窔深也鳥叫切

郊 說文距國百里為郊古肴切 古老子 古文奇字

敲 說文橫撾也口交切 說文毄也牽遙切 六書統

磽 **墝** 說文磽也口交切 說文磬石也口交切 六書統

哮 說文豕驚聲許交切 六書統

坳 說文地不平也於交切 名印

包 建首象人裹妊巳在中象子未成形也元气起於子子人生也男左行三十女右行二十俱立於巳爲夫婦裹妊於巳巳爲子十月而生男起巳至寅女起巳至申故男年始寅女年始申也布交切 汗簡 華嶽碑 雲臺碑 古文奇字 丙包 脩能印書

附通 匹交切皃生裹也 面生气也旁教切 水出山陽東北入泗音胞 毛炙肉薄交切 擊鼓杖也 甫無切 柔皮工也周禮曰柔皮之工鮑氏鞄卽鮑也蒲角切 桼垸已復桼之匹皃切 嗥也薄交切 地名音包

勹 建首裹也象人曲形有所包裹布交切

苞 說文艸也南陽以爲麤履布交切 臣苞

拋 **摽** 說文棄也或从手票聲按左氏傳通用摽詩曰摽有梅摽落也義亦同匹交切 說文擊也一曰挈鬬壯也符少切〇又見去嘯 籀韻

庖 說文廚也薄交切 脩能印書

匏 說文瓠也从包取其可包藏物也薄交切 匏青 印書

袍 說文襺也論語曰衣弊縕袍薄褒切 古文 同文集 禺陽印志 印書

茅 說文菅也莫交切 正譌 茅卿信印 茅千 茅季主印 茅市

犛 建首西南夷長髦牛也莫交切 古文 汗簡 存乂切韻

附通 坼也厂善坼果孰有味亦坼故謂之斄徐鍇曰厂厓也許其切 楚潁之閒謂憂曰憖力至切

徽畫也里之切 ▢ 引也音嫠

毛 ▢ 建首眉髮之屬及獸毛也莫袍切 ▢ ▢ 師毛敦 ▢ 古文奇字 ▢ 毛豐 ▢ 毛緩 ▢ 毛玄私印 ▢ 毛義 ▢ 毛聲伯 ▢ 脩能印書

附通 ▢ 幢也音毛 ▢ 擇也音毛

髦 ▢ 說文髮也莫袍切 ▢ ▢ 說文髮至眉也詩曰紞彼兩髦亡牢切○今詩作髦

筲 ▢ 說文陳留謂飯帚曰箱一曰飯器容五升一曰宋魏謂箸筩爲箱所交切 ▢ 說文飯筥也受五升秦謂筥曰箱山樞切○明是一字誤分兩音

鈔 抄 勦 ▢ 說文叉取也臣鉉等曰今俗別作抄楚交切 ▢ 籀韻 ▢ 六書統

巢 ▢ 建首鳥在木上曰巢在穴曰窠鉏交切 ▢ 汗簡 ▢ 古文奇字 ▢ 名印 ▢ 禺陽印志

附通 ▢ 高車加巢以望敵音巢 ▢ 澤中守艸樓音巢 ▢ 石之似玉者子皓切

○離騷欲少畱此靈璅兮與瑣通 ▢ 南陽棗陽鄉音巢

嘲 啁 謿 ▢ 說文謔也漢書通作啁陟交切 ▢ 說文啁嘐也陟交切嘐誇語也 ▢ 古文 ▢ 汗簡

呶 ▢ 說文讙聲也詩曰載號載呶女交切 ▢ 楊桓書學

豪 毫 ▢ ▢ 說文豕鬣如筆管者出南郡臣鉉等曰今俗別作毫非是乎刀切 ▢ 季毫孟 ▢ ▢ ▢ ▢ 古文 ▢ 古老子 ▢ 古爾雅 ▢ 蘇豪印信

▢ ▢ 許豪印信 ▢ 鹿豪私印 ▢ 名印

號 ▢ 說文呼也乎刀切 ▢ 說文號也乎刀切 ▢ 古文 ▢ 嶧山碑 ▢ 秦權 ▢ 碧落碑泣血扳號如此○按說文虍部䖒土鍪也胡到切 ▢ ▢ ▢ ▢ 奇字

同文集 附通 ▢ 石之似玉乎到切 ▢ 木也从木號省聲音號

嘷 ▢ ▢ 說文咆也乎刀切 ▢ 碧落碑 ▢ 書學

【𦽻】【茠】說文拔去田艸也从蓐好省聲或从休詩曰既茠荼蓼呼毛切　籀文　孫彊集

【篙】說文所以進船也古牢切　楊桓書學

【高】說文崇也象臺觀高之形古牢切　汗簡　籀文　古孝經　高姜鬲　王惟恭黃庭經　碧落碑　希裕略古　六書統

古文奇字　升菴索隱　高龍私印　高羌之印　高成　高僧之印　高乘之印　高弘私印　高綸高印　鍾龍　芊高士

高利三老　脩能印書　【附通】大斛也胡倒切　大熱也詩曰多將熇熇火屋切　久雨也乎老切　鳥白肥澤皃詩曰白鳥翯翯胡角切　擊頭也口卓切

肥也音高　木枯也苦浩切　敲也呼毛切　死人里也音蒿　嗃嗃嚴酷皃呼各切　常山縣世祖所即位今為高邑音鄗　鮮色也古老切　歊歊气出皃許交切　艸皃

周禮曰轂弊不歒音歒

【臯】說文气臯白之進也从夲从白禮祝曰臯登謌曰奏故臯奏皆从夲周禮曰詔來鼓臯舞臯告之也古勞切　古尚書　仲偁父鼎　臯淺　牧臯　名印　印書

【附通】桔槔汲水器也音臯　葛屬白華音臯

【櫜】說文車上大櫜詩曰載櫜弓矢古牢切　楊桓書學

【羔】說文羊子也从羊照省聲古牢切　希裕略古　闕羔

【附通】大頭也口么切　禾皮也之若切

【餻】說文餌屬古牢切　古文　六書統

【敖】【遨】說文游也从出从放五牢切　石經　蔑敖鬲　莫敖　同文集小異　寶德鬲　希裕略古　公陽敖印　【附通】水出南陽入城父音敖

山多小石也五交切　不肖人也一曰哭不止悲聲謷謷音敖　衆口愁也詩曰哀鳴嗷嗷音敖　不聽也音敖　犬如人心可使者春秋傳曰公嗾夫獒音敖　贅顤高也五到切

【熬】說文乾煎也五牢切　書學

【勢】說文健也五牢切　史勢

【鰲】說文海大鼇也五牢切　書學

【翺】說文翺翔也五牢切　黃鶴翺印

【褒】【褒】【褒】說文衣博裾从衣保省聲保古文保博毛切　孝成鼎　吳王四子名　六書統　陳褒　李褒私印　于褒　史褒私印　陳褒

私印　耀褒　楊師褒　李褒印信　戴褒

【騷】【搔】【慅】說文擾也一曰摩馬穌遭切　說文括也穌遭切　說文動也一曰起也穌遭切　說文慅驕也穌遭切　名印　脩能印書

【繅】【繅】說文繹繭爲絲也穌遭切　說文帛如紺色或曰深繒親小切〇正韻六書統俱通作繅　希裕略古　六書統

【艘】說文船總名臣鉉等曰今俗別作艘非是穌遭切　楊氏阡銘　楊桓書學

【臊】【鱢】說文豕膏臭也穌遭切　說文鮏臭也周禮曰膳膏鱢穌遭切　書學

【操】說文把持也七刀切　古老子

【橾】說文車轂中空也山樞切〇正韻與操同音而無山樞之音不知所置　操安之印

【遭】說文遇也一曰邐行作曹切　古文〇此說文東部無注無音字

【糟】說文酒滓也作曹切　光遠集綴　希裕略古　六書統

【曹】說文獄之兩曹也在廷東从棘治事者从曰徐鍇曰以言詞治獄也故从曰昨牢切　曹參碑　希裕略古小異　略古又　曹籀　曹之當印　曹遂　曹洛

曹奉印　曹旌伯旗　曹裴印信　脩能印書

【附】【通】焦也音遭　水轉轂也一曰人之所乘及船也在到切　終也音遭　慮也藏宗切　畜獸

食器音曹 [篆] 螬也昨牢切 又七刀切 [篆] 蠶蠹也財牢切 [篆] 艸也音曹

饕 叨 [篆] [篆] 說文貪也土刀切 [篆] 碧落碑叨心感慕如此 [篆] 書學 [篆] 六書統 [篆] 奇字 [篆] 正譌

韜 弢 [篆] 說文劒衣也土刀切 [篆] 說文弓衣也土刀切 [篆] 古文 [篆] 奇字 [篆] 同文集

絛 縚 [篆] 說文扁緒也土刀切 [篆] 楊桓書學

搯 搯 說文搯也周書曰師乃搯搯者拔兵刃以習擊刺詩曰左旋右搯土刀切 [篆] 說文滑也詩曰𠬛兮達兮一日取也土刀切

附通 [篆] 牛徐行也音𠬛

滔 [篆] 說文水漫漫大皃土刀切 [篆] 古文 [篆] 籀文 [篆] 古老子

夲 [篆] 建首進趣也从大十猶兼十人也土刀切 [篆] 汗簡 [篆] 同文集

匋 陶 [篆] 說文瓦器也古者昆吾作匋徒刀切 [篆] 說文再成丘也在濟陰夏書曰東至于陶丘陶丘有堯城堯嘗所居故堯號陶唐氏徒刀切 [篆] 義雲章 [篆] 同文集 [篆] 陶守

陶 陶時德印 [篆] 陶憲之印 [篆] 陶建印書 [篆] 脩能

謟 [篆] [篆] 說文往來言也一日小兒未能正言也一日祝也大牢切

騊 [篆] 說文騊駼北野之良馬徒刀切 [篆] 古文奇字

萄 [篆] 說文艸也徒刀切 [篆] 奇字

咷 [篆] 說文楚謂兒不止日噭咷徒刀切 [篆] 籀韻 [篆] 奇字

逃 [篆] 說文亡也徒刀切 [篆] 名印

桃 [篆] 說文果也徒刀切 [篆] 脩能印書 [篆] 禹陽印志

濤 說文大波也徒刀切 古文 名印

檮 說文斷木也春秋傳曰檮柮徒刀切 書學

鼗 鞀 鞉 說文鞀遼也徒刀切 籀文 古論語 六書統

勞 說文劇也从力熒省熒火燒門用力者勞魯刀切古文从悉 古文 碧落碑 同文集 脩能印書

附通 朝鮮謂藥毒曰癆郎到切 水出扶風鄠北入渭魯刀切

牢 說文閑養牛馬圈也从牛冬省取其四周帀也魯刀切 同文集

猱 夒 說文貪獸也一曰母猴似人从頁已止夊其手足臣鉉等曰已止皆象形也奴刀切 說文犬惡毛也奴刀切 六書統

附通 夒嫪也女交切 墋地以巾擱之一曰箸也乃昆切 玉也耳由切

尻 說文脾也苦刀切○脾卽說文臀字 書學

附通 山椁也苦浩切

峱 說文山在齊地詩曰遭我于峱之閒兮奴刀切 古文 書學

十四歌

歌 謌 哥 說文詠也古俄切 說文聲也古以爲謌字古俄切 古文歌 大風歌 名印

附通 多汁也音哥

柯 說文斧柄也古俄切 孫柯之印 陸柯

珂 說文玉也苦何切 梁珂

呵 說文反丂也虎何切○建首丂气欲舒出上礙於一也是謂丂反丂者是呵而出之不爲礙也 六書統

訶　說文大言而怒也虎何切　昭卿字指　摭古遺文

阿　說文大陵也一曰曲阜也烏何切　古老子　義雲章

附通　闁　門傾也烏可切

妸　說文女字也烏何切　王妸

婀　說文陰𡟎也烏何切　六書統

痾　說文病也五行傳曰時即有口痾烏何切　籀文　楊桓書學

何　說文儋也臣鉉等曰儋何即負何也借爲誰何之何今俗别作擔荷非是胡歌切　古孝經　㸓鐘鼎文　雲臺碑　碧落碑　古文奇字

同文集　何泰之印　何俌　王何

附通　荷　芙蕖葉胡哥切

河　說文水出焞煌塞外崐崘山發原注海乎哥切　古文　雲臺碑　河南君丞

附通　菏　菏澤水在山陽胡陵禹貢浮于淮泗達于菏古俄切

苛　說文小艸也乎哥切　苛臣　異苛

俄　說文行頃也五何切　碧落碑　書學

娥　說文帝堯之女舜妻娥皇字也秦晉謂好曰娙娥五何切　書學

峩　說文嵯峨也五何切　古文　南嶽碑　摭古遺文　同文集

蛾　說文蠶化飛蟲五何切　商隱字略

鵞　說文䳘鵝也五何切　六書統　書學

蓑　說文艸雨衣秦謂之萆象形穌禾切　古文　脩能印書

附通　縗　服衣長六寸博四寸直心倉回切

榱　秦名爲屋椽周謂之榱齊魯謂之桷所追切

梭　說文木也私閏切臣鉉等曰今俗別音穌禾切以爲織布者機杼之屬　六書統

瑳　說文玉色鮮白七何切　古文　古字略　趙琬璋

𪗨　說文齒差跌皃春秋傳曰鄭有子𪗨从齒佐聲臣鉉等曰說文無佐字此字當从𢓭傳寫之誤昨何切　籒文　古文〇三古文當與支韻䶩字通用

𤱪　說文殘田也詩曰天方薦𤱪昨何切　孫彊集　六書統

虘　說文虎不柔不信也昨何切　古文奇字云鐘鼎借爲詐字

多　建首重也从重夕夕者相繹也故爲多重夕爲多重日爲𡖋得何切　古文　籒文　古老子　華嶽碑　閻多私印　多睦子家丞　名印

附通　衣張也尺氏切　離別也周景王作洛陽誃臺音移　侈也音移　盛火也音移　礙也康禮切　曲鉹也一曲鬵鼎音移　張口也丁可切　馬病詩曰痑痑駱馬音哆　棠棣也弋支切　陟加切　厚脣皃曹兜叱支切　目傷眥也一曰有大度也　充豉切　黑木也丹陽有黟縣烏雞切　大也苦回切

它　蛇　建首虫也从虫而長象冤曲垂尾形上古艸居患它故相問無它乎託何切臣鉉等曰蛇今俗作食遮切〇又見遮韻　同文集

附通　鮎也音佗　短矛也食遮切　沇州謂欺曰詑音它　司人也式支切　蹉跎也音佗　馬尾鞁也今之般緧音佗

佗　說文負何也臣鉉等案史記匈奴奇畜有橐佗今俗譌謂之駱駝非是徒何切　古文　楊佗　脩能印書

附通　曳也音它　裾也論語曰朝服拕紳唐左切

沱　說文江別流也臣鉉等曰沱沼之沱通用此別作池非是徒河切　古文　夏侯沱　印譜

鼉　說文水蟲似蜥易長大徒何切　升菴索隱

羅　說文以絲罟鳥也古者芒氏初作羅魯何切　古文　史文　雲臺碑　華嶽碑　王庶子碑　羅秉昌印　羅歆　名印　脩能印書

附通　巡也郎佐切

蘿 說文莪也魯何切 光遠集綴

騾 說文驢父馬母洛戈切 古文

那 說文西夷國安定有朝那縣諾何切 古文 籀文 六書統

儺 說文行有節也詩曰佩玉之儺諾何切 說文見鬼驚聲諾何切 奇字

挼 說文推也一曰兩手相切摩也臣鉉等曰今俗作挼非是奴禾切 說文丸之孰也奴禾切 楊桓書學

戈 建首平頭戟也古禾切 古文 汗簡 夏琱戈 古文奇字如此 鳥篆 宰辟父敦 同文宰辟 索隱同 父己卣 升菴索隱 奇字 脩能印書

附通 戹 屋牝瓦下一曰維綱也戶關切 試力士錘也胡畎切 戟也古黠切

過 說文度也古禾切 汗簡 埜籀文 古孝經 古老子 奇字 碧落碑 尤過之印 過少 孺 方過私印 過慶 過滿 脩能印書

附通 渦 水受淮陽扶溝浪蕩渠東入淮古禾切 蝸 蝸蠃也古華切 楇 盛膏器乎臥切 緺 綬青紫也古蛙切

鍋 秦名上釜曰鬴古禾切 古文 六書統 奇字

科 說文程也苦禾切 書學

窠 說文空也穴中曰窠樹上曰巢苦禾切 薖 說文艸也苦禾切○同文集云寬大艸菴可居者所謂碩人之薖是也

和 龢 說文相譍也戶戈切 說文調也戶戈切 書 古尚書 古孝經 古老子 齊侯鐘 遲父鐘 敦盤 鍾鼎 同文集 和商和衆私印 周兼和印 名印

禾 建首嘉穀也二月始生八月而孰得時之中故謂之禾戶戈切 古文 商鐘用爲和字 父己鼎 伊彝 父丙卣 木禾丞印

盉　說文調味也戶戈切　籀文盉　伯玉盉　季亳盉　鐘鼎　古文奇字

訛　說文譌言也詩曰民之譌言五禾切　說文譯也率鳥者繫生鳥以來之名曰囮五禾切　又音由　書學

波　說文水涌流也博禾切　古文　同文集　伏波將軍印　書

皤　說文以石箸雉繫也博禾切　摭古遺文

頗　說文偏頭也滂禾切　義雲章　六書統

坡　說文阪也滂禾切　古文　六書統　禺陽印志

婆　說文奢也臣鉉等曰今俗作婆非是薄波切　書學

皤　說文老人白也易曰賁如皤如薄波切

摩　說文研也莫鄱切　古文　希裕略古　光遠集綴

十五麻

麻　建首與林同人所治在屋下莫遐切　汗簡　希裕略古　麻長卿　麻贛

附通　乘輿金馬耳也亡彼切　麾也亡果切

葩　說文華也普巴切　說文艸華之白也普巴切　古文

巴　建首蟲也或曰食象蛇伯加切　古文　古文奇字　同文集　呂洛巴

附通　兵車也一曰鐵也司馬法晨夜內鈀車音巴　牝豕也一曰二歲能相把拏也詩曰一發五豝音巴　轡革也必駕切

把　說文收麥器蒲巴切　籀文

琶 琶 說文琵琶也義當用枇杷蒲巴切 書學

沙 說文水散石也水少則沙見楚東有沙水所加切譚長沙說沙或从尐尐子結切也 義雲章 希裕略古 六書統 古文奇字云从匕聲

附通 莎 鎬侯也穌禾切 娑 舞也詩曰市也婆娑音莎

鯊 說文魚名出樂浪潘國所加切 石鼓 書學

叉 杈 扠 說文手指相錯也初牙切 說文枝也初牙切 書學 六書統

差 說文貳也差不相值也初牙切又楚佳切 古文 汗簡 石經 齊侯鎛 存乂切韻 附通 礸麥也一曰擣也

也昨何切 傞 醉舞皃詩曰屢舞傞傞素何切 連車也一曰却車抵堂爲䡨士皆切 嵯 山皃 衺斫也春秋傳曰山木不槎側下切 鹹也河內謂之鹺沛人言音䲡 髮好也千可切

東炭也 水在漢南荊州浸也春秋傳曰脩涂溠梁側駕切 楚宜切 蹉跎七何切 瘉也楚懈切又才他切

查 樝 柤 說文果似棃而酢側加切 說文木閑也側加切○正韻樝查通 楊桓書學 查勲 脩能印書 附通 水出北地直路西東入洛音樝

担 戲 說文挹也側加切 說文又取也側加切 古文 六書統 楊桓書學 附通 謯 娽也音担 嬌也將預切 沛國縣昨何切

楇 說文箠也陟加切 古文 籀文

齟 齷 說文齬齒也側加切 古文 六書統

荼 梌 說文苦荼也从艸余聲同都切臣鉉等曰此卽今之茶字○正韻又音查 楊桓書學 荼廣年 荼聚 茶名印 ○玉篇荼杜胡切苦菜也又除加切

拏 挐 說文牽引也女加切 說文持也女加切

遐 假 說文遠也胡加切 說文至也古雅切○正韻通作遐 碧落碑匪日道遐如此 義雲章 奇字本小異

【瑕】 說文玉小赤也乎加切 古老子 奇字小異 古孝經 昭卿字指 古文奇字 瑕裒 瑕忠之印 脩能印書

【嘉】 說文美也古牙切 晉姜鼎 嘉仲盉 鐘鼎文 義雲章 古文奇字 周嘉會印
馬嘉 伯嘉 名印 脩能印書

【瘕】 說文女病也乎加切 古文 籀文

【加】 說文語相增加也古牙切 古孝經 古老子 同文集 李加 于公加 田季加匜 名印 印書
【附通】 女師也烏何切
迦互令不得行也古牙切
柫也淮南謂之柍音加柫擊禾連枷
婦人首飾音加

【家】 說文居也古牙切 古文 籀文 古孝經 古老子 石經 齊侯鎛
齊侯鐘 龙敦 師毀敦 用命鼎見同文集 鐘鼎文 嶧山碑 希裕略古 古文
奇字 順陽侯家印信 多睦子家丞 永武男家丞 家請私印 任氏家印 宗家重貴 印譜
【附通】 南郡蠻夷賨布古訝切

【茄】【笳】 說文芙蕖莖古牙切○正韻菜名具牙切 書學或从竹卷蘆葉吹之老子入胡所作所謂鳴笳也亦通用茄

【豭】 說文牝豕也古牙切 說文豕也乎加切○叒叒叒叒相似小異

【麚】 說文牡鹿以夏至解角古牙切 楊桓書學

【痂】 說文疥也古牙切 書學

【雅】【鴉】 說文楚烏也一名鸒一名卑居秦謂之雅臣鉉等曰今俗别作鴉非是烏加切又五下切○又見上聲馬韻 古文 六書統

【丫】 說文兩刃臿也宋魏曰茉互瓜切 書學

牙 建首牡齒也象上下相錯之形五加切 古文 汗簡 籀文 雜古文 同文集 牙門將軍章 牙門將印 牙門將之章

附通 呀 張口皃許加切 庌 廡也周禮曰夏庌馬五下切 枒 木也一曰車輞會也五加切

芽 說文萌芽也五加切 希裕略古 楊桓書學吳人謂赤子曰啞犽言如艸木之萌芽

華 建首榮也戶瓜切 古老子 籀文 古莊子 華嶽碑 雲臺碑 碧落碑 奇字 華陰伯印 張華印 李華之印 華輔 華央 華未 華毋忌印 名印

附通 譁 讙也呼瓜切

花 建首艸木華也況于切○徐鍇說文韻譜定爲花字 古文 石鼓亞若其雩 鐘鼎文

名印○以上十字昔人混集於華字內今以有艸無艸分定之

誇 說文譀也苦瓜切譀誕也 希裕略古 脩能印書

侉 說文備詞苦瓜切憊㦙也㦙備也 籀韻 同文集

夸 說文奢也苦瓜切 古老子 楊桓書學

附通 刳 判也苦孤切

瓜 建首胍也古華切 汗簡 印書

附通 弧 木弓也一曰往體寡來體多曰弧戶吳切 泒 水起鴈門東北入海音孤 狐 妖獸音弧 苽 雕苽也一名蔣古胡切 罛 魚罟也詩曰施罛濊濊音苽 奃 大也烏瓜切 茒 艸多皃音罛

媧 說文古之神聖女化萬物者也古蛙切 逸古 摘

騧 說文黃馬黑喙古華切

歪 說文不正也火竈切 咼 說文口戾不正也苦媧切 升菴索隱曰白樂天詩錢塘蘇小小人道最夭邪樂天自注夭音歪

窊窪洼　說文汙衺下也烏瓜切　說文清水一日窊也屋瓜一穎二切　說文深池也一佳切又一瓜切〇六書統窊同　古老子　六書統

奇字

鼃蛙　說文蝦蟇也烏媧切　書學

十六　遮

遮　說文遏也止車切　古文　奇字　脩能印書

奢　建首張也式車切臣鉉等曰奓今俗作陟加切以爲奓厚之奓非是　汗簡　古老子　奢侯

附通　譇拏羞窮也陟加切

車　建首輿輪之總名夏后時奚仲所造尺遮切　希裕略古　汗簡　古老子　牧敦　奕車觚　畢癸卣　同文畢癸如此

六書統　古文奇字　升菴索隱　車佩印信　張車家

嗟　說文咨也一日痛惜也子邪切　古文　希裕略古

邪　說文㽞也似嗟切　說文琅邪郡以遮切　說文鏌釾也以遮切正韻亦作莫邪應邵日莫邪吳大夫也作寶劍因以冠名　希裕略古　古文奇字

楊桓書學莫邪之邪

附通　芇郝也以遮切

蛇　建首虫也託何切臣鉉等曰今俗作食遮切〇又詳歌韻

靴韡　說文鞮屬許𩏂切　楊桓書學　六書統

海鹽畢弘述既明篆訂

茗溪閔章含貞　程煒赤文同校

十七陽

陽 說文高明也與章切 古文 陀鼎 師艅鼎 敔敦 晉陽侯 武陽亭侯 順陽侯家印信 雲陽太守章

弋陽郡丞之印 東門陽印 靡父樂陽 陽成張 陽成安印 陽成勝 陽成遂 陽成平印 公陽敖印 陽闕 禹陽印志

昜 說文開也从日一勿一曰飛揚一曰長也一曰彊者衆皃與章切 暘 說文日出也虞書曰暘谷與章切 古老子 希裕略古 甘暘和印 附通 崵 崵山在遼西一曰嵎

鐵崵谷也與章切 蔫 艸枝枝相值葉葉相當楮羊切 煬 炙燥也余亮切 瘍 頭創音昜 碭 丈石也徒浪切 瑒 圭尺二寸有瓚以祠宗廟者也丑亮切 踼 跌踼也一曰搶也徒郎切 黥 赤黑

色音暘 禓 道上祭音昜 腸 大小腸也直良切

楊 說文木也與章切 雲臺碑 楊殷與印 楊褒 楊善 楊趙印信 楊封 楊丙完印 楊始昌印 楊它 楊禹私印

楊宮私印 楊沐 楊杞伯可 楊鼻 楊義之印

揚 颺 說文飛舉也與章切 說文風所飛揚也與章切 籀文 古文 古尚書 古孝經 季妘鼎 敔敦

高克尊 師艅尊 師淮卣 師毛父敦 宰辟父敦 伯姬鼎 尨敦 師斅敦 邾敦 牧敦 晉姜鼎 陀彝

師秦宮鼎 六書統 古文奇字 鐘鼎文 鷹揚將軍章 揚趙

錫 鍚 說文馬頭飾也詩曰鉤膺鏤鍚一曰鍱車輪鐵臣鉉等曰今經典作錫與章切 同文集 書學

羊 建首祥也孔子曰牛羊之字以形舉也與章切 汗簡 祝尚書韻 同文集 侯羊子印 名印

附通 庠 禮官養老似羊切 痒 瘍也音庠

洋　說文水出齊臨朐高山東北入鉅定似羊切〇正韻音義全異　古尚書　六書統

方　建首併船也象兩舟省總頭形府良切　華嶽碑　雲臺碑　古文奇字　方沖　秦毋方　方倫　方隆私印　方俗司馬　方慶之印　朱方　白方　古文　汗簡　古尚書　穆公鼎　單癸卣　司寇彝　東方賢　名印

附通　泛謀曰訪敷亮切　邑里之名古通用陸音方　鳥也音方　方鐘也音方　周家摶埴之工也分兩切　什邡廣漢縣音方

曲脛馬也薄庚切　木可作車音方　肥也音方　澤虞也分兩切

匚　建首受物之器府良切　文　鐘鼎

芳　說文香艸也敷方切　古文　王庶子碑　希裕略古　名印

妨　說文害也敷方切　古老子　六書統　魯妨　酇妨

房　說文室在旁也符方切　古尚書　雲臺碑　碧落碑　同文集　劉房思印

防　說文隄也符方切　漕防

魴　說文赤尾魚符方切　希裕略古　魴山

亾　建首逃也从入从乚武方切　倏能印書

附通　艸耑音亡　棟也爾雅曰㝉廇謂之梁音亾　心上鬲下也春秋傳曰病在肓之下呼光切　血也春秋傳曰士刲羊亦無衁也音肓　洛陽北土山上邑莫郎切　齧人飛蟲武庚切

忘　說文不識也武方切　毛忘之印　番忘之印　忘適

附通　杜榮也音忘

襄　說文漢令解衣耕謂之襄息良切　古文　古尚書　籀文　大篆　襄城侯印　公襄之印　干襄私印　襄印

附通

黍梨已治作型中腸者汝羊切 黨蠰也汝洋切 音穰 益州鄙言人盛諱其肥謂之膿如兩切 捘臂也音穰 裹也音膿 鼻也奴朗切 今河南穰縣是汝羊切

醞也作酒曰醲 醲女亮切 菜也音醲

緗 說文帛淺色也息良切 禹陽印志

相 說文省視也易曰地可觀者莫可觀於木詩曰相鼠有皮息良切 古文 古孝經 古老子 夏鉤帶 奇字本小異 商鐘 陰符經 古文奇字 相產 相里道 脩能印書

附通 大車牡服音相 水出零陵陽海山北入江音相 廊也音相

驤 說文馬之低仰也息良切 義雲章 龍驤將軍章 龍驤司馬

瑲 說文玉聲也詩曰鞗革有瑲七羊切 希裕略古 古文奇字

鎗 槍 說文矛也七恭切臣鉉等曰今音楚江切 說文歫也一曰槍欀也七羊切 楊桓書學

蹌 牄 蹡 說文動也七羊切 說文行皃詩曰管磬蹡蹡七羊切 說文鳥獸來食聲也虞書曰鳥獸牄牄七羊切 古文从食

將 說文扶也士良切〇楊桓書學以爲將命將奉之將 古文

漿 說文酢漿也即良切 古文 奇字

詳 說文審議也似羊切 詳程

祥 說文福也一云善似羊切 籀文 古老子又見洋 王祥私印

翔 說文回飛也似羊切 六書統 摭古遺文

牆 說文垣蔽也才良切 古文 義雲章 書學木壁也 希裕略古

薔　說文牆蘼虋冬也賤羊切　說文薔虞蓼所力切〇正韻薔薇亦與牆通用

商　說文以外知內也式陽切　古文　籀文　古省文　曾侯鐘　商姜鬲　乙酉戊命彝

乙酉父丁彝　古尚書　希裕略古　奇字　商芡私印　商衡　商湯　吳商印　潘商之印

和商　趙商思　呂商私印

商　說文行賈也式陽切　六書精蘊

傷　說文創也式陽切　說文傷也式陽切　古孝經　古老子　本義　郁傷禹印　狗毋傷　佴毋傷　脩能印書

附通　憂也

式亮切　不成人也　式陽切

觴　說文觶實曰觴虛曰觶式陽切　古文　王庶子碑　希裕略古　楊桓書學　古文奇字

鬺　說文煮也式陽切　籀文　豐鼎　微欒鼎　師望敦　師望鼎銘　古文　古奇字

昌　說文美言也一曰日光也詩曰東方昌矣尺良切　汗簡　巳酉戈命彝　兄癸鼎　同文集　天祿永昌　永昌　永昌　子孫世昌

樂昌私印　應昌　中昌私印　敦昌私印　單昌字印　勞昌里印　夏昌　顧道昌印　王昌　富昌

附通　閶　天門也楚人名門曰閶闔音昌

章　說文樂竟為一章諸良切　古文　古孝經　大夫始鼎　石鼓文　華嶽碑　碧落碑　樂安王章　京兆郡國公章　開肝郎男章

廣武將軍章　隴東太守章　鷹揚將軍章　中部偏將軍章　敦章　向章　王崇之章　錢傳之章　名印　脩能印書

同文集

附通　彰　文彰也音章　漳　濁漳出上黨東入清漳清漳出沾山北入河南漳出南郡臨沮諸良切　草　艸也音章　麞　麞屬音章

璋　說文剡上為圭半圭為璋諸良切　李璋

鄣 說文紀邑也諸良切　故鄣長印

張 說文施弓弦也陟良切　古老子　華嶽碑　古文奇字　張仲簋　史張父敦　義雲章　六書統　張昌　張千秋　張衡私印　張欽私印　張良私印　張嚴　張林私印　張猛　張奐　張建　張置私印　張光　張震　張廣印信　張更　張遂　張最私印　張異私印　張宗私印　張兼　張虫　張黨　張縱　張彙印　張灤　張田印　張青直印　張常年印　張始　張逢時印　張橫之印　張忠　張談　戎張之印　巫九張印　劉子張　張華之印　張止　郭張成　臣張　未識古印

常 **裳** 說文下帬也市羊切　古尚書　古老子　同文集　古文　王庶子碑　碧落碑　六書統古裳下从市市卹紱字　古文奇字　李常有印　常年　季常　常龔　李常　王常私印　錡常私印　單常字印　脩能印書

嘗 說文口味之也市羊切　古文　義雲章　孫彊集　楊桓書學

附通　楊也音嘗

禳 說文磔禳祀除癘殃也古　昭卿字指　衛宏字說

攘 說文推也汝羊切　古老子　希裕略古　又見相下　書學　奇字

瀼 說文露濃皃汝羊切　書學

蘘 說文蘘荷也一名蒀蒩汝羊切　樊蘘

娘 說文煩擾也一曰肥大也女良切　書學

霜 說文喪也成物者所莊切　古文　義雲章

雙　說文隹二枚也所江切　升菴索隱　名印

瘡　創　說文傷也臣鉉等曰今俗別作瘡非是楚良切　古文　希裕略古

窻　牕　囱　建首在牆曰牖在屋曰囱楚江切　說文通孔也楚江切　古文　書學

惷　說文愚也丑江切　說文視不明也一日直視丑尨切

莊　說文上諱注側羊切　無　古文　莊敏之印　莊吉　莊虜　莊亮之印　莊駘之印　莊吉　莊德之印　莊緒之白牋

莊鄰里　莊生之印　莊豐　莊鄉

粧　妝　說文飾也側羊切　楊桓書學　古文

裝　說文裹也側羊切　古文奇字

牀　說文安身之坐者徐鍇曰左傳薳子馮詐病掘地下冰而牀焉至於恭坐則席也故从爿爿則牀之省象人衺身有所倚著至於牆壯戕狀之屬从牀省聲李陽冰言木右爲片左爲爿音牆且說文無爿字其書亦異故知

其安仕莊切　古文　說文無爿字非無也遺之也楊桓書學亦爲牆字今兩存

附通　方鋻斧也詩曰又缺我斨七羊切　槍也他國臣來弑君曰戕士良切　山崚也慈良切

幢　說文旌旗之屬宅江切　名印

長　建首久遠也从兀从匕兀者高遠意也久則變化亡聲𠫓者倒亡也臣鉉等曰倒亡不亡也長久之義直良切　古文　籀文　汗簡

古孝經　古老子　貝丘長碑　碑　雲臺碑　嶧山碑　侍郎父乙甗　父丙卣　敔敦　仲先彝　希裕略古

或小異　六書統　古文奇　六書正譌　長貴亭侯　司徒左長史印　宣威長印　封谿長印　彭城醫長　太丘長印　武德長印

餘杭長印　長孫　長樂　廣平長印　玄平長印　陽安長印　晉高句驪率善邑長　生長　晉鮮卑率善邑長　稻農左長　津梧長印

永昌長印　長官　漢歸義胡師長　長官　長土長　姚世長　其長壽印　聞人長公　長年　長勳　成長之印　辛長舒印　錢長　長樂

李長　郜長私印　李長寘印　趙長孟　杜長私印　太宰長孺　長孺　長宜子孫

附 通　食米也陟良切　狂也一曰仆也楮羊切

張也知諒切　杖也宅耕切

場　說文祭神道也一曰田不耕一曰治穀田也直良切　義雲章　六書統　古文奇字

萇　說文萇楚銚弋一名羊桃直良切　萇益之印　萇地行印　萇虎　萇戎　萇博之印

良　說文善也从畗省亾聲徐鍇曰良甚也故从畗呂張切　古文　漢十二辰鑑　碧落碑　希裕略古小異　義雲章　司馬

良印　良廣　良章私印　徐良登印　張良私印　魏良　張良　呂良　錡強　王良私印　倄能印書

附 通　矛屬魯當切　高木

也音狼　門高也巴郡有閬中縣來宕切　鋃鐺鎖也音稂　似犬鋭頭白頰高前廣後音狼　石聲音狼　目病也力讓切　藍也盧葉切　螳螂一名蚚父音狼

梁　梁　說文水橋也从木刅聲呂張切　說文米名也呂張切〇古印通作梁　古文　梁山　鋗　希裕略古　梁王之璽　梁王后璽　梁臣

梁旁家丞　賈梁人　梁寬　梁福私印　梁歲　梁少君　馬吉梁　梁過　名印　倄能印書

量　說文稱輕重也呂張切　古文　籀文　石經　父乙甗　碧落碑　希裕略古　升菴索隱

糧　說文穀也呂張切　義雲章　六書統

涼　𩗬　說文薄也呂張切　說文北風謂之𩗬呂張切　籀韻　古爾雅　六書統　古文奇字　涼儉印信

香　薌　建首芳也春秋傳曰黍稷馨香許良切　說文穀气也許良切　籀文　汗簡　碧落碑　香隆私印　名印

倄能印書　禹陽印志

【鄉】說文國離邑民所封鄉也嗇夫别治封圻之内六鄉六卿治之許良切　古文　石經　大風歌　同文集　都鄉侯印　鄉老信印　莊鄉

【羌】說文西戎牧羊人也去羊切　古文　籀文　高羌之印　晉歸義羌王　魏率善羌邑長

【附通】秦晉謂兒泣不止曰唴丘尚切

【腔】說文內空也苦江切　楊桓書學

【薑】說文禦濕之菜也居良切　書學

【畺】說文界也三其界畫也居良切　商鐘　盄和鍾

【韁】說文馬紲也居良切　書學

【僵】說文僨也居良切　古老子　高克尊　義雲章

【畕】建首比田也居良切

【姜】說文神農居姜水以為姓居良切　杞公匜　晉姜鼎　伯冏父敦　孟姜匜　伯索孟敦　散季敦　京姜鬲　雲臺碑　奇字　希裕略古　同文集　禮姜私印

【江】說文水出蜀湔氐徼外崏山入海古雙切　古老子　朱育集字　古文奇字　江廣　江元之印　王江之印　江師周　江充私印

【彊】【強】說文弓有力也巨良切　說文蚚也巨良切　印仲　遲父鼎　高克尊　王庶子碑　存乂切韻　希裕略古　書學　奇字　強弩都尉章　強弩司馬　徐強之印　徐強　詘強　錡強良　淳于強印　朱強　許強印　馬強　李強　御彊　毋彊　孫辟彊　柯彊　劉彊之印

【附通】枋也一曰鉏柄名居良切　牛長脊也音橿　負兒衣居兩切　捬類也音襁

【央】說文中央也一曰久也於長切　原未央　劉未央　華未央　宋未央　宋未央印　狗未央印　樂未央印　脩能印書

【附通】

滃也音央

詇 早知也於亮切　秧 禾若秧穰也音央　怏 不服懟也音訣　鴦 鴛鴦音央　坱 塵埃音訣　姎 女人自偁我也烏浪切　鞅 以車鞅擊也於兩切　鞅 頸靼也音抰

梅也一日江南橦材其實謂之柍於京切　纓卷也音抉

殃　說文咎也於良切　古老子　六書統

王　建首天下所歸往也董仲舒曰古之造文者三畫而連其中謂之王三者天地人也而參通之者王也孔子曰一貫三爲王雨方切　古文　敵敦　雲臺碑　王壽

樂安王章　王允功印　王積私印　王忠之印　王武尊　王馮私印　王讓私印

附通

皇　樂舞以羽翿自翳其首以祀星辰也胡光切　迋　往也

春秋傳曰子無我迋于放切
○正韻又與誑同又見誑下

狂　說文狾犬也巨王切　古尚書　古老子　六書統　希裕略古　同文集　名印

附通

𨖍　遠行也居況切

匡　筐　說文飲器筥也去王切　封筐印　匡勃　匡去疾　匡席手

附通

恇　怯也音匡　洭　水出桂陽縣洭浦關爲桂水音匡　軭　車戾也音狂

郔　河東聞喜縣音匡

唐　說文大言也徒郎切　父乙甗　碧落碑　奇字　唐任　唐相私印　唐後之印　唐蓋印　段干唐　孟唐之印

附通

鎕　鎕銻火齊音唐　塘　隄也音唐

棠　說文牡曰棠牝曰杜徒郎切　徐棠　徐棠之印

糖　說文飴也徒郎切　希裕略古　楊桓書學

堂　說文殿也徒郎切　古文　籀文　古孝經　古老子　同文集　新成堂印

名印

附通

鏜　鐘鼓之聲詩曰擊鼓其鏜土郎切　鼞　鼓聲音鏜　闛　闛闛盛皃音堂　螳　螳螂音堂　鄌　地名臺古堂字音堂

當 說文田相值也都郎切 古老子 六書統 同文集 龍當時印 脩能印書
附通 璫 華飾音當 鐺 銀鐺瑣也音當 當 蠰不過也音當

湯 說文熱水也土郎切 步湯私印 張湯之印 王湯之印 南郭湯 任湯
附通 璗 金之美者與玉同色禮佩刀諸侯璗琫而璆珌徒朗切 盪 滌器也音盪

郎 說文魯亭也魯當切 義雲章 六書統 五郎將印 武猛中郎將 郎惠 郎浦 彊郎寶 彊郎寶印 馮郎私印

廊 說文東西序也漢書通用郎魯當切 古文奇字

琅 說文琅玕似珠者魯當切 碧落碑 名印

稂 說文禾粟之采生而不成者謂之董蓈魯當切 楊桓書學𦡀

㝗 說文屋㝗㝗也音良又力康切 躴 躴長身皃

囊 說文橐也奴當切 古文 存乂切韻 奇字 名印

滂 說文沛也臣鉉等曰今俗別作雱霶非是普郎切 仲考壺

旁 說文溥也步光切 古文 籀韻 雲臺碑 尹卣 奇字小異 林罕集 義雲章 希裕略古 書學

旁 梁旁家丞 脩能印書
附通 騯 馬盛也詩曰四牡騯騯薄庚切 謗 毀也補浪切 榜 榜程穀名音騯 嗙 謌聲嗙喻也司馬相如說淮南宋蔡舞嗙喻也補盲切 搒 掩也北孟切

[?] 量溢也普郎切 附行也蒲浪切 汝南鮦陽亭音旁

膀 說文脅也步光切

龐 說文高屋也薄江切 古文 孫彊集 龐子孟印 龐單 龐育印信 龐廣私印 龐危 龐壽 龐寬

尨 說文犬之多毛者詩曰無使尨也吠莫江切 古文 尨生鼎 古文奇字 印書
附通 厖 石大也音尨 牻 白黑雜色牛音尨 駹 馬面顙皆

白音尨 哤異之言一曰雜語音尨 水也音尨 涂也讀若隴又亾江切

桑 說文蠶所食葉木息郎切 籀文 書學 奇字 桑成私印

喪 說文亡也息郎切 古老子 鐘鼎 林罕集 張輯集

倉 建首穀藏也倉黃取而藏之故謂之倉从食省口象倉形七岡切 汗簡 古尚書 古老子 奇字 軍倉丞印 倉印 張倉印

附通

⿷匚倉 古器也音倉 傷也初亮切 寒也音愴

蒼 說文艸色也七岡切 古文 籀文 侯蒼信印 陳蒼 申蒼 李蒼

滄 說文寒也七岡切 古文 古尚書 奇字

鶬 說文麋鴰也七岡切

牂 說文牡羊也則郎切 碧落碑 書學

臧 說文善也則郎切 衛宏字說 同文集小異 張廷珪劎銘 義雲章 六書統

藏 說文匿也臣鉉等案漢書通用臧从艸後人所加昨郎切 籀文○詮次曰或从上或从土未有定論愚意臧爲上善从上可也藏爲蓋藏从土可也古文固不可以意度唯所用之而已 古孝經

⿷匚壯 古老子 陰符經 楊桓書學 中藏府印 名印○以上諸文皆以臧爲藏用者

康 穅 糠 說文穀皮也苦岡切 石經 石鼓 茂敖鬲 微欒鼎 師箟敦 甘泉鐙 嶧山碑 六書統

耿康私印 康顧 康賀私印

附通 水虛也音康 飢虛也音康

㝩 說文屋㝩㝗也苦岡切 書學長 身皃

下平聲 陽

一二三

岡
說文山脊也古郎切　古文　比干銅槃　義雲章　古文奇字
附通　犅　特牛也音岡

剛
說文彊斷也古郎切　古尚書　古老子　張剛　金剛正印　脩能印書

綱
說文維紘繩也古郎切　古文　笎綱

亢　頏
說文人頸也古郎切　正譌　亢過
附通　炕　乾也音伉　伉　人名論語有陳伉苦浪切　閌　閌閬高門也音伉　魧　大貝也一日魚膏音亢　杭

健犬音伉　境也一日陌也趙魏謂陌為甿古郎切　直項莽䟘皃从夋夋倨也岡朗切又胡朗切　莽沆大水也一日大澤皃胡朗切　竹列也音亢　潁川縣音伉

缸　瓨
說文瓨也下江切○正譌音岡瓨同　說文似罌長頸受十升古雙切

卬　昂
說文望欲有所庶及也詩曰高山卬止伍岡切　說文舉也五岡切　趙子昂氏
附通　茚　菖蒲也益州云音卬　靮　鞹角鞮屬音卬　枊　馬柱一日堅也吾浪切

迒
說文獸迹也胡郎切　迒或从足从更

杭
說文抒也或从水苦浪切臣鉉等曰杭今俗作胡郎切○今平去兩存　餘杭長印

航　斻
說文方舟也禮天子造舟諸侯維舟大夫方舟士特舟臣鉉等曰今俗別作航非是胡郎切　王庶子碑　碧落碑　六書統

汪
說文深廣也一日注池也烏光切　汪賡私印

尣　尩
建首彼曲脛也烏光切　尩尣

荒
說文水廣也易曰包巟用馮河呼光切　說文蕪也一日艸淹地呼光切　說文虛無食也呼光切　籀文　古老子　六書統
附通　詤　夢言音巟　駫　馬奔音巟　絖　絲曼延也音巟　鯇　魧鯇也　武登切

光
說文明也从火在人上光明意也古皇切　古文　古老子　同文老子小異　遲父鼎　張質匜　鐘鼎文　希裕略古

戎光宗印 劉光 桓光 臣光 淳于光 臣光 張光 禹陽印志 脩能印書

附通 水涌光也詩曰有洸有潰音光

充也古曠切

駫 馬盛肥也詩曰四牡駫駫古熒切

黃 建首地之色也从田从芡芡古文光字乎光切 籀文 石鼓 張仲簠 光遠集綴 古文奇字 同文集 黃詔

黃方進印 黃師憲印 黃賁 黃原澤 黃汜名印 黃槃 黃鶴翔印 單黃字印 黃某

附通 積水池音黃 笙中簧音黃 蟜蟥音黃

璜 說文半璧也戸光切 琥璋字略

皇 說文大也从自自始也始皇者三皇大君也自讀若鼻今俗以始生子爲鼻子胡光切 古文 古尚書 穆公鼎 齊侯鎛 寰鼎 孟金敦 廣鼎

皇父匜 皇受私印 皇釗 脩能印書

附通 䅣程也音皇 恐也音皇 艅艎也音皇 螽也音皇 城池也有水曰池無水曰隍音皇 急也或从彳音皇 水出塞外東入河音皇 小兒聲詩曰其泣喤喤音皇 竹田音皇 玉聲音皇

騜 說文華榮也爾雅曰騜華也戸光切 奇字

煌 說文煌煇也胡光切 師㔶敦 鐘鼎文 六書統

鍠 說文鍾聲也詩曰鍾鼓鍠鍠乎光切 升菴索隱 許子鐘

㞷 說文艸木妄生也从之在土上徐鍇曰土上益高非所宜也戸光切 古文

附通 軖 方車也一曰一輪車巨王切

邦 說文國也博江切 古尚書 始鼎 叔邦父簠 師㔶敦 嶧山碑 古文奇字

幫 說文所以輔弓弩補盲切臣鉉等案李丹切韻北孟切進船也又北朗切木片也今俗作膀非 說文帛履也博蠓切 古字集略 楊桓書學 六書統

夅 說文服也从夊干相承不敢竝也下江切 脩能印書

附通 栙 栙雙也讀若鴻音夅 洚 水不遵道一曰下也下江切又戶工切 絳 大赤也古巷切 栙笿也或曰盛箸籠古送切

十八庚

庚 建首位西方象秋時萬物庚庚有實也庚承巳象人齋古行切 古文 汗簡 父乙鼎 父庚爵 京姜鬲 叔夜鼎 命簋鼎 南宮中鼎 祖庚史卣 婦庚卣 古文奇字 摭古遺文 劉庚私印 名印

賡 說文連也似足切古文續从庚貝臣鉉等曰賡今俗作古行切〇平入兩存 父己鼎 焦賡私印

羹 說文五味和羹也詩曰亦有和羹古行切 叔夜鼎 羹廣印信

耕 說文犂也一曰古者井田古莖切 古文 希裕略古 名印

坑 說文閬也臣鉉等曰今俗作坑非是客庚切 古爾雅 楊桓書學

臤 建首堅也丘耕切又苦閑切古文以為賢字 說文餘堅者口莖切 附通 剛也古甸切 美也苦閑切 牛很不從引也一曰大皃喫善切 固也臣鉉等曰今俗別作慳非是苦閑切

大目也侯簡切 行皃弃忍切

牼 說文牛膝下骨也春秋傳曰宋司馬牼字牛卩莖切 牧子文

盲 說文目無牟子武庚切 古老子

萌 說文艸芽也武庚切 古爾雅 希裕略古 六書統

甍 說文屋棟也徐鍇曰所以承瓦故从瓦莫耕切 書學

氓 甿 說文民也武庚切 說文民田也武庚切〇正韻通作氓引說文注云田民也再攷

亨 亯 建首獻也許兩切又普庚切又許庚切〇詳上聲養韻 書學 亨

行 建首人之步趨也戸庚切 古孝經 仲先方彝 碧落碑 行營右護軍章 立義行事 行壽 吉行 萇地行印

所以節行止也音行 溝水行也音行 車搖也古絢切 脛耑也音行

附通 珩 佩上玉也

衡 說文牛觸橫大木其角从角从大行聲詩曰設其楅衡戸庚切 古文 古書 古尚書 漢注水鬲 義雲章 古文奇字 衡商衡

張衡私印 路衡 部衡私印 脩能印書

恆 說文常也从心从舟在二之閒上下心以舟施恆也胡登切 古周易 摭古遺文 同文集尹鼎又見去敬亙字下 恆崇私印 恆參 印書

附通 䱍 䱍也周禮謂之䱍古恆切 緪 大索也一曰急也音䱍 引急也音䱍

橫 說文闌木也戸肓切 義雲章 古文奇字 路橫 聶橫 徐橫之印

附通 橫 小津也一曰以船渡也戸孟切

宏 宖 說文屋深響也戸萌切 說文屋響也戸萌切 楊桓書學 杜宏私印 薛廷宏

閎 說文巷門也戸萌切 趙閎

紘 說文冠卷也戸萌切 碧落碑 義雲章

弘 說文弓聲也胡肱切 古文 盂和鐘 樂司徒卣 師㒸敦 公孫弘印 中弘之印 虞弘

濱弘之印 谷弘私印 張弘道印 修能印書

附通 鞃 車軾也詩曰鞹鞃淺幭丘弘切

嶸 崝 嵤 說文崝嶸也戸萌切 昭卿字指 六書統

肱　厷　說文臂上也古薨切　古文
附通　谷中響也音弘

觥　觵　說文兕牛角可以飲者也其狀觵觵故謂之觵古橫切　說文小皃春秋國語曰侊飯不及一食古橫切○今國語作侊　古文　籀文

彭　說文鼓聲也薄庚切　彭城子印　彭城醫長　石彭祖　彭寅亮印　彭將來印

朋　說文神鳥也馮貢切古文鳳象形鳳飛羣鳥隨以萬數故以爲朋黨字步崩切○詳見去送　說文輔也步崩切　齊侯鎛　戊命彝　牧敦　敔敦

寅簠　許子鐘　同文集　升菴索隱許子鐘如此　王鳳之印　名印　脩能印書
附通　弓彊皃父耕切

喪葬下土也春秋傳曰朝而堋禮謂之封周官謂之窆方鄧切　兵車音朋　棧也音朋

崢　說文嶸也臣鉉等曰今俗別作崢非是七耕切　小篆　六書統

鎗　說文鐘聲也楚庚切　古文　楊桓書學

撐　說文衺柱也臣鉉等曰今俗別作撐非是丑庚切　說文歫也丑庚切○摭古遺文以爲撐字　書學

兵　說文械也从廾持斤并力之皃補明切　古孝經　古老子　齊侯鐘　義雲章　趙兵

幷　說文相從也从从幵聲一曰从持二爲幷府盈切　林罕集　同文集　六書精蘊
附通　㡍也杜林以爲竹筥楊雄以爲蒲器薄丁切　輜車音姘　馬帶

也音睥　駕二馬也部田切　蛢蝗以翼鳴者音睥　除也漢律齊人予妻婢姦曰姘普耕切　幷脅也晉文公骿脅臣鉉等曰骿胑字同今別作胼非是部田切　栟櫚也音并

地名音睥　縹色也音姘

仌　冰　建首凍也象水凝之形必陵切　說文水堅也魚陵切臣鉉等曰冰今作筆陵切以爲冰凍之冰　籀文　古孝經　古老子　同文集小異

平　說文語平舒也又正也符兵切　古文　古老子　平陸戈　希裕略古　義雲章　古文奇字　同文集　故成

平侯私印 武平侯印 廣平侯印 平西將軍 玄平長印 白平私印 平宗道印 齊丘平 程安平 司徒平 徐平之印 平昌郭湯私印

周平 臣平 劉君平 名印 禺陽印志

萍 說文水艸也从水苹薄經切 說文萍也無根浮水而生者符兵切 說文苹也薄經切 奇字

附通 平也音平 谷也音平 揮也普耕切 牛駁如星音抨 鼫令鼠薄經切 地平也皮命切

缾 說文罌也薄經切 六書統

馮 凭 淜 說文馬行疾也臣鉉等曰本音皮冰切經典通用爲依馮之馮今別作憑非是房戎切○又詳上平東韻 說文依几也周書曰凭玉几臣鉉等曰人之依馮及所任載故从任皮冰切○今周書作憑 說文無舟渡河也皮冰切 六書統 摭古遺文 同文集

明 建首照也武兵切 古文 古尚書 古孝經 古孝子 古老 牧敦 碧落碑 瞿應明印 明上 劉明 師明之印

朙 羽明之印 陳明私印 郭明 杜明 脩能印書 名印

附通 翌也呼光切

盟 說文周禮曰國有疑則盟諸侯再相與會十一歲一盟武兵切 禺陽印志

鳴 說文鳥聲也武兵切 許子鐘 同文集小異 古文奇字 名印 印書

名 說文自命也从口从夕夕者冥也冥不相見故以口自名武并切 籀文 古孝經 華嶽碑 義雲章 黄氾名印 名印 脩能印書

附通 洺 水名音名

銘 說文記也武并切 古文奇字 禺陽印志

冥 建首幽也从日从六一聲日數十十六日而月始虧幽也莫經切 古文 碧落碑 正譌

附通 小雨溟溟也音冥 嬰嫇也一曰嫇嫇小人皃音冥 蟲食穀葉者吏冥冥犯法即生螟又螟蛉音冥 塗也莫狄切 析蓂大蓂也音塓 晉邑也音冥 一 小見也爾雅曰覭髳弗離音冥

生 建首進也所庚切 汗簡 古老子 麗生鼎 古文 義雲章 古文奇字 黃君生印 生長 石生
陳更生 桓董生 名印 附 印 衆生竝立之皃詩日牲牲其鹿音生 十三簧象鳳之身也笙正月之音物生故謂之笙大者謂之巢小者謂之和古者隨作笙音生 目病生翳
也所景切

甥 說文謂我舅者吾謂之甥也所庚切 孫彊集

京 建首人所為絕高丘也舉卿切 古文 籒文 王庶子碑 汗簡 鐘鼎文 同文集 京兆
郡開國公章 許京私印 五京之印 脩能印書 附通 臥車也呂張切 犙牛音輬 雜味也力讓切 即來也音輬 彊也春秋傳曰勍敵之人渠京切
彊也渠竟切

荊 說文楚木也舉卿切 古老子 王庶子碑 古文奇字 荊輔 孫荊 耿荊臣 名印

驚 說文馬駭也舉卿切 古文 古老子

麖 說文大鹿也牛尾一角舉卿切

經 說文織也九丁切 籒文 古孝經 古老子 莊子 晉姜鼎作經 脩能印書

涇 說文水出安定涇陽开頭山東南入渭雝州之川也古靈切 名印

巠 說文水脈也从川在一下一地也壬省聲一日水冥巠也古靈切 同文集 附通 谷也戶經切 魚名仇成切 刑也音巠 羊名口莖切
枝柱音脛 溫器也圜直上音脛 丁蛵負勞也音脛 恨也胡頂切 桱桯也東方謂之蕩音巠 長好也音脛 頭莖也居郢切 彊急也其頸切 輕車也去盈切
金聲也苦定切 山絕坎也音脛 胻也胡定切 彊也居正切

競 說文競也从二兄二兄競意从丯聲一曰兢敬也居陵切 古尚書 古老子

矜 說文矛柄也巨巾切又居陵切 古文 古省文 古老子 石經 古文奇字

卿 說文章也六卿天子六卿去京切 古孝經 古文 孟嘗君鼎 漢三神鑑 商隱字略 侍郎碑 古文奇字 徐兹卿 孫卿
鮮周卿 宣中卿 程卿 李公卿印 廣卿記印

卯 建首事之制也去京切 古文通作卿 汗簡 名印卿

黥 說文墨刑在面也渠京切

鯨 鱷 說文海大魚也春秋傳曰取其鱷鯢渠京切 古文 古 馬日集

英 說文艸榮而不實者一曰黃英於京切 摭古遺文

附通 瑛 玉光也於京切

罌 罃 說文缶也烏莖切 說文備火長頸缾也烏莖切 書學 奇字

瓔 說文頸飾也烏莖切 楊桓書學 汗簡 古老子

纓 說文冠系也於盈切 古文 石經 義雲章

嬰 說文頸飾也从女賏賏其連也於盈切 古文 龔嬰 鄭嬰之印

附通 嚶 聲也音嬰 鸚鸚鵡能言鳥也音嬰 嚶鳥鳴也音嬰 癭頸瘤也於郢切

廮 地名音癭 安止也鉅鹿有廮陶縣音癭 櫻 果也音嬰

鷹 說文鳥也从隹瘖省聲或从人人亦聲徐鍇曰鷹隨人所指蹤故从人於陵切 古文 古文奇字 鷹揚將軍章

膺 說文胷也於凌切 書學 侯膺之印 鮑膺之印

應 說文當也於陵切　史文　齊侯鎛　庚午鬲　同文俱小異　應侯敦　古文奇字　王應私印　應昌　專應
瞿應明印　田應　李應　翟應　郭應

營 說文市居也余傾切　古文　古老子　雲臺碑　義雲章　華嶽碑
附通 屋下燈燭之光音營　絕小水也音營

榮 說文桐木也一日屋梠之兩頭起者爲榮永兵切　籀文　義雲章　存乂切韻　脩能印書
附通 小聲也詩曰營營青蠅音榮　鬼衣於營切

小瓜音榮　車輮規也一日一輪車渠營切　器也　鳥也詩曰有鶯其羽音榮　墓也音榮　小心態也音榮　深池也戶迥切　玉色一日石之次玉者逸論語曰如玉之瑩

瑩音鎣　惑也音榮　設緜蕝爲營以禳風雨雪霜水旱疾疫於日月星辰山川也一日禜衛使灾不生禮記曰雩禜祭水旱爲命切　收拳也於營切　艸旋皃詩曰葛藟縈之音縈

兄 建首長也許榮切　汗簡　分寧鐘　或如此　同文集　公孫兄　字兄　开長兄
附通 樂木空也所以止音爲節昌六切

訇 說文騃言聲漢中西域有訇鄉虎橫切　古漢書

轟 輷 羣車聲也呼宏切　古文

爭 說文引也从受厂臣鉉等曰厂音曳受二手也而曳之爭之道也側莖切　古文　籀文　古孝經　嶧山碑　楊桓書學
附通 金聲也音爭　治也

疾郢切　玉聲楚耕切　鼓弦竹身樂也音爭　紆未縈繩一日急弦之聲音爭　箏薴皃音爭

能 說文熊屬足似鹿能獸堅中故稱賢能而彊壯稱能傑也奴登切　汗簡　古文　古孝經　古老子　齊侯鎛
同文集　古文奇字　駱果能　脩能印書　陰符經
附通 遺有辠也言有賢能而入网而貫遺之周禮曰議能之辟薄蟹切　邦屬彼爲切

艸也符羈切

𤕦 說文亂也从爻工交吅一日窒𤕦徐鍇日二口噂沓也爻物相交質也工人所作也已象交構形女庚切　古文　摭古遺文
附通 蘘可以作縻綆音𤕦

寧 說文安也从心在皿上人生之飲食器所以安人奴丁切 說文願詞也奴丁切 石鼓 古文 比干銅槃 古老子 黃庭經

漢用禮鑑 王庶子碑 楊桓書學 昊天謂之寧天 古文奇字 趙寧長印 補寧私印 疢疾除永康休萬壽寧 寧遠將軍章 寧陽丞印

屠寧 袁寧 馮寧之印 名印

附通 蟲也音寧 艸亂也音寧 滎濘也乃定切

祊 說文門內祭先祖所以彷徨詩曰祝祭于鬃補盲切 六書統

絣 繃 說文氐人殊縷布也北萌切

附通 說文束也墨子曰禹葬會稽桐棺三寸葛以繃之補盲切 書學 奇字

崩 說文山壞也北滕切 書學 脩能印書

附通 右扶風鄠鄉沛城父有鄘鄉薄回切

俜 說文使也普丁切 說文使也普丁切 〇正韻音同解異

甹 說文亟詞也或曰甹俠也三輔謂輕財者爲甹普丁切 古文 希裕略古

附通 聲也呼形切 棗也以整切

清 說文腺也澂水之皃七情切 古文 古老子 雲臺碑 碧落碑 名印

青 建首東方色也木生火从生丹丹青之信言必然倉經切 汗簡 丁青爵 存乂切韻 同文集 古文奇字 衛青 馮青

青世堵青之印 王清名印 脩能印書

附通 駮鯖也子盈切 竫立也一曰有才也七正切 蜻蛚也音鯖 赤繒以茜染故謂之綪倉絢切 韭華也音鯖 美字東齊壻謂之倩倉見切

精 說文擇也子盈切 古文 古老子 義雲章

旌 說文游車載旌析羽注旄首所以精進士卒子盈切 古文 正譌

晶 建首精光也子盈切 同文集

晴 說文雨而夜除星見也臣鉉等曰今俗別作晴非是疾盈切 古文 字 奇

情 說文人之陰气有欲者疾盈切 古孝經 陰符經 光遠集綴 存乂切韻 六書統 古文奇字 升庵索隱 名印

騂 說文馬赤色也息營切 古文 摭古遺文 同文集 書學

觲 說文用角低仰便也詩曰觲觲角弓息營切 六書統 附通 赤剛土也音觲

聲 說文音也書盈切 華嶽碑 碧落碑 六書統 毛伯聲 中聲 祝聲 脩能印書

升 說文十龠也識蒸切 古文 谷口甬 武安鈁 雲臺碑 好畤鼎 升菴索隱 正譌 魏升印信 名印

脩能印書 附通 日上也古只用升音升

勝 說文任也識蒸切 籀文 古老子 陰符經 希裕略古 同文集 劉勝私印 張勝

陽成勝 郭勝之印 石柮勝 趙勝 蔦勝 勝屠動印 隗勝私印 召勝 公孫勝之 陳勝 郤勝 董勝

印書

將軍章

征 說文正行也諸盈切 說文行也諸盈切 古尙書 叔夜鼎 叔邦父簠 石經 張有復古編 六書統 奇字 征虜

楨 說文剛木也陟盈切 脩能印書 云漢印

貞 說文卜問也从卜貝以爲贄一曰鼎省聲京房所說陟盈切 碧落碑 六書統 正譌 虞貞之白牋 臣貞之 宋貞之印 孫貞之印 附通

丘名音貞○碧落碑用爲貞字 問也丑鄭切 水名音貞 祥也音貞

徵 說文召也从微省壬爲徵行於微而文達者即徵之陟陵切 古文 王庶子碑 碧落碑 希裕略古 附通 忿也直陵切

蒸 說文折麻中幹也煮仍切 古文

烝 說文火气上行也煮仍切 古文 義雲章 升庵索隱

成 說文就也氏征切 古文 古孝經 古老子 敔敦 穆公鼎 趙鼎 季娟鼎 齊侯傳 趙孟見同文集

文 鐘鼎 嶧山碑 王庶子碑 希裕略古 古文奇字 文成君 孝成君 成長之印 成公籍 成吉私印

成臨私印 矔成私印 郭張成 成公諺印 鄘成 仁同成 高成 徐遂成 吳樂成 新成堂印 吳遂成 中樂成印

成安 成直 王成之印 桑成私印 王成安 衛安成 成年 成延遂 陽城信 成方印 名印 脩能書 附通 屋所容受也氏征切 ○碧落通作成

魯孟氏邑音成

城 說文以盛民也氏征切 鐘鼎文 王庶子碑 義城太守章 襄城侯印 城門校尉 新城令印

誠 說文信也氏征切 古文 籀文 古老子

盛 說文黍稷在器中以祀者也氏征切 碧落碑 張仲簠通作盛 盛真之印 盛炫私印

丞 說文翊也署陵切 嶧山碑 漢獻 鐘鼎 河南尹丞 容城丞印 弋陽郡丞之印 軍司馬丞印 立義丞印

農府丞印 附通 軺車後登也音丞 駷也音丞

承 說文奉也受也从手从卩从𠬞臣鉉等曰謹節其事承奉之義署陵切 古文 華嶽碑 始青鑑 彭承子印 桓承私印 辛承私印 賈承

朱承采印 景承

乘　說文覆也从入桀桀黠也軍法曰乘食陵切　古文　籀文　古尚書　碧落碑　希裕略古　楊桓書學　奇字

六書統　公乘武　公乘舜　鮑乘　脩能印書　附通　犗馬音乘

塍　滕　說文稻中畦也食陵切　六書統

程　說文品也十髮為程十程為分十分為寸直貞切　程央私印　程寵　程詳　程中君　程赦　又程赦　程秋　程千世　程安杼　程沓

呈　說文平也直貞切　古文奇字　呈志　附通　利也一曰剔也徒結切　徂也丑郢切　牀前几他丁切　病酒也一曰醉而覺也音呈

澄　說文清也臣鉉等曰今俗作澄非是直陵切　王庶子碑　雲臺碑　碧落碑　摭古遺文

赬　經　竀　說文赤色也詩曰魴魚經尾經棠棗之汁或从水敕貞切　說文正視也从穴中正見也敕貞切〇正韻直與經同略無正見意

稱　偁　說文銓也春分而禾生日夏至晷景可度禾有秒秋分而秒定律數十二秒而當一分十分而寸其以為重十二粟為一分十二分為一銖故諸程品皆从禾處陵切　說文揚也處陵切

說文并舉也从爪冓省處陵切　古尚書稱　古老子稱　古文偁　籀文　仲偁父鼎　嶧山碑　王庶子碑　存乂切韻　古文奇字　脩能印書

泠　說文水出丹陽宛陵西北入江郎丁切　泠寬　泠橋　泠年

靈　靈　說文靈巫以玉事神郎丁切　古尚書　古老子　齊侯鎛　碧落碑　希裕略古　六書統　古文奇字

禹陽印志　附通　龍也音靈

零　霝　說文餘雨也郎丁切　說文雨零也从雨象零形詩曰霝雨其濛郎丁切　古尚書　古山海經　齊侯鐘　楊桓書學　六書通　升菴索隱

附通　好字也音霝　螟蠕桑蟲也音霝　大苦也音霝　楯閒子也音霝　瓦器音霝　面瘦淺顬也音霝　長沙縣音霝

同文集

齡　說文年也郎丁切　升菴索隱　孔齡

羚 說文大羊而細角郎丁切 書學

鈴 說文令丁也郎丁切 商鐘

瓴 說文瓮似瓶也郎丁切 許子 書 小鐘 學

軨 說文車轄間橫木或从霝司馬相如說郎丁切

陵 說文大𨸏也力膺切 說文越也从夂高也一曰夌徲也力膺切 古文 季娟鼎 同文季娟如此 王庶子碑 嶧山碑 碧落碑

古文奇字 同文集 安陵亭侯 杜陵右尉 泉陵令印 州陵長印 王陵 武陵

附通 綾 東齊謂布帛之細曰綾音夌 馬食穀多

气流四下也里甑切 止馬也音餕 地名丑拯切 去也音夌

淩 說文水在臨淮力膺切 演說文 淩江將軍章

凌 朕 說文仌出也詩曰納于朕陰力膺切

蔆 說文芰也楚謂之芰秦謂之薢茩司馬相如說从遴力膺切 古文 書學

盈 說文滿器也以成切 古文 籀文 三方碑 周盈甗

楹 說文柱也春秋傳曰丹桓宮楹以成切 楊桓書學

嬴 說文少昊氏之姓以成切 古文

附通 或曰獸名郎古切 笭也音嬴

瀛 說文水名以成切 瀛名印

附通 蜾蠃也一曰虒蝓音蠃

贏 說文有餘賈利也以成切 范贏印 脩能印書

附通 痿也力臥切

迎 說文逢也語京切 古文 古老子 敔敦

蠅 說文營營青蠅蟲之大腹者余陵切 古爾雅 同文集 印書

形 說文象形也戶經切 古老子 同文集 印書

刑 說文剄也戶經切 說文罰辠也易曰井法也戶經切 籀文 古尚書 古孝經 刑鐘 刑丘忠印 刑明 脩能印書

附通 鉶 器也音刑

型 說文鑄器之法也戶經切 楊桓書學 古文奇字以爲型字此已見刑字下以孝經尚書俱無型字而刑有井法義是以收之今兩存

邢 說文周公子所封地近河內懷戶經切 說文鄭地邢亭戶經切 石經 邢浩之印 邢武 邢淑印信

傾 頃 說文仄也去營切 說文仄也去營切

頃 說文頭不正也去營切 古文 奇字 頃憲私印

瓊 瓗 璚 說文赤玉也臣鉉等曰琁與璚同渠營切 希裕略古 碧落碑 摭古遺文 馮瓊 禺陽印志

煢 惸 說文回疾也渠營切 古文 汗簡 希裕略古 昭卿字指 楊桓書學

星 說文萬物之精上爲列星从晶生聲一曰象形从口古口復注中故與日同桑經切 籀文 希裕略古 正譌 殷星私印

附通 猩 猩猩犬吠聲音星

醒 醉解也音星

腥 說文犬膏臭也一曰不孰也桑經切 說文星見食豕令肉中生小息肉穌佞切〇正韻又音星 商隱字略

鯹 說文魚臭也臣鉉等曰今俗作鯹桑經切 楊桓書學

丁 建首夏時萬物皆丁實丁承丙象人心當經切 古文 汗簡 商鐘 鐘鼎文 古文奇字 丁襄私印 丁宮 丁安

丁釗私印 丁欽私印 丁建私印 宋丁

附通 訂 平議也他頂切 芋熒朐也天經切 玎 王聲也齊太公子伋諡曰玎公音丁 丘名音丁 擊也都挺切

補履下也當經切 種也宅耕切 鍊餅黃金音丁

汀 說文平也他丁切 古文 六書統

綎 說文綬也他丁切◎綬本或作緩誤 說文系綬也他丁切 書學

庭 說文宮中也特丁切 碧落碑

廷 說文朝中也特丁切 郝敦 晉姜鼎 牧敦 師笸敦 尨敦 林罕集 古文奇字 侯廷賡 薛廷宏

附通 艇 長皃一日箸也一日代也他鼎切 小舟也徒鼎切 銅鐵樸音艇 莖也音廷 大圭長三尺杼上終葵首音侹 蝘蜓也一日螾蜓徒典切 女出病也音艇

維絲筦也音廷 狹頭頲他挺切

霆 說文雷餘聲也鈴鈴所以挺出萬物特丁切 古文

亭 說文民所安定也亭有樓特丁切 古文 晉姜鼎 希裕略古 義雲章 六書統 摭古遺文 同文集 長貴亭侯 漢都亭侯印 武陽亭侯 就都亭宰印 名印 印書

停 說文止也特丁切 說文定息也特丁切 楊桓書學 名印

馨 說文香之遠聞者呼形切 義雲章 同文集 脩能印書

扃 說文外閉之關也古熒切 書學

冂 建首邑外謂之郊郊外謂之野野外謂之林林外爲冂象遠界也古熒切 同文集 古文奇字
附通 駉 牧馬苑也詩曰在駉之野音同
遠也戶潁切 絅 急引也音同 泂 滄也戶褧切

繩 說文索也食陵切 古文 奇字

仍 說文因也如乘切 說文因也如乘切 古文 籀文 古老子

𠧪 說文驚聲也从乃省西聲籀文𠧪不省或曰𠧪往也讀若仍如乘切 奇字 奇字云六書統仍字案說文但曰讀若仍未嘗作仍解也直以爲仍不知何據

艿 芿 說文艸也如乘切 奇字

凝 說文水堅也魚陵切臣鉉等曰冰今作筆陵切以爲冰凍之冰〇兩存 碧落碑 希裕略古 同文集如此

興 說文起也虛陵切 古文 籀文 同文集 義興太守章 趙興之印信 紹興

登 說文上車也象登車形都滕切 古文 汗簡 漢登 雲臺碑 王庶子碑 馮登私印

豋 高登 徐登 馮登
附通 平也直陵切 髭髮也音登 石之似玉者音登 橘屬丈庚切 蹭蹬也徒亙切 笠蓋也音登 告也諸應切

豋 說文禮器也从廾持肉在豆上都滕切 古文 楊桓書學

鐙 說文錠也臣鉉等曰錠中置燭故謂之鐙今俗別作燈非是都滕切 甘泉鐙 首山登 希裕略古 同文集

騰 說文傳也一曰騰犗馬也徒登切 南嶽碑 碧落碑 名倚能印 印書
附通 黑虎也音騰

滕 說文水超涌也徒登切 石鄉文 滕權

縢 說文緘也徒登切 古文 石經

稜 說文柧也魯登切 書學

僧 說文浮屠道人也穌曾切 名印

增 說文益也作滕切 譄 說文加也作滕切 光遠集綴

曾 說文詞之舒也昨稜切 汗簡 曾侯鐘 陀鼎 曾恭 趙曾私印 弓曾之印 暢曾 山曾 脩能印書

附通 置魚筩中炙也音增 雉射矢也音增 溱洧方渙渙兮側詵切 水出鄭國詩曰溍與洧方渙渙兮側詵切 惡也音增 魚网也音增 姒姓國在東海疾陵切 蹭蹬失道也七鄧切 鬵屬子孕切

繒 說文帛也籀文从宰省揚雄以為漢律祠宗廟丹書告疾陵切

層 竲 說文重屋也昨稜切 說文北地高樓無屋者士耕切

泓 說文下深皃烏宏切 阮天泓印 名印

十九尤

尤 訧 說文異也从乙又聲羽求切 說文辠也周書曰報以庶訧羽求切 古文 王庶子碑 六書統 同文集 附通 不動也于救切 水也音尤

疣 說文贅也羽求切〇疣字說文為煩字重文顫也音囿見去宥

郵 說文境上行書舍羽求切 禹陽印志

由 說文行䌛徑也以周切〇詮次曰按說文無由字而偏旁甚多則是非無也誤遺也今為補之 古孝經 希裕略古 升菴索隱 股由 附通 軸 持輪也直六切 怞 朗也詩曰憂心且怞音宙 宙 舟車所極覆也直又切 鼬 如鼠赤黃而大食鼠者余救切 左馮翊高陵徒歷切 水出武陵東南入江音由 蓨也徒歷切又他六切 太絲繒也直由切 舳 艫也漢律名船方長為舳艫一曰舟尾直六切 動也徒歷切 詶也音宙

㽕 說文木生條也商書曰若顛木之有㽕枿以周切 古尙書

卣 建首屮木實垂卣卣然象形徒遼切○說文無卣字正韻以此爲古卣字又見蕭韻 古文奇字 摭古遺文 希裕略古 古文音由 寅簋 樂司徒卣 牧敦

猶 說文玃屬一曰隴西謂犬子爲猷以周切 古文 古孝經 雲臺碑 師惪敦 碧落碑 漢書馬援傳冘豫未決如此从犬屈其足與冘略相似與侵韻冘字不同 冘刊世之印 孫邁猷 俞嘉猷印 汝猷私印 脩能印書

附通 水邊艸也音猶

游 說文旌旗之流也以周切 另本如此 雲臺碑 碧落碑 王惟恭黃庭經 昭卿字指 希裕略古 六書統 正譌 游況私印 虞子游 虞子游印 淳于中翁游印 柳游私印 王游忌 游名印 脩能印書

牛 建首大牲也牛件也件事理也象角頭三封尾之形徐鍇曰件若言物一件二件也封高起也語求切 書學 牛曾漢印

附通 件 分也牛大物故可分其輦切

抽 說文引也敕鳩切 古文 光遠集綴

瘳 說文疾愈也敕鳩切 國瘳

脩 說文眣也敕鳩切

髹 說文桼也許尤切 存乂切韻 六書統

休 說文息止也許尤切 尨敦 宰辟父敦 鐘鼎文 疢疾除永康 休萬壽寧 尹休

附通 馬名音休

丘 建首土之高也非人所爲也从北从一一地也人居在丘南故从北中邦之居在崑崙東南一日四方高中央下爲丘去鳩切 古文 石經 古文奇字 封丘令印 邢丘忠印 閻丘猛 公丘晏印 閻丘阜印 司馬比丘 墨丘中君 名印 印書

附通 地名音丘

鳩 說文鶻鵃也居求切 說文聚也讀若鳩居求切 六書統

樛 朻 說文下句曰樛吉虯切 說文高木也吉虯切○正韻樛同 樛長漢 樛福之印 樛親

丩 建首相糾繚也一曰瓜瓠結丩起象形居糾切 說文艸之相丩者居虯切 附通 腹中急也古巧切 輕勁有才力也居黝切

求 裘 建首皮衣也巨鳩切 汗簡 石鼓 六書統 附通 裘裏也楷革切 冠飾皃詩曰弁服俅俅音求 盛土於梩中一曰擾也詩曰捄之陾

陾舉朱切 茉樧實裏如表者音求 以財物枉法相謝一曰戴質也音求 櫟實一曰鑿首音求 齊人謂臞爲脙也音求 斂聚也虞書曰旁逑孱功又曰怨匹曰逑音求 鄉名在陳

留音求 急也詩曰不競不絿音求

毬 說文鞠丸也巨鳩切 書學

球 說文玉磬也巨鳩切

𧖒 說文多足蟲也巨鳩切

觩 說文角皃詩曰兕觵其觩渠幽切 書學

叴 說文高气也臨淮有叴猶縣巨鳩切 書學

虯 說文龍子有角者渠幽切 南嶽碑 六書統 脩能印書

憂 說文愁也徐鍇曰𢝊形於顏面也故从頁於求切 籀文 古孝經 古文奇字 希裕略古

優 瀀 說文行之和也詩曰布政憂憂於求切○今詩作優 說文饒也一曰倡也於求切 說文澤多也詩曰既瀀既渥於求切 古文 義雲章 附通 鄧國地春

秋傳曰鄧南鄙鄾人攻之音憂 語未定皃於求切

耰 説文摩田器論語曰耰而不輟於求切 書學 石鼓

麀 説文牝鹿也於虯切 石經 石鼓 附通 鏖 溫器也於刀切

丝 建首微也於虯切

幽 説文隱也於虯切 古文 漢四神鑑 碧落碑 義雲章 希裕略古玉篇表瑜同 附通 蚴 蚴蟉也音幽

呦 説文鹿鳴聲也伊虯切

攸 説文行水也从攴从人水省秦刻石嶧山文从水攴以周切 古文 古尚書 大夫始鼎 南宮中鼎 今嶧山碑咸思攸長如此又作悠字用 石鼓 君子逌樂注云古攸字 聶攸私印 脩能印書 附通 鋚 鐵也一曰轡首銅音攸 黑虎也式竹切 旌旗之流也音攸 青黑繒發白色音鰷 疾也長也音黛 魚名直由切

逌 説文气行皃以周切〇正韻通作攸 古文 王庶子碑 希裕略古 脩能印書 附通 艸也音逌 下視深也音逌 言意也與久切 遺玉也音逌

悠 説文憂也以周切 大夫始鼎已見攸 本或如此作悠 六書統適意 遠行又見游

周 説文密也職留切 古文及字 説文帀徧也職流切 古文 古孝經 古老子 師𥫗敦 仲偁父鼎 朱育集字 六書統 昭卿字指 古文奇字 周光之印 周昌信印 周賡 周福 周其私印 周中公印 周盈願 周明印 周義 史周私印 周遠 周平 附通 衣袂祇裯都牢切 女字音周 重也音周 骨耑脆也都僚切 多也直由切 失意也敕鳩切 髮多音稠 木也音周 鈍也徒刀切 繆也音稠

州 洲 説文水中可居曰州周遶其旁从重川一曰州疇也各疇其土而生之臣鉉等曰今别作洲非是職流切 籀文 古尚書 商鐘 州卣

同文集　希裕略古　升菴索隱　州陵長印　未識古印　名印　禺陽印志
附通　詶也市流切

舟　建首船也古者共鼓貨狄刳木爲舟剡木爲楫以濟不通職流切　古文　汗簡　古老子　父已爵　黃季舟
附通　鵃鵃音舟

有廱蔽也詩曰誰侜予美音舟　船行也丑林切　私出頭視也音彤

輈　說文轅也張流切　孫彊集

譸　說文詶也周書曰無或譸張爲幻張流切　古尚書　六書統

儔　說文翳也直由切　籀文　父乙甗　侍郎碑　六書統

幬　說文襌帳也直由切　楊桓書學　脩能印書

籌　說文壺矢也直由切　古老子　六書統

懤　說文懤箸也从心籌聲直由切　書學

疇　說文耕治之田也从田象耕屈之形直由切　說文詞也从白𠷎聲虞書帝曰𠷎咨直由切　說文誰也从口𠷎又聲直由切　古文　籀文　古尚書
希裕略古　六書泝源　同文集　正譌
附通　縣物㲉擊市流切　棄也周書以爲討詩曰無我𣪘兮音㲉　牛羊無子也徒刀切　玉器也殊六切　保也高土也都皓切

雔　建首雙鳥也市流切
附通　牛息聲一曰牛名赤周切

讎　說文猶譍也市流切　古尚書　昭卿字指　孫讎信印　讎遂之印

酬　說文主人進客也市流切

騮　說文赤馬黑毛尾也力求切　楊桓書學

留　說文止也力求切　古文　漢十六花鑑　碧落碑　楊桓書學　公孫留

附通　水在鬱林郡力救切　鳥少美長醜為鶹離音留　屋水流也音溜　飯气蒸也音溜　腫也音留

流　說文水行也从㳄㐬㐬突忽也力求切　古尚書　古老子　華嶽碑　名印　禺陽印志

旒　說文垂玉也力求切　古文　書學

劉　說文殺也徐鍇曰說文無劉字偏旁有之此字又史傳所不見疑此即劉字也从金从丣刀字屈曲傳寫誤作田字耳力求切○劉為國姓而有殺義叔重特製此字以易之可謂巧於用忠矣　古文　雲臺碑　劉公臣　通釋　古文奇字　升菴索隱　劉光　劉安世印　劉放私印　劉庚私印　劉廣　劉友私印　劉光　臣　劉覆　劉常　劉黨之印　劉馬兒　劉隱祿印　劉偃之印　劉彊　劉帶之印　劉印太私　劉儀印信　劉明　劉旦　劉香印信　脩能印書　劉某

附通　流清皃詩曰瀏其清矣力久切　竹聲音劉

鏐　說文弩眉也一曰黃金之美者力幽切　楊桓書學

飂　說文高風也力求切　書學

修　說文飾也息流切　汗簡　古孝經　修景　名印

脩　說文脯也息流切　董脩　李脩之印　名印

附通　久泔也音修又思酒切　苗也徒聊切又湯彫切　失意視也他歷切

羞　說文進獻也息流切　古文　希裕略古　脩能印書

秋　說文禾穀孰也从禾𪏮省聲籀文不省七由切　古文　古尚書　敔敦　任千秋印　山千秋印　田秋私印　張千秋

附通　小兒

聲卽由切　隘下也一曰周地有湫水朝那有湫泉子了切又音啾　蕭也音秋　梓也音秋　井壁也側救切　吹簫也七肖切　憂也士尤切　腹中有水气士尤切

鶖　說文禿鵚也七由切

鰍　說文鰌也七由切　楊桓書學

揫　䙚　說文收束也卽由切　說文聚也卽由切

遒　說文迫也字秋切　義雲章

酋　建首繹酒也从酉水半見於上禮有大酋掌酒官也字秋切　六書精蘊

附通　輕車也詩曰輶車鑾鑣以周切　醜也一曰老嫗也七宿切　蝤蠐也音酋　雉射收繳

具音酋　行皃千牛切　柔木也工官以爲耎輪音輶　馬紂也音秋

泅　說文浮行水上也古或以汓爲沒似由切

附通　繫也音泅

收　說文捕也式州切　光遠集綴　張收印　史收私印　王收之印　蘊收

柔　䋴　鍒　腬　說文木曲直也耳由切　說文耎也耳由切　說文鐵之耎也耳由切　說文嘉善肉也耳由切　說文面和也耳由切　古文

古老子　籀文　碧落碑柔　古文奇字腼从卪云古柔字

附通　和田也音柔　車軔也人久切　屈申木也人久切　蛭蝚也音柔　復也音煣

搜　說文衆意也一曰求也詩曰束矢其捜所鳩切　希裕略古

蒐　說文麻蒸也一曰蒻也側鳩切　古文奇字

郰　說文魯下邑孔子之鄉側鳩切　楊桓書學

鄒　說文魯縣古邾國帝顓項之後所封側鳩切　摭古遺文　鄒官印信　鄒遂　鄒賢私印　鄒通之印　鄒乙

〔騶〕說文廄御也側鳩切　騶舒私印　騶志之印

〔浮〕說文氾也縛牟切　漢神人鑑　李浮　名印

〔罦〕說文覆車也詩曰雉離于罬縛牟切　說文兔罟也臣鉉等曰隸書作罘縛牟切〇正韻通作罦　罘夜張印

〔蜉〕說文蚍蜉也縛牟切

〔彪〕說文虎文也甫州切　古文　班彪之印　賈彪　同彪　傅彪

〔侯〕說文春饗所射侯也从人从厂象張布矢在其下乎溝切　古尚書　古老子　商鐘　周穆公鼎　遲父鼎

古文奇字　廣平侯印　關內侯印　順陽侯家印信　侯史宗印　侯定　侯羊子印　侯周　侯志　任侯信印　高子侯　侯戌　名印

脩能印書　禺陽印志

附通　魚名音侯　矢金鏃翦羽謂之鍭乎鉤切　刀劍緱也古侯切　羽本也一曰羽初生皃乎溝切　夒也音侯　晉之溫地春秋傳曰爭鄇田胡遘切

〔餱〕說文乾食也周書曰峙乃餱粻乎溝切　古文　義雲章　奇字

〔喉〕說文咽也乎溝切　楊桓書學

〔鷗〕〔漚〕說文水鳥也烏侯切　說文久漬也烏候切〇本去聲字正韻又音鷗與鷗通用列子鷗作漚　董漚　名印

〔歐〕說文吐也烏后切〇止錄印章餘見上有　戚歐　可歐　李歐

〔摳〕說文繑也一曰摳衣外堂口侯切　書學　書學目深皃今謂目深者爲摳眼

附通　弓弩耑弦所居也恪侯切

〔鉤〕說文曲也古侯切　說文鎌也古侯切　古文　摭古遺文

句 建首曲也从口丩聲古侯切又九遇切○詳見去御 古文

篝 說文答也可熏衣宋楚謂竹篝牆以居也古侯切 籀文

鬮 說文鬭取也古侯切 古文

裒 抔 捊 掊 說文把也今鹽官入水取鹽爲掊父溝切○說文無裒字正韻掊與裒同易裒多益寡古易作掊 說文引取也捊或从包臣鉉等曰抱今作薄報切以爲裒裒字非是

○以上三字正韻俱通作裒 書學

謀 說文慮難曰謀莫浮切 古尚書 古老子 貝丘長碑 六書統 古文奇字云草創慮事於未然之意也

麰 說文來麰麥也莫浮切 書學

牟 說文牛鳴也象其聲气从口出莫浮切 同文集 中牟令印 脩能印書

附通 齊等也音牟 目童子也說文直作牟音牟

矛 建首酋矛也建於兵車長二丈莫浮切 古文 六書統

蟊 蝥 蛑 說文蟲食艸根者吏抵冒取民財則生臣鉉等按虫部已有蝥字莫交切作盤蝥蟲此重出莫浮切 六書統

附通 蠿蟊也莫交切蠿蛛蝥也

兜 說文兜鍪首鎧也當侯切 古文 古尚書驢兜 升菴索隱

附通 飲馬器也音兜

投 說文擿也度侯切 說文縣擊也古文投如此度侯切

頭 說文首也度侯切 王惟恭印 名黃庭經

偷 媮 說文巧黠也託侯切 古老子 碧落碑

樓 說文重屋也洛侯切 古文 黃庭經 希裕略古 名印

婁 說文空也从毋中女空之意也一日婁務也洛侯切 古文 義雲章 希裕略古 六書統

附通

鏤 剛鐵可以刻鏤夏書梁州貢鏤一日鏤釜也盧候切

屢 數也按今之婁字本是屢空字此字後人所加丘羽切

魚名一名鯉一名鰊音婁

謰謱也音婁

雨漊漊也一日汝南謂飲酒習之不醉為漊力主切

螻蛄也一日螿天螻音婁

屋麗廔也一日種也音婁

艸也可以烹魚力朱切

塺土也音婁

衽也音漊

履也九遇切

曳聚也音婁

竹籠也音婁

頸腫也力豆切

南陽穰鄉音蔞

連遱也音婁

髑髏音婁

二十侵

侵 說文漸進也从人又持帚若埽之進又手也七林切 古文 希裕略古 六書統 楊不侵印 伏不侵印

附通

馬行疾也子林切

精气感祥春秋傳日見赤黑之祲音駸

地也音駸

覆也七朕切

桂也七荏切

絳綫詩日貝冑朱綅音駸

尋 說文繹理也从工从口从又从寸工口亂也又寸分理之彡聲度人兩臂為尋八尺也徐林切 古文 籀文 希裕略古 六書統 尋陽令印

附通

衣博大也他感切

旁深也音尋

周邑音尋

鬵 說文大釜也日鼎大上小下若甑日鬵才林切

深 說文水出桂陽南平西入營道式針切

說文深也从穴从火从求省一日竈突也式針切 古孝經 古老子 石鼓 碧落碑 名印

附通

蒲蒻之類也音深

針 鍼 箴

說文所以縫也臣鉉等日今俗作針非是職深切

綴衣箴也職深切 碧落碑 光遠集綴 六書統

附通

鱵鵟也音箴

雖晳而黑也古人名䉶字子晳古咸切

砧 碪

說文石柎也知林切 楊桓書學

【諶】【忱】諶說文誠諦也詩曰天難諶斯是吟切　說文誠也詩曰天命匪忱氏任切　說文燕代東齊謂信曰訦是吟切　碧落碑　名印

【壬】壬 建首位北方也陰極陽生故易曰龍戰于野戰者接也象裹妊之形承亥壬以子生之敘也壬承辛象人脛脛任體也如林切　附通　說文孕也如甚切　說文衣袵也如甚切

【任】任 說文保也如林切　古老子　稚古文　同文集　任護衆印　任政　脩能印書　附通　桂荏蘇如甚切　闕而琰切

弱皃音荏　庸也尼禁切

【罧】【槮】說文積柴水中以聚魚所今切　說文木長皃詩曰槮差荇菜所今切 六書統罧同正韻亦通作罧又通作參　籀文

【參】【葠】說文商星也所今切　說文人葠藥艸出上黨从艸浸聲山林切正韻从侵乃說文葠籍之苫古今互異如此○　說文差也所今切　汗簡　籀文　敔敦

同文集小異　古孝經　碧落碑　書學　古文奇字　正譌　李參　參軍都尉　尹參私印　蔡參私印　富參私印　專參

恆參　附通　三歲牛穌含切　犬容頭進也一曰賊疾也山檻切　相怒使也倉南切　好皃音謲　下漉也所禁切　㜗也七感切　旌旗之游所銜切

淺青黑也音㜗

【兂】【簪】建首首笄也从人匕象簪形側岑切　說文可以綴箸物則參切　說文朁朁銳意也子林切○又古文兂字　附通　魚名鉏箴切　假也子念切

【岑】說文山小而高鉏箴切　說文入山之深从山入鉏箴切　岑長史印　附通　漬也一曰涔陽渚在郢中音岑

【琛】說文寶也丑林切　碧落碑用爲深字

【沈】【沉】說文陵上滈水也一曰濁黕也臣鉉等曰今俗別作沉冗不成字非是直深切又尸甚切○又見上寑　沈子彝　華嶽碑　義雲章　六書統　沈性

沈意　沈私印　沈頤　沈子卿　沈福私印　沈虎　附通　淫淫行皃从人出曰音淫　久陰也直深切　酉屬音霃　下擊上也知朕切　艸也音霃

深擊也竹甚切　冕冠塞耳者臣鉉等曰今俗別作髧非是都感切　肉汁滓他感切　滓垢音紞　血醢也禮說有監醢以牛乾脯粱𥻆鹽酒也音䏲　䳵鳥也一名運日直禁切

林 建首平土有叢木日林力尋切 古文 比干銅盤 汝帖 嘯堂帖 六書統 古文奇字 名印 禺陽印志

附通 木多皃从林从

木所令切 **霖** 雨三日已往音林 符分切 復屋棟也 蒿屬力稔切 疝痛音林 桂陽縣丑林切 美玉音林 止也音郴

淋 說文以水洪也一日淋淋山下水皃力尋切 學書

臨 說文監臨也力尋切 古文 汗簡 古孝經 師僖敦 華嶽碑 楊桓書學 六書統 朱臨 王臨

張生臨私印 附通 谷也一日寒也音臨

淫 **婬** 說文浸淫隨理也一日久雨爲淫余箴切 說文私逸也余箴切 古尚書 古老子 六書統 唐淫私印

附通 近求也从爪壬壬徼幸也音淫

○壬音挺

心 建首人心土藏在身之中博士說以爲火藏息林切 古文 古孝經 師僖敦 碧落碑 同文集 升菴索隱張有云心从倒火 監心

吳心名印 脩能印書

音 建首聲也生於心有節於外謂之音宮商角徵羽聲金石絲竹匏土革木音从言含一於今切 古尚書 古老子 張仲医 鐘鼎文 南嶽碑

同文集 召音之印 鍾音 南郭音

附通 竇中犬聲乙咸切 覆也烏感切 宋齊謂兒泣不止日喑音音 不能言也音音 幽溼也从水音聲去急切

○正譌作湆从泣从月羹汁也以說文从音及洼皆誤 地室也於禁切

陰 **霒** 說文闇也水之南山之北也於今切 說文雲覆日也於今切 古文 籀文 古老子 汾陰彝

鐘鼎文 光遠集綴 希裕略古 古文奇字 華陰伯印 陰就之印 陰小甲 陰夫人 陰如 陰芒

陰喜印信 脩能印書

吟 唫 說文呻也魚音切 同文集 奇字 名印

崟 說文山之岑崟也魚音切 說文崟也魚音切 楊桓書學

㐺 建首衆立也魚音切

附通 霖雨也南陽謂霖霠鉏箴切

歆 說文神食气也許今切 陳歆私印 羅歆 張歆私印 榮歆

欽 說文欠也去音切 同文集 李欽私印 丁欽私印 韓欽私印 張欽私印 柀欽私印 王欽私印 名印

附通 陳輿服於庭也許今切

衾 說文大被去音切 古文 古文奇字

今 說文是時也从亼从丁丁古文及居音切○丁古及定從左畔屈中今說文諸偏旁今字及金字等皆從右屈中然左右不必拘也 古文 古老子 石經 牧敦 尨敦 古文奇字 忩今 脩能印書

附通 牛舌病也巨禁切 鳥也春秋傳有公子苦雂巨淹切 鮺也一曰大魚爲鮺小魚爲魿徂慘切

鼠屬胡男切 木枝條棽儷皃丑林切 鈐鏅大犂也一曰類耜音錐 治稾幹也音[illegible] 含笑也丘嚴切 婪姈也一曰善笑皃火占切 國語曰回祿信於聆遂巨今切

玪塾也石之次玉者古函切 鞮也音聆

衿 紟 說文衣系也居音切 籀文 六書統 楊桓書學

襟 說文交衽也居音切 名印

金 建首五色金也黃爲之長久薶不生衣百鍊不輕从革不違西方之行生於土从土左右注象金在土中形今聲居音切 古老子 商鐘 圓寶鼎 師毀敦

師艅尊 周陽侯鐘 好時鼎 張仲簠 周鉦 碧落碑 升菴索隱 希裕略古 左金紫光祿大夫章 金剛正印

金遂　呂金叔印　名印　脩能印書　禺陽印志　六書統　附通　口急也牛音切又巨錦切　石地也巨今切　低頭疾行

也牛錦切　黃黑也古咸切

琴　建首禁也神農所作洞越練朱五弦周加二弦象形巨今切　古省文　籀文　希裕略古　復古編　同文集　名印

脩能印書　禺陽印志　附通　琵琶樂器房脂切

芩　說文黃芩也巨今切　說文艸也詩曰食野之芩巨今切　書學

禽　說文鳥獸總名巨今切　古文　石鼓　敔敦

捦　說文急持衣衿也巨今切　說文持也巨今切　六書統

二十一覃

覃　說文長味也从厚鹹省聲詩曰實覃實吁徒含切　古文　晉姜鼎　昭卿字指　希裕略古　奇字

耿覃　同覃之印　附通　酒味苦也徒紺切〇正韻通作覃　劒鼻也人握之下徐林切　魚名傳曰伯牙鼓琴鱏魚出聽余箴切　下志貪頑也乃忝切　白魚音鱏

除服祭也徒感切　含深也音禫　桑萸慈衽切　驪馬黃脊徒玷切　竹席音驔　糜和也音禫　深視也一日下視也又竊見也式荏切　屋梠前也一日

蠶槌音覃

譚　說文國也齊桓公之所滅也臣鉉等曰今作譚非是說文汪義有譚長疑傳寫之誤徒含切　孝成鼎　賈譚私印　譚宜生　徐譚　陳譚　管譚　李譚

譚禹　脩能印書

潭　說文水出武陵鐔成王山東入鬱林徒含切　印書　禺陽印志

曇 說文雲布也徒含切 古文 書學 韋曇

貪 說文欲物也他含切 碧落碑 印書 附通 嗿 聲也詩有嗿其饁他感切

探 說文遠取之也他含切 說文探也他紺切○正韻探同 奇字

聃 說文耳曼也他甘切 聃翁孫印 聃廣之印

耽 妉 說文耳大垂也詩曰士之耽兮丁含切 說文樂也丁含切 說文樂酒也丁含切 古文 古老子 南嶽碑 義雲章 附通 眈 視近而志遠易曰虎視耽耽丁含切

婪 惏 說文貪也杜林說卜者黨相詐驗爲婪盧含切 說文河內之北謂貪曰惏盧含切

嵐 說文山名盧含切 正譌 脩能印書

南 說文艸木至南方有枝任也从宋羊聲那含切 籀文 古孝經 古尚書 仲先彝 南嶽碑 同文集 南昌君布

南孟祭尊 濟南太守章 河南尹丞 鎮南軍假司馬 南尊唯印 南郭湯印 名印 印書 禺陽印志 附通 灊 西河水名乃感切

男 建首丈夫也那含切 汗簡 古孝經 雲臺碑 齊侯鎛 永武男家丞 名印

蕁 說文芜藩也徒男切

楠 枏 說文梅也汝閻切 楊桓書學

諵 說文諵諵多語也樂浪有諵邯縣汝閻切 書學

驂 說文駕三馬也倉含切 石鼓

蠶　說文任絲也昨含切　名印

堪　戡　𢦟　說文地突也口含切　說文刺也口含竹甚二切　說文殺也商書曰西伯𢦟黎口含切　古文　古尚書　六書統　奇字　張堪

含　說文嗛也胡男切　籀文　古老子　碧落碑　六書統　許含言事

函　說文舌也象形胡男切　說文頤也胡男切　古文　南嶽碑　碧落碑　名印　禺陽印志

附通　久雨也音函

寒也音函

菡　菡蕳也胡感切

涵　說文水澤多也詩曰僭始旣涵胡男切　署涵印　名印

諳　說文悉也烏含切　古文　六書統

韽　說文下徹聲恩甘切　六書統鍾聲微也

鶕　說文雝屬恩含切　六書統

庵　說文覆蓋也臣鉉等曰今俗別作罯非是烏合切○詮次曰此非庵字也古無庵菴字亦無庵名石鼓勿奄勿伐用爲掩字論衡菴丘蔽野亦艸木掩覆意三國志不出菴幔始用菴爲艸舍用脩攷之詳矣至其製爲篆書不知起於何時也此字爲元吳仲圭借爲梅花盦印不知何據然後人以爲印章者亦多矣　石鼓　楊桓書學圖屋也於含切　書學圖艸名　升菴索隱　梅花盦印　書　名印

談　說文語也徒甘切　古文　六書統

惔　說文憂也詩曰憂心如惔徒甘切　雜古文

倓　說文安也徒甘切

擔 儋 說文何也都甘切 楊桓書學 高儋

藍 說文染青艸也魯甘切 說文瓜菹也魯甘切 類篇集韻从艸从水 藍田胡監

籃 說文大篝也魯甘切 古文 演說文 義雲章

三 建首天地人之道也穌甘切 汗簡 雲臺碑 貝丘長碑

甘 建首美也从口含一一道也古三切 說文和也从甘从麻麻調也古三切 古文 古老子 碧落碑 希裕略古 書統

甘陽私印

附通 甘艸也古三切 周謂潘曰泔音甘 趙邯鄲縣胡安切 淺黃黑也巨淹切 帛深青揚赤色古暗切

酣 說文酒樂也胡甘切 古文 古尙書

咸 說文皆也悉也从口从戌戌悉也胡監切 古文 籀文 齊侯鎛 盄和鐘 王庶子碑 古文奇字 史咸私印 韋咸私印 郭咸印 楮咸

附通 損也古斬切 醬也工咸切 飯不飽面黃起行也下感下坎二切 搖也臣鉉等曰今俗別作撼非是胡感切 馬藍也職深切 山羊而大者胡毚切

鹹 說文銜也北方味也胡毚切 義雲章

銜 說文馬勒口中从金从行銜行馬者也戶監切 碧落碑 古文奇字

巖 嵒 喦 說文岸也五緘切 說文山巖也五咸切 說文暫喦也周書曰畏于民喦五銜切 說文石山也五銜切 古文 義雲章 禺陽印志

饞 嚵 說文小啐也一曰喙也士咸切○啐小歙也 書學

攙 儳 說文儳互不齊也士咸切 說文刺也楚銜切 附通 兔之駿者音嚵 譖也音嚵 銳也音讒 斷也一日剽也剆也音讒 帛雀頭色一日微黑色如紺纔淺也士咸切 宋地音嚵

監 說文臨下也从臥峪省聲古銜切 說文視也古銜切 漢壹 牧子文 藍田胡監 監心 監坤 脩能印書 附通 泛齊行酒也盧瞰切 大盆也一日鑑諸可以取明水於月革懺切 髮長音藍 權也一日圈胡黯切 裯謂之襤褸襤無緣也音藍

緘 說文束篋也古咸切 籀文 說文堅持意口閉也古咸切 敔敦 齊侯鐘 公緘鼎 同文集 古文奇字 附通 篋也音緘

嵌 說文山深皃从山歉省聲口銜切 類釋

衫 說文衣也所銜切 脩能印書

彡 建首毛飾畫文也所銜切 附通 木也臣鉉等曰今俗作杉非是所銜切

髟 建首長髮猋猋也所銜切又必周切

芟 說文刈艸也所銜切 脩能印書〇說文蔪艸木蔪苞也葱冉切已見上聲然正韻通作芟

凡 說文最括也从二二偶也从了了古文及浮芝切〇又按徐鉉新脩字義云左旁不當引筆下垂蓋前作筆勢如此後人因而不改 石經 同文集 古文奇字 附通 車軾前也周禮曰立當前軓音範

帆 說文馬疾步也臣鉉等曰舟船之颿本用此字今別作帆非是符嚴切 古文 希裕略古 同文集 名印 印書

二十二鹽

鹽 建首鹹也古者宿沙初作煮海鹽余廉切 古文 汗簡

【簷】說文槐也臣鉉等曰今俗作簷非是余廉切　古文　六書統

【閻】說文里中門也余廉切　閻多私印　閻未央印　閻丙　閻壽私印　閻遂
附通　海岱之間謂相汙曰瀾音閻　蕳閻芙蓉華未發爲蕳閻已發爲芙蓉徒感切　火門也　音閻

【炎】炎　建首火光上也于簾切　汗簡　同文集　古文奇字
附通　長矛也徒甘切　火光也以冉切　火行也舒贍切　薄味也徒敢切　有所吹起許物切　暫見也公羊傳曰覢然公子陽生先冉切　暫視皃音覢　白鮮衣皃謂衣采色鮮也充𠀤切　東海縣帝少昊之後所封音談　邀其也音銛

【嚴】說文教命急也語杴切　古文　古尚書　古孝經　盄和鐘　同文集　古文奇字　嚴駕私印　張嚴　嚴寵印信　嚴弘印信
附通　呻也五銜切　雉射所蔽者也音嚴

【銛】【鉆】說文鍤屬息廉切　說文鐵銸也一曰膏車鐵鉆敕淹切〇正韻銛同

【韱】說文山韭也息廉切　古文
附通　拭也精廉切　微畫也春秋曰齊人殲于遂子廉切　漬也爾雅曰泉一見一否爲瀸音殲　驗也楚蔭切　酢也初減切　楔也音瀸　驗也一曰銳也貫也七廉切

【纖】【孅】說文細也息廉切　說文兌細也息廉切　說文好手皃詩曰摻摻女手所咸切　古文纖　希裕略古纖　同文集纖

【尖】說文鐵器也一曰鐫也臣鉉等曰今俗作尖非是子廉切　說文絕也一曰田器从从持戈臣鉉等曰㳄銳意也故从从子廉切　六書統　古文奇字

【霰】說文微雨也子廉切又讀若芟　說文小雨也子廉切

【憸】【譣】說文憸詖也憸利於上佞人也息廉切　說文疾利口也詩曰相時思民徐鍇曰用言衆也息廉切　說文問也周書曰勿以譣人息廉切〇正韻憸同　古文　古尚書

僉 說文皆也从亼从吅从从 虞書曰僉曰伯夷七廉切 希裕略古
附通 敏疾也一曰莊敬皃息廉切 拱也良冉切 書署也居奄切 收也音撿 長喙犬一曰黑犬黃頭虛檢切 噞喁魚口上見也魚檢切 㦰諸治玉者也魯甘切 鬑皃音噞

燂 燅 燅 說文於湯中爚肉徐鹽切 說文火熱大甘徐鹽二切 希裕略古 古文奇字 楊桓書學

潛 灊 說文涉水也一曰藏也一曰漢水為潛昨鹽切 說文水出巴郡宕渠西南入江昨鹽切 ○ 夏書作潛 雲臺碑 義雲章 名印

苫 說文蓋也失廉切 說文喪藉也失廉切

瞻 說文臨視也職廉切 古文 奇字小異 古孝經 書統

襜 說文衣蔽前處占切 古文 六書統

詹 說文多言也職廉切 石經 六書統 同文集 名印
附通 閻 閻謂之樀樀廟門也余廉切 垂耳也南方瞻耳之國都甘切 大汙也當敢切

占 說文視兆問也職廉切 古文
附通 白黃色他兼切 鮎也奴兼切 風吹浪動隻冉切 小垂耳也丁兼切 蛅斯黑也職廉切 相謁食麥也音鮎 小弱也一曰女輕薄善走也一曰多技藝也齒懾切 有熱瘧春秋傳曰齊侯疥遂痁失廉切 木也息廉切 壁危也余廉切 折竹箠也潁川人名小兒所書寫為笘音痁 鮎牽飾他叶切 音鮎 掫也 屏也都念切

髯 說文頰須也臣鉉等曰今俗別作髯非是汝鹽切 商隱字略 名印

痳 說文皮剝也籀文从𡰥赤占切

鐮 說文鍥也一曰廉潔也力鹽切 六書統

【簾】說文堂簾也力鹽切 說文帷也力鹽切 古尚書 古文奇字 楊桓書學以艸爲簾也 蒹也力鹽切

【廉】說文仄也力兼切 碧落碑 陰符經 義雲章 廉叔度 王廉君印 廉望之 鄧廉之印 郭廉之印 廉某 附通

【溓】說文薄氷也一曰中絕小水力鹽切 升菴索隱 溓女印

【奩】說文鏡籢也力鹽切〇正譌作奩匳 楊桓書學 書統

【嫌】【慊】說文不平於心也一曰疑也戶兼切 說文疑也戶兼切

【饜】說文飽也从甘从肰或从曰於鹽切 古文 古老子 籀韻 齊侯鐘 同文集小異

【懕】說文安也詩曰懕懕夜飲於鹽切 書學 附通 好皃音懨

【黏】說文相箸也女廉切 書學

【箝】【鉗】【拑】說文籋也巨淹切 說文以鐵有所劫束也巨淹切 說文脅持也巨淹切

【黔】說文黎也秦謂民爲黔首謂黑色也周謂之黎民易曰爲黔喙巨淹切 石傳 黔

【砭】說文以石有所刺病也悲廉切 楊桓書學 脩能印書

【添】說文水出壺關東入淇一曰沾益也臣鉉等曰今別作添非是他兼切 同文集 古文奇字 附通 沾滯煩聲也尺詹切 雨霑也音占 妗也丑廉切 蔽絜簾也昨鹽切

【甜】說文美也徒兼切 古老子 華嶽碑 六書統

恬 說文安也待兼切 同文集 六書精蘊

謙 說文敬也苦兼切 古老子 同文集 古文奇字

兼 說文并也从又持秝兼持二禾秉持一禾古恬切 古尚書 古孝經 古老子 雲臺碑 碧落碑 諸兼孝印 印書

附通 從也苦念切

厲石也一日赤色音廉

海蟲也長寸而白可食力鹽切

稻不黏者音廉

鍥也音廉

颭也丘檢切

尲尬不正也古咸切

犬吠不止一日兩犬爭胡黯切

戶也苦減切

齒差也五銜切

鬋也一日長皃音廉

火煣車網絕也周禮曰煣牙外不嫌音廉

崖也魚檢切

久雨也音廉

頭頰長皃音嫌

口有所銜也戶監切

雚之未秀者音兼

并絲繒音兼

魚名音兼

歉食不滿苦簟切

海鹽畢弘述既明篆訂　若溪閔章含貞同校

一董

程煒赤文

董 董 說文鼎董也杜林曰藕根也多動切○按說文無董字正韻董督也正也又姓薡董艸似蒲而細二義迥異然漢印通用無别 古尚書 雲臺碑 古文奇字

董徐來 董穉君 董戎 董霸 董積 董耳 董治印

動 說文作也徒總切 籀文 尚書 古老子 嶧山碑 碧落碑 光遠集綴 附通 大哭也徒弄切

隴 說文天水大阪也力董切 隴東太守章 國朝名印

襱 說文絝踦也力冢切

捧 說文佩刀下飾天子以玉諸侯以金邊孔切 古文

總 說文聚束也臣鉉等曰今俗作揔非作孔切 古文 古文奇字 六書正譌

汞 說文丹砂所化爲水銀也呼孔切 楊桓書學正韻

孔 說文通也从乙从子乙請子之候鳥也乙至而得子嘉美之古人名嘉字子孔康董切 商鐘 籀文 古老子 石鼓 鐘鼎文

碧落碑 孔信私印 孔從私印 孔鴻 孔年 孔賢私印 孔奉世 孔毋何 孔夫 孔從

鞏 說文褢也或加手居悚切 附通 以韋束也音巩 以竹曲五弦之樂也張六切 水邊石音巩 斤斧穿也曲恭切

恐 說文懼也丘隴切 籀文 古老子 楊桓六書統

奉 說文承也扶隴切 嶧山碑 漢三神鑑 華嶽碑 雲臺碑 古文奇字 希裕略古捧○按徐鉉說文序例云古無捧俸字但作奉經典皆如此

奉車都尉 奉車都尉 召奉之印 費奉之印 任奉之印 張奉之印 孟奉 孔奉世 聶奉 脩能印書 碧落碑

楊桓書學正韻

附通 艸盛補蠓切 大笑也方蠓切

腫 說文癰也之隴切 古文

瘇 說文脛气足腫詩曰既微且瘇 籀文从允時重切○正韻音腫 古文奇字

踵 說文追也一曰往來皃之隴切 說文相迹也之隴切 說文跟也之隴切 古文奇字

冢 說文高墳也知隴切 楊桓書學 脩能印書

宂 說文椒也人在屋下無田事周書曰宮中之宂食而隴切 古文 同文集

附通 鼠屬音宂

氄 說文毛盛也虞書曰鳥獸毴髦而尹切又人勇切 楊桓書學 摭古遺文 說文羽獵韋絝从甍灷聲或从衣从朕虞書曰鳥獸褎毛而隴切○詮次日今虞書作鳥獸氄毛氄而隴切以上三字皆氄字也一見毛部二見甍部文義各異而俱引此書爲據疎略亦甚矣

竦 說文敬也息拱切 楊桓六書統 古文奇字

慫 說文懼也傳曰駟氏慫息拱切 古文 楊桓書學 古文奇字

聳 說文生而聾曰聳息拱切○正韻又高也驚也 正譌 古文 說文驚也音聳

寵 說文尊居也丑隴切 古孝經 義雲章 摭古遺文 嚴寵

勇 說文气也或从戈用古文从心余隴切 古老子 馬日磾集 籀韻 同文集

湧 說文滕也一曰涌水在楚國余隴切 庾儼字書

踴 說文跳也余隴切 說文喪辟踊也余隴切 古孝經

踊 說文艸木華甬甬然也余隴切 古文 同文集 楊桓書學道上加土即甬道也 奇字

附通 痛也他紅切又音甬 藺蟲音甬 木器他奉切

筩 斷竹也徒紅切

廾 拱 建首竦手也揚雄說从兩手居竦切 說文歛手也居竦切 古文

拲 說文兩手同械也周禮上辠梏拲而桎或从木居竦切 六書統誤作拱今改此

擁 說文抱也於隴切 楊桓書學 脩能印書

二 紙

紙 說文絮一苫也从氏諸氏切 羣書古文 六書統

只 建首語已詞也諸氏切 說文多小意而止也一曰木也徐鍇曰積檄也不伸之意職雉切 汗簡 同文集 希裕略古

附通 木似橘音只 開也音只 惰也以豉切 口張齒見研繭切 曲行也綺戟切 車輪穿音只 毆傷音只

咫 說文中婦人手長八寸謂之咫周尺也諸氏切 古文

旨 建首美也職雉切 說文意也職雉切 說文又意也職雉切 汗簡 古文 古文奇字 存乂切韻 同文集

附通 尻也詰利切 魚脂醬旨夷切 瞑鵖音鮨 蓋杠絲脂利切

指 說文手指職雉切 碧落碑 國朝名印 升庵索隱指物在是

止　建首下基也諸帀切　石鼓　李陽冰侍郎碑　張止印　國朝名印

沚　洔　說文小渚曰沚諸帀切　說文水暫益且止未減也直里切古文通作沚

阯　說文基也諸帀切

砥　厎　說文底柔石也或从石職雉切　同文集

黹　建首箴縷所紩衣陟几切　古文　文　鐘鼎　說文紩衣也諸几切

豸　建首獸長脊行豸豸然欲有所司殺形池尒切〇按正韻蟲無足又解也止也亦作廌又解韻　古文　古文奇字　楊桓書學

雉　說文雉有十四種直几切　𢦏古文　柳雉印

附通　薙　除艸也他計切

夂　建首从後至也象人兩脛後有致之者陟侈切

齒　建首口齗骨也昌里切　古文　汗簡　𢦏古文　雲臺碑　陳齒之印　脩能印書

侈　說文掩脅也一日奢也尺氏切　說文廣也春秋國語曰俠溝而廖我尺氏切　古史記　商隱字略　六書統　古文奇字

姼　說文美女也或从氏尺氏切

恥　說文辱也敕里切　六書統　又雲章

祉　說文福也敕里切　碧落碑

此　建首止也雌氏切　古文　汗簡　古孝經　虢姜鼎　碧落碑　希裕略古　六書統

附通　眥　目厓際也在詣切　馬名音此　鈭錍斧即移切　清也千里切　婦人小物音鈭　齒相齘仕街切　財也音姕　語辭蘇箇切　羊名此思切　鼠似雞音貲　鸍鷲也音貲

淺渡音此　茈艸也將此切　捽也側氏切　歐也前智切　瞋大也火戒切　玉色音泚

佌　說文小皃詩曰佌佌彼有屋斯氏切○今詩作仳　楊桓書學

子　建首十一月陽氣動萬物滋入以爲偁象形古文从巛象髮也籀文囟有髮臂脛在几上也卽里切　竝古文　古尚書　古孝經　古老子

子鼎卣　父丙尊　父己匜尊　孟姜鼎　子乙斝　父貞觶　父己鼎　父辛爵　父子鼎　竝鍾鼎文

升菴索隱　竝同文集　古文奇字　雲臺碑　碧落碑　太子率更令印　多睦

子家丞　子須　虞子游印　熙子私印　牛長子　杜子恩印　高子侯　王子闕　靡子孟印　蕭子孫　子叔　侯羊子印

竝宜子孫

附通　克也子之切　汲汲也音仔　疵毋也疾吏切

秄　說文壅禾本卽里切　楊桓書學

梓　說文楸也卽里切

紫　說文帛青赤色將此切　光遠集綴　六書統

訾　說文不思稱意也詩曰翕翕訿訿將此切　說文苛也將此切　說文窳也將此切○詮次曰以上三字正韻俱云毀也故通爲一　存乂切韻

姊　說文女兄也將几切　竝同文集

胏　說文食所遺也从肉仕聲易曰噬乾胏揚雄說胏从𠂔阻史切

附通　止也𣎵盛而一橫止之卽里切　𣎵簀也音胏　利也租奚切　瑕也側史切　閥也

七四切　倉卒也取私切　五稯爲秭音姊　赤實果鉏里切

始　說文女之初也詩止切　古孝經　古老子　古文奇字二文小異　古尚書　六書統云事之兆也　大夫始鼎　首山登　臣始

李乃臣始 始

[弛] 說文弓解也施氏切 六書正譌 摭古遺文 演說文

[豕] 建首彘也竭其尾故謂之豕式視切 汗簡 古文 石鼓 原豕 汝豕 附通 二豕也伯貧切又呼關切 豕也从彑从豕與彖異式視切

[矢] [屎] 建首弓弩矢也式視切 說文糞也式視切〇詮次曰二文莊子兩見後人亦通用莊子人間世以筐盛矢知北遊道在屎溺天文有天屎星或作天矢 汗簡 古文

寅簋 師毀敦 宰辟父敦 義雲章 書學屎 附通 茦也失匕切

[史] 建首記事者疏士切 汗簡 希裕略古 奇字 祖庚卣 尨敦 史孫槃 本或如此 平周鉦 父乙甗

同文集 右將軍會稽內史印 司徒左長史印 柳 王史周 令史台

[使] 說文伶也疏士切 古老子 華嶽碑 六書統 伯姬鼎 秦權 使者之印 天帝使者 萬安使者章

[市] 說文買賣所之也从冂从古文及時止切 古文 義雲章 鄭市 朱市人印 中市唯印 陳市信印 原市私印 市里 市陽 脩能印書

[是] 建首直也从日正籀文从古文正承旨切 古老子 比干銅盤 見汝帖 石鼓 齊侯鎛 晉姜鼎 古文奇字

碧落碑 雲臺碑 脩能印書 附通 理也音是 艸也是支切 行皃音莫 衣厚褆褆杜兮切 諦也一曰妍黠也一曰江淮之閒謂母曰媞音是

駃騠音提 清酒它禮切 滯也丁禮切 鳥之彊羽猛者居豉切 舞名都兮切 顯也音提 安福也市支切 迎視也他計切 簣屬音莫

革履音趧 鞮也特計切

[氏] 建首巴蜀山名岸脅之旁箸欲墮者曰氏象形乀聲承旨切〇今用爲姓氏 汗簡 林古文 敔敦 頌氏鼎 丁氏長夅唯印

任氏家印　伯鸞氏　古今印史

尼切

附通

䟡　尌也音氏
抵　側擊也諸氏切
忯　憂也臣支切
芪　芪母也常支切
疧　病也渠支切
坻　箸也音抵
泜　箸止也直

士　建首事也孔子曰推十合一爲士鉏里切　古老子○詮次曰楊桓說古士从木乃籀文才字如木已成才於林可采而用也然則說文之才亦可通爲士矣　光遠集綴　華嶽碑

恃　說文賴也時止切　古文　古文奇字

𢀇　說文古𢀇字廣𢀇也與之切臣鉉等曰今俗作牀史切以爲階𢀇之𢀇　古尚書

舐　說文以舌取食也神旨切　古莊子　古史記　書學　陳逸人碑　古文奇字　六書統

以　說文用也从反已賈侍中說已意已實也象形羊止切　古老子　古老子　漢書　石鼓　亦碧落碑　牧敦　漢服羌鑑　齊侯鎛

以形之印　國朝名印　脩能印書

附通

苢　芣苢音以

迤　說文衺行也夏書曰東迤北會于匯移尔切　古文奇字

匜　說文似羹魁柄中有道可注水移尔切　古文　季姬匜　印書

錡　說文鉏鋤也江淮之間謂釜曰錡魚綺切　呂良　錡強私印　錡常私印　錡衍

齮　說文齧也魚綺切　楊桓書學　齮

倚　說文依也於綺切　碧落碑　靳倚相　倚全私印

輢　說文車旁也於綺切　彌勒碑　碑

螘　說文蚍蜉也魚綺切　古爾雅　古禮記○詮次曰按說文蟻蠶蛾也五何切正韻云螘亦蟻蛾通用也　六書統　蟻達私印

轙　說文車衡載轡者魚綺切

已　說文已已同文但解已字而已字無注說詳已下正韻已止也　古老子　餘文合見已下

矣　說文語已詞于已切　古孝經　汗簡　古文

附通　涘　水涯也牀史切　土　埃　塵也烏開切　娭　戲也音騃　誒　可惡辭許其切　騃　馬行仡仡也五駭切

擬　說文度也魚已切

儗　說文僭也一曰相疑魚已切　升菴索隱

薿　說文茂也魚紀切　楊桓書學

孴　說文盛皃魚紀切　籀文从二子即同奇字孴

扆　說文戶牖之閒謂之扆於豈切　稚古文

偯　說文痛聲孝經曰哭不偯於豈切　古孝經　書學

耳　建首主聽者也而止切　古文　汗簡　同文集　奇字　摭古遺文　董耳　脩能印書

附通　毦　羽毛飾仍吏切　刵　斷耳音毦　姐　女號也仍史切　聅　矢貫耳恥列切　耴　使也而涉切　珥　瑱也仍吏切　佴　佽也音珥

尒　說文詞文必然也从入丨八八象气之分散也兒氏切

爾　說文麗爾猶靡麗也兒氏切　希裕略古　兄癸鼎　尒之　宜爾子孫　脩能印書

附通　檷　絡絲檷奴禮切　鬑　髮皃音檷　𤕤　智少力劣音檷　䵑　詹諸也式支切　薾　華盛皃氏切

邇　遷　說文近也兒氏切〇遷又見本部入聲解同人質切　義雲章

彼　說文往有所加也補委切　石鼓　古老子　古文

髀 說文股也并弭切 楊桓書學 古文奇字

俾 說文益也一曰俾門侍人并弭切 齊侯鎛 摭古遺文

匕 建首相與比敘也从反人匕亦所以用比取飯卑履切○經史多借用比詳去寘 摭古

妣 說文沒母也卑履切 齊侯鎛 摭古

鄙 說文百家爲酇五酇爲鄙兵美切○正韻云古作啚 說文嗇也方美切○俗以爲圖字非 古老子 古文 敔敦 六書精蘊

粃 說文不成粟米也卑履切音妣 書學 升菴索隱 摭古

痞 說文痛也符鄙切 書學

圮 說文毀也虞書曰方命圮族从土己聲符鄙切○與平支圮異 說文崩也符鄙切

嚭 說文大也匹鄙切 嚭 書學

陛 說文升高階也旁禮切 義雲章 華嶽碑 說文梐枑也邊兮切 正韻音陛

跽 說文長跪也渠几切 古文長跽也暨 奇字古文从乙 古文 尹卣

耜 說文臿也渠綺切 六書統 書學

似 說文象也詳里切 書學

巳 建首巳也四月陽气巳出陰气巳藏萬物見成文章故巳爲蛇象形詳里切○詮次曰按此字二義二音一爲止也音以一爲辰名音似說文別無已字顧野王玉篇注甚明確乃知隋時尚未有去鈎挑而別爲已字者然許氏自解亦不甚明但以巳義解巳義而不言即木字第二義解第一乃巳部止有二文其二爲㠯字解云用也从反巳賈侍中說巳意巳實也則知是反巳而非反巳也云巳意巳實則知前解巳出巳藏爲終止之義而

與用相反也前義乃明矣徐鉉之音亦遺其一 （篆）古文 （篆）汗簡 （篆）古老子 （篆）（篆）古文奇字 （篆）漢十二辰鑑 （篆）（篆）摭古遺文 （篆）鐘鼎文 （篆）夏巳印信 （篆）

干巳林印 （篆）張限巳 （篆）風病巳印 （篆）王病巳印 （篆）管巳之印 （篆）脩能印書

附通 （篆）舉也羊吏切

祀 （篆）說文祭無巳也許里切 （篆）古文从巳 （篆）古孝經 （篆）天台經幢从巳 （篆）書 （篆）古尚書 （篆）兄癸卣 （篆）或如此 （篆）沛祠 （篆）碧落碑 （篆）奇字

汜 （篆）說文水也詩曰江有汜詳里切 （篆）說文水別復入水也一曰汜窮瀆也詩曰江有汜　汜許里切臣鉉等按前洍字音義同蓋或體也 （篆）集 （篆）同文 （篆）汜丁○水部無从巳之字巳已混用漢印巳如此

兕 （篆）建首如野牛而青徐姊切 （篆）古文 （篆）古老子 （篆）（篆）鐘鼎 （篆）希裕略古

俟 竢 （篆）說文大也詩曰伾伾俟俟牀史切 （篆）說文待也或从巳牀史切 （篆）說文詩曰不竢不來或从彳牀史切 （篆）（篆）六書統 （篆）書學

死 （篆）建首澌也人所離也息姊切 （篆）石經 （篆）籀韻 （篆）古老子 （篆）公緘鼎

喜 （篆）建首樂也古文从欠與歡同虛里切 （篆）古文从豈 （篆）（篆）商鏑 （篆）汗簡 （篆）義雲章 （篆）开喜 （篆）富逢喜印 （篆）國朝名印

附通 （篆）目童

子許其切 （篆）痛也火衣切

斐 （篆）說文分別文也易曰君子豹變其文斐也敷尾切 （篆）說文別也非尾切 （篆）石經斐从[illegible] （篆）國朝名印

悱 （篆）說文口悱悱也敷尾切 （篆）書學 （篆）摭古遺文

菲 （篆）說文芴也芳尾切 （篆）說文餥也陳楚之間相謁食麥飯曰餥非尾切 （篆）（篆）奇字

匪 篚 棐 （篆）說文器似竹篋周書曰實玄黃于匪非尾切 （篆）古孝經 （篆）碧落碑○按匪从匚音方匸音徯神仙不拘乃爾 （篆）說文車笭也敷尾切○正韻通作匪漢志作棐 （篆）說文輔也敷尾切○正韻果名亦作榧又輔也書天畏棐忱又與篚同應劭注漢志方曰箱隋曰棐隋圜而長也又與匪同見康衡傳注

尾 （篆）建首微也从到毛在尸後古人或飾系尾西南夷亦然無斐切 （篆）古文 （篆）汗簡 （篆）（篆）希裕略古 （篆）（篆）（篆）（篆）六書統 （篆）摭古遺文

亹 徐鉉進說文表新脩字義云亹字所無不知所从無以下筆易云定天下之亹亹當作娓娓說文順也無匪切 楊桓書學 升菴索隱

三 薺

薺 說文蒺蔾也詩曰牆有薺疾資切又徂禮切○詮次曰今詩作茨茨不可通於此正韻薺菜也

鱭 說文飲而不食刀魚也徂禮切 古文 書學

濟 泲 說文水出常山房子贊皇山東入泜子禮切 說文沇也東入于海子禮切○詮次曰按濟泲實是一水詩俱作泲書俱作濟許氏解爲二水誤矣但濟有別義如濟濟不可作泲 古尚書

古老子 古周易 古文 古撫 守章 濟南太

徙 說文迻也斯氏切 古老子 義雲章 希裕略古 季娟鼎 父巳鼎 𠧻鍾鼎

古文奇字 日徙 大富 徙廣信印 脩能印書

附通 竹器所綺切

璽 說文王者印也所以主土籀文从玉斯氏切 荆王之璽 梁玉之璽

附通 弛弓也音璽 粗緒也別作絁非式支切

枲 說文麻也籀文从林从辝胥里切 古禮記 古禮記 古史記 印書

洗 洒 說文洒足也穌典切○正韻又音徙俗用 說文滌也古爲灑埽字先禮切

釃 說文下酒也一曰醇也所綺切 撫古遺文

氐 建首至也丁禮切 汗簡 石鼓帛魚鱳鱳其蓋氐鮮言白魚鱳鱳然潔白登之俎豆其味甚鮮也 印書

附通 下也都兮切 短衣音低 大也音低

屬國舍音氏 大車後音氏 絲滓音低 牡羊音低 觸也音氏 觸也都兮切 趨也音氏 陵阪音氏 水名直尼切 病人視莫兮切

木根音氏 腄也竹尼切 怒不進也音氏

底 說文山居也一日下也都禮切 宰辟父敦 周敦

詆 俱說文都里切苛也一見言部一見口部 脩能印書

蹝 躧 韃 說文鞮屬所綺切 說文舞履也所綺切○正韻躧徐行皃又履不躡跟也亦作蹝躧革履也與韃同 希裕略古

里 建首居也良止切 古老子 六書統 南宮中鼎

附通 地名音里 聊也音里 鱣也音鯉 艸也里之切 留意

也戶來切

理 說文治玉也良止切 古孝經 古老子 書統 治也 沈理之印

裏 說文衣內也良止切 牧敦

李 說文果也良止切 上林鼎 雲臺碑 李黑 李德 李給之印 李熹私印 李昌國 李狀 李壽 李延 李華 李晃印信 李任之印 李充之印 李建言事 李育私印 李闕 李悅 李應 同文集

豊 禮 建首行禮之器也盧啓切○古通作禮 說文履也所以事神致福也盧啓切 古孝經 汗簡 古老子

古文奇字 古文 碧落碑 禮姜私印 李陽冰侍郎碑

附通 醴也音豊 水出南陽雉衡山東入汝盧啓切

蠡 說文蟲齧木中也盧啓切 古文 仙蠡

附通 江船名音蠡 鮦也音蠡

履 建首足所依也从尸从彳从夂舟象履形良止切 古文 汗簡 古省文 齊侯鐘 希裕略古 脩能印書

體 說文總十二屬也他禮切 古孝經 古老子 奇字 脩能印書

涕 說文泣也他禮切○說詳去霽 朱育集字 摭古遺文

緹 說文帛丹黃色他禮切

㞋 說文簻柄也女履切臣鉉等曰柅女氏切木若棃此重出

你 說文無你字尒詳二紙楊桓書學云又汝也與你通 書學乃倚切汝也

㸚 建首二爻也力几切

禰 說文親廟也一本云古文獮也泥米切 古文 奇字 脩能印書

瀰 瀰 說文滿也奴禮切 楊桓書學正韻水流皃亦作瀰 六書統

匸 建首衺徯有所俠藏也胡禮切〇與平陽匚異匚音方受物之器也

謑 說文恥也胡禮切

己 建首中宮也象萬物辟藏詘形也己承戊象人腹居擬切 書統 己舉彝 舉爵 祭己私印

附通 女字音己 出無艸木虛里切

玘 玉也去里切 地名音己 白苗嘉穀音屺 說文長踞也曁己切

紀 說文絲別也居擬切 古老子 漢鑑 紀信 紀林之印 紀單字 紀信之印 紀豐

几 建首踞几也居履切 並存乂切韻

附通 木也音几 山也音几

麂 說文大麇也狗足居履切 書學

附通 地名音几

起 說文能立也古文从辵墟里切 籀韻 古尚書 書統 古老子 佚起私印 孟起 向起

豈 建首還師振旅樂也一曰欲也登也墟喜切 汗簡 古文 碧落 摭古遺文 升菴索隱豈凱愷同

附通 甲也苦亥切 齝牙也五來切

菜名音豈
謹莊皃魚豈切
饐饋也五困切
出羊胎五來切
礳也五對切
有所治也五來切

启
啟
說文開也康禮切
說文教也論語曰不憤不啟康禮切
古尚書䁩通啟
亦古尚書
王庶子碑
並雲臺碑
義雲章
啟匜
啟匜或如此
設敦
臣霸啟
脩能卬書
附通
康禮切
腸肥也
康禮切
撽繒也一曰微幟
信也有齒康禮切
省視也
苦系切
雨而晝姓
也音啟

棨
說文傳信也康禮切
六書統
黃棨

杞
說文枸杞也墟里切
楊杞
伯可

稽
建首留止也古兮切〇詮次曰此平聲字也正韻云留止又考也計校也賈誼傳反脣而相稽又卜問也書卜稽曰其如台又薺韻說文正韻其義備矣曾無稽首之說乃六經子史至於表章書問古今雅俗通用無不借爲稽首用而絕無用䭫字者甚至䭫字亦不收於正韻殊不可解矣
說文下首也康禮切
古老子
書學
太宰辟父敦
戴敦
師設敦
師㐌敦
齊侯鎛
齊侯鐘
寅簋
牧敦
古文奇字

米
糸
建首粟實也莫禮切
說文繡文如聚細米也莫禮切
古尚書
太汗簡
黼文
張仲匜
同文集小異
太古文奇字
同文集俱小異
附通
寐未厭音米
艸入目音米

芊
說文羊鳴緜婢切
楊桓書學
芊高士

弭
說文弓無緣可以解轡紛者緜婢切
附通
飲也音弭
厲也止也音勉

敉
說文撫也緜婢切
書學

靡
說文披靡也文彼切
碧落碑
靡父仲孺
附通
爛也靡爲切

四語

語 說文論也魚舉切 古文 汗簡

禦 說文祀也魚舉切 古文奇字

鋙 說文鉏鋙也魚舉切 學書 汗簡

敔 說文禁也一曰樂器椌楬也形如木虎魚舉切 脩能印書

圉 說文囹圉所以拘罪人一曰圉垂也一曰圉人掌馬者魚舉切 圉長卿印

麌 噳 說文麌鹿羣口相聚皃詩曰麀鹿噳噳魚矩切今詩作麌 古文 書學

篽 魰 說文禁苑也春秋傳曰澤之自篽魚舉切○正譌通作籞

與 与 說文黨與也从舁从与余呂切 說文賜与也一与為与余呂切 古孝經 古老子 古文 六書統 左處與印

附通

島嶼也徐呂切

步悉悉音與 安行音與 璵璠以諸切 女字音璵 毒石音礜 似鹿而大音礜 卑居也羊茹切 稱也羊茹切

予 建首推予也象相予之形余呂切 古文 汗簡 存乂切韻 生子 脩能印書

附通

婦官以諸切

履屬徐呂切 艸也直呂切 栩也音芧 挹也神與切 安也經典通用豫羊茹切

庾 說文水槽倉一曰倉無屋者以主切 庾忠印 庾書

附通

量也音庾

愈 瘉 說文病瘳也臣鉉等曰今別作愈非是以主切 古老子 同文集小異 楊桓書學○按說文無愈字亦無歈字但於歈字解云人相笑相歈瘉也於瘉字解雖不及此乃許氏自遺之耳然歈之即瘉明矣

羽 建首鳥長毛也王矩切 說文水音也王矩切 羽明之印 謝羽 羽君之印

附通

柔也音栩 玉也況主切 頭妍也音羽 舞陰亭音羽

窳　說文汙窬也以主切　說文本不勝末微弱也以主切

禹　王矩切　說文蟲也　古尚書　雲臺碑　古文奇字　楊禹私印　施禹　李禹信印　菅禹之印　趙禹

王禹之印　譚禹　高禹私印　脩能印書　附通　石似玉音禹　木也音禹　獨行皃區主切　雨皃音禹　張耳也音禹　艸也音禹　妘姓國音禹

雨　建首水从雲下也一象天冂象雲水霝其閒也王矩切　石鼓　古老子　雲臺碑　同文集　楚鐘　夏雨　印書

宇　說文屋邊也易曰上棟下宇王矩切　籀文　陰符經　雲臺碑　希裕略古　齊侯鎛　楊桓書學　六書統　之馬宇印

李陽宇印　徐宇

傴　瘑　說文僂也於武切　說文曲脊也其俱切○莊子痀僂承蜩書學通作傴

許　說文聽也虛呂切　說文炎帝大嶽之胤甫侯所封在潁川虛呂切　書統　許子鐘　許長君　許宗印　許京私印　許帶私印

許轉私印　許舍言事　許魯　許寬私印

詡　說文大言也況羽切　摭古遺文　石詡私印

舉　說文對舉也居許切　古孝經　古老子　古論語　㳄古文　升菴索隱　同文集

𦥑　古文奇字　辛父舉卣　冊父癸卣　辛舉

筥　說文箱也居許切　石經　朱本小異　同文小異　書統　管光之印

巨　矩　說文規巨也从工象手持之或从木矢矢者其中正也其呂切　脩能印書　巨野亭侯　尹巨猜　附通　木也其呂切

虡　說文鐘鼓之柎也飾爲猛獸从虍異象其足或从金豦篆文虡省其呂切　摭古遺之　古樂府　書統　古文奇字

拒 歫 距 鮔 鉅

說文止也一曰搶也一曰超歫其呂切　說文雞距也其呂切　說文大剛也其呂切　書學　書統○按正韻拒距距鮔鉅五字皆有拒止之義古通用

附通　猶豈也音巨　蟲蟝也強魚切　齗腫也區主切　膏環也音巨

柜

說文黑黍也一稃二米以釀也其呂切　古尚書　招卿字指　摭古遺文　牧敦　寅簋　師毀敦　書統

炬 苣

說文束葦燒臣鉉等曰今俗別作炬非是其呂切○正韻又菜名　書學

窶 寠

說文無禮居也其榘切　書學

屢 屨

說文數也按今之婁字本是屢字此字後人所加者立羽切　古尚書　六書統

齬

說文齒蠹也區宇切

暑

說文熱也舒呂切　碧落碑

鼠

建首穴蟲之總名書里切　古文　汗簡　同文集

黍

建首禾屬而黏者也以大暑而種故謂之黍从禾雨省聲孔子曰黍可爲酒禾入水也舒呂切　古文　汗簡

附通　穄也靡爲切

豎 竪

說文豎立也臣庾切○正韻又童僕未冠者亦作豎侸詮次曰俗竪立从立童豎从豆古無此義　牧子文　摭古遺文　古文奇字　司馬豎　馬豎

豎　闕

丶 主 宔

建首有所絕止丶而識之也知庾切○詮次曰今之句讀　摭古遺文　六書統○正韻云丶而識之謂之黈點衛恒書勢有黜黈點黵

說文鐙中火主也从𡈼象形臣鉉等曰今俗別作炷非是之庾切　夏琱戈　古老子　崋嶽碑

說文宗廟宔祏之庾切○詮次曰神主之主也　干翁丰尉　茅季主

附通　女字天口切　鳥也音姓　魚呂音主　黃犬黑頭音注　麈屬音主

柱　說文楹也直主切　趙柱之印　張柱印　韓柱印

煮　說文亨也章與切　張蘊集　六書統

褚　說文卒也一日製衣丑呂切〇隸人給事衣赤爲卒卒衣有題識者　褚成　褚當時印

處　說文止也得几而止或从虍聲昌與切　古孝經　石鼓　齊侯鍾　處君翼　左處與　國朝名印　脩能印書

楮　說文穀也丑呂切　楮孺

宁　建首辨積物也直呂切　古文　同文集
附通　五月羔音宁

佇　說文久立也直呂切　六書統
附通　長貽也一曰張目也直呂切

貯　說文積也直呂切　說文器也直呂切　說文器也直呂切　說文帾也所以載盛米从甾甾缶也陟呂切　摭古遺文　同文集或从甘

紵　說文絲屬細者爲絟粗者爲紵或从緒省直呂切　古文

杼　說文機之持緯者直呂切　程番杼

呂　膂　建首脊骨也昔太嶽爲禹心呂之臣故封呂侯篆文从肉从旅力舉切　古文　古孝經　汗簡　雲臺碑　同文集　雙魚洗
呂貴　呂輔私印　呂胤印信　呂駿私印　呂賞　印書
附通　芎爲莒居許切　徒侶也音呂　楣也音呂

旅　說文軍之五百人爲旅从㫃从从从俱也力舉切　石經　古文奇字　並古文　諸旅鬲　父丁彝　仲酉
父敎　周虔敎　並鍾鼎　旅充之印

僂　說文尪也周公韈僂或言背僂力主切　六書統

縷 說文綫也力主切 摭古遺文

汝 說文水出弘農盧氏還歸山東入淮人渚切 汝就私印 汝猷私印

乳 說文人及鳥生子曰乳獸曰產从孚从乙乙者玄鳥也明堂月令玄鳥至之日祠于高禖以請子故乳从乙而主切 古文 義雲章 頊父鼎 脩能印書 附通 水也乃后切

取 說文捕取也七庾切 古孝經 古文 鍾鼎 脩能印書 附通 白魚也土垢切 阪隅也子侯切 疾也七句切 取婦也音趣 青赤色音陬 薪也側鳩切 麻藍也音棷 齺也音棷 麻蒸也音棷 夜戒守有所擊春秋傳曰賓將掫子侯切

女 建首婦人也尼呂切 古孝經 汗簡 奇字 同文集 蟬文鼎 牧敦 師寏敦 南宮中鼎 繇女鼎 倪女公印 張女 女夬 女驩 杜女私印 女豕 女濂 脩能印書 附通 膏環音汝

序 說文東西牆也徐呂切 摭古遺文 雲臺碑 華嶽碑 古文 碧落碑 漢十二辰鑑 六書統 脩能印書

緒 說文絲耑也徐呂切 莊緒之白牋

鱮 說文魚名徐呂切 摭古遺文

五 姥

姥姆 說文女師也莫后切○詮次曰說文無姥字姆亦非姥音按正韻姥女老稱莫補切姆女師亦莫補切原非一字以正韻音同而說文無姥故彊扯耳 古文姥 六書統姆 書學姥

普 說文日無光也滂古切 古老子 昭普私印 韓普 附通 籍錄博古切

浦 說文瀕也滂古切 摭古遺文

補 說文完衣也博古切 古孝經 古老子 古文奇字 六書統 補寧

圃 說文種菜曰圃博古切 古文 雲臺 南宮中鼎

祖 說文始廟也則古切 古孝經 齊侯鍾 齊侯鎛 盉和鍾 祖戊尊 祖丙爵 摭古遺文 藩彭祖印 脩能印書

組 說文綬屬其小者以爲冠纓則古切 古文

附通 葅 菜也則古切

睹 覩 說文見也當古切 荀邕集字 華嶽碑 畦觀

堵 說文垣也五版爲堵當古切 說文如渚者陼丘水中高者也當古切 六書統 齊侯鎛 堵陽長印 堵青之印 堵輔之印

賭 說文博簺也當古切 楊桓書學

土 建首地之吐生物者也二象地之下地之中物出形也它魯切 古文 㦸敦 牧敦 任土之印 長土官

附通 吐 寫也音土 極也古拜切

杜 說文甘棠也徒古切 敱 說文閉也徒古切 古文 鍾鼎奇字 六書統 公劉簠 杜陵右尉 杜雖 杜宏私印 杜褒私印 杜明 杜長私印

魯 說文鈍詞也郎古切 石經○詮次曰此字爲旅字重文許氏自注云古文以爲魯衞之魯是一字二用非誤也 六書統 商鍾 朱本小異 盉和鍾 魯正叔槃 齊侯鍾 微欒鼎 尹卣 龍敦 並鐘鼎 古文奇字 許魯 魯妨 魯山 魯隆 魯山信印 魯禧印信 魯輓私印 脩能印書

虜 說文獲也从毌从力郎古切 古文 籀文 古文奇字 方俗破虜司馬 討虜將軍 征虜將軍章 莊虜 脩能印書

附通 煎膠器音虜 魚名音虜 廡也音虜

櫓 艣 說文大盾也郎古切 六書統

蓾 說文艸也可以束郎古切

鹵 滷 建首西方鹹地也東方謂之庐西方謂之鹵从西省郎古切 古文 晉姜鼎 同文集

努 說文弓有臂者奴古切 司馬强弩 附通 楊桓書學努 努力爲之○詮次曰說文無努字以世所常用破例附此二文奴古切

虎 建首山獸之君呼古切 古文 古老子 義雲章 同文集 齊侯鍾 父已甗

漢十二辰鑑 正譌 虎步挫鋒司馬 虎步搜捕司馬 虎伏將軍之印 虎步司馬 虎步都尉司馬 高季虎 沈虎 李虎 脩能印書

附通 水流皃皮彪切 鬼皃虎烏切 發兵瑞音虎 白虎莫狄切

滸 說文水厓也臣鉉等曰今作滸非是呼古切 楊桓書學

苦 說文苦荼也康杜切 希裕略古 本或如此 同文集 苦成勃

古 建首故也从十口識前言者也公戶切 汗簡 古孝經 伯映彝 師淮父卣 師淮或如此 父丁彝 碧落碑 附通

美石侯古切 山有木侯古切 鶘鴣古乎切 螻蛄音鴣 訓故言音古 器也音古 木也音岵 恃也音岵 久病也古慕切

賈 說文賈市也一曰坐賣售也公戶切 首山登 書學 賈山 賈郡 賈彪 附通 物直也古訝切 楸也古雅切○以上七字俱馬韻字从說文附此

鼓 鼔 皷 建首郭也春分之音萬物郭皮甲而出故謂之鼓徐鍇曰郭者覆冒之意工戶切 說文擊鼓也公戶切 汗簡 演說文 義雲章 書統

商鍾 厷鍾 鼎

瞽 建首靡蔽也从人象左右皆蔽形公戶切 說文目但有联也公戶切 古文 汗簡

股 說文髀也公戶切 六書統 股由

羖 說文夏羊牡曰羖公戶切 書統

鹽 說文河東鹽池袤五十一里廣七里周行十六里公戶切 古文 脩能印書

罟 說文网也公戶切 石鼓

戶 建首護也半門曰戶侯古切 汗簡 古老子 書統 摭古遺文

附通 明也音戶 履也一曰青絲頭履也讀若阡陌之陌亡百切

祜 說文福也侯古切 汗簡

扈 說文夏后同姓所封戰于甘者胡古切〇正韻扈又鳥名通作雇鳲 古文 扈偃 扈萬 摭古遺文

雇 說文九雇農桑候鳥扈民不淫者也侯古切 籀文 古文奇字

瑦 說文石之似玉者安古切 奇字

塢 說文小障也一曰庳城也安古切 古文 籀文

鄔 說文太原縣名安古切 古文 摭古遺文

五 建首五行也从二陰陽在天地閒交午也疑古切 古老子 郝敦 郡五官佐 五郎將印 盖五印

伍 說文相參伍也疑古切 漢壺 伍匩私印

午 建首啎也五月陰气午逆陽冒地而出也疑古切 汗簡 何敦 父乙鼎 命屬鼎 升菴索隱 同文集 用命鼎 史午之印

附通 舂杵也昌與切

【所】說文伐木聲疏舉切 古文 古孝經 古老子 碧落碑 王庶子碑 華嶽碑 古文奇字 摭古遺文
同文集 晉姜鼎 齊侯鎛 同文晉姜如此 鍾鼎文 申所之印 脩能印書 【附通】齒傷酢也創舉切

【俎】說文禮俎也从半肉在且上側呂切 同文集 楊桓書學 升菴索隱

【楚】【𪇗】【憷】說文叢木一曰荆也創舉切 說文合五采鮮色詩衣裳𪇗𪇗創舉切〇今詩作楚 古文 石經 書學 碧落碑
奇字 楚鍾 季婦鼎 齊侯盤 楚忌 印書 【附通】礎也音楚

【撫】【拊】說文安也一曰循也芳武切 說文撫也讀與撫同音 說文揗也芳武切〇正韻曰古與撫通用揗摩也 古尚書撫

【甫】說文男子美稱也从用父方矩切 古文 【附通】誧 人相助博孤切 豕息也芳無切 石間見音誧 哺咀薄故切 手行也薄乎切 大飲酒音餔
病也普胡切 地名音甫 乾肉音甫 蓮蒲也音甫 著門鋪首音痡

【父】說文矩也家長率教者从又舉杖扶雨切〇正韻曰古今諸家與甫通用 古孝經 古文 古老子 古文奇字 六書統 常父
父癸鼎 父癸卣 父巳敦 父子爵 手父舉鼎 靡父仲孺 文仲父 里中父兄印 國朝名印 【附通】說文無爹字楊桓書學羌人呼父也陟邪切〇詮次曰爹字古亦不多見予讀南史梁宗室傳始興王人之爹赴人急如水火何時復來哺乳我荆土方言謂父爲爹故云注爹徒我切正韻丁邪切與前二音各異今从俗讀丁邪切也以其爲天下通用之尊稱破例附此三字 玉篇以遮切俗謂爺也楊桓書學吳人謂父曰爺音遮今無此稱當从玉篇 玉篇蒲可切父也爸 書學父也部可切

【府】【腑】說文文書藏也臣鉉等曰今藏腑字俗書从肉非是方矩切 正譌 古文 漢壺 中藏府印 農府丞印

【俯】【頫】【俛】說文低頭也从頁逃省太史卜書頫仰字如此揚雄曰人面頫 臣鉉等曰頫首者逃亡之皃故从逃省今俗作俯非是方矩切 汰古史記 汰古 漢書 碧落碑

黼 說文白黑相次文方矩切 古文 𡗜升菴索隱 甫黼通用

簠 說文黍稷圜器也方矩切 古文 史黎簠 張仲簠 叔邦父簠 古文奇字 索隱 同文集

正譌

斧 說文斫也方矩切 古文 斧爵 𡗜鍾鼎

俌 說文輔也芳武切 楊桓書學 何俌

輔 說文人頰車也扶雨切 說文頰也符遇切㊀詮次曰此卽輔字重文經史但作輔正韻亦無此字分爲二部又作𠬝音叔重耄矣 古尚書 古老子 王庶子碑

六書統 齊侯鎛 邵輔 堵輔之印 輔勳私印 呂輔私印 宋輔私印 楊輔之印

釜 䩉 說文䩉屬扶雨切 古史記 武安釜

腐 說文爛也扶雨切 六書統

武 說文止戈爲武文甫切 古老子〇从戬疑是翌誤翌古舞字 王庶子碑 古文奇字 正譌 齊侯鎛 周穆公鼎 敔敦 盄和

鍾 同文集 同文敔敦如此 綏武侯印 武平侯印 振武將軍章 廣武將軍章 武猛都尉 安武君 建武將軍章

漢威武將校尉 武力司馬 武德長印 焦武 王孫武 王武𡗜 李武彊印 武陵 定武私印 郭武 淳于武 蘇武

未識古印 國朝名印 脩能印書

附通 丘名方遇切

鵡 䳇 說文鸚䳇也文甫切 楊桓書學

舞 𦐂 說文樂也用足相背文撫切 古文 古尚書 博雅 六書統

附通 牖中网音舞

侮 侮 說文傷也文甫切 古孝經 古尚書 古老子 籀韻 六書統 古文奇字

廡 橆 說文堂下周屋文甫切 說文豐也从林㽘或說規模之模从大卌數之積也林者木之多也卌與庶同意商書曰庶草繁無文甫切○詮次曰今洪範作廡按此字非無非廡爲豐盛之義而楷無正文尚書變篆爲楷時以其無正文而聲同於廡遂作廡字耳於義實無當也又按徐鉉等進說文表內有篆文相仍小異云有無之無本从亡李斯書泰山之罘等碑諱亡字以諛始皇借此爲有無字然以豐盛之義代消亡之用大不相侔千古仍之亦可異也 古尚書 籀文 古文橆

數 說文計也所矩切 古文 古孝經 古老子 三體陰符經 嶧山碑 六書統 升菴索隱 摭古遺文

六 解

解 獬 說文判也一曰解廌獸也戶賣切又佳買切 古文 古周易 古老子 南岳碑 碧落碑 希裕略古 六書統 獬 解脩之印 解暈之印 解辰始印 解乙音 解乃 附通 解尊私印 解部 脩能印書 附通 薢茩也胡買切 小谿音薢 劾獬音薢 邂逅也胡懈切 怠也古隘切

蟹 蠏 說文旁行介蟲胡買切

擺 捭 說文兩手擊也北買切○正韻通作擺 楊桓書學

廌 建首解廌獸也似山牛一角古者決訟令觸不直宅買切 汗簡 同文集 脩能印書○正韻豸通

買 說文市也莫蟹切 六書統 杜買之 審買 附通 水名音買 小視也莫佳切

駭 駴 䮂 說文驚也侯楷切 義雲章

楷 說文木也孔子冢蓋樹之者苦駭切 古文

矮　說文短人也烏蟹切　六書統

海　說文天池也以納百川者呼改切　古孝經　古老子　汗簡　義雲章　升菴索隱　同文集　馮海私印　國朝名印

醢　說文肉醬也呼改切　古文　六書統　升菴索隱

愷　凱　說文樂也苦亥切〇正韻凱同　古孝經　六書統　同文集

塏　說文爽塏也苦亥切　闓　說文開也苦亥切　劉闓

改　說文更也从已古亥切　說文毅改大剛卯以逐鬼魅也从已音同　古文　古老子　雲臺碑　牧敦

亥　建首荄也十月微陽起接盛陰从二二古文上字一人男一人女也从乙象裹子咳咳之形古文亥爲豕與豕同胡改切　古文　汗簡　丘光庭敘文　六書統　升菴索隱　商鍾　召仲考父壺　師嫛敦　邾敦　尨敦　散季尊　父乙鍾　許子鍾　南和鍾　仲偁父鼎　脩能印書　並古文奇字

附通　荄　艸根古諧切　六剛卯古哀切　奇侅也晉毅　苦也胡槩切　足指毛古哀切　醜也戶來切　二日瘧音侅　陳留鄉音侅

挨　說文擊背也於駭切　六書統

佁　說文癡皃讀若騃夷在切　說文馬行佁佁也五駭切〇正韻駭騃獸行又癡也音似　古文佁俗作呆　馬佁

采　彩　採　說文捋取也倉宰切　說文文章也倉宰切　雲臺碑　義雲章　碧落碑　南宮中鼎　脩能印書

附通　姦也音采

寀　說文同地爲寀倉宰切　闕寀私印

宰　說文辠人在屋下執事者作亥切　聽　古老子　存乂切韻　升菴索隱古文象冢上草木形　古文奇字　宰辟父敦

尨敦 粵鍾 同文集宰辟敦如此 太宰長孺 脩能印書

附通 䔂 羹菜也阻史切 滓 澱也音荸 䏁 益梁之州謂聾爲䏁秦晉聽而不聞聞而不達謂之䏁音宰

縡 事也子代切

待 説文竢也徒在切 楊桓書學 附通 偫 待也直里切

殆 説文危也徒亥切 古文 古老子 摭古 同文集

怠 説文慢也徒亥切 古文奇字 附通 䈚 竹萌也徒哀切

乃 廼 建首曳詞之難也象气之出難奴亥切 古尚書 古老子 汗簡 華嶽碑 雲臺碑 六書統 解乃

石鼓 秦刻石 希裕略古 朱育集字 光遠集綴 穆公鼎 商鍾 遲父鼎 李陽冰侍郎碑 李乃始

脩能印書○以上凡从卤从辵者經史古文俱通作乃 附通 鼐 厚也如乘切 朻 木也音訒 鼐 鼎之絕大者奴代切

琲 説文珠五百枚也普乃切○正韻見賄韻部浼切又見隊韻 楊桓書學

嬭 説文無嬭字楊桓書學母也女蟹切姼謂之嬭 古文

七賄

賄 説文財也呼罪切 存乂切韻 同文集

委 説文委隨也於詭切 古文 晉姜鼎 同文晉姜如此 附通 緌 冠纓也儒佳切 覣 好視也於爲切 倭 順皃音覣 萎 食牛於偽切 矮 羊相積音萎

側意音萎 踒 足跌也烏過切 纍也音錗

蔿 薳 説文艸也於鬼切 説文艸也韋委切 蔿勝 脩能印書

韙 說文是也 于鬼切 古文 王先生誄

偉 說文奇也 于鬼切 古文 偉隱 趙偉之 臣偉之

葦 說文大葭也 于鬼切 國朝名印

韡 煒 說文盛也 于鬼切 說文盛赤也 詩曰彤管有煒 于鬼切 古文 六書統 碧落碑

唯 說文諾也 以水切 古老子 古文奇字 仲偁父 寅簋 唯印 丁氏長夆唯印 矔唯 少年唯 脩能印書

附通 蓶 菜也 音唯 鷕 雌雉鳴 以沼切

隗 說文陮隗也 五罪切〇陮隗高也 隗勝私印 隗徹

俖 說文反也 薄亥切〇正韻部浼切 世从之 摭古遺文

美 媺 說文甘也 無鄙切 說文色好也 無鄙切 古老子 古孝經 古尚書 義雲章 碧落碑 楊桓書學

古文奇字 支美 單美 富美之印 脩能印書

每 莓 說文艸盛上出也 臣鉉等案左傳原田每每 今別作莓 非是 武皋切 說文馬毋也 武皋切〇正韻通作每 王庶子碑 周穆公鼎 古文奇字 楊桓書學

每當時

附通 大鎖也 莫桮切 网也 音鋂 背肉也 音脢

辠 罪 說文犯法也 秦以辠似皇字 改爲罪 徂賄切 說文捕魚竹网 秦以爲辠字 徂賄切 古孝經 古老子 摭古遺文 同文集 張庶辠

附通 新也 七辠切

厽 壘 建首 絫坺土爲牆壁 象形 力軌切 說文絫墼也 力軌切 說文軍壁也 力委切 古文

附通 鍡纍不平也 音壘 水出右北平浚靡東南入庚 音壘

磊 𥗐 說文衆石也落猥切 說文辠也落猥切 六書統

櫐 說文木也力軌切 籀文

𤢖 鸓 說文鼠形飛走且乳之鳥力軌切

累 絫 說文增也絫十黍之重也力軌切 籀韻 同文集 脩能印書 馮絫

誄 讄 說文諡也力軌切 說文禱也論語云讄曰禱爾於上下神祇力軌切 碧落碑

儽 僓 說文嫺也一曰長皃吐猥切又魚罪切 權貴信印 董僓

餧 餧 說文飢也一曰魚敗曰餧奴辠切 六書統

揣 揣 說文量也度高曰揣一曰捶之初委切 古老子 六書統 奇字

捶 箠 棰 說文以杖擊也之壘切 說文擊馬也之壘切

騒 說文馬小皃之壘切

惢 建首心疑也才規才累二切

附 通 說文垂也如壘切

髓 髓 說文骨中脂也息委切 茅君傳 六書統 奇字

㵘 建首二水也之壘切 汗簡

觜 說文鴟舊頭上角觜一曰觜觽也遵爲切 六書統○觜本平聲字以舉世皆作上聲讀依正韻收此

跬 趌 說文半步也跬同丘弭切 書學 六書統 奇字

附 通 木實也力追切

水　建首準也北方之行象衆水並流中有微陽之气式軌切　古文　籀文　古老子　雲臺碑　寶鼎　奇字

毀　譭　說文缺也許委切　古孝經　師敦　楊桓書學　古文奇字　升菴索隱　脩能印書　附通　惡也一曰人皃音毀　傷擊也音毀

毇　建首米一斛舂爲八斗也許委切　古文　義雲章

燬　焜　說文火也春秋傳曰衛侯燬許偉切　焜　說文火也詩曰王室如焜許偉切○今詩作燬　六書統

虫　虺　建首一名蝮博三寸首大如擘指象其臥形物之微細或行或毛或蠃或介或鱗以虫爲象許偉切　說文虺以注鳴詩曰胡爲虺蜴許偉切○正韻通作虫　汗簡　張虫　附通　動病也徒冬切　相屬音瘇

卉　芔　說文艸之總名也許偉切　希裕略古

詭　恑　說文責也過委切　說文變也過委切　古史記　古文　六書統　脩能印書

癸　建首冬時水土平可揆度也象水從四方流入地中之形癸承壬象人足居誄切　父癸鼎　漢律管　癸鼎　癸舉　祖己甗　六書統　同文集　升菴索隱云象水入核之形　宣癸　任癸　樂癸之印　臣癸　印書　附通　左右兩視其季切　葵也求癸切　木也音揆　馬行皃渠追切　兵也音騤　水深處音揆　臨汾地揆睢切

軌　說文轍也居洧切　六書統　碧落碑　徐軌之　徐軌白牋

簋　匭　說文黍稷方器也居洧切　叔尚父簋　寅簋　師望簋　師寏父簋　京叔簋　同文集　古文奇字　六書正譌　附通　竦身也居矣切

厬 氿 ⿰氵軌

厬 說文側出泉也居洧切

氿 說文水厓枯土爾雅曰水醮曰氿居洧切○正韻厬同亦作⿰氵軌

附通 日影也居洧切

宄 說文姦也外爲盜內爲宄居洧切

鬼 建首人所歸爲鬼居偉切 古文 古老子 六書統 同文集 升菴索隱 奇字

附通 蛹也胡罪切 馬淺黑色俱位切

頭不正口猥切 病木也音螝 茅蒐所鳩切 鬼也莫波切

跪 說文拜也去委切 奇字

埻 說文磊埻重聚也丁罪切 書學

八軫

軫 說文車橫木之忍切 南嶽碑

㐱 鬒 㐱 黰

說文稠髮也詩曰㐱髮如雲之忍切○見彡部 說文新生羽而飛也之忍切見几部○詮次曰一爲稠髮一爲新羽偶尒音同文略相似然義不干涉辨析甚明理不應合然說文之諧㐱聲者多矣未嘗云某从稠髮之㐱某从新羽之㐱也說文旣尒混混終古何時分別合而爲一可也 古文 古毛詩 六書統 同文集 脩能印書

附通 水不利也郎計切 目有所恨而止也音㐱 馬載重難也張人切 顏色㐱鱗慎事也音㐱 視也之刃切又直刃切 擅也丑刃切

胗 疹 說文脣瘍也之刃切 六書統 印書

畛 說文井田閒陌也之刃切 古文

袗 說文玄服之忍切

紾 說文轉也之忍切 六書統

蜃　蜃　說文雉入海化爲蜃時忍切　學書

脤　祳　說文社肉盛以蜃故謂之祳天子所以親遺同姓時忍切　六書統

腎　說文水藏也時忍切　太古文第二字又見說文慎字重文朱鬱儀云古人奇精寶神故借爲慎字　同文集　黃庭經

忍　說文能也而軫切　說文荵冬艸而軫切　附通　胸肥蟲名尺引切

哂　說文笑不壞顏曰弞式忍切　說文指而笑也時忍切　學書　六書統

矧　說文況也詞也从矢取詞之所之如矢也式忍切　六書統　古文奇字　脩能印書

牝　說文畜母也毗忍切　摭古遺文

盡　說文器中空也慈忍切　古文　秦權　周磬　師笸敦　摭古　同文集　奇字

附通　石之似玉者徐刃切

廴　建首長行也从彳引之余忍切

引　說文開弓也余忍切　古文　南嶽碑　黃庭經

附通　錫也羊晉切　瘢也音釰　牛系直引切

蚓　螾　說文側行者余忍切　古文　演說文　書學

靷　說文引軸也余忍切　籀文　六書統

尹　說文治也余準切　古尚書　古孝經　同文集　河南尹丞　尹童　尹祿之印　尹從　尹卿　尹宗私印

尹恩　尹正　尹當時印　尹憙　尹千秋印　尹壽　尹異衆　尹容私印　尹守私印　尹竇之印　尹章之印

附通　面目不正

見音尹　艸之皇榮也羊捶切　蚺威也音伊

泯 說文滅也武盡切 古文 古莊子 王庶子碑

閔 說文恤也憂也臣鉉等曰今別作憫非是眉殞切 古文 六書統 石經 訢閔 同典閔印 閔萬里印

附通 潣 水流皃眉殞切

愍 說文痛也眉殞切〇正韻通作閔 古史記 升菴索隱

敏 說文疾也眉殞切 古孝經 夏鉤帶 王庶子碑 義雲章 齊侯鎛 敔敦 徐敏志 莊敏之印

敃 敯 說文彊也眉殞切 說文冒也書曰暋不畏死眉殞切 說文彊也書曰在受德忞武巾切〇今書作暋宜并此 楊桓書學

緊 說文纏絲急也糾忍切 義雲章

謹 說文慎也居隱切 古孝經 義雲章

瑾 說文瑾瑜也居隱切 古文奇字

𢀳 說文謹身有所承也居隱切 六書統

巹 說文蠡也居隱切 古文 同文集

菫 說文地菫也渠殞切 六書統

準 准 說文平也之允切 古文

埻 說文射臬也讀若準之允切〇正韻周禮作準 希裕略古

蠢 說文蟲動也古文蠢从𢦏周書曰我有截于西尺尹切 說文亂也春秋傳曰王室日惷惷焉一曰厚也尺允切〇今傳作蠢 古尚書 陰符經

楊桓書學 六書統

附通 偆 富也尺允切

筍 笋 說文竹胎也思允切 石經 義雲章 六書統

附通 栒 杶也相倫切 楊桓書學簨說文無簨字破例附此

㖧 說文驚詞也思允切　附通 大木可爲鉏柄者詳遵切

隼 祝鳩也隼一曰鶽字思允切

隕 **霣** **磒** **殞** **抎** 說文從高下也易曰有隕自天于敏切　說文雨也齊人謂靁爲霣一曰雲轉起也于敏切　古文　說文落也春秋傳曰磒石于宋五于敏切

抎 說文有所失也春秋傳曰抎子辱矣于敏切　碧落碑　六書統　玉篇表瑜

允 說文信也余準切　說文進也从夲从屮允聲易曰䟕升大吉余準切○今易作允　古文　古周書　窖盤　王允功印　附通 兵也音允　高石音允

吮 欶也徂沇切

吻 **脗** 說文口邊也武粉切　古文　六書統

憤 說文懣也房吻切　六書統

坋 說文塵也一曰大防也房吻切　書學

蚡 **鼢** 說文地行鼠伯勞所作也一曰偃鼠房吻切　古文　六書統

粉 說文傅面者方吻切　說文袞文山龍華蟲黺畫粉也衞宏說方吻切

惲 說文重厚也於粉切　李惲

乚 **隱** **㥯** 建首匿也象迟曲隱蔽之形讀若隱於謹切　說文蔽也古作㥯於謹切　說文謹也於靳切正韻隱同去聲不收　說文所依據也於謹切○通作隱

義雲章　古老子　古文奇字　劉隱祿印　偉隱印　朱隱印　附通 蹂穀聚也一曰安也古通用安隱烏本切　水名音隱　秦人謂相謁而食麥曰䭡

䭡烏困切　栝也音隱　棼也於靳切

齔 說文毀齒也男八月生齒八歲而齔女七月生齒七歲而齔初堇切 存乂切韻 六書正譌 書學

混 說文豐流也胡本切 汗簡 林古老子 碧落碑 摭古遺文 升菴索隱 同文集

捆 稛 說文絭束也苦本切 徐 綑

閫 壼 梱 說文宮中道謂之壼詩曰室家之壼苦本切 說文門橛也苦本切〇正韻閫同 古文 碧落碑 脩能印書 古文

衮 說文享先王卷龍繡於下幅一龍蟠阿上鄉古本切 汗簡 龙敦 雲臺碑 脩能印書

丨 建首上下通也引而上行讀若囟引而下行讀若逷古本切

鯀 鰥 鮌 說文魚也古本切 古文 籀文

附通 大阜也胡本切

橐 建首橐也胡本切 汗簡

附通 囊張大皃符宵切

本 說文木下曰本布村切 古文尚書 古孝經 古文 古老子 朱本小異 古文奇字

附通 竹裏也音本

畚 畬 說文𠧪屬蒲器也所以盛種布忖切 書學

損 說文減也穌本切 古老子 六書統

撙 剸 說文減也茲損切 書學

很 說文不聽從也一曰行難也一曰戾也胡懇切 說文狼戾也乎懇切

懇 說文悃也康很切 書學

墾 說文耕也康很切 書學

齦 說文齧也康很切 說文齧也康很切○一字重文誤分二部 古文奇字齧也

品 建首眾庶也丕飲切 古文 牧敦 品伯彝 奇字

稟 說文賜穀也筆錦切 脩能印書

九旱

旱 說文不雨也乎旰切○正韻又侯旰切

附通 馬突也音旱 盾也音旱

稈 說文禾莖也古旱切

皯 說文面黑气也古旱切 說文黑皯也古典切 大篆

厂 建首山石之崖巖人可居呼旱切

罕 說文网也呼侃切 陸罕 印書

侃 說文剛直也空罕切 六書統

睅 說文大目也戶版切

附通 夫蘺也胡官切

盌 說文小盂也烏管切 說文小盂也臣鉉等曰今俗別作椀非是烏管切 演說文 六書統 書學

款 說文意有所欲也苦管切 趙款

管 說文如箎六孔十一月之音物開地牙故謂之管古者玉琯以玉舜之時西王母來獻其白琯前零陵文學姓奚於伶道舜祠下得笙玉琯夫以玉作音故神人以和鳳凰來儀也古滿切 黃庭經

管申 管晉私印

筦 說文筟也古滿切 筦剛

滿 說文盈溢也莫旱切 古孝經 古老子 義雲章 古文 滿宮之印 滿過 司馬滿 滿摯 滿秋私印
附通
平也母官切
璊 玉䞓色莫奔切 髮長也音蔄 忘也音蔄 以毳爲罽色如虋故謂之璊詩曰毳衣如璊莫奔切 松心木音璊 平目也音蔄

伴 說文大皃薄滿切 說文㚘行也讀若伴侶之伴薄旱切 六書統 摭古遺文

纂 說文似組而赤作管切 淮南子上升記 希裕略古

短 說文有所長短以矢爲正都管切 籀韻 義雲章 六書統

畽 說文禽獸所踐處也詩曰町畽鹿場上短切 牧敦 或如此 師𠊱敦 尨敦 邾敦 六書統 楊桓書學
古文奇字

卵 建首凡物無乳者卵生盧管切 古文 汗簡 奇字
附通 卵不孚也徒玩切

煖 說文溫也乃管切 說文溫也況袁切○正韻又乃管切俗從之 書學 六書統

十產

產 說文生也所簡切 夏鈞帶 華嶽碑 相產
附通 水出京兆藍田谷入霸音產 產牲也音產

鏟 說文鏶也一曰平鐵初限切 古文奇字

赧 說文面慙赤也女版切 書學 魏赧

限 說文阻也一曰門榍乎簡切 小篆 古文 張限巳

綰 說文惡也絳也一曰綃也烏版切 古文 伯碩父鼎 晉姜鼎 孟姜鼎 奇字 脩能印書

版 說文判也布綰切 雲臺碑

反 說文覆也府遠切 高宮中鼎 反德信印 未識古印 附通 水名臣鉉等曰今作汴非是皮變切 坡者曰阪一曰澤障 敗也 布綰切

販 買賤賣貴者方願切 半也薄半切 多白眼也普班切 大也補綰切 車耳反出也音反 一曰山脅也音反

返 說文還也商書曰祖甲返春秋傳返从彳扶版切 古老子 汗簡

晚 說文莫也無遠切 古老子 古文奇字 六書正譌

輓 挽 說文引之也無遠切 書學 魯輓

盞 琖 醆 說文玉爵也夏曰琖殷曰斝周曰爵从玉戔聲或从皿阻限切 說文爵也一曰酒濁而微清阻限切 楚王彝 父乙方尊 書學

同文集

棧 轏 說文棚也竹木之車曰棧士限切 說文車名士限切○正韻通作棧 六書統 附通 尤高也士限切

簡 說文牒也古限切 石鼓 附通 淛也音簡 簡存也从心簡省聲讀若簡古限切

柬 說文分別簡之也古限切 義雲章 印書 附通 楝木也郎電切

亶 說文多穀也多旱切 師寏敦 存乂切韻 奇字 附通 儃何也徒干切 檀木也音儃 緩也音擅 撚毛也諸延切 伐擊也旨善切

駗驙也易曰乘馬驙如張連切 趁也音驙 夗鱣也常演切 澶淵水在宋市連切 頭不正之繕切 視而止也音鱣 專也音嬗

但 袒 襢 說文裼也徒旱切 說文肉膻也詩曰膻裼暴虎徒旱切○今詩作襢 說文衣縫解也大莧切○正韻又徒旱切从俗附此 六書統

蜑 說文南方也徒旱切 摭古遺文

誕 說文詞誕也徒旱切 古文 古史記 希裕略古 袁誕

嬾 孏 懶 說文懈也怠也一日臥也洛旱切 古文 六書統

繖 傘 說文蓋也穌旱切 古文 楊桓書學 同文集 升菴索隱

海鹽畢弘述既明篆訂

十一銑

銑 說文金之澤者一曰小鑿一曰鐘兩角謂之銑穌典切 古文 盄和鐘 或如此

毨 說文仲秋鳥獸毛盛可選取以爲器用穌典切 古文奇字 摭古遺文

獮 說文秋田也息淺切 古文 六書統 同文集

尟 說文是少也尟俱存也賈侍中說穌典切 楊桓書學

燹 說文火也穌典切 楊桓書學

扁 說文署也从戶冊者署門戶之文也方沔切 古文 摭古遺文 古文奇字

附通 衣小也音扁 便巧言部田切 蝙蝠布玄切 食器芳連切 獺屬音蝙 萹茿音扁 搏也嫓沔切 牀版方田切 書也音匾 方木音諞 次簡也音蝙 足不正音諞

辡 辯 建首辠人相與訟也方免切 說文治也符蹇切 古文辯 古老子辯 商隱字略辯 古文奇字辯

附通 小兒白眼蒲莧切 憂也方免切 文也頻犬切

免 說文彊也亡辯切 碧落碑 書學

附通 汙也武辠切 魚名音勉 履空也徐鍇曰猶言履㱿也毋官切 目視皃武限切

勔 說文勉也彌殄切 碧落碑

冕 說文大夫以上冠也邃延垂瑬紞纊古者黃帝初作冕亡辯切 古老子 汗簡 雲臺碑 牧敦 寅簋 同文寅簋小異

茗溪程閱　章含貞　煒赤文　同校

同文集 古文奇字 升菴索隱

丏 建首不見也象有壅蔽之形彌兗切 蟬屬武延切 附通 冥合也莫甸切

沔 說文水出武都彌兗切 石鼓 汗簡 摭古遺文 作泛 脩能印書

湎 說文沈於酒彌兗切 楊桓書學

娩 說文免身也从子从免徐鍇曰說文無免字疑此字从𡕥省芳萬切臣鉉等曰今俗作亡辯切 楊桓書學 此說文字生子齊均也芳萬切楊桓亦以為娩字不知何據

典 說文五帝之書也从冊在丌上尊閣之也莊都說典大冊也多殄切 古文 說文主也多殄切 古尚書 父己鼎 齊侯鐘 齊安鑪 碧落碑

𥫗 同文集 典祠令印 壽張典書令印 典軍校尉 同典閔印書

腆 說文設膳腆腆多也他典切 古尚書 附通 錪 朝鮮謂釜曰錪音腆

靦 說文面見也詩曰有靦面目他典切 說文青徐謂慙也他典切 古文 六書統

殄 說文盡也徒典切 脩能印書

顯 說文頭明飾也呼典切 說文案微杪也从日中視絲古文以為顯字或曰衆口皃讀若唫唫或以為繭繭者絮中往往有小繭也五合切 古老子 古文 牧敦 𢘋敦 齊侯鎛 齊侯鐘 尨敦 遲父鐘 附通 韅 著掖鞥音顯

幰 說文車幔也虛偃切 升菴索隱

繭 說文蠶衣也古典切 古文 馮繭私印 附通 𧝒 袍衣音繭

犬 建首狗之有縣蹏者孔子曰視犬之字如畫狗也苦泫切 㚘古文 籀文 古文奇字 附通 吠 犬鳴也符廢切

畎 建首水小流也周禮匠人爲溝洫耜廣五寸二耜爲耦一耦之伐廣尺深尺謂之〈倍〈謂之遂倍遂曰溝倍溝曰洫倍洫曰巜姑泫切

繯 説文落也胡畎切 專繯

鉉 説文舉鼎也易謂之鉉禮謂之鼏胡犬切 古文

淺 説文不深也七衍切 古文 淺皐

翦 説文羽生也一曰矢羽卽淺切○經史通作剪 古尚書

剪 説文齊斷也子善切 説文搣批也卽淺切 義雲章 光遠集綴
附通 甘氏星經曰太白上公妻曰女媊昨先切 王彗也昨先切

戩 説文滅也詩曰實始戩商卽淺切○詩今作翦也詩又云俾爾戩穀何居 爾雅

踐 説文履也慈衍切○足部 説文迹也慈衍切○彳部 説文迹也才綫切○行部三文一字也而三見各異何耶 天台經幢 六書統

俴 説文淺也慈衍切 楊桓書學

孨 建首謹也旨充切 籀文楊桓六書統云與進字同義不知何據

選 説文遣也一曰選擇思沇切 古文 汗簡 遲父卣 鐘鼎文 古文奇字 六書統

巽 説文网也逸周書曰不卵不躖以成鳥獸巽者羉獸足也故或从足思沇切

雋 説文肥肉也从弓所以射隹徂沇切 古文
附通 以木擣也又地名尊爲切

臇 説文脽也讀若纂子沇切○臇肉羹

吮 説文欶也徂沇切 楊桓書學

譱 善 說文吉也常衍切 古文 汗簡 籀韻 尨敦 師毀敦 碧落碑 宗善之章 附通 倨視人旨善切 好枝

挌人語一曰斬也音顥 作姿也常演切 鄯善國時戰切

膳 饍 說文具食也常衍切 古文 籀文 希裕略古

舛 僢 建首對臥也揚雄說舛从足春昌兗切 書學

剸 說文截也大丸旨沇二切 說文斷齊也旨沇切 古文 籀文

輭 耎 說文稍前大也而沇切 說文好皃而沇切臣鉉等案切韻又音奴困切今俗作嫩非是 古文耎 書學 升菴索隱 同文集 附通

動皃音耎 湯也乃管切 木耳音耎 蹈瓦聲零帖切 築牆聲如乘切 衣戚也音耎

究 建首柔韋也讀若耎一曰若雋而兗切 說文柔皮也人善切 汗簡 六書統 古文奇字

玨 建首極巧視之也知衍切 古文

展 襄 說文轉也知衍切 說文丹縠衣知扇切○正韻音義與展通 古文展 展光信印 附通 蟲也音展

輦 摙 說文輓車也力展切 寅父癸彝 碧落碑 同文集 鐘鼎 附通 周邑音輦

輾 說文轢也尼展切 籀韻 楊桓書學

摙 說文瑚璉也臣鉉等曰今俗作璉非是里典切 書學

衍 說文水朝宗于海也以淺切 衍 錡

演 說文長流也一曰水名以淺切 石經

沇 兗 沿 說文水出河東東垣王屋山東爲泲以轉切 古文 六書統

台 說文山閒陷泥地也以口从水敗皃讀若沇州之沇爲九州之渥地也故以沇名焉以轉切 六書統 義雲章

附通 青金也與專切

甗 說文甑也一曰穿也魚蹇切 籀文 仲信甗 馬甗 肇父甗 周陽侯甗 大夫始鼎 伯溫父甗 仲酉父甗 方寶甗 玉篇表瑜 孫彊集

篆 說文引書也持衮切 古文

縳 說文白鮮色持克切 六書統讀若闡又十摶爲縳又卷也

臠 說文臞也一曰切肉臠也詩曰棘人臠臠兮力沇切 石鼓

孌 戀 說文慕也力沇切 說文順也詩曰婉兮孌兮力沇切○孌今詩作變 古文 雲臺碑戀○說文無戀字以孌爲慕義意與戀同姑附於此 戀闕

遣 說文縱也去衍切 義雲章 晉姜鼎 鐘鼎 印書

附通 小塊也音遣 繾綣音遣 譴問也去戰切

蹇 謇 說文跛也臣鉉等案易王臣蹇蹇今俗作謇非是九輦切 楊桓書 學蹇 夶書 學謇 玉篇表瑜蹇

卷 捲 說文厀曲也居轉切 說文气勢也一曰捲收也巨員切臣鉉等曰今俗作居轉切以爲捲舒之捲○正韻卷捲通

附通 髮好也巨員切 繾綣不相離也去阮切

安邑甿音卷 粉也音綣 養畜之閑也渠篆切

阮 說文五阮關也虞遠切 阮常 阮生之印 關阮

遠 說文遼也雲阮切 古文 聿遠鬲 秦權 碧落碑 六書統 寧遠將軍章 司馬遠疾 周遠

夗 說文轉臥也从夕卩臥有卩也於阮切 尹夗人印

附通 鴛鴦也於袁切

宛 惌 說文屈艸自覆也於阮切 碧落碑 希裕略古 六書統 同文集

附通 旛也音鴛 豆飴音習 目無明一丸切 慰也音怨 削也音習 圭有琬音宛 二十畝音宛 車後壓也於云切

婉 說文順也於阮切 說文婉也於阮切 楊桓書學

苑 說文所以養禽獸也於阮切 苑博私印

咺 說文朝鮮謂兒泣不止曰咺況晚切 書學

匽 說文匽也於蹇切 脩能印書

附通 拔也烏黠切 鳥也一曰鳳凰音匽 褔領也音匽

㫃 建首旌旗之游㫃蹇之皃从屮曲而下垂㫃相出入也讀若偃古人名㫃字子游於幰切 古文 汗簡 宰辟父敦

偃 說文僵也於幰切 古文 古老子 書學 扈偃 劉偃之印 藉偃

鰋 說文鮀也於幰切

蝘 說文在壁曰蝘蜓在艸曰蜥蜴於殄切

十二篠

篠 說文箭屬先杳切 古尚書

小 建首物之微也从八丨見而分之私兆切 說文小也誘也先鳥切 汗簡 仲先彝 同文集 古文奇字 梁小子 小山隱 欒小孫

附通 相高也音小

劋 勦 勦 摷 剿 說文勞也春秋傳曰安用勦民子小切 說文絕也周書曰天用剿絕其命子小切〇今書作勦 說文拘擊也子小切〇正譌从木誤从木者說文守艸樓

也音巢
存乂切韻　六書統　同文集

鳥
建首長尾禽總名也都了切　汗簡　古老子　碧落碑　升菴索隱　脩能印書
附通
鵃鳥音舟　短衣都僚切

窵
窵窅深也多嘯切
目孰視也都僚切

蔦
說文寄生也詩曰蔦與女蘿都了切　摭古遺文

嫋　裊
說文姌也奴鳥切
說文以組帶馬也奴鳥切○正韻亦作嫋

了
建首尥也盧鳥切○牛行脚相交爲尥力弔切　古文　汗簡　印書　同文集

繚
說文纏也盧鳥切　張繚

蓼
說文辛菜薔虞也盧鳥切　碧落碑

鄝
說文地名盧鳥切○春秋宣八年楚人滅舒蓼左氏作蓼穀梁作鄝

藔
說文乾梅之屬周禮曰饋食之籩其實乾藔後漢長沙王始煮艸爲藔盧皓切

窕　窱　嬥
說文深肆極也徒了切
說文杳窱也徒弔切正韻又徒了切
說文直好皃一曰嬈也徒了切○升菴索隱云按韓詩內傳巴人嬥歌傳至吳爲懊儂歌

誂
說文相呼誘也徒了切　楊桓書學　誂戲也

杳
說文望遠合也烏皎切
說文冥也
說文冥也深遠也烏皎切　商隱字略
附通
行不正弋照切

窈
說文深遠也烏皎切　古文

宎　官　窔
說文戶樞聲也室之東南隅烏皎切○正韻作宎伊鳥切亦作宎又作窔
說文宧窔深也烏叫切　籀文窔　脩能印書宎

窅
說文深目也烏皎切　楊桓書學
附通
目深皃於悅切

舀 說文抒臼也詩曰或簸或舀以沼切 希裕 古文 書學
附通 古器也土刀切 馬行皃土刀切 稌也音道 說也音駋

皎 說文月之白也詩曰月出皎兮古了切 略古 書學

皦 說文玉石之白也古了切 古老子

夭 建首屈也从大象形於兆切 汗簡 古老子 同文集
附通 艸也味苦烏皓切 鳥也音芺

矯 撟 說文揉箭箝也居夭切 說文舉手也一曰擅也居夭切○正韻通作矯 摭古遺文 姚矯 矯言疏

紹 說文繼也一曰紹緊糾也古文从邵市沼切 古文 古文奇字 籀文 同文集 王紹 宗紹 紹典

擾 犪 說文煩也从手夒聲而沼切 說文牛柔謹也从牛夒聲而沼切○虞書擾而毅當是此字蔡氏訓馴是宋時猶有从牛者今俗本槷从手矣 古文

繞 說文纏也而沼切 印書

趙 說文趨趙也治小切 義雲章 同文集 歸趙侯印 趙廣都 趙之 趙仁印 趙臨期印 趙戎私印 趙寧長印 趙拜

趙放 趙孺 楊趙印信 楊趙 趙偉之 趙偉白事 趙偉之 趙子公印 趙豬 趙勲 趙橫

肇 肈 說文始開也臣鉉等曰聿者始也治小切 說文上諱臣鉉等曰後漢和帝名也按李舟切韻云擊也直小切 說文擊也治小切 六書統 刺公敦

齊侯鎛鐘 言肇敦 古文奇字

兆 說文灼龜坼也治小切 古孝經 古老子 六書統 奇字 京兆郡開國公章 干兆
附通 祭時界音兆 愉也土彫切 魚名音兆 羊未卒歲也或曰西夷羊百斤音兆 晦月也土了切 綺絲數音兆 建旐音兆 水名音桃 蜃甲余招切

悄 愀 說文憂也親小切 古省文 書學 印書

【少】說文不多也書沼切 古文 摭古遺文 李陽冰侍郎碑 同文集 芮少孫印 陳少孺 關少君 豚少公印 少年唯 過少孺 苦成少卿 左少卿 少內 丁少翁 附通 急戾也於霄切 禾芒音杪 木標末亡沼切 地名也音少 一目小音杪 小管也音杪 鷦鷯也音杪 訬擾也音鈔 少也子結切

【曉】說文明也呼鳥切 說文日之白也呼鳥切 摭古遺文 附通 鐵文也呼鳥切

【表】說文上衣也从衣从毛古者衣裘以毛爲表陂矯切 古尙書 碧落碑 古文 六書統 同文集 夏表私印

【縹】說文帛青白色也敷沼切 禺陽印志 印書

【𠬪】建首物落上下相付也平小切○正韻云今作摽莩汗簡印書皆云通作莩 六書統 六書 說文艸也芳無切○非莩爲莩而莩爲非莩亦可笑

【渺】【淼】說文大水也或作渺亡沼切 楊桓書學 六書統

十三巧

【巧】說文技也苦絞切 古老子 張輯集 窖盤 巧工都尉 巧工司馬

【佼】說文交也下巧切 孫彊集 皇佼之印

【攪】【捁】說文亂也詩曰祇攪我心古巧切 存乂切韻 六書統

【飽】說文猒也博巧切 光遠集綴 六書統

【鮑】說文饐魚也薄巧切 鮑氏鼎 朱本小異 六書統 鮑膺之印 鮑乘 脩能印書

【冃】建首重覆也莫飽切

上聲巧

卯 建首冒也二月萬物冒地而出象開門之形故二月爲天門莫飽切 汗簡 漢十二辰鑑 伊彝 六書統 升菴索隱 同文集

史卯之印 魏卯

附通 大也匹皃切 窖也音奅

昴 說文白虎宿星莫飽切 古文 敔敦 升菴索隱

芼 說文艸覆蔓詩曰左右芼之莫抱切 書學

炒 說文熬也臣鉉等曰今作焰又作炒非是尺沼切 書學 古文奇字 六書統

爪 抓 說文手足甲也側狡切 建首丮也覆手曰爪側狡切 古文 古文 升菴索隱

附通 裂也普擊切

拗 說文手拉也於絞切 楊桓書學 古文奇字

撓 說文擾也一曰㧌也奴巧切 書學

咬 齩 說文齧骨也五巧切 古文 六書統

昦 說文春爲昦天元气昦昦胡老切 石鼓 碧落碑 光遠集綴 鐘鼎文 古文奇字

夰 建首放也从大而八分也古老切

晧 暤 說文日出皃胡老切 說文晧旰也胡老切 六書統

顥 皓 皛 說文白皃楚詞曰天白顥顥南山四顥白首人也胡老切 說文顯也烏皎切 六書統 郭顯

鎬 說文温器也又武王所都在長安西上林苑中字亦如此乎老切 齊侯鎛 趠齋鼎 師偣敦 古文奇字 脩能印書

滈 說文久雨也乎老切 書學

浩 說文澆也書曰洪水浩浩胡老切 書學 邢浩之印 浩賢

灝 說文豆汁也乎老切 碑 南岳

好 說文美也徐鍇曰子者男子美稱會意呼浩切 古孝經 古尚書 古老子 義雲章 古文奇字

丂 建首气欲舒出勹上礙於一也丂古文以爲亏字又以爲巧字苦浩切

考 攷 說文老也苦浩切 說文敂也苦浩切○正韻通作考敂擊也苦候切 季姬匜 高克尊 師㐌敦 齊侯鎛 單癸卣

剌公敦 命厲鼎 微欒鼎 師淮父卣 古文奇字 同文集 脩能印書 奇字又

槀 藁 說文稈也古老切 義雲章

格 說文木也古老切 石鼓

寶 珤 說文珍也博皓切 說文藏也周書曰陳宗赤刀博裒切○今書作寶 古文 古尚書 古老子 華嶽碑 碧落碑

子孫宝之 古文奇字 伯威鼎 申鬲 南宮中鼎 婦氏鼎 中寶鐘 寶尊

方鬲 張仲簠 簠 太公 司空彝 祖辛卣 師鬲 蔑敖鬲 伯彝 篆帶鼎 万寶鼎 圓寶彝 叔寶

伯映彝 文姬匜 齊侯匜 京姜鬲 比干銅盤 某父鬲 申鼎 寶卣 祖乙卣

古文奇字 書學 中山王寶 世寶 彊郎寶印

保 說文養也博抱切 古老子 齊侯鎛 齊侯槃 印仲盦 杞公匜 孟姜鼎 晉姜鼎 許子鐘

公緘鼎 漢十二辰鑑 希裕略古 漢保塞烏桓率衆長

附 通 衣上擊方苟切 小兒衣也臣鉉等曰今俗作褓非是博裒切

葆 說文艸盛皃博裒切 漢十二辰鑑 六書正譌

鴇 說文鳥也肉出尺胾博好切 六書統 升菴索隱 玉篇表瑜

附通 相次也从匕从十音鴇

抱 說文褎也臣鉉等曰今俗作抱非是抱爲捊字重文引取也步侯切見手部薄保切 說文覆也从勹覆人薄皓切 古文 古老子

掃 說文棄也穌老切 古文 希裕略古

草 艸 艸建首百卉也倉老切 說文草斗櫟實也一曰象斗子目保切臣鉉等曰今俗以此爲艸木之艸別作皁字爲皁白之皂 古漢書草〇此說文建首字也丑列切許氏解云艸木初生也古文或以爲艸字則是通用久矣正韻亦收之 古文奇字 艸王犒

早 說文晨也从日在甲上子浩切 籀文 汗簡 古老子 王維畫記 六書統

蚤 說文齧人跳蟲子浩切 六書統

附通 車蓋玉瑵音蚤

藻 薻 說文水艸也詩曰于以采藻子浩切 楊桓書學

澡 說文洒手也子浩切 義雲章

棗 說文羊棗也子浩切 古文 汗簡 古文奇字

皁 說文皁字詳見艸下 古文

擣 搗 說文手椎也一曰築也都浩切 六書統

禱 禂 說文告事求福也都浩切 說文禱牲馬祭也詩曰既禡既禂都浩切 石經 古文 印書

島 隝 說文海中往往有山可依止曰島都浩切 古文 奇字 六書統 印書

討 說文治也他浩切　討穢辨軍印　討虜將軍

道 說文所行道也一達謂之道徒浩切　古尚書　古老子　古孝經　雲臺碑　崋嶽碑　碧落碑

寅簋　比干墓銘朱本如此　同文集　故道令印　王道　孟道之印　成道之印　顧道昌印

附通 瑞禾也一莖六穗曰蕖音道

導 說文導引也徒浩切　籀文　石鼓文　古孝經　林罕集　碧落碑　王孫導

老 建首考也从人毛匕言須髮變白也七十日老盧浩切　古文　古老子　汗簡　仙人不老鑑　齊侯鎛　齊侯鐘　升菴索隱

脩能印書　漢三老印信　鄉老信印

附通 老人行才相逮常句切

腦 說文頭髓也从匕匕相匕著也奴皓切　古文　古周禮

惱 說文有所恨也今汝南人有所恨曰嫋奴皓切　假借　六書統

十四哿

哿 說文可也古我切

可 建首肯也肯我切　古孝經　汗簡　崋山碑　雲臺　碧落　摭古遺文　趙可之印　白可之印　楊杞伯可

附通 舟也

閜 古我切　大開也火下切　磊砢也來可切　駉駊也古俄切　坎坷也康我切　抲撝也周書曰盡執抲虎何切

軻 說文接軸車也康我切　摭古遺文

我 建首施身自謂也或說我頃頓也五可切　籀文　古老子　汗簡　石鼓　晉姜鼎　穆公鼎　師毀敦

或如此　師造敦　或如此　奇字　同文集　六書正譌　脩能印書

附通 誐 嘉善也吾何切

水名五何切　蒿屬音涐　馬搖頭音涐　飢也五箇切　吟也音涐　石巖音涐

左　建首𠂇手也象形臧可切　去聲建首手相左助也則箇切臣鉉等曰今俗別作佐○此本去聲字天下古今以爲上聲用而不知其爲借　汗簡　商鐘　比干墓銘　左父簋　奇字　左大將軍章　左護　鬲左尉印　左千秋印

奲　說文富奲奲皃丁可切　古文

麼　說文細也亡果切　六書統

果　說文木實也象果形在木之上古火切　古文　古孝經　古老子　駱果能

附通　試也苦臥切　穀之善者一曰無皮穀胡瓦切　鱧也音稞　齊謂多爲錁乎果切　水也音果　研治也舜女弟名敤首苦果切　纏也音果　小頭也苦惰切　髀骨也苦臥切

火　建首燬也南方之行呼果切　古文　黼文　印書

附通　地名音火　火皃艮刃切

禍　旤　說文害也神不福也胡果切　說文屰惡驚詞也乎果切○正韻云古禍字　古文　籀文　古孝經　古老子　漢五行志妖孽及六畜謂之旤　元子匜　脩能印書

蜾　說文蠣蠃蒲盧細要土蠭也古火切

婐　說文婐也一曰女侍曰婐孟子曰二女婐烏果切　六書統

簸　播　說文揚米去糠也布火切　說文種也一曰布也補過切○正韻又與簸同　古文　碧落碑　六書統

跛　說文行不正也一曰足排之布火切　說文蹇也布火切　說文馬駊騀也普火切

𧴪　說文貝聲也穌果切　摭古遺文

附通　玉聲也音𧴪　水也音𧴪

鎖 說文鐵鎖門鍵也穌果切 古文 六書統 附通 鬻也音貞 小麥屑之覈音貞

朶 說文樹木垂朶朶也丁果切 六書統 附通 量也音朶 堂塾音朶

妥 嫷 說文南楚之外謂好曰嫷臣鉉等曰今俗省作媠唐韻作妥非是徒果切 古文 晉姜鼎 師箔鼎 同文師箔如此 古文奇字 六書正譌

脩能印書 附通 白桵棫儒隹切

墮 說文落也臣鉉等曰今俗作墮非是徒果切 說文敗城阜曰隓今俗作隳非是許規切〇正譌又音惰俗從之 附通 裂肉也音哆 無袂衣徒臥切 車笭中楕楕器也音哆 飛也山垂切 鈴鏅也音哆 髮哆也直追切 積也以水切 藍蓼秀羊捶切 相毀也雖遂切

惰 媠 說文不敬也春秋傳曰執玉惰徒果切 籒文 古尚書 六書統

隓 說文山皃徒果切 說文山之隓隓者徒果切

鰖 說文魚子已生者徒果切

裸 嬴 說文袒也郎果切 古文

蓏 說文在木曰果在地曰蓏郎果切 古文 楊桓書學

斫 說文柯擊也來可切 六書統

䰈 說文髮好也千可切 古文奇字

十五馬

馬 建首怒也武也莫下切 古老子 史記 籒文 寅簋 敔敦 戩敦 季娟鼎 籒韻

古文奇字　同文集　駙馬都尉　司馬之印　敕賜司馬　軍司馬之印　後將別部司馬　左司馬　殿中太醫司馬　白馬

令印　司馬嶽印　司馬　之馬字印　司馬文印　司馬充印　馬佁　司馬闕　司馬從　司馬比丘　脩能印書

附通　衆馬也　甫虬切

目病一日惡氣著身也一日蝕創莫駕切　郁䣕犍爲縣音瘍　衆盛也　所臻切　馬出門皃　丑禁切

把　說文握也　博下切　說文擔擊也博下切〇奇字　書學奇字竝通作把

鮺　說文藏魚也南方謂之魿北方謂之鮺側下切　古文　希裕略古　書學

下　說文底也　胡雅切　籀韻　嶧山碑　鐘鼎　華嶽碑　同文集　下軍大夫

附通　芐　地黃也　侯古切

夏　說文中國之人也胡雅切　古文　籀韻　古尚書　晉姜鼎　盄和鐘

古文奇字　存乂切韻　六書統　夏山之印　夏期　夏壽　又　夏君智印　夏池　夏寬　又　夏政

夏係　夏己信印　夏憲之印　夏憲　夏雨　夏堂字春卿　夏意之印　夏春　夏中孺

附通　廈　屋也胡雅切

斝　說文玉爵也夏曰琖殷曰斝周曰爵古雅切　古文　楊桓書學　古文奇字　脩能印書

假　說文借也　古雅切　說文非真也古疋切一曰至也虞書曰假于上下古領切　古文　竝籀韻　古文奇字　假司馬印

叚　脩能印書

附通　霞　赤雲气　乎加切　履也　音霞　蝦蟆　音霞　魚名敷羈切　大遠也　古雅切　馬赤白雜毛謂色似鰕魚也音蝦　葦之未秀者　古牙切

厲石　音霞　錏鍜頸鎧也音霞　木可作牀　音椵　足所履也音霞　赤色　音霞

姹　說文少女也　折下切　存乂切韻　楊桓書學　六書統

啞　瘂　說文笑也易曰笑言啞啞於革切〇正韻瘖也倚下切絕無笑言之義俗从之古今異讀如此　書學

疋 雅

疋 建首足也弟子職曰問疋何止古文以爲詩大疋字亦以爲足字或曰胥字一曰疋記也所菹切〇本平模建首字今兩存

雅 說文楚烏也一名鸒一名卑居秦謂之雅臣鉉等曰今俗別作鴉非是烏加切又五下切〇平上兩存 古文 光遠集綴 升菴索隱云酒器 仲雅 或如此

課

課 說文足踝也胡瓦切 說文擊踝也讀若踝胡瓦切 李踝

寡

寡 說文少也从宀从頒頒分賦也古瓦切 古文 古孝經 古老子 籀韻 同文集 升菴索隱 古文奇字

冎

冎 建首剮人肉置其骨也古瓦切 脩能印書

丫

丫 建首羊角也工瓦切

附通 相當也母官切

瓦

瓦 建首土器已燒之總名五寡切 古文 國朝名印 印書

十六者

者

者 說文別事詞也从白𣥂聲𣥂古文旅字之也切 古孝經 雲臺碑 嶧山碑 漢十二辰鑑 同文集 萬安使者章 天帝使者印書

附通

闍 闉闍也當孤切 小州曰渚又水名章與切 旦明也當古切 飛舉也章庶切 病也詩曰我馬瘏矣同都切 赤土音者 觰拏獸也一曰下大者也陟加切

社

社 說文地主也常者切 古文 古老子 長社侯印

寫

寫 說文置物也悉也切 古文 石鼓 碧落碑 存乂切韻 古文奇字 脩能印書

且

且 建首薦也从几足有二橫一其下地也子余切又千也切 汗簡 古尚書 古老子 希裕略古 且慮丞印 張且印書

趄

趄 說文距也漢令曰趄張百人車者切 楊桓書學 脩能印書

野 埜

野 埜 說文郊外也羊者切 古尚書 籀文 秦碑 謝野私印 脩能印書

也 說文女陰也羊者切 古孝經 秦權 王庶子碑 碧落碑 古文奇字 希裕略古升菴注云不解 印書
附通 黍酒也移尔切

燭夷也徐野切 小崩也丈尔切 落也池尔切 重次第物也以豉切

惹 說文亂也人者切 六書統

冶 說文銷也羊者切 公冶勝

姐 說文蜀人謂母曰姐茲也切 孫彊集 六書統

十七養

養 說文供養也余兩切 說文繇緩也余兩切 單疑豆 同文小異 玉篇表瑜古養字升菴云从示者古以祭先亦如養之禮也 弟子都養

脩能印書

癢 蛘 說文搔蛘也余兩切 楊桓書學
附通 說文瘍也似陽切

象 建首長鼻牙南越大獸三年一乳徐兩切 古文 汗簡 古孝經 古老子 籀文 南嶽碑 華嶽碑 雲臺碑 碧落碑
象尊 奇字 朱象 國象 陳象
附通 飾也音象

像 說文象也徐兩切 碧落碑

橡 說文栩實徐兩切 書學

蔣 說文苽蔣也子良切又卽兩切 蔣服私印

奬 說文嗾犬厲之也卽兩切 古文 希裕略古

兩 兩 緉 建首再也易曰參天兩地良獎切 說文一入也兩从此良獎切○詮次曰建首母也說文子也毋从子生無此理 說文二十四銖爲一兩从兩平分良獎切 汗簡 古老子 蓮芍鑪 季娟鼎 義雲章 古文奇字 同文集

附通 緉 屨兩枚也一曰絞也力讓切 𦢊 膎肉也音兩

蜽 魎 說文蛧蜽也臣鉉等曰今俗別作魍魎非是良獎切 楊桓書學

弜 勥 建首彊也其兩切 說文迫也巨良切○正韻又巨兩切俗从韻改附此 書學

仰 說文舉也魚兩切 籀文 王庶子碑 華嶽碑 同文集

想 說文冀思也息兩切 摭古遺文 賈想私印 脩能印書

敞 說文平治高土可以遠望也昌兩切 關敞私印 眔夜敞印 馬敞 虞敞私印 張敞

附通 旗纛屬音敞

掌 說文手中也諸兩切 說文亦丮也从反爪諸兩切 古史記 厷唐韻用

爽 說文明也疏兩切 古尚書 古老子 籀文 希裕略古 碧落碑 脩能印書

附通 鷫鷞也所莊切 瑳垢也初兩切

響 說文聲也許兩切 籀韻 書學 希裕略古 希裕略古 升菴索隱 印書

附通 闀 說文門響也許亮切 楊桓

以爲響字

饗 說文鄉人飲酒也許兩切 古文 籀文 牧敦 師𩛥敦 張仲簠 考父壺 齊侯鎛 存乂切韻

古文奇字 同文集

蠁 說文知聲蟲也司馬相如說蠁从向許兩切

享 建首獻也从高省曰象進孰物形孝經曰祭則鬼享之許兩切又普庚切又許庚切 汗簡 古孝經 魯侯彝 師秦公鼎 伯同父敦 升菴索隱

希裕略古升菴曰淮南子有搶字　古文奇字　同文集

丈　說文十尺也从又持十直兩切　古文

杖 仗　說文持也臣鉉等曰今俗别作仗非是直兩切　楊桓書學

壤　說文柔土也如兩切　古文

賞　說文賜有功也書兩切　許賞　傅賞　呂賞

附 通　還也報也食章切

上　時掌切　建首高也　籀文　古老子　鴈足登　嶧山碑　同文集　上黨太守章　史上私印　王上士

餉　說文晝食也書兩切　林罕集　六書統

髣 仿 彷　說文相似也妃网切　籀文　書學　六書統

紡　說文網絲也妃兩切　摭古遺文

昉　說文明也分兩切　楊桓書學　孟君昉印

罔 網　建首庖犧氏所結繩以漁文紡切　古文　汗簡　籀文　華嶽碑　碧落碑　希裕略古　六書統

魍　說文蛧蜽山川之精物也國語曰水石之怪夔蛧蜽文兩切　書學

往　于兩切　說文之也　古文　汗簡　古尚書　古老子　夏鉤帶

枉　說文衺曲也迂往切　說文曲也迂往切　古老子　書學

怳　說文狂之皃許往切　古老子　書學　碧落碑　書統

蕩 愓 說文水出河内蕩陰東入黄澤徒朗切 說文水潒瀁也讀若蕩徒朗切 說文放也徒朗切 說文放也一日平也徒朗切 晉姜鼎 六書統

簜 說文大竹也夏書日瑶琨筱簜簜可爲幹筱可爲矢徒朗切 說文大竹筩也徒朗切

黨 說文色不鮮也多朗切 說文朋群也多朗切 說文地名多朗切 ○籀文黨字同此 古論語 王庶子碑 同文集 上黨太守章 呂黨私印

馮黨 王黨私印 附通 儻 倜儻也他朗切 讜 直言也音黨 矘 直視也音儻

榜 說文所以輔弓弩補盲切臣鉉等案李舟切韻音北孟切進船也又音北朗切木片也今俗作牓非是 敦書 學

顙 說文頟也穌朗切 摭古遺文

茻 莽 說文衆艸也模朗切 說文南昌謂犬善逐菟艸中爲莽謀朗切 齊莽史鼎 石鼓 希裕略古 同文集

忼 慷 說文慨也一日易忼龍有悔臣鉉等日今俗別作慷非是口朗切又苦浪切 楊桓書學

晃 爌 說文明也胡廣切 古文 汗簡 希裕略古 楊桓書學 李晃印信

幌 櫎 說文所以几器一日帷屏風之屬臣鉉等日今別作幌非是胡廣切 書學

廣 說文殿之大屋也古晃切 汗簡 古老子 穆公鼎 義雲章 廣仁殿 廣平侯印 廣武將軍章 廣望侯相 廣漢屬國都尉

劉廣之印 聃廣印 宋廣 江廣 王廣德印 韓廣 王廣 李廣術 附通 獷 犬獷獷也古猛切 壙 塹穴也一日大也苦謗切 穬 芒粟也音獷

講 說文和解也古項切

港 說文水派也古項切 書學

棒棓 說文棁也步項切棁木杖 學書 六書統

蚌 蠯 說文蜃屬步項切 說文陛也脩爲蠯圜爲蠣臣鉉等曰今俗或作蛃或作蠯非是蒲猛切 說文蚌也兵永切 古文 希裕略古 六書統

朗 說文明也盧黨切 碧落碑 希裕略古 光遠集綴 義雲章 申徒朗 樺朗印信 又樺朗印信

十八梗

梗 說文山枌榆有朿莢可爲蕪荑者古杏切 王梗 呂梗

哽 鯁 說文語爲舌所介也古杏切 說文魚骨也古杏切 說文食骨留咽中也古杏切

綆 說文汲井綆也古杏切 古文 古史記

杏 說文果也何梗切 義雲章

荇 說文莕餘也何梗切 六書統

丱 說文銅鐵樸石也古猛切 稚古文 書學

猛 說文健犬也莫杏切 大風歌 六書統 武猛都尉 武猛校尉 武猛中郎將 左猛 中猛之印 張猛 芮猛印 侯猛

成猛私印

冷 說文寒也魯打切 冷福之印

丙 建首位南方萬物成炳然陰气初起陽气將虧从一入冂一者陽也丙承乙象人肩兵永切 古文 汗簡 丙寅卣 父丙卣 祖丙爵 義雲章

楊桓書學 丙充國 丙包 閻丙 樂丙印 鄭丙之印

附通 怲 憂也詩曰憂心怲怲兵永切 明也音丙 宋下邑音丙

秉 說文秉束也兵永切 秉仲彝 秉仲爵 同文集秉彝如此 義雲章 古文奇字 秉德侯相 高秉私印 秉心

屏 說文屏蔽也必郢切 說文蔽也必郢切 同文集 附通 偋僻窶也眦正切

餅 說文麪餈也必郢切 摭古遺文

竝 建首併也蒲迥切 汗簡 古老子 路竝 商竝 孫竝 孫竝私印 武竝 盛竝私印 王竝之印 張竝私印 附通

⿱髟彔也蒲浪切〇詮次曰按說文⿱髟彔字注云⿱髟竝也忽見也从髟彔聲彔為魅字籀文亦忽見意芳未切然則⿱髟竝亦忽見意也

檾 說文枲屬詩曰衣錦檾衣去頴切 存乂切韻 六書統

褧 絅 說文檾也詩曰衣錦褧衣示反古去頴切 六書統 脩能印書

高 說文小堂也去頴切 古文

迥 說文遠也戶頴切 迥充印 迥通之印

悻 婞 說文很也楚詞曰鮌婞直胡頂切 說文直也胡頂切 六書統

炅 熲 說文見也古迥切 說文火光也古迥切 說文光也古迥切

皿 建首飯食之用器也武永切 汗簡 于皿干 附通 土穴音皿

省 渻 說文視也所景切 說文滅也所景切 說文少滅也一曰水門又水出丘前謂之渻丘息井切 古文 大官壺 王庶子碑

衛宏字說 楊桓書學省悟也 升菴索隱禁署也唐門下閣 附通 木參交以枝炊籅者也所綆切 蟲也息正切

潁 穎 說文潁川陽城乾山東入淮余景切 說文禾末也詩曰禾頴穟穟余景切〇二字不相當例不應合以俗書兩字俱混作頴特識之

郢 說文故楚都在南郡江陵北十里以整切 郢兌之印 郢祿之印 貫郢

景 說文光也居郢切 古文 籀文 碧落碑 姚景利 脩景 詹景鳳 景贍

境 說文疆也經典通用竟居領切 雲臺碑

儆 憼 警 憬 儆說文戒也春秋傳曰儆宮居郢切 警說文戒也寤也居郢切 憼說文敬也居郢切 憬說文覺寤也詩曰憬彼淮夷居郢切 奇字 六書統

永 建首長也詩曰江之永矣于憬切 汗簡 晉姜鼎 仲偁切 司寇匜 娟氏鼎 孟姜匜 師淮父卣 嘉仲盉 仲斯鬲

曾正叔槃 伯索盂 書碧落碑 古文奇字 同文集 同文集又秦印似郎上字反手也 疾疾除永康休萬壽寧 天祿

永昌 永昌 永昌 永壽 永新令印 永山國相印 永昌長印 虞永之印信 吳崇伯永 吳永和印 永武男家丞

脩能印書 附通 潛行水中也爲命切 日長也丑兩切

囧 建首窻牖麗廔闓明俱永切 說文驚走也一曰往來皃周書曰伯冏古文臦古文囧字臣鉉等曰臦猶乖也居況切言古囧字未詳其往切 古尚書 父癸彝 周姜敦

父乙鼎 希裕略古 脩能印書 附通 貝母也武庚切

耿 說文耳著頰也杜林說耿光也古杏切 義雲章 耿吸 耿覃 耿昌 耿康私印 耿荆臣

幸 說文吉而免凶也胡耿切 義雲章

黽 建首鼃黽也莫杏切 古文 汗簡 奇字 黽初宮印 附通 冥也武庚切 江夏縣晉黽 脩能印書黽

靖 竫 說文立竫也一曰細皃疾郢切 說文亭安也疾郢切 索靖之印

靜 說文審也疾郢切 說文清飾也疾郢切 說文靜也疾正切 古尚書靜 古老子靜 盄和鐘 古文奇字

姬寘豆　光遠集綴　義雲章靜　脩能印書

請　說文謁也七井切　汗簡　沈講史印　丁請侯印

井　建首八家一井象構韓形罋之象也古伯益初作井子郢切　楊桓書學　同文集　脩能印書

附通　造法刱業也初亮切

逞　說文通也楚謂疾行爲逞春秋傳曰何所不逞欲丑郢切　說文徑行也丑郢切

騁　說文直馳也丑郢切　古老子　古文

領　說文項也良郢切　孟奶甗　義雲章

嶺　說文山道也良郢切　希裕略古　奇字

頂　說文顛也都挺切　古史記　存乂切韻　朱育集字　升菴索隱詩曰麟之定取此

鼎　建首三足兩耳和五味之寶器也都挺切　汗簡　商鼎　益鼎　伯鼎　威君鼎　舉鼎　中鼎　父鼎　父丁鼎　得鼎

言肇鼎　圓寶鼎　申鼎　宋君夫人鼎　君季鼎　太叔鼎　汾陰鼎　綿駒父鼎　乙公鼎　孔文父飲鼎　田鼎

齊莽史鼎　希裕略古　升菴索隱古文鼎云元人楷書鼎有作鼎者本此　奇字

肎　說文骨閒肉肎肎著也一曰骨無肉也苦等切　古尙書　古文奇字

酩　說文酩酊醉也莫迥切　六書統

茗　說文荼芽也莫迥切　楊桓書學

酊　說文醉也都挺切　六書統

町 說文田踐處日町他頂切 書學

壬 **挺** 建首善也从人士士事也一曰象物出地挺生也臣鉉等曰人在士上壬然而立也他鼎切 說文拔也徒鼎切 奇字壬 奇字挺拔出士類之上意

拯 說文上舉也易曰拼馬壯吉臣鉉等曰今俗別作拯非是蒸上聲 古文 書學 升菴索隱古拯字象子無臂□舉之形晉譙王名丞

等 說文齊簡也多肯切 王庶子碑

十九有

有 建首不宜有也春秋傳曰日月有食之从月又聲云九切 汗簡 季札墓 嶧山碑 漢十二辰鑑 同文集 龍有年 有年私印 朱有 侯益有 續常有

附通 說文鮪也周禮春獻王鮪榮美切 青黃色也呼罪切 水出潁川榮美切 腹中蟲戶恢切 走也于救切 朽玉也許救切 彈彄也弋宰切又古亥切 疻痏也音洧

友 說文同志爲友云久切 石經 古文 寅簋 諸友盃 大夫始鼎 嘉仲盃 高克尊 師僖敦 古文奇字 劉友私印

酉 建首就也八月黍成可爲酎酒象古文酒之形與久切 古文 汗簡 戊命彝 漢十二辰鑑 鐘鼎文 升菴索隱 趙酉

附通 朽木臭音酉

牖 說文穿壁以木爲交窻也譚長以爲甫上日也非戶也牖所以見日與久切 古文 古老子 升菴索隱云戶相向爲門門戶相背爲牖古文牖酉同一字

誘 **羑** 說文相訹呼也與久切臣鉉等案羊部有羑此重出〇訹誘也 說文進善也文王拘羑里在湯陰與久切 昭卿字指

莠 說文禾粟下生莠與久切 毋彊莠

附通 石之次玉者詩曰充耳琇瑩息救切

滫 說文久泔也息流切又思酒切 書學

酒 說文就也所以就人性之善惡一曰造也吉凶所造也古者儀狄作酒醪杜康作秫酒子酉切 古文 義雲章 希裕畧古 書學 六書統 古文奇字

國朝名印

首 建首頭也書九切 建首百同古文百也巛象髮謂之鬊鬊即巛也書九切 汗簡 古文 籀文 古老子 齊侯鐘 齊侯鎛

伯姬鼎 戠敦 𣎵宰辟父敦

手 建首拳也書九切 汗簡 古文 尨敦 匡席手

守 說文守宮也寺府之事者从寸寸法度也書九切 古孝經 古老子 大風歌 華獄碑 存乂切韻 古文奇字 隴守

上黨太守章 義與太守章 宜陽太守章 李守章 暴守 馬守私印 國朝名印 守父爵

附通 大田也易曰明夷于南狩書究切

帚 說文糞也古者少康初作箕帚秫酒少康杜康也支手切 古文 籀文 女乙觚 六書正譌 書學

醜 說文可惡也昌九切 說文目圍也讀若書卷之卷古文以爲醜字居倦切 古老子 古文 齊侯鎛 六書統

丑 建首紐也十二月萬物動用事象手之形時加丑亦舉手時也敕九切 汗簡 籀韻 漢十二辰鑑 單丑之印

附通 食肉也女九切 刺也音杻

水利也人九切 犬性驕也音杻 鹿藿之實音丑 地名音杻 系也一曰結而可解女九切

杻 說文械也敕九切 書學

受 說文相付也殖酉切 古尚書 古孝經 石經 籀韻 商鐘 盉和鐘 齊侯鎛 虢叔敦 寅簋 敔敦 正譌

𣎵張仲簠 古文奇字 同文集 陳受私印 皇受私印 受降太尉丞

授　說文予也殖酉切　古文　籀韻　鐘鼎　奇字　授異衆印

綬　說文韍維也殖酉切　國朝名印

壽　說文久也殖酉切　古老子　周姜鼎　父乙尊　許子鐘　漢十二辰鑑　遲父鐘　齊侯鎛　齊莽史鼎　微緐鼎

穆公鼎　高克尊　孟姜匜　孟姜敦　伯碩父鼎　伯問父鼎　牧敦　張仲簠　曾正叔槃　京叔簠　同文

集高克尊如此　子孫壽祿　希裕畧古　麗壽　稽寧壽印　其長壽印　淳于壽印　韓壽　漢壽亭侯之印　壽張令印　壽河縣開國子章

楊壽　張壽之印　王壽　行壽　种壽君印　公壽　中山壽王　公孫壽印　李壽　張壽私印　王壽　李延壽　賈壽私印

夏壽　益壽　永壽　李壽私印　李益壽　傅壽私印　單壽字　受命於天既壽永昌　同文集秦璽如此

附通　蜀江原地市流切

厹　蹂　建首蹂地也象形九聲尔疋曰狐狸貛貉醜其足蹞其迹厹人厹切

紂　說文馬緧也除柳切　脩能印書

柳　說文小楊也丣古文酉力九切　石鼓　侯柳私印　史柳之印　韓柳

附通　珋　石之有光璧珋也力求切　鳧葵也詩曰言采其茆力久切不得附丣不便附酉借附於此

留　說文曲梁寡婦之笱魚所留也或从婁春秋國語曰溝罛䍡力九切　玉篇表瑜

鈕　說文印鼻也女九切

𩚵　說文雜飯也女九切　說文雜飯也女九切

朽　說文腐也許久切　古文　林罕集

糗　說文𥺶米麥也去九切　同文集

九 建首陽之變也象其屈曲究盡之形舉有切 古文 古老子 古孝經 商鍾 戊命彝 兄癸卣 碧落碑 巫九張印 馮九之印

郭宜九印

附通 氿 水涯枯土也爾雅曰水醮曰氿居洧切 迫也音仇 讎也巨鳩切 艽 遠荒也詩曰至于艽野音仇 病寒鼻窒也音仇 孰肉醬也音仇

久 建首从後灸之象人兩脛後有距也周禮曰久諸牆以觀其橈舉有切 籀文 古老子 詛楚文 古文 雲臺碑 碧落碑 古文奇字

同文 脩能印書

附通 女字也音久 灸 灼也音久

玖 說文石之次玉黑色者舉友切 豐鼎 茂敖鬲 脩能印書

韭 建首菜名一種而久者故謂之韭舉友切 古文 汗簡

附通 小蒜也附袁切 齏也徒對切

臼 建首舂也古者掘地爲臼其後穿木石其九切 汗簡 雲臺碑 古文奇字

附通 舂糗也音臼 老人齒音臼

舅 說文母之兄爲舅妻之父爲外舅其久切 脩能印書

咎 諮 說文災也从人从各各者相違也其久切 說文毀也其久切 古老子 汗簡

附通 當互也音咎 綹 緯十縷爲綹力久切 橐 車上大橐詩曰載橐弓矢古勞切 鼛 大鼓也詩曰鼛鼓弗勝音橐 怨仇也音咎 蹴鼻也於糾切 麋牝者音咎

糾 說文繩三合也居黝切 古文 古論語

咅 說文相與語唾而不受也从丶从否天口切 印書

附通 䓊 艸也步乃切 短須皃敷悲切 水出廣漢道徼外南入漢縛牟切 鼿也蒲口切 判也浦后切 髮皃步矛切 竹箬也薄侯切 豕肉醬薄口切 治敝絮苦武切

缶 建首瓦器所以盛酒漿秦人鼓之以節謌方九切 古文 書學 六書統 國朝名印

附通 刀握也音缶

不 否 建首鳥飛上翔而下來也从一一猶天也象形方九切 說文不也徐鍇曰不可之意見於言故从口方九切 古文 古孝經 夏鈎帶 朱本

小異 商鐘 碧落碑 古文奇字 同文集 晁不疾印 暴不害印 同不猛印 名印 脩能印書 附通

華盛一日芣 苜縛年切 白鮮衣皃詩曰素 衣其紑匹丘切 凝血也 芳梧切 曲顧也 薄回切 婦孕一月 也匹梧切 丘再成者也一日 瓦未燒芳梧切 不肖也 匹才切

皁 建首大陸山無 石者房九切 師寏 敦 父丁 盉 六書 正譌 閭丘 皁印

𨸏 建首兩阜之 間也房九切

婦 說文服也 房九切 應婦 麃 六書 統 摭古 遺文 古文 奇字 同文 小異

負 說文恃也从人守貝有所恃 也一日受貸不償房九切 古老 子 摭 古 附通 圭蕒也 音負

厚 建首厚也从反亯徐鍇曰亯者進上也 以進上之具反之於下則厚也胡口切 說文山陵之 厚也胡口切 古 文 汗 簡 籀 文

古孝 經 齊侯 鎛 鐘鼎 文 林罕 集 略 古 古文 奇字 厚文 私印 同文 集

后 建首繼體君也象人之形施令以告四方 故厂之从一口發號者君后也胡口切 古孝 經 梁王 后璽 附通 薢茩也 音后 偶也古 候切 受錢器也古 以瓦今以竹

大口切文 胡講切 邂逅也 胡遘切 地名 音后

後 說文遲也 胡口切 古老 子 商 鐘 比干墓 銅盤 一云上乃前字 而此爲後字 秦 斤 後將軍 假司馬 後將別 部司馬

後將別 部司馬 唐後 之印 郭後 之印 附通 未練治纑 也空谷切

吼 說文厚怒 聲呼后切 楊桓 書學

口 建首人所以言 食也苦后切 古 文 癸 尊 谷口 銅甬 張 口 附通 金飾器 音口 京兆藍田 鄉音口

叩 扣 ⿰訁口 說文牽馬 也苦后切 說文扣也如求婦 先⿰訁口叕之苦后切 書 學 說文擊也讀若扣苦候切〇詮次日許氏音義 皆同扣字徐鉉以去聲音之徐誤矣合併於此

苟 說文艸也古厚切 義雲章 奇字

狗 說文孔子曰狗叩也叩气吠以守古厚切 汗簡 古老子 狗毋傷

垢 說文濁也古厚切 義雲章

歐 說文吐也烏后切 古文 六書統

毆 說文捶擊也烏后切 六書統擊物不一而足也音市流切奇字以爲毆字

偶 說文桐人也五口切

耦 說文耒廣五寸爲伐二伐爲耦五口切

藕 說文芙蕖根五厚切 六書統

部 說文天水狄部蒲口切 同文集 中部偏將軍章 別部司馬 部曲將印 後將軍別部司馬 張監部印 解部

附通 蔀 莆笈也音部

瓿 說文甂也蒲口切 說文小缶也蒲候切

母 說文牧也象褱子形一曰象乳子也莫后切 古文 古孝經 古老子 毋辛卣 伯碩父鼎 應侯敦 史頌父鼎 散季敦 碧落碑 牧敦 義雲章 同文集

附通 拇 將指也音母 姥 女師也音母〇又詳五姥

畝 說文六尺爲步步百爲畞莫后切 古文 籀

某 說文酸果也莫后切 籀韻

附通 楳 撫也亡甫切 禖 祭也音媒 媒 謀也謀合二姓莫梧切 腜 婦始孕腜兆也莫梧切

牡 說文畜父莫后切 古老子 脩能印書

叟 傁 說文老也穌后切 同文集 漢叟邑長 漢叟仟長 歸義叟侯 魏率善叟仟長 印書

附通 獀 南越名犬

獿獀音颼　颼颾也　北方長狄國春秋傳日鄋瞞侵齊音颼所鳩切　兄妻也穌老切　艸也音嫂　無目也音叟

溲　說文浸泆也疏有切　古文奇字　楊桓書學

藪　說文大澤也穌后切　六書統

籔　說文炊箕也穌后切　○箕漉米器於六切

走　說文趨也子苟切　汗簡　古老子　寶和鏡　鏡鼎

斗　說文十升也當口切　古文　定陶鼎　上林斗　注水匜　軹家切　同文集定陶鼎如此　奇字　脩能印書

附通

勺也之庚切　勺也職深切

鋀　說文酒器也大口切　摭古遺文

附通　目蔽垢也當侯切

二十寑

寑 **寢**　說文臥也七荏切　說文病臥也七荏切　古文　汗簡　古史記　希裕畧古　摭古　楊桓書學　六書統

審　說文悉也知宷諦也徐鍇曰宀覆也釆別也包覆而深別之宷悉也式荏切　古文　義雲章　古文奇字釆古辨字曰封疆之界也各立表識釆別詳宷以悉爭　審買

太呂審之印

附通　汁也春秋傳曰猶拾瀋也昌枕切

沈　說文陵上滈水也一日濁黖也臣鉉等曰今俗別作沉沉不成字非是直深切又尸甚切　古文　鐘鼎文　雲臺碑　義雲章　六書統　沈虎　沈性

沈順私印　沈福私印　沈子卿　沈意

枕　說文臥所薦首者章荏切　說文項枕也章荏切　雲臺碑　摭古遺文

甚 說文尤安樂也从甘匹耦也常枕切 汗簡 孝經 古老子 父戊尊 鐘鼎文 希裕畧古 六書統 古文奇字

附通 烓也氏任切 孰鞠也余箴切 內視也丁含切 踸踔行無常皃丑甚切 食不滿也苦感切 說文撖也从干入一爲干入二爲羊言稍甚也如審切〇詮次曰音義皆與甚同而楷無此字宜歸於此可作甚字重文撖刺也 卙卙盛也黭盛曰卙子入切

葚 說文桑實也常衽切 六書統

飪 **恁** 說文大孰也如甚切〇恁又見心部 說文心部下齎也如甚切 六書統 王恁私印

㐭 建首穀所振入宗廟粢盛倉黃㐭而取之故謂之㐭力甚切 汗簡 籀文 古尚書 楊桓書學 摭古遺文

附通 寒也音㐭 侵火也音㐭 地名力荏切 面顣顲皃盧感切

飲 建首歠也从欠酓聲於錦切 汗簡 古文 古尚書 古老子 仙人不老鑑 鏡鼎文 畧古 六書統 古文奇字 六書正譌

二十一感

感 說文動人心也古禫切

東 建首木垂華實从木马胡感切 摭古遺文

附通 束也于非切

马 建首嘾也艸木之華未發函然象形乎感切 楊桓書學 古文奇字

附通 艸木马盛也胡先切

黮 說文桑葚之黑也他感切 張黮之印

菡 說文菡蕳芙蓉華未發爲菡蕳已發爲芙蓉徒感切 六書統

頷 說文面黃也胡感切 說文頤也音頷 說文低頭也春秋傳曰迎于門頷之而已五感切○正韻云曲頤皃 說文顄也胡男切 六書統

撼 說文搖也臣鉉等曰今別作撼非是胡感切 書學

坎 說文陷也苦感切 古文 說文繇也舞也詩曰竷竷舞我苦感切 摭古遺文云奏鼓坎坎之坎 六書統

凵 建首張口也口犯切○上平建首有凵字與此相似

糝 說文以米和羹也一曰粒也桑感切

慘 憯 說文毒也七感切 說文痛也七感切 附通 魚名鉏箴切

朁 說文曾也詩曰朁不畏明臣鉉等曰今俗有朁字蓋朁之譌七感切 摭古遺文 附通 嗛也子荅切 憯也莊蔭切 歃酒也子朕切 石似玉者則岑切

毯 說文帛騅色也詩曰毳衣如菼臣鉉等曰今俗別作毯非是土敢切 六書統

菼 說文雚之初生一曰薍一曰騅土敢切 菿或从炎

槧 說文牘樸也自琰切 碧落碑 脩能印書 附通 暫也音慙 媿也昨甘切 截也側減切 小鑿也藏濫切 進也音鏨 礹石也鉏銜切 螹離也音漸 漸次也慈冉切 音漸 闕

蘄 說文艸相蘄苞也書曰艸木蘄苞慈冉切

淡 說文薄味也徒敢切 同文集

憺 說文安也徒敢切 古文奇字

敢 說文進取也古覽切 古文 石經 古孝經 齊侯鎛 大夫始鼎 伯姬鼎 師秦公鼎 高克尊

師偣敦 尨敦 郝敦 師毀敦 牧敦 雲臺碑 碧落碑 同文集 奇字 脩能印書

附通 崟也一曰地名魚音

切 小犬吠南陽新亭有獭鄉荒檻切 忘而息也於檻切

覽 說文觀也盧敢切 古老子 姬寅豆 南嶽碑 脩能印書

攬 擥 ⿰扌監 說文撮持也盧敢切 楊桓書學

黯 說文深黑也乙減切 汲黯

湛 說文沒也一曰湛水豫章淺宅減切 古文奇字 李湛印信

范 笵 說文艸也房㚇切 說文法也从竹竹簡書也古法有竹刑防㚇切○漢印从竹者多豈古通爲一歟 范詩 范彪 范進 范宣 范榮私印

范調私印 范横 范伯嬴 范裔 范張之印

範 說文範載也音犯 碧落碑 摭古遺文

犯 說文侵也防險切 摭古

二十二 琰

琰 說文璧上起美色也以冉切 古文

剡 說文銳利也以冉切 書學

附通 搔馬也丑廉切

⿸广炎 說文遬其也以冉切 光遠集綴 書學

焱 建首火華也以冉切

附通 盛皃一曰役也所臻切

广 建首因广爲屋象對剌高屋之形魚儉切

儼 曮 說文昂頭也一曰好皃魚儉切 古文 古老子 古 摭古

奄 說文覆也大有餘也又欠也依檢切 盉和鐘 碧落碑 義雲章 附通 褗謂之裺依檢切又烏含切 豎也宮中奄閽閉門者英廉切 水名音閹 漬肉也於業切 誣挐也於劒切 不明也烏敢切 車具也烏合切 青黑色於檻切 周公所滅國在魯音奄 大也罕也於音腌 業切

弇 說文蓋也一儉切又古南切 漢清白鑑 附通 轡鞥一曰龍頭繞者烏合切 果實黑黤黤也烏敢切 女有心媕媕也於檢切 雲起皃音媕

掩 揜 說文斂也小上曰掩衣檢切 說文自關以東謂取曰揜又覆也衣檢切 光遠集綴 摭古遺文 升菴索隱云閑戸也

黶 說文黶驚也於琰切 楊桓書學

閃 說文闚頭門中也失冉切 籀韻 摭古遺文

夾 說文盜竊褱物也俗謂蔽人俾夾是也失冉切 說文不媚前却夾夾也失冉切

陝 說文弘農陝也古虢國王季之子所封失冉切 陝誰私印 陝親信印

冉 建首毛冉冉也而琰切 汗簡 脩能印書 附通 弱長皃音冉 龜甲邊也汝閻切 大蛇可食人占切 并持也他含切

染 說文以繒染爲色而琰切 說文濡也而琰切 古文 籀文 希裕略古 印書 附通 諟也音染

諂 讇 說文諛也丑琰切 古史記 義雲章

蘞 說文白蘞也良冉切

險 說文阻難也虛檢切 楊桓書學

臉 瞼 說文目上下瞼也居奄切 書學

儉 說文約也巨險切 古老子 王庶子碑 摭古遺文 虞儉 涼儉印信

貶 說文損也方斂切 說文傾覆也从寸臼覆之寸人手也杜林說以爲貶損之貶方斂切與有韻諸叟字無別 摭古遺文

忝 說文辱也他點切 籀韻 古孝經 古文奇字小異

點 說文小黑也多忝切 說文老人面如點也丁念切 古論語

海鹽畢弘述旣明篆訂

若溪閔章含貞
程煒赤文同校

一送

送 說文遣也 蘇弄切 古文 籀文 古孝經 同文集 脩能印書

宋 說文居也 蘇統切 伯宋彝 南嶽碑 宋貞之印

鳳 說文神鳥也見則天下大安寧馮貢切古文鳳象形鳳飛羣鳥從以萬數故以爲朋黨字 古文 籀文 蓮勺鑪 林華觀行燈 王鳳私印

王鳳之印 鄒季鳳印 蘇鳳 陳鳳 王鳳私印 名印

糉 說文蘆葉裹米也作弄切 籀文

縱 綜 說文緵也一曰舍也足用切 說文機縷也子宋切〇俗通用縱 古文 籀文 另本說文 郜縱私印 張縱 臣縱 鄧縱私印

蝀 說文螮蝀也多貢切 楊桓書學

凍 說文仌也多貢切 希裕略古

湩 說文乳汁也多貢切 六書統

痛 說文病也他貢切 碧落碑

統 說文紀也他綜切 南嶽碑

洞 說文疾流也徒弄切 碧落碑 義雲章 六書統

衕　說文通街也徒弄切　碧落碑　升菴索隱　齊侯鐘

弄　說文玩也盧貢切　義雲章　希裕略古　本或小異
附通　梇　木也益州有梇棟縣音弄

贛　說文小桮也古送切

貢　贛　說文獻功也古送切　說文賜也古送切　說文另本　摭古遺文　昭卿字指　李貢　虞子贛印　麻贛　劉贛之印

李貢私印
附通　蘔　艸也一曰薏苢古禫切又音貢　酒味淫也古禫切

瓮　甕　說文罌也烏貢切　說文汲缾也烏貢切　古文　名印

夢　㝱　說文不明也莫忠切又亡貢切　說文寐而有覺也周禮以日月星辰占六㝱之吉凶一曰正㝱二曰咢㝱三曰思㝱四曰悟㝱五曰喜㝱六曰懼㝱莫鳳切　古文　籀文

六書統
附通　不明也武亘切　灌渝莫中切　目不明木空切　孰寐也求癸切　楚人謂寐曰寱依倨切　寤驚病也皮命切　惛也呼肱切　公侯殍呼肱切

賵　贈死者撫鳳切　古文奇字　升菴索隱

諷　說文誦也芳鳳切　林罕集　奇字

衆　說文多也从㐺目衆意之仲切　籀文　古孝經　老子　同文老子如此　齊侯鐘　鐘鼎文　古文奇字　升菴索隱　田衆

授異衆印　漢率衆長　任護衆印　和脩能印書
附通　小雨職戎切

仲　說文中也直衆切　古孝經　仲彝　仲斯鬲　鐘鼎　虞仲　仲雅

種　穜　說文蓺也之用切　說文先種後孰也直容切〇正韻種穜同

重　建首厚也从壬東聲柱用切　籀文　汗簡　汾陰鼎　鐘鼎文　碧落碑　奇字　升菴索隱　同文集

辛垣重印 宗家重貴 步重私印 伍重私印 脩能印書

附通 遲也直隴切 增益也直容切

用 建首可施行也从卜从中衛宏說余訟切 陀員鼎 鐘鼎文 碧落碑 希裕略古 古孝經 古老子 汗簡 古文奇字 商鐘 單用字印 晉姜鼎 子子孫孫用之協相 冀師槃

頌 說文皃也似用切又余封切〇又見平東

誦 說文諷也似用切 嶧山碑

訟 說文爭也一曰謌訟似用切 六書統

從 說文隨行也慈用切 嶧山碑

共 建首同也渠用切 古文 古老子 升菴索隱 同文集

附通 戰慄也工恐切又戶工切 大車駕車也居玉切 鬭也孟子曰鄒與魯閧下降切 玉也居竦切

二寘

寘 說文置也支義切 曾侯彝 碧落碑 同文集

觶 說文鄉飲酒角也禮曰一人洗舉觶觶受四升之義切

至 建首鳥飛从高下至地也从一一猶地也象形不上去而至下來也脂利切 籀韻 敔敦 漢鑑 六書統 同文集 任伯至印 宜身至前

附通 到也人質切 穫禾短鐮陟栗切 齒堅音銍 蟣也之日切 足械音蛭 螘封也詩曰鸛鳴于垤徒結切 穫禾聲也詩曰穫之挃挃音銍 鳥胃也一曰胵五藏總名處脂切 莖藸艸也直尼切 近也人質切〇又見邇字重文

摯
說文握持也脂利切
孫摯印信
滿摯便
摯交
附通
至也周書曰大命不摯一曰虞書雉摯脂利切

志
說文意也職吏切
籀韻
碧落碑
光遠集綴
呈志
從志私印
徐志敏
侯志
續志
郝志

誌
說文記誌也職吏切
古文
古文奇字小異

疐
說文礙不行也从叀引而止之也叀者如叀馬之鼻陟利切
蹪
說文跆也詩曰載蹪其尾陟利切
古文
汗簡
籀文
楊桓書學
脩能印書

懥
說文忿戾也从至至而復遜遜遁也周書曰有夏氏之民叨懫丑利切
古文奇字

恣
說文縱也資四切
印書

胔
說文鳥獸殘骨曰骴骴可惡也明堂月令曰掩骼薶骴或从肉資四切

翄
說文翼也施智切
玉篇
表瑜

啻
說文語時不啻也从口帝聲一曰啻諟也施智切
摭古遺文
古文奇字
六書正譌云从口音圍非从口
附通
緆也詩曰載衣之褅他計切
戶樀爾雅曰檐謂之
樀都歷切
水注也音樀
雉屬䳜鳥也音滴
麥覈屑也十斤爲三斗直隻切

熾
說文盛也昌志切
籀文
六書統
古文奇字

幟
說文旌旗之屬昌志切
楊桓書學
同文集

饎
餼
糦
說文酒食也詩曰可以饋饎昌志切
書學
摭古遺文
奇字

侍
說文承也時吏切
古孝經
石鼓
雲臺碑
程侍之印

時
說文更別種時吏切
古文
六書統

鼓 枝 說文配鹽幽尗也是義切 汗簡 六書統

嗜 說文嗜欲喜之也常利切 古尚書 楊桓書學 六書正譌○按此字見說文老部注老也渠脂切孟子借用則可而反以借用之字正其未嘗譌可乎 六書統

視 眎 眡 說文瞻也神至切 籀韻 天台經幢 碧落碑 書學 莊䛐印 脩能印書

附通 眡

眡皃承旨切○此與視字無涉然正韻亦混作視俗筆不必論矣附此防譌

示 建首天垂象見吉凶所以示人也从二二古文上字三垂日月星也觀乎天文以察時變示神事也神至切 汗簡 天台經幢 同文集

附通 狋 犬怒皃一曰犬難得代郡有狋氏縣語其切 祁 太原縣巨支切

謚 說文行之迹也从言兮皿神至切 窖磬 書學

事 說文職也从史之省聲鉏吏切 古孝經 石經 戴敦 齊侯鍾 陀鼎 碧落碑 六書統 奇字 司隸從事 立義行事 張震言事

二 建首地之數也而至切 汗簡 籀韻 希裕略古

貳 說文副益也而至切 古文 六書統云朋友相左也

附通 樲 酸棗也孟子養其樲棘音二

餌 說文粉餅也仍吏切 天台經幢 樊先生碑 六書統

四 建首陰數也象四分之形息利切 古孝經 奇字 雲臺碑 朱四 脩能印書

附通 柶 禮有柶柶匕也音四

泗 說文受泲水東入淮息利切 孔廟碑

牭 說文四歲牛息利切

駟 說文一乘也息利切 籀文 天台經幢 脩能印書

肆 說文極陳也息利切 說文𢑚屬从二𢑚虞書𢑚類于上帝肆同 經 天台經幢 古文奇字 綦母肆 竹肆

附通 蕼 赤肆也 音肆

賜 說文予也斯義切 周穆公鼎 奇字 賜宜王印 孫賜之 張賜私印 楊賜私印 王賜之印 李賜之印

附通 艸也 音賜

伺 說文候望也相吏切 古文 天台經幢 同文集 小異

寺 說文廷也有法度者也祥吏切 石鼓 楊桓書學

附通 槌也陟革切 天地五帝所基址祭地古扶風有五畤好畤鄜畤皆黃帝時祭或曰秦文公立也周市切 後病也直里切 儲置屋下也音痔 附庸國在東平春秋傳曰取邿書之切

嗣 說文諸侯嗣國也祥吏切 大篆 微欒鼎 師篋敦 虢姜敦 嶧山碑 古文奇字 嗣成 脩能印書

飼 飤 說文糧也祥吏切 古文 威君鼎 張仲簠 飲甗 孔文父飲鼎 書學 奇字

自 建首鼻也象形疾二切 汗簡 古孝經 天台經幢 商鐘 楚王鐘 顧君自發 名印 同文集

附通 膽气滿聲在人上荒內切 臥息也許介切 堅土也其冀切 汝南邵陵里胡雞切

白 建首此亦自字也省自者詞言之气从鼻出與口相助也疾二切〇閔氏詮次日凡白上白事白箋白佛言等白字宜从此音漢印凡白事白箋皆如此文兩肩出筆白姓者肩不出筆从入二也今諸印章可攷可見漢以前不差後人混讀當因楷書難以分別之故舉世皆然正韻亦不知辨吾誰與正之 徐執之白牋

字 說文乳也疾置切 天台經幢 字長孺

智 說文識詞也知義切 古文 天台經幢 書統 夏君智印 專智 楊智私印 名印

倚能印書 附通 土傳水沮也竹隻切 目赤也才的切

致 說文送詣也从夂从至陟利切 古文 籀文 石鼓 天台經幢 附通 艸大也音致 密也音致

置 說文赦也陟吏切 古文 天台經幢 雲臺碑 書學 希裕略古 升菴索隱 吳置之印 張置之

制 說文裁也从刀从未未物成有滋味可裁斷一曰止也征例切 古文 古文經 古孝經碑 雲臺碑 注水匜

猘 說文狂犬也春秋傳曰猘犬入華臣氏之門征例切 書學 奇字

値 說文措也直吏切 古文

穉 稚 說文幼禾也直吏切 古文 古史記 六書統 徐穉 王穉 侯穉 公孫稚君 董稚君 倚能印書

彘 說文豕也後蹏廢謂之彘直例切 汗簡 古禮記 倚能印書 侯彘 附通 劓鼻玉也音彘

傷 敡 說文輕也一曰交傷以豉切 說文侮也以豉切 六書統

異 建首分也从廾从畀畀予也羊吏切 古文 籀文 汗簡 石鼓 窖磬 天台經幢 古文奇字 升菴索隱 召異之印 行屋

授異 衆印 馮異 苛異 張異之印 同異 苦成異人 印書 附通 田器與職切 水出河南大隗山南入潁與職切 石利也胥里切

也音潩 行聲也一曰不行皃丑亦切 芓也音異

肄 說文習也羊至切 籀文 石經 希裕略古 古文奇字 正譌 肄延之印

㣇 建首脩豪獸一曰河內名豕也羊至切○與㣇彖相似而不同

勩 說文勞也詩云莫知我勩余制切 另本書如此 學

義 說文已之威儀也墨翟書義从弗䰠郡有䔁陽鄉 宜奇切〇經史皆音異無平音者今依正韻置此 古文 古文 籀文 齊侯鐘 義母匜 碧落碑

玉篇 表瑜 古文奇字 同文集 小異 正義侯印 立義丞印 立義從事 立義從事 晉歸義夷王

晉歸義羌王 晉歸義叟侯 晉歸義叟侯 焦義之印 韓義 胡義 錡義之印 臣義 甘義之印 弓義之印 楊義私印 毛義

李義之印 尹義 德義 名印

附通 儀 厜儀山顛也魚爲切 鵔鸃也秦漢之初侍中冠鵔鸃冠音儀 榦也音儀 臨淮徐地春秋傳曰徐鄭楚音儀

誼 說文人所宜也儀寄切 甘泉登 碧落碑 王誼私印

議 說文語也宜寄切 軍議校尉 張議利印

劓 說文刖鼻也易曰天且劓魚器切 古文

甈 說文康瓠破罌魚例切

附通 瞑言也牛例切〇正韻作囈

詣 說文候至也五計切 祝尙書韻

羿 說文帝嚳射官夏少康滅之論語曰羿善射五計切 說文羽之羿風亦古諸侯也一曰射師五計切 古尙書 六書統 同文集

睨 說文衺視也研計切 說文旁視也五計切

槸 說文木相摩也魚祭切

藝 說文種也从坴丮持而種之詩曰我埶黍稷徐鍇曰坴土也魚祭切 古文 籀文 召公尊 父乙甗 王庶子碑 義雲章

同文集 同文 又

附通 抵也陟利切 羊箠耑有鐵脂利切

乂 刈 嬖 㣻 說文芟艸也魚廢切 說文治也虞書曰有能俾嬖魚廢切〇今書作乂 說文懲也魚肺切 碧落碑 華嶽碑

附通

虎兒
音乂

【毅】【家】【忍】 說文妄怒也一曰有決也魚既切 說文豙怒毛豎一曰殘艾也魚既切 說文怒也魚既切 古文毅 籀文 古尚書 印書 附通

【顡】 癡不聰明也五怪切 【藙】 煎茱萸漢律會稽獻藙一斗音毅

【曳】 說文臾曳也从申丿聲余制切 楊桓書學 偹能印書 附通 石之似玉者音曳 捈也余制切〇書學直以爲曳字

【怈】 說文習也余制切 升菴索隱

【丿】 建首抴也明也象抴引之形虒字从此徐鍇曰象丿而不舉首余制切

【泄】【呭】【詍】 說文水受九江博安洵波北入氏余制切 說文多言也詩曰無然呭呭余制切 說文多言也詩曰無然詍詍余制切

【裔】 說文衣裾也余制切 古文 汗簡 六書統 希裕略古 鄭裔 同裔 偹能印書

【試】 說文用也虞書曰明試以功式吏切 王庶子碑

【駛】 說文疾也疏吏切 書學

【芰】 說文蔆也杜林說从多奇記切 六書統 奇字

【忌】【諅】 說文憎惡也渠記切 說文忌也周書曰上不諅于凶德渠記切 齊侯鐘 天台經幢 茅君傳 華母忌印 名印 附通 誡也音忌

【惎】 說文毒也周書曰來就惎惎渠記切 古文 籀文 古文奇字 書學

【暨】【臮】【洎】 說文日頗見也其冀切 說文衆詞與也虞書曰臮咎繇其冀切〇今書作暨 說文灌釜也其冀切 古文 尨敦 王庶子

奇字 六書統 同文集 附通 水也音泉

譬　譬說文諭也匹至切　奇字

邲　說文宰之也兵媚切从卩必聲〇正韻不收字與邲異邲見入質　張仲匜　牧敦　晉姜鼎　奇字

畀　說文相付與之約在閣上也从丌由聲必至切　古文
附通　水出汝南東入淮匹制切又匹備切　蔽也所以蔽甑底音畀

畁　說文舉也从廾由聲春秋傳曰晉人或以廣隆楚人畁之黃顥說廣車陷楚人爲舉之杜林以爲麒麟字渠記切　張仲匜　申徒畁君

薜　說文牡贊也蒲計切　楊桓書學　名印

避　說文回也毗義切　古文　古孝經　雲臺碑　義雲章

敝　建首敗衣也从巾象衣敗之形毗祭切　說文帗也一日敗衣毗祭切　石經　漢十二辰鑑　脩能印書
附通　河內謂臿頭金也芳滅切　易使怒也音鼈　於水中擊絮也匹蔽切　赤雉也周禮曰孤服鷩冕音鼈　甲蟲音鼈　蔽蔽小草也必袂切　別也一曰擊也音鼈　過目也又目翳也一日財見也普滅切　牂牁縣音蔽　踶也一曰跛也蒲結切

幣　說文帛也毗祭切　敔敦　茅君傳　摭古遺文　奇字

獘　斃　說文頓仆也春秋傳曰與犬犬斃毗祭切　古老子　古文奇字小異

被　說文寢衣也長一身有半平義切　汗簡　天台經幢　六書統　被祿私印　被充　朱被

鼻　建首引气自畀也父二切　汗簡　摭古遺文　古文奇字　來鼻君印　吳鼻　楊鼻　脩能印書
附通　水暴至聲匹備切

比　建首密也二人爲从反从爲比毗二切　古文　汗簡　古老子　光遠集綴　雷比干　司馬比丘　印書
附通　蔭也

必至切 别也詩曰有女仳㒧音比 地相比次也音比 艸也一曰茈茦木旁脂切 文魮魚名房脂切 以豚祠司命漢律曰祠祉司命卑履切 氏人綱也音祉

痹 𤺊 說文溼病也必至切 說文足气不至也毗至切 楊桓書學

備 葡 說文慎也平祕切 說文具也平祕切 籀文 古論語 古尚書 古孝經 王庶子碑 碧落碑 奇字 附通 乾也音葡

犕 鞴 說文易曰犕牛乘馬平祕切 說文車絥也平祕切〇升菴索隱云古周易鞴牛乘馬今作服史記伯鞴今作服漢書董卓傳義眞鞴未注義同服音備非正韻亦有服音今兩存

鞁 說文車駕具也平祕切 古文奇字

奰 說文壯大也从三大三目一曰迫也詩曰不醉而怒謂之奰平祕切 書學

㵗 說文滿也平祕切 書學

誓 說文約束也時制切 籀韻 古尚書 摭古遺文 印書

噬 說文啗也喙也時制切 光遠集綴 印書

筮 說文易卦用蓍也䇼古文巫字時制切 古文 大篆 義雲章 書學 附通 澨 埤增水邊上人所止者夏書曰過二澨音筮

逝 說文往也時制切 古文 籀文 古老子 希裕略古 古文奇字

未 建首味也六月滋味也五行木老於未象木重枝葉也無沸切 汗簡 古文 古老子 父丙卣 林罕集 古文奇字 劉未央 長樂未央 華未央印 宋未央 宋未央印 附通 妹 女弟也莫佩切

味 說文滋味也無沸切 汗簡 古老子 附通 菋 荎藸也音未

去聲 寘

絘 說文績所緝也七四切 奇字云理絲也

次 說文不前不精也七四切 古文 古天台經幢 義雲章 朱育集字 同文集

古文奇字 武衛次飛虎賁將印 次延年印 燕次翁

附通 便利也詩曰決拾既佽一日遞也音次 用梳比也音次 戰見血曰傷亂或為惽死而復生為欮咨四切

朿 刺 建首木芒也象形七賜切 說文若殺大夫日刺刺直傷也七賜切 說文數諫也七賜切 籀韻 師倉敦 書學

附通 戾也盧達切〇此與刺字無涉俗書混用借附防譌

小雨零皃所責切 茦也音刺 識也一日藏也遵誅切 楝也所尼切

䖵 說文毛蟲也千志切 楊桓書學 六書統

戲 說文三軍之偏也一日兵也香義切 籀文 汗簡 存乂切韻 王戲

憙 說文說也許既切 陰憙印信 史憙私印 故憙

四 說文東夷謂息為呬詩曰犬夷呬矣虛器切 六書統 同文集 偹能印書

氣 槩 餼 說文饋客芻米也春秋傳曰齊人來氣許既切 淮南子上升記 六書統

附通 怒戰也春秋傳曰諸侯敵王所愾音餼 太息也音餼

㮣 說文仰涂也其冀切 楊桓書學 古文奇字

咥 欸 說文大笑也詩曰咥其笑矣許既切又直結切 說文欸欸戲笑皃許其切〇楊桓以為咥同升菴以為嗤同 書學

豷 說文豕息也春秋傳曰生敖及豷許利切 書學

懿 說文專久而美也从壹恣省聲乙冀切 古文 古省文 籀文 偹能印書

意 說文志也以心察言而知意也从心从音於記切 王得意印 郭意信印 鍾離意 陳意 沈意 夏意之印 名印

附通 水出汝南上蔡

黑閽淵入汝於力切 檍杶也 音瘱

嫕 說文靜也於計切 書學

殪 說文死也於計切 書學 同文集

縊 說文經也春秋傳曰夷姜縊於賜切 存乂切韻 脩能印書

饐 說文飯傷溼也乙冀切 說文飯傷熱也於廢切 記 古史記 林罕集 楊桓書學 六書統

瘞 說文幽薶也於罽切 說文瘞也羊至切 大篆 籀文 孫彊集

費 說文散財用也房未切 籀韻 古老子 升菴索隱 古史記 六書統○以上二字音泌 費奉私印 費宗 費某之印 萇費私印 脩能印書

附通 木也 音費

沸 說文滭沸濫泉分勿切又房未切 說文涫也芳未切 籀文 古文奇字

廢 癈 說文屋頓也方肺切 說文固病也方肺切 證俗古文 奇字小異 奇字云大篆廢 古老子廢

肺 說文金藏也芳吠切 六書統

屝 說文履也扶沸切 摭古遺文

𥝎 狒 說文周成王時州靡國獻𥝎人身反踵自笑笑即上脣掩其目食人北方謂之土螻尔疋云𥝎𥝎如人被髮一名梟陽符未切 籀文 奇字 六書統

摭古遺文

黂 說文枲實也房未切

【蜚】 說文臭蟲負蠜也房未切　書學

【世】 說文三十年爲一世从卉而曳長之舒制切　汗簡　師㐌敦　比干銅盤　毋辛卣　侍郎碑　同文集　韓世昌印　程安世

姚世長　李世私印　青世私印　劉安世印　王世之印　周世之印　子孫世昌　龍世　名印

【附通】 羊粻也私列切

【勢】【埶】 說文盛力權也經典通用埶舒制切　說文種也魚祭切○又見前藝

【掣】【㸷】 說文一角仰也易曰其牛㸷尺制切　古文奇字

【⿸疒掣】【瘛】 說文引縱曰⿸疒掣尺制切　說文小兒瘛瘲病也尺制切

【閉】 說文闔門也才所以歫門也博計切　籀文　古老子　天台經幢

【轡】 說文馬轡也詩曰六轡如絲兵媚切　石鼓

【臂】 說文手上也卑義切　天台經幢

【賁】 說文飾也彼義切　虎賁中郎將印　武衛次飛武賁將印　賁臣　賁章　脩能印書

【附通】 僨也匹問切　水厓也詩曰敦彼淮濆符分切　馬纏鑣扇汗也詩曰朱幩鑣鑣音濆　淮陽名車穹隆轒音濆　香艸音濆　羠豕音濆　鐵屬火運切　膹也房吻切

【迣】 說文迾也晉趙曰迣讀若寘征例切○迾說文遮也　蟜迣之印

【跇】 說文述也丑例切　楊桓書學述也又踰也

三　霽

【霽】 說文雨止也子計切　古文

祭 說文祭祀也从示以手持肉子例切 籀文 汗簡 王庶子碑 夏鉤帶 尹卣 鐘鼎文如此 古文奇字 南盂祭尊 千歲

單祭尊印

際 說文壁會也子例切 奇字 附通 殘帛也所例切又先列切 縻也音祭 察也細切 病也側介切 周邑音瘵

嚌 說文嘗也周書曰太保受同祭嚌在詣切 古尚書 脩能印書

細 說文微也穌計切 籀文 古老子 孔細公印

壻 說文夫也从士胥聲詩曰女也不爽士貳其行士者夫也穌計切

帝 說文諦也王天下之號也从二朿聲二古文上字都計切 古文 籀文 古尚書 古孝經 師𠊱敦 碧落碑 天帝使者 附通

禘 諦祭也周禮曰五歲一禘特計切 結不解也音禘

諦 說文審也都計切 六書統 摭古遺文

嚔 說文悟解气也詩曰願言則嚏都計切 書學

摕 𢭃 說文撮取也或从折从示兩手急持人也都計切

蔕 說文瓜當也都計切 籀文 汗簡 古老子 奇字

螮 說文虹也都計切 籀文 六書統

替 說文廢一偏下也他計切 石經

剃 說文鬄髮也大人曰髡小兒曰鬄盡及身毛曰鬄臣鉉等曰今俗別作剃非是他計切 楊桓書學 附通 鬄髮也他歷切

洟 說文鼻液也他計切○正韻音夷無去音解同說文从弟者上聲泣也从夷者鼻液各不干涉正韻以涕兼目鼻二事見去聲 朱育集字 六書統

鬄 說文髮也大計切又先彳切

弟 第 建首韋束之次弟也从古字之象特計切古文弟从古文韋省丿聲 汗簡 古老子 武安釜 分敦 齊安罏 好時鼎 奇字

苐 汾陰宮鼎 萇苐私印 郭苐孺 名印

厚繒音銻 蕛荑也大兮切

附通
銻 鎕銻也杜兮切 鮷 大鮎音銻 娣 女弟也徒禮切 睇 目小視也楚人謂眄曰睇音弟 梯 木階也土雞切

遞 遰 說文更易也特計切 說文去也特計切 六書統 摭古遺文

棣 說文白棣也特計切 馬棣 賈棣

地 說文元气初分輕清陽爲天重濁陰爲地萬物所陳列也徒四切 古文 古孝經 古老子 華嶽碑 碧落碑 希裕略古

楊桓書學 同文集 升菴索隱 古文奇字 萇地行印 脩能印書小異

悌 說文善兄弟也經典通用弟特計切 古論語 古爾雅

利 說文銛也从刀和然後利从和省易曰利者義之和也力至切 古孝經 晉姜鼎 夏鉤帶 奇字 李利孺 內利唯印

大運利印 大利 司馬駒母利 𠫔日利

附通
棃 果名从𥝢古文利力脂切

莅 說文臨也力至切 天台經幢 六書統 侍郎碑

吏 說文治人者也从一从史徐鍇曰吏之治人心主於一故从一力置切 吏宗私印 脩能印書

麗 說文旅行也鹿之性見食急則必旅行禮麗皮納聘蓋鹿皮也郎計切 古文 汗簡 王庶子碑 同文集 韓子麗印

附通

易曰百穀艸木麗於地呂支切 求也音麗 行邐邐力紙切 數也音邐 暴也所智切 癰也一曰瘦黑音麗 冠織也所綺切

隸 說文附箸也郎計切 古文 司隸大夫章 司隸從事 脩能印書

附通 木也音隸

戾 **盭** 說文曲也从犬出戶下戾者身曲戾也郎計切 說文弼戾也从弦省从盭臣鉉等曰盭者擊皐人見血也弼戾之意郎計切 古史記 六書統 古文奇字

附通 鶴鳴音戾 艸也可以染留黃音戾 帛戾艸染色音戾 引擊也从㚔攴見血也扶風有盭厔縣張流切

荔 說文艸也似蒲而小根可作㕞郎計切 古文奇字 名印

厲 **礪** 說文旱石也从蠆省聲从厂或不省力制切 說文礪也經典通用厲力制切

附通 牛白脊洛帶切 巍高也力制切

濿 說文履石渡水也力制切 升菴索隱 奇字

蠣 說文蚌屬似蠊微大出海中今民食之力制切 楊桓書學

器 說文皿也象器之口犬所以守之去冀切 天台經幢 六書統 同文集云从四口从大非犬非口見有容也 六書正譌 脩能印書

棄 **弃** 說文捐也从廾推華棄之从𠫓𠫓逆子也詰利切 徐邈集 天台經幢 六書統 印書

氣 **气** 建首雲气也去既切〇說文饋客芻米也春秋傳曰齊人來氣諸侯許既切〇此本餼字三文之一以經史多用爲气字兩存餘詳寘韻餼 古文 汗簡 經史多用爲求乞字 天台經幢 碧落碑 六書統 印書

附通 勇壯也書曰仡仡勇夫魚訖切 劃傷也一日斷也一日刀不利於瓦石上刉之古外切 稭也居气切 乘輿馬頭上防釳插以翟尾鐵翮象角所以防綱羅釳去之許訖切 癡皃音餼 齧也戶骨切 絲下也春秋傳有臧孫紇下沒切 虎皃音仡 苙輿也去訖切 直行音仡 平也古至也音釳 禿也苦骨切 堅麥也乎沒切 水涸也或曰泣下詩曰汔可小康音釳

企 **跂** 說文舉踵也去智切 說文頃也詩曰跂彼織女从匕頭頃也去智切〇今詩作跂 古文 六書統

亟　說文敏疾也从人从口从又从二二天地也徐鍇曰承天之時因地之利口謀之手執之時不可失疾也紀力切又去吏切　楚金韻譜　古文奇字　同文集　偺能印書　附通

殛　殊也虞書曰殛鯀于羽山已力切　疾也一曰謹重皃音殛　急也音殛

契　栔　說文大約也易曰後代聖人易之以書契苦計切　說文刻也苦計切　碧落碑　附通　鎌也苦結切　靜也於計切　纖也先結切　超特

也丑例切　伺人也一曰恐也胡計切　鵝鸊鳧屬古節切　猰貐獸名烏黠切

憩　愒　說文息也詩云不尚愒焉又汔可小愒臣鉉等曰今別作憩非是去例切　楊桓書學　名印

薊　鄭　說文芺也古詣切○正韻云或作鄭　說文武王所封黄帝後國名古詣切　附通　楚人謂治魚也古屑切　走意音劌

繼　說文續也一曰反㡭爲繼古詣切　古文　商鐘　齊侯鎛　微欒鼎　穆公鼎　邾敦　師毁敦　尨敦　王庶子碑

㡭　古文奇字　六書正譌　同文集　附通　枸杞也一曰監木也音繼

髻　說文總髮也古通用結古詣切　籀文　古莊子

寄　說文託也居義切　天台經幢　碧落碑　段寄之印　孟寄之印　靳寄　臣寄　名印

冀　㠱　說文北方州也几利切　古文　古論語　汗簡　冀師敦　父辛卣　貝丘長碑　碧落碑　奇字

印書　附通　千里馬也天水有驥縣音冀

覬　說文钦㚔也几利切　說文㚔也一曰口不便言居气切

旡　既　建首歡食氣屰不得息曰旡从反欠居未切　說文小食也論語曰不使勝食既居未切　古文　汗簡　古尚書　商鐘　石鼓

尨敦　公緘鼎　高克尊　寰鼎　天台經幢　古文奇字　同文集　偺能印書　受命於天既壽永昌　附通　艸多

皃音既 稠也己利切

季 說文少稱也从子从稚省居悸切 月季 尊 田季 匜 敔 敦 孫彊 集 元季 中印 季通 印 高季 虎 陳小季 季常
倚季 東季 鄒季 鳳印 維季 印 陳小季 名印 倄能 印書

附通 悸 心動也其季切 气不定也音悸

記 說文疏也居吏切 說文古之道人以木鐸記詩言讀與記同徐鍇曰遒人行而求之故从辵丌薦而進之於上也居吏切 三方 碑 六書 統 張郁 白記
闕既 私記 白記 伊寬 私記 俞氏 單記字 敦

罽 說文魚网也居例切 大篆

附通 瀱 井一有水一無水謂之瀱汋居例切

𦇀 說文西胡毳布也居例切 楊桓 書學

彑 建首豕之頭象其銳而上見也居例切

膩 說文上肥也女利切 籀文

系 建首繫也从糸丿聲胡計切

繫 說文繫纀也一曰惡絮古詣切 王惟恭 黃庭經

附通 㲉 狗毒也 音繫

係 說文絜束也胡計切 夏 係

盻 說文恨視皃胡計切 書學 碧落 碑

徯 說文待也胡計切〇正韻見齊薺二韻無去聲 書學

蜼 說文如母猴卬鼻長尾以季切 書學

寐 說文臥也密二切 古孝經 存乂切韻 書學

滯 說文凝也直例切 說文沾滯也尺制切

四御

御 馭 說文使馬也徐鍇曰卸解車馬也或彳或卸皆御者之職牛據切 古文 籀文 魯正叔槃 同文正叔如此 師毀敦 雲臺碑

王先生隷 碧落碑 摭古遺文 温御 李馭私印

附通 舍車解馬也从卩止午臣鉉等曰午馬也故从午司夜切

寓 說文寄也牛具切 汗簡 義雲章

遇 說文逢也牛具切 孔遇

禺 說文母猴屬牛具切 古文 古老子通作遇 禺陽印志

附通 懼也琅邪朱虛有偶亭虞俱切 大頭也魚容切 齒不正五婁切 肩前也午口切

魚口上見也音顒 水出趙國襄國之西山東北入寖音偶 魚名皮有文出樂浪東暆魚容切 封嵎之山在吳楚之間汪芒之國音偶 堣夷在冀州陽谷立春日值之而出虞書日宅堣夷音偶〇今書作嵎

飫 說文燕食也詩曰飲酒之飫依據切 古文 六書統

淤 說文澱滓濁泥依據切 六書統

豫 說文象之大者賈侍中說不害於物羊茹切 古文 古老子 貝丘長碑 義雲章 摭古遺文

脩能印書

附通 說文忘也嘾也周書曰有疾不悆音豫〇今書作豫

裕 說文衣物饒也易曰有孚裕无咎羊茹切 敔敦 摭古遺文 名印

諭 說文告也羊戍切 古文 古論語喻說文無喻字正韻喻諭通 諭璟私印

嚳 說文稱也羊茹切 摭古遺文

籲 說文呼也商書曰率籲衆戚羊戍切 正 譌

孺 說文乳子也一曰輸也輸尙小也而遇切 褱鼎 褱鼎同文集 摭古遺文 又見儒下 郭茀孺印 過少孺 趙孺 蘱君孺 賀孺卿

褚孺 夏中孺 太宰長孺 公孫中孺 朱長孺 千孺印 書

去 建首人相違也从大凵聲丘據切 汗簡 古老子 秦權 義雲章 摭古遺文 同文集 李去疾 張病去

匩去 附通 衣袪也一曰褏也褏者褢也袪尺二寸春秋傳曰披斬其袪去魚切 音袪 魚也 音袪 板也 亦下也 去劫切 音去 麥甘鬻 濫切 䖘屬呼 組帶

疾

鐵居 怯切 衣山谷爲牛馬圈音袪

據 說文杖持也居御切 古文 汗簡 同文小異 古老子 義雲章 摭古遺文

遽 說文傳也一曰窘也其倨切 摭古

倨 說文不遜也居御切

踞 說文蹲也居御切○又爲居字重文

句 建首曲也古侯切又九遇切○又見平尤 古文 古老子 晉高句驪率善邑長

附通 斫也其俱切 嫗也況羽切 北方有蚼犬食人古厚切

精䶂鼠也音斲 老人面凍黎若垢音蚼 羽曲也音斲 吹也一曰笑意音眗 日出溫也火于切 務也苦候切 羅屬頭有兩角出遼東音斲 曲竹

捕魚笱也音者 石次玉者音者 烝也一曰赤皃一日溫潤也香句切 天寒足跔音斲 朐挺音斲 纑繩絇音斲 地名音斲 健也一曰匠也逸周書有竘匠丘羽切

雄雌鳴也古侯切 軥下曲者古侯切 木也可爲醬出蜀俱羽切 果也音枸○正韻枸同

懼 說文恐也其遇切 古文 籀韻 王篇表瑜升菴云心从倒火

䀠 建首左右視也九遇切 古文 汗簡 古周易 周禮 古文奇字 附通 舉目驚䀠然也九遇切 目邪也从䀠从大沃人也舉朱切

茱臿也从木入象形舉朱切

具 說文共置也从廾从貝省古以貝爲貨其遇切 汗簡 古孝經 張仲医 張仲簋 希裕略古 摭古遺文

同文集 附通 直轅車轒也居玉切 舉食者俱燭切

覷 說文拘覷未致密也七句切 書學

聚 **埾** **冣** 說文會也邑落云聚才句切 說文積也才句切 說文積也才句切 古文 王庶子碑 義雲章 摭古遺文 聚降

尉右前候 茶聚 倄能印書

恕 說文仁也商署切 古尚書

庶 說文屋下衆也商署切 古文 古孝經 石經 庶敦 齊侯鐘 貝丘長碑 碧落碑 摭古 徐庶 張庶舉 附通

鷓鴣也之夜切 遮也音蔗 楚人謂跳躍曰蹠之石切 蟲屬音蔗 木出發鳩山音蔗

樹 說文生植之總名常句切 古尚書 毀敦 碧落碑 古文奇字 名印 附通 時雨注生萬物音尌

尌 **侸** 常句切 說文立也 說文立也也句切

裋 說文豎使布長襦常句切 古文 摭古遺文

戍 說文守邊也傷遇切 淮父卣 摭古遺文 升菴索隱 同文 倄能印書

署 說文部署有所网屬常恕切 署涵 附通 曉也音署

著 筯 說文飯敧也陟慮切又遲倨切徐鉉新脩字義云借爲住著字後人从艸 古文 王庶子碑 嶧山碑 同文集 附通 斫謂之櫡張略切

注 說文灌也之戍切 古文 摭古遺文

鑄 說文銷金也之戍切 古文 升菴索隱 仲斯鬲 碧落 古文奇字 鑄官鉨印

壴 建首陳樂立而上見也中句切 附通 卒喜也許其切 小怒也充世切

駐 邁 說文馬立也中句切 說文不行也中句切 古老子

酗 說文醉醬也香遇切 楊桓書學 奇字

慮 說文謀思也良據切 古文 石經 且慮丞印

鑢 說文錯銅鐵也良據切 六書統

勴 說文助也良倨切 書學 古文奇字

五暮

暮 說文日且冥也从日在茻中莫故切又慕各切 商鐘 奇字 小異 楚王彝 脩能印書

慕 說文習也莫故切 碧落碑 附通 勉也音慕

墓 說文丘也莫故切 孔子題季札墓 六書統 奇字

布 說文枲織也博故切 古文 大篆 六書統 升菴索隱 南昌君布 謝布 名印 附通 抪 把持也普胡切

步 建首行也 薄故切 汗簡 碧落碑 虎步司馬 虎步挫鋒司馬 步湯私印 丸步之印 步吉 附通 蹈也旁各切又音步 亂艸音步

怖 說文惶也 普故切

捕 說文取也 薄故切 虎步叟 捕司馬

素 建首白緻繒也从糸𠂹取其澤也桑故切 古文 古老子 素霸 充寰素印 附通 素屬居玉切

訴 說文告也 桑故切 本或如此

泝 說文逆流而上曰泝洄泝向也 水欲下違之而上也桑故切 摭古

措 說文置也 倉故切 古孝經 同文集小異

醋 說文客酌主人也在各切 臣鉉等曰今作倉故切 說文醶也倉故切臣鉉等曰今作在各切 楊桓書學

胙 說文祭福肉也臣鉉等曰今俗别作祚非是昨誤切 說文福也臣鉉等曰凡祭必受胙胙即福也此字後人所加徂故切 摭古遺文 古文奇字 馬之祚印

阼 說文主階也昨誤切 六書統

助 說文左也牀倨切 說文商人七十而耡耡耤稅也周禮曰以興耡利萌牀倨切 摭古遺文

詛 說文詶也莊助切 古史記 六書統 正譌 摭古遺文

妒 說文婦妒夫也當故切 六書統

咤 說文奠爵酒也周書曰王三宿三祭三詫當故切○今書作咤 楊桓書學

斁 說文敗也商書曰彝倫攸斁○今書作斁斁本音睪見陌韻 古文 古尚書

蠹 說文木中蟲當故切　摭古遺文　古文奇字

度 說文法制也徒故切　古尚書　古孝經　雲臺碑　碧落碑　義雲章　光遠集綴　名印　脩能印書

渡 說文濟也徒故切　籀文　古尚書

兔 建首獸名象踞後其尾形兔頭與㲋頭同湯故切　籀文　汗簡　希裕略古　楊桓書學

附通　疾也芳遇切　履空也徐鍇曰履空猶言履殼也母官切

路 說文道也洛故切　碧落碑　光遠集綴　六書統　路聽私印　路衛　路賞　路並　路横私印

附通　車軨前横木也音路

璐 玉也音路　冀州浸也上黨有潞縣音路

簬 說文箘簬也夏書曰惟箘簬楛洛故切

露 說文潤澤也洛故切　古文　古孝經　摭古遺文　名印

鷺 說文白鷺也洛故切　六書統

怒 說文恚也乃故切　古老子　希裕略古　摭古遺文

護 說文救視也胡故切　漢擴　古　軍章　澹如護　行營右護軍印　護軍印章　左護信印　蘧護印　雎護之印　王護信印　韓護私印　左馬護　張護私印　脩能印書

瓠 建首匏也胡誤切　汗簡　瓠青○印書一云匏字今兩存之

附通　横大也胡化切

互 說文可以收繩也从竹象形中象人手所推握也胡誤切　楊桓書學　同文集　印書

附通　行馬也周禮曰設梐枑再重音互　罟也音互

庫 說文兵車藏也苦故切　華嶽碑

袴 說文脛衣也苦故切 六書統

胯 說文股也苦故切 摭古遺文

故 說文使爲之也古慕切 古文 碧落碑 六書統 同文集 古老子 故鄣長印 故道令印

固 說文四塞也古慕切 古尚書 雲臺碑 摭古遺文亦作故 李固印信

附通 錮 鑄塞也音固 嫮 嫪也胡暮切 椢 椢斗可射鼠音固

𦼮 艸也音固

顧 說文還視也古慕切 升菴 楊桓書學 顧道昌印

汙 洿 㵗 說文薉也一曰小池爲汙一曰涂也烏故切 說文濁水不流也一曰窳下也哀都切○正韻又與汙同 說文涹鹵貪也胡古切○正韻作㵗亦與汙同 書學

悟 說文覺也五故切 六書統 悟明極印 名印

寤 㝅 說文寐覺而有信曰寤一曰晝見而夜寢也五故切 說文寤也五故切

晤 說文明也詩曰晤辟有摽五故切 石鼓 書學

忤 說文逆也五故切 林罕集 六書統

赴 訃 說文趨也臣鉉等曰春秋傳赴告用此字今俗作訃非是芳遇切 說文趨越皃芳遇切

附通 仆 頓也芳遇切

付 說文與也从寸持物對人臣鉉等曰寸手也方遇切 古文 正譌

附通 鮒 魚名符遇切 符 信也防無切 軵 反推車令有所付也而隴切 怤 思也甫無切 㽷 俛病音府 紨 結也 泭 編木以渡也方無切 祔 後死者合食於先祖音祔 紨 布也一曰粗紬音符 柎 闌足也音怤

傅 說文相也方遇切 摭古遺文 傅壽私印 傅非子 傅中翁 傅彪 傅賞 傅黔 苗傅 傅畢之印

附通 蒪 華葉布音傅

賦 說文斂也方遇切 六書統

富 說文備也一曰厚也方副切 古文 汗簡 漢尚方鑑 摭古遺文 富逢喜印 富安長史 宋富人印 東富 富日徒 富參 昌大富之印 富客之印 富某 富畐也

附通 音富

附 說文附婁小土山也春秋傳曰附婁無松柏符遇又切

坿 說文益也符遇切

駙 說文副馬也一曰近也一曰疾也符遇切 駙馬都尉 駙馬都尉

霧 說文地气發天不應臣鉉等曰今俗从務亡遇切 六書統

附通 霿 天气下地不應曰霿霿晦也莫弄切

務 說文趣也亡遇切

敄 說文彊也亡遇切 王惟恭黃庭經 六書統 摭古遺文

附通 鬏布也覆車上衡衣莫卜切 山名音敄 鍪鍑屬 冬桃莫候切 六月生羔也已遇切又音敄 不繇也音敄 瞀䤲愉嗇也音楸 車軸束也音務 亂馳音務 舒皃音務 細艸叢生音楸 莫浮切 卷耳也 毒艸也 蝥蝥也莫交切 亡考切 音楸 ○又詳平尤

六泰

泰 太 說文滑也他蓋切臣鉉等曰本音他達切今左傳作汏輈非是 古文 汗簡 古老子 太公匜 雲臺碑 華嶽碑 六書統 升菴摭古遺文 希裕略古 奇字 隴西太守章 義與太守章 太子率更令 泰史林印 安泰 何泰之印

貸 說文施也他代切

貣 說文从人求物也他得切○正韻通作貸

岱 說文太山也徒耐切 同文集 名印

黛 說文畫眉也徒耐切 楊桓書學 名印

代 說文更也徒耐切 汗簡 古老子 張代 王代之印 脩能印書

附通 囊也或从衣音代

隶 **逮** **迨** 建首及也从又从尾省又持尾者从後及之也徒耐切 說文唐逮及也臣鉉等曰或作迨徒耐切 說文及也詩曰隸天之未陰雨徒耐切○今詩作迨 古文 古毛詩 籀韻 碧落碑 六書統

附通 肆也他骨切 臥息也許介切

態 說文意也他代切

帶 說文紳也男子鞶帶婦人帶絲當蓋切 古文 籀文 古尚書 古老子 汗簡 正譌 古文奇字 劉帶之印 許帶私印

附通 高也一曰極也一曰困劣也特計切 踶也音帶

戴 說文分物得增益曰戴都代切 昭卿字指 戴逢喜印 戴賢之印 戴音 戴與 戴褒 戴禁 戴霸

大 建首天大地大人亦大故大象人形古文大也徒蓋切 入聲建首籀文大改古文他達切 汗簡 籀韻 大將軍章 大將軍印章 司隸大夫 繡衣執法大夫 大丘長印 司馬駒大利 日徒大富

附通 車轄也特計切 鐵鉗音軑 負物也唐佐切 輜車旁推戶也音大 樹見詩曰有杕之杜音軑 淅瀰也徒蓋切又代何切

糲 說文粟一秝爲十六斗大半斗舂爲一斛曰糲洛帶切 楊桓書學 摭古遺文

癩 說文惡疾也洛帶切 古文奇字 書學

賴 說文贏也从貝剌聲洛帶切 父乙鼎 古孝經 義雲章 摭古遺文 賴政私印 脩能印書

附通 魚名音賴 寒也音賴 水流沙上音賴 三孔籥也大者謂之笙其中謂之籟小者謂之箹音賴

倈 說文勞也洛代切 楊桓書學

賚 說文賜也周書曰賚尔秬鬯洛帶切 摭古遺文 名印

柰 說文果也奴帶切 汗簡 同文集如此 古老子 摭古 附通 渿 沛之也音柰

耏 耐 說文罪不至髡也从而从三或从寸諸法度字从寸奴代切 古文从刀 摭古 卑耐之印

菜 說文艸之可食者倉代切 義雲章

蔡 說文艸也倉大切 籀韻 古春秋 林罕集 略古 蔡巳私印 蔡遂 蔡勳 蔡燕 蔡玉私印 蔡中 蔡王蔡 蔡倚 蔡廣宗 蔡譚

葢 說文苫也古太切 孝成鼎 上林鼎 好畤鼎 希裕略古 摭古遺文 葢逢時 葢五印 葢黨 葢未 葢慶 唐葢印 葢得臣 脩能印書 附通 壒 塵也於蓋切

匃 說文乞也逯安說亾人爲匃古代切 古文 摭古 附通 馬疾走古達切

溉 摡 說文水出東海桑瀆覆甑山東北入海一曰灌注也古代切 說文滌也詩曰摡之釜鬵古代切〇今詩作溉 張溉

槩 說文杚斗斛工代切 摭古遺文 古文奇字

愛 說文惠也烏代切 說文行皃烏代切 籀文 古文 古孝經 古老子 希裕略古 脩能印書 附通 僾 彷彿也詩曰僾而不見 蔽不見也音愛 音愛〇今詩作愛

藹 說文臣盡力之美於害切 奇字 陸藹

靄　說文雲皃於蓋切　楊桓書學　六書統　摭古

欸　唉　說文訾也烏開切又凶戒切○正韻音愛譍也　說文譍也烏開切

艾　說文冰臺也悟蓋切　摭古遺文　郝艾　附通　食臭也呼艾切

礙　閡　說文止也五溉切　說文外閉也五溉切　六書統

害　說文傷也胡蓋切　古孝經　古老子　石鼓　無害　祁不害　張不害印　棱無害印　附通　矛屬苦蓋切　擖也胡秸切

通谷也呼括切

劾　說文法有辠也胡蓋切○正韻又音覈俗从之　楊桓書學

外　說文遠也卜尚平旦今夕卜於事外矣五會切　古老子　尨敦　齊侯鐘　漢清白鑑　義雲章　摭古　關外侯印

關外侯印　名印

欬　說文屰气也苦蓋切　趙欬　孟欬　竇欬　臣欬

慨　嘅　說文忼慨壯士不得志也苦溉切　說文歎也詩曰嘅其歎矣苦蓋切　摭古　古文奇字

再　說文一舉而二也作代切　齊侯鎛　同文集　名印　脩能印書　附通　雷震溽溽也音再

載　說文乘也作代切　古文　古老子　師𩊁敦　華嶽碑　雲臺碑　碧落碑　摭古遺文　同文集

陳安載　臣安載　千載　附通　設飪也作代切○此與載無涉但音同耳不知古人何以通用

栽　說文築牆長版也春秋傳曰楚圍蔡里而栽昨代切　天台經幢　碧落碑　古文奇字

在 杜 說文存也昨代切 籀文 古孝經 石鼓 杜 仲先彝 尹卣 刺公敦 癸卣 索隱父癸 同文父癸 杜 古文奇字 左

杜在 名印 通附 茌 艸皃濟北有茌平縣仕甾切

蠆 說文毒蟲也丑犗切 古文 籀文 蠆鼎 奇字

戒 說文警也从廾持戈以戒不虞居拜切 古尚書 齊侯鐘 鐘鼎文 脩能印書 通附 悈 飭也司馬法曰有虞氏悈於中國音戒 宗廟奏祴

樂古哀切 械 桎梏也一曰器之總名一曰持也一曰有盛爲械無盛爲器胡戒切

誡 說文敕也古拜切 古老子 吳誡

芥 說文菜也古拜切 義雲章 摭古

介 說文畫也从八从人人各有介古拜切 古孝經 古老子 碧落碑 商鐘 摭古 印書 通附 祄 祏也胡介切 玠 大圭也周書曰稱奉介圭音介

价 善也詩曰价人維藩音介 閉 門扇音扴 畍 境也音介 忦 憂也音扴 髻 籀結也音介 奈 大也音介 齘 齒相切音扴 妎 妒也音扴 尬 尲尬也音介又公八切

搳 播也音介 扴 刮也古黠切 鶡 鳥似鶡而青出羌中音介 馻 系馬尾也音介

丰 建首艸蔡也象艸生之散亂也古拜切 通附 夆 相遮要害也南陽新野有夆亭五蓋切

犗 說文騬牛也古拜切 牧子文

恝 說文忽也孟子曰孝子之心不若是恝呼介切 楊桓書學

隘 說文陋也从𨸏𦐏聲𦐏籀文隘字烏懈切 摭古遺文

噫 說文飽食息也於介切 摭古遺文

睚　說文目際也五隘切　書學

林　建首葩之總名也林之爲言微也微纖爲功象形匹卦切　古文奇字

𠂢　派　建首水之衺流别也从反永匹卦切　說文别水也匹賣切　古文　汗簡　同文集　附通　散絲也音𠂢

拜　𢷎　說文首至地也从手𠦪𠦪音忽徐鍇曰𠦪進趣之疾也故拜从之博怪切楊雄說拜从兩手下　古文　籀韻　齊侯鐘　𢦏敦　寅簋

師淮父卣　牧敦　粤鐘　義雲章　集　同文　奇字　正譌

敗　退　說文毀也敗賊皆从貝會意薄邁切　說文𣪠也周書曰我興受其退薄邁切○今書作敗　存乂切韻　摭古遺文

憊　痡　說文𢡱也蒲拜切　古文　楊桓書學

賣　說文出物貨也从出从買莫邂切　同文集　黄賣　名印

邁　說文遠行也莫話切　古文奇字　孫邁猷印　附通　勉力也周書曰用勸相我國家莫話切○正韻邁勸通

灑　說文汛也山豉切　書學　升菴　索隱

塞　說文隔也先代切　摭古　漢保塞烏桓率衆長　脩能印書　附通　行棊相塞謂之簺先代切

賽　說文報也先代切　摭古　裨將軍張賽　張賽私印　印書

夬　說文分決也从又𠀁象決形徐鍇曰コ物也丨所以決之古賣切　古文　汝夬印書　附通　袖也彌弊切　蛈蚗蛁蟟也於悅切　踶也音決

鼻目間皃音蚗　涓目也音決　喜也苦夬切　寧鴂也音決　瘍也音決　孔也音決　穿也音蚗　玉佩也音決　駃騠馬父贏子也臣鉉等曰今俗與快同用音決

澮　巜　建首水流澮澮也方百里爲巜廣二尋深二仞古外切　說文水出霍山西南入汾古外切

獪 說文狡獪也古外切 書學

蒯 說文汝南安陽鄉苦快切 古文 摭古 蒯歎

蔽 說文艸也苦快切〇正韻蒯同 古文 六書統

薤 說文菜也胡戒切 古文 古爾雅

瀣 說文沆瀣气也胡戒切 古文

壞 說文敗也下怪切 六書統

七隊

隊 說文從高隊也徒對切 古文 南嶽碑亦作墜

附通 靁也音隊

兌 說文說也大外切 升菴索隱 同文集 摭古遺文 邛兌之印

附通 閱 具數於門中也音悅 裞 贈終者衣被音稅 娧 好也音兌 鳥 鳥也 音悅 涗 財溫水也周禮曰以涗漚其絲輸芮切 蛻 蛇蟬解皮音涗 稅 稅也音涗 駾 馬行疾來皃詩曰昆夷駾矣他外切 脫 馬脛瘍也一曰將傷徒活切 棁 木杖也之說切又他活切

䨴 說文黮䨴雲黑皃徒對切 摭古遺文

憝 說文怨也周書曰凡民罔不憝徒對切 大篆 六書統

對 說文譍無方从丵从口从寸都隊切或从士漢文帝以爲責對而爲言多非誠對故去其口以从士 齊侯鎛 齊侯鐘 師毛父敦 宰辟父敦 諆敦 南宮中鼎 師毀敦 牧敦 師余尊 大夫始鼎 父乙甗 方尊 朝事尊 王庶子碑 古文奇字 同文集

附通 轛 車橫軨也追萃切 懟 怨也丈淚切 𢧵 市也都隊切

退 說文却也一日行遲也从彳从日从夊他内切 古文 古尚書 古孝經 古老子 寅簋 開元文 正譌

類 說文種類相似唯犬爲甚从犬頪聲力遂切 大篆 古尚書 齊侯鎛 類獲 以事類祭

附通 難曉也一日鮮白皃臣鉉等日難曉亦不聽之義音類

天神音類

纇 說文絲節也力遂切 古文

酹 說文綴祭也郎外切 古文

耒 建首手耕曲木也从木推手古者垂作耒相以振民也盧對切 汗簡 說文另本如此 古文奇字朱鬱儀云當是从木

附通 耕多艸音耒 頭不正也音耒 今桂

陽邦陽縣音耒

配 說文酒色也滂佩切 古孝經 古老子 齊侯鐘 古文奇字 同文集 印書

附通 崩聲也蒲没切

沛 邟 說文水出遼東番汗塞外西南入海普蓋切 說文沛郡博蓋切○此豐沛之沛 義雲章 沛祠祀長

旆 說文繼旐之旗也沛然而垂蒲蓋切 石經

佩 說文大帶佩也从人从凡从巾臣鉉等日今俗别作珮非是蒲妹切 古文 車珮印信

輩 說文若軍發車百兩爲輩補妹切 脩能印書

貝 建首海介蟲也居陸名猋在水名蜬象形古者貨貝而寶龜周而有泉至秦廢貝行錢博蓋切 古文 汗簡 父乙鼎 父乙甗 師淮父鼎 兄癸鼎

文姬匜 古文奇字

附通 水名普拜切 步行獵跋音貝

眛　說文㬔旦明也一日闇也莫佩切　汗簡　古尚書　古老子　奇字

附通　目不明也音眛　眛前也音眛

媢　說文說也美祕切　汗簡　古論語　孫彊集

魅　鬽　說文老精物也彡鬼毛密祕切　籀韻　六書統　奇字

附通　鬊也忽見也彔籀文魅亦忽見意芳未切

歲　說文木星也越歷二十八宿宣徧陰陽十二月一次从步戌聲律歷書名五星爲五步相銳切　古文　古尚書　希裕略古　升菴索隱𡳿云从倒市从一

萬歲　里中萬歲　任千歲單歲　祭尊印　梁歲

附通　居衞切　利傷也　水多皃呼會切　空大也呼括切

繐　說文細疏布也私銳切　六書統

碎　說文䃺也穌對切　說文破也穌對切

𥨎　說文塞也讀若虞書曰𥨎三苗之𥨎粗最切　孫彊集　六書統

祟　說文神禍也雖遂切

附通　楚人謂卜問吉凶曰𣪠之芮切　艸也音𥨎　謹也音𥨎　虫也祖外切　鳥也辛律切

邃　說文深遠也雖遂切　摭古遺文　楊桓書學

遂　說文亡也徐醉切　古文　籀文　古尚書　汗簡　希裕略古　天台經幢　碧落碑　摭古　解遂之印

吳遂成印　金鏻遂之印　蔡遂　蘇遂　苗遂　曹遂　鄒遂　王遂私印　張遂　張遂　陽成遂　脩能印書

附通　衣死人也春秋傳曰楚使公親襚音遂　陽鏉也音遂

豙　說文从人意也徐醉切　古文　孫彊集　古文奇字

附通　頭𣪊顡也五怪切　深也音豙　羅也詩曰隰有樹檖徐醉切

燧　說文塞上亭守㷭火者徐醉切　書學

旞
- 說文導車所以載全羽以爲允允進也徐醉切

穗 采 穟
- 說文禾成秀也人所以收徐醉切
- 說文禾采之皃詩曰禾頴穟穟徐醉切
- 古文
- 籀文
- 六書統

彗
- 說文掃竹也祥歳切
- 古文

翠
- 說文青羽雀也出鬱林七醉切
- 碧落碑
- 摭古遺文
- 脩能印書

附通
- 小溼也遵誄切

脃
- 說文小耎易斷也此芮切
- 古文
- 古老子
- 六書統

悴 顇
- 說文憂也秦醉切
- 說文顦顇也秦醉切

瞶 聵
- 說文聾也五怪切
- 說文另本有此重文
- 徐邈集

繪
- 說文會五采繡也虞書曰山龍華蟲作繪論語曰繪事後素黄外切
- 孫彊集

會
- 說文合也从亼从曾省曾益也黄外切
- 古文
- 汗簡
- 古尚書
- 籀韻
- 古文奇字
- 右將軍會稽内史印
- 周嘉會印

附通
- 帶所結也春秋傳曰衣有襘古外切
- 合市也音襘
- 細切肉音襘
- 斷也音儈
- 糠也苦會切
- 女黑色也音儈
- 咽也一日嚵噲也苦夬切
- 艸多皃烏外切
- 芻藁之藏音儈
- 柏葉松身音儈
- 骨擿之可會髮者詩曰鬠弁如星音儈
- 沃黑色惡外切
- 建大木置石其上發以機以追敵也春秋傳曰旝動而鼓音儈

頮 沬
- 說文洒面也荒内切
- 古文
- 古尚書
- 卭仲盂

誨
- 說文曉教也荒内切
- 汗簡
- 古尚書

悔 毋
- 說文悔恨也荒内切
- 說文易卦之上體也商書曰日貞曰毋荒内切〇今書作悔
- 古文
- 王庶子碑

晦
- 說文月盡也荒内切
- 古老子
- 升菴索隱

翽 [seal] 說文飛聲也呼會切 [seal] 古文奇字

噦 [seal] 說文車鑾聲也詩曰鑾聲鉞鉞臣鉉等曰今俗作鐬以鉞爲斧戉之戉非是呼會切○今詩作噦倂非鐬字矣 [seal] 林罕集 [seal] [seal] 六書統 附通 [seal] 气牾也於月切○音義逈别古今不同如此

嘒 [seal] [seal] 說文小聲也詩曰嘒彼小星呼惠切

諱 [seal] 說文誋也許貴切 [seal] 古老子 [seal] 齊侯鐘 [seal] 齊侯鎛 [seal] 吳諱

慧 [seal] 說文儇也胡桂切 [seal] 古文 [seal] 籀文 [seal] 慧季鼎 [seal] 慧季鬲 [seal] 趠盦鼎 [seal] [seal] 奇字本小異 [seal] 馬慧 [seal] 脩能印書 附通 [seal] 暴乾火也

[seal] 鼎也 [seal] 棺櫝也 [seal] 蜀細布 [seal] 于歲切 [seal] 音篲 [seal] 祥歲切 [seal] 音槥

惠 [seal] [seal] 說文仁也胡桂切 [seal] 古文 [seal] 古老子 [seal] 晉姜鼎 [seal] 樊先生碑 [seal] 光遠集綴 [seal] 希裕略古 [seal] 宣惠長史之印 [seal] 惠王 [seal] 封彭惠印

[seal] 郎惠 附通 [seal] 水出廬江入淮音惠 [seal] 橐紐也一日戰伐以盛首級音惠 [seal] 木也音惠 [seal] 蟪蛄蟬也音惠

轊 [seal] [seal] [seal] 說文車軸耑也于濊切 [seal] [seal] 楊桓書學

恚 [seal] [seal] 說文恨也於避切 [seal] 說文不說也於避切

叡 [seal] [seal] [seal] 說文深明也从𣦼从目从谷省以芮切 [seal] [seal] 古文 [seal] 盄和鐘 [seal] 侯戈見同文集 [seal] 古文奇字

銳 [seal] [seal] 說文芒也以芮切 [seal] 天台經幢 附通 [seal] 艸之小者居例切

芮 [seal] 說文芮芮艸生皃而銳切 [seal] 芮長立印 [seal] 芮君生 [seal] 芮猛 附通 [seal] 羊車騶箠也箸箴其耑長半分陟衛切

蜹 [seal] 說文秦晉謂之蜹楚謂之蚊而稅切 [seal] 光遠集綴

鋭 說文小餟也輸芮切 奇字

鄶 說文祝融之後妘姓所封潧洧之閒鄭滅之古外切 古文

貴 說文物不賤也居胃切 古文 籀文 尚書 老子 孝經 義雲章 光遠集綴 奇字 升菴索隱 長貴亭侯 日貴

邢貴私印 宗家重貴 呂貴

附通 中止也司馬法曰師多則人讀讀止也胡對切 匱也求位切 屈髮也丘媿切 市外門音讀 亂也音讀 椐也

繢 說文織餘也胡對切 朱繢止

音匱 韋繡也 音匱 鄐脛閒骨也丘媿切 潰漏也音讀 爛也音潰

饋 說文餉也求位切 餽 說文吳人謂祭曰餽居位切又音饋

蕢 說文艸器也古文蕢象形論語曰有荷臾而過孔氏之門求位切 古文 汗簡

媿 說文慙也从女鬼聲 或从恥省俱位切 齊侯鎛 齊侯鐘 六書統

隊 說文陊也古通用隊直類切 說文陊也徒對切 齊侯鐘 齊侯鎛 同文集小異 晉姜鼎 楊桓書學

甀 說文小口罌也池僞切 脩能印書

薉 說文蕪也於廢切 書學 六書統 古文奇字 討蕆辨軍印

附通 濊 礙流也詩曰施罟濊濊呼括切

尉 說文从上案下也从尸又持火以尉申繒也臣鉉等曰今俗别作熨非是於胃切 殿中都尉 駙馬都尉 强弩都尉章 都尉 軍議挍尉 典軍挍尉

杜陵右尉 王翁主尉

附通 袵也音尉 安也音尉 牲蒿音尉 捕鳥网音尉

畏 說文惡也从由虎省鬼頭而虎爪可畏也於胃切 古文 古孝經 威君鼎 晉姜鼎 脩能印書

附通

鍡 鍡鑸不平也烏賄切 沒也烏恢切 盆中火音㶚 犬吠聲音㶚 門樞謂之根音㶚 水曲隩也音㶚 角曲中也音鍡

謂 說文報也于貴切 石鼓 天台經幢

渭 說文水出隴西首陽東入河杜林說夏書以爲出鳥鼠山雝州浸也云貴切 椽渭

蝟 說文蟲似豪豬者于貴切 六書統

胃 說文穀府也云貴切 古文

附通 大風也王勿切 楚人謂女弟曰媦公羊傳曰楚王之妻媦音胃 繒也音胃

彙 說文艸木彙字之皃于貴切 另本如此 六書統 張彙

位 說文列中庭之左右謂之位于備切 古孝經 南宮中鼎 父乙方彝 碧落碑

衞 說文宿衞也从韋帀从行行列衞也于歲切 石經 天台經幢 左衞將軍 武衞次飛虎賁將印 中衞司馬 衞青 衞王孫 陳衞士長

衞成公卯 衞

附通 䘙言不慧也音衞 衞也音衞 豚屬音衞 牛蹏衞也音衞

魏 說文無魏字巍注見平灰 魏率善羌邑長 魏率善叟千長 魏率善屠各長 魏升瀺印信 魏章印 魏小女 魏信 〇閔氏詮次曰國名人姓無一不從嵬者魏隸書三絕碑亦然是知六書原無魏字而巍爲一字二義但許注失於詳載耳楷書去嵬之山以爲魏非有意義但求分別以便童蒙千古相沿不改

僞 說文詐也危睡切 天台經幢 古文奇字

塊 說文墣也从土一屈象形苦對切 書統 來塊

贅 說文以物質錢从敖貝敖者猶放貝當復取之也之芮切 古文 古老子 升菴索隱

綴 說文合箸也陟衞切 齊侯鐘 存乂切韻

毳 建首獸細毛也此芮切
附通 精竁也千短切　穿地也一曰小鼠周禮曰大喪甫竁充芮切　數祭也音毳　耎易破也七絕切

睡 說文坐寐也是僞切　石經

内 說文入也从冂自外而入也奴對切　郝敦　尨敦　內者登　雲臺碑　義雲章　古文奇字　同文集　關內侯印　關內侯印　右將軍會稽內史印　脩能印書
附通 驂馬內轡繫軾前者詩曰汏以觼軜奴荅切　水相入也而銳切　絲濕納納也音軜　魚似鼈無甲有尾無足口在腹下音納

喟 說文太息也丘媿切　古文　古孝經　林罕集　天台經幢　六書統

醉 說文卒也卒其度量不至於亂也一曰潰也將遂切　名印

最 說文犯而取也从冃从取祖外切　義雲章　六書總要　古摭　徐最之印　班安最印　張冣私印　耿冣○按冣說文積也才句切見聚字下然脩能亦以為最字

八震

震 說文劈歷振物者章刃切　說文　泝源　六書統　張震

振 說文舉救也一曰奮也章刃切　碧落碑　光遠集綴　摭古遺文　振武將軍章
附通 給也一曰約也章刃切○集綴通用可否

鎮 說文博壓也陟刃切　古文　籀文　盉和鼎　同文小異　王庶子碑　鄧鎮私印　趙鎮之印

陣 說文列也直刃切　古文　摭古　陷陣司馬

軔 說文礙車也而振切　商隱字略

韌 說文柔而固也而進切　六書統　六書正譌

訒 說文頓也論語曰其言也訒而振切　古文　汗簡　古論語　古老子

刃 建首刀堅也象刀有刃之形而振切　汗簡

杒 桎杒也 切 音刃

附通

杒 枕巾 音刃

仞 伸臂一尋八尺音刃

紉 繟繩也女鄰切

牣 牣滿也詩曰於牣魚躍音刃

汈 水也乃見

閏 說文餘分之月告朔之禮天子居宗廟閏月居門中从王在門中如順切　楊氏阡銘　義雲章　萇閏私印　閏絲

附通

潤 水曰潤下音閏

瞤 目動也如勻切

朄 說文擊小鼓引樂聲也羊晉切　摭古遺文

胤 說文子孫相承續也从肉从八象其長也从幺象重累也羊晉切　古文　齊侯鎛　盂和鐘　籀韻　摭古遺文　古文奇字　呂胤

印信印

印 建首執政所持信也於刃切　古文　汗簡　六書統　摭古遺文　漢都亭侯印　賜宜王印　廣平侯印　綏武侯印　昌邑

倉印　孝成君印　太子率更令印　宣惠長史之印　討穢辮軍印　順陽侯家印信　偏將軍印　東門陽印　東虛唯印　公孫弘印　馮循信印

馮登私印　椒欽私印　馮藺私印　錡常私印　公乘舜印　公孫玄印　劉彊之印　李順私印　杜宏私印　勝屠勳印　步重私印　郭詩印信

白平私印　費閎私印　曹植私印　幼安私印　李書印　佴毋傷印　馬史彊印　玄平長印　紀信之印　周賡印信　封宜之印　欒小

孫印　張倉印　莊駘之印　黃汜名印　張印　名印

𦣞 說文臥也於進切〇孟子隱几而臥之隱當是此字正韻不收　摭古

慎 說文謹也時刃切〇昚又見上軫爲腎字重文　古尚書　升菴索隱　曲宮慎

儐 擯 說文導也必刃切

朩　建首分枲莖皮也从中八象枲之皮莖也匹刃切○按入聲建首有朩字止也卽里切與朩共三字相似偏旁及注混淆不可分但可以音義相近類分之耳然不能甚確朩部有朩

附通

怽　恨怒也詩曰視我怽怽蒲昧切　魚名出東海博蓋切　三歲牛音鯡　削木札樸也陳楚謂櫝爲柿芳吠切　前頓也賈侍中說一讀若餘又若郅北末切

信　說文誠也息晉切　亦說文　籀文　古文　古孝經　古老子　石經　古史記　仲信麤　經幢

摭古遺文　古文奇字　漢三老信印　鄉老信印　順陽侯家印信　馮政印信　馮循信印　羅歆印信　李世印信

宋信　淳于任之印信　未識古印

訊　說文問也思晉切　古史記　六書統

迅　建首疾飛也从飛而羽不見息晉切　說文疾也息進切　陰符經迅雷烈風通用　同文集

附通

灑也音卂　陵名所臻切　从上抯也

音卂

囟　建首頭會腦蓋也息進切　六書統　摭古

附通

小皃詩曰佌佌彼有屋斯氏切　水出汝南新郪入潁穌計切

峻　說文高也私閏切　說文陗高也私閏切　古文　六書統　高峻

濬　浚　說文深通川也从谷从𣦵𣦵殘地阬坎也虞書曰濬畎澮距川私閏切　古文　摭古　說文抒也私閏切

侚　說文行示也司馬法斬以侚詞閏切　古文　摭古殉同

噀　說文含水噴也穌困切　摭古

顨　說文巽也此易顨卦爲長女爲風者臣鉉等曰从頭之義亦選具也穌困切　大篆　商隱字略　六書統

巽　說文具也臣鉉等曰庶物皆具丌以薦之穌困切　古文　籀文

附通

具也士卷切　所以鉤門戶樞也一曰治門戶器也此緣切

【遜】

【愻】 說文遁也 穌困切 說文順也唐書曰五品不愻穌困切

【晉】 說文進也日出萬物進从日从臸易曰明出地上晉即刃切 古文 晉姜鼎 同文小異 鐘鼎文 雲臺碑 古 摭古 晉陽侯印

晉歸義羌王 晉歸義夷王 張晉

【附】【通】搢 木也書曰竹箭如搢子賤切 插也搢紳前史皆作薦紳音晉 縉 帛赤色也春秋傳曰縉雲氏禮有縉緣音晉

【進】 說文登也即刃切 古文 汗簡 古尚書 古孝經 石經 古老子 寅簠 趙進私印 段進信印 靳進

黃方進印 革丙進印 高進私印

【附】【通】璡 石之似玉者將鄰切

【畯】 說文農夫也子峻切 古文 籀文 石經 晉姜鼎 盄和鐘 剌公敦 義雲章

【餕】 說文食之餘也子峻切 楊桓書學

【俊】 說文材千人也子峻切 六書統 臣俊

【駿】 說文馬之良材者子峻切 殷駿私印 呂駿私印 趙駿私印

【燼】 說文火餘也一曰薪也臣鉉等曰今俗別作燼非是徐刃切 古文

【贐】 說文會禮也徐刃切 書學

【藎】 說文艸也徐刃切 書學

【櫬】 說文棺也春秋傳曰士輿櫬初僅切 摭古遺文

【疢】 說文熱病也臣鉉等曰今俗別作疹非是丑刃切 書學 疢疾除永康休萬壽寧

【吝】 說文恨惜也易曰以往吝臣鉉等曰今俗別作悋非是良刃切 摭古遺文 古文奇字 晉屠吝宰善阡長

遴 說文行難也易曰以往遴良刃切 古史記

附通 粦 兵死及牛馬之血爲粦良刃切 轔 車聲力珍切 嶙 嶙峋深崖皃音轔 獜 健也詩曰盧獜獜音轔

粼 水生厓石間粼粼也音轔 驎 驎也一曰頭少髮音粦

躪 說文轢也良刃切 疄 說文轢田也良刃切 古 摭

閵 說文今閵似鴝鵒而黃从隹両省聲良刃切 古文 閵襃 閵中

附通 藺 莞屬音閵

菣 ⿱艹堅 說文香蒿也去刃切 古文奇字

釁 說文血祭也象祭竈也酉所以祭也臣鉉等曰分布也虛振切 穆公鼎 叔夜鼎 鐘鼎文 摭古遺文 升菴索隱

附通 虋 赤苗嘉穀也莫奔切

覲 說文諸侯秋朝曰覲勞王事渠吝切 碧落碑

靳 說文當膺也居近切 靳堅之印 靳充 靳進 靳勃

近 說文附也渠吝切 古文 摭古

舜 建首艸也楚謂之蕾秦謂之藑蔓地連華舒閏切 古文 籀文 大篆 顏舜 張舜私印 李舜之印 公乘勝印

蕣 說文木堇朝華暮落者詩曰顏如蕣華舒閏切 汗簡 六書統 奇字

瞬 說文開闔目數搖也臣鉉等曰今俗別作瞬非是舒閏切 籀文 古文 林罕集 古 摭 楊桓書學

順 說文理也食閏切 汗簡 碧落碑 六書統 順陽侯家印信 鄧順之印 韋順 蘇順之印 徐順 李順私印 田順

盾 建首瞂也所以扞身蔽目象形食閏切 古文 同文集

附通 揗 摩也食尹切 楯 闌也音揗

問 說文訊也亡運切 古孝經 摭古 蘇問

汶 說文水出琅邪朱虛東泰山東入濰桑欽說汶出泰山萊蕪西南入泲亡運切 楊桓書學

奮 說文翬也詩曰不能奮飛方問切 古文 摭古 奮威將軍章 附通 以囊盛穀太滿而裂也音奮

糞 說文棄除也从廾推華棄采也官溥說似米而非米者矢字方問切 說文掃除也方問切 籀文 古老子 書學 六書統

捃 說文拾也居運切 書學 摭古 古文奇字 附通 水浸也爾雅曰瀵大出尾下音奮 稻紫莖不黏也扶沸切

郡 說文周制地方千里分爲百縣縣有四郡春秋上大夫受郡是也至秦初置三十六郡以監其縣渠運切 古文 神寶鑑 蜀郡沈 同文集如此 京兆郡開國公章 郡五官佐 錢郡

訓 說文說教也許運切 古文 碧落碑 摭古 任訓

脪 說文創肉反出也香近切 古文 六書統

韗 說文攻皮治鼓工也王問切

運 說文迻徙也王問切 汗簡 古老子 碧落碑 運利 李運私印

韻 說文和也裴光遠云古與均同未知其審王問切 古文 彝 楚王 書學 摭古遺文 升菴索隱

圂 說文廁也象豕在口中也會意胡困切 說文亂也一曰水濁皃胡困切○正韻圂同 梁圂 附通 憂也一曰擾也音圂 木未折也胡昆切 手推之戶骨切

困 說文故廬也苦悶切 汗簡 籀韻 摭古遺文 附通 門橛也苦本切 愊也音梱

悶 懣 說文懣也莫困切 說文煩也莫困切 古老子 六書統

寸 建首十分也人手卻一寸動𧖴謂之寸口倉困切 首山登 摭古 附通 度也倉本切 切也音忖 三重醇酒也从酉从時省明堂月令日孟秋天子飲酎除帘切

臂節也陟柳切 小膊痛音肘

頓 說文下首也都困切 古文 王庶子碑 六書統 摭古

遯 遁 說文逃也徒困切 說文遷也一曰逃也徒困切 汗簡 籀韻 古尚書 牧子文 六書統

嫩 說文好皃而沇切臣鉉等案切韻又音奴困切今俗作嫩非是 書學 脩能印書

艮 說文很也从匕目猶目相匕不相下也易曰艮其限古恨切 古文 摭古 艮當 附通 目也五限切 頰後也音艮 怨也胡艮切 石似玉者語巾切 車革前曰鞎戶恩切 胝瘢也音鞎

六書通 去聲下第八

海鹽畢弘述既明篆訂

茗溪程　閲　章含貞　煒赤文　同校

九翰

翰 鶾 說文天雞赤羽也逸周書曰大翰若翬雉一名鶾風周成王時蜀獻之侯幹切 說文雉肥鶾音者也魯郊以丹雞祝曰以斯鶾音赤羽去魯侯之咎侯幹切 古文 石鼓

古爾雅 李陽冰侍郎碑〇李凡作卓右畔不挑 古文奇字 附通 獸豪也侯幹切

悍 說文勇也侯旰切 李悍 郭悍

捍 扞 說文止也周書曰敦我于艱侯旰切 說文忮也侯旰切 古文 六書統

榦 說文築牆耑木也臣鉉等曰今別作幹非是古案切 古文 漢十二辰鑑 存乂切韻 附通 艸也音榦

倝 說文日始出光倝倝也古案切 附通 闕 馬毛長也侯旰切 蠡柄也揚雄杜林說皆以爲軺車輪斡烏括切 赤色也胡玩切

漢 說文漾也東爲滄浪水呼旰切 籀文 古文尚書 書 鐘鼎文 古漢書 漢壽亭侯之印 漢都亭侯印 漢威武將校尉

漢叟阡長 漢歸義胡率長 漢阡長印 漢夷邑長 漢三老印信 趙安漢 牛僧漢印 肖漢 臣充漢 巒漢 樛長漢

暵 熯 說文乾也耕暴田曰暵易曰熯萬物者莫暵于離呼旰切 說文乾皃詩曰我孔熯矣人善切〇正韻暵同

按 案 說文下也烏旰切 說文几屬烏旰切〇正韻按通

犴 豻 說文胡地野狗或从犬詩曰宜犴宜獄五旰切

緩 說文繛也胡玩切

逭 說文逃也胡玩切 楊桓書學

浣 瀚 說文濯衣垢也胡玩切

換 說文易也胡玩切 換烈將軍之印

喚 說文評也古通用奐呼貫切 古文

渙 說文流散也呼貫切 籀文 古老子

煥 奐 說文火光也呼貫切 說文取奐也一曰大也从廾夐省臣鉉等曰夐營求也取之義也呼貫切〇正韻通作煥 碧落碑煥 摭古遺文 張奐

貫 說文錢貝之貫古玩切 古文 召公尊 晉姜鼎 父乙甗 摭古 古文奇字 貫郢

貫 貫明 脩能印書

觀 說文諦視也古玩切 存乂切韻 同文集 孫觀 貞觀 名印 印書

館 說文客舍也古玩切 碧落碑 崇文館

祼 說文灌祭也古玩切 古文

盥 說文澡手也春秋傳曰奉匜沃盥古玩切 杞公匜 鐘鼎文 同文集

爟 烜 說文取火於日官名舉火曰爟周禮曰司爟掌行火之政令古玩切 摭古

矔 說文目多精也益州謂瞋目曰矔古玩切 六書 沂源 矔成 私印 矔唯 印

雚 說文小爵也詩曰雚鳴于垤工奐切〇今詩作鸛 大篆 古文

附通

䨏專畐蹂如䨏短尾射之䠶矢射人呼官切

弓曲也九院切

器也音雚

蟲也大螯

也巨員切 行趯趒也一日行曲脊皃音讙 揮角皃梁隱縣有讙亭況袁切 魯下邑春秋傳曰齊人來歸酄呼官切 玉也春秋傳日瓘斝音讙

偄 說文弱也奴亂切 摭古遺文 附通 沛國謂稻曰稬音偄○俗作糯乃个切

玩 說文弄也五換切

翫 忨 說文習猒也春秋傳曰翫歲而愒日五換切 說文貪也春秋傳曰忨歲而㵣日五換切 楊桓書學

判 說文分也普半切 摭古

泮 說文諸侯鄉射之宮普半切 古文

半 說文建首物中分也从八从牛牛爲物大可以分也博幔切 古文 汗簡 同文集 名印 脩能印書 附通 量物分半也音半 半體肉也一曰廣肉

普半切 田界也薄半切 婦人污也漢律曰見姅變不得侍祠音半 馬縶音半

幔 幕 說文幕也莫半切 說文帷在上曰幕覆食案亦曰幕慕各切○閔氏詮次曰按前漢西域傳罽賓國以金銀爲錢文爲騎馬幕爲人面如淳云幕音幔顏師古曰幕卽幔耳無勞借音今之簸錢戲者以錢文背面分勝負一呼字一呼幔卽幕字也雅俗二證其爲一字無疑 說文衣車蓋也莫半切

筭 算 祘 說文長六寸計歷數者从竹从弄言常弄乃不誤也蘇貫切 說文數也从竹从具讀若筭蘇管切○正韻又蘇貫切 說文明視以筭之从二示逸周書曰士分民之祘均分以祘之也蘇貫切 同文集 摭古遺文 附通 葷菜音祘

竄 說文匿也七亂切 古文 脩能印書

爨 建首齊謂之炊爨臼象持甑冂爲竈口廾推林內火七亂切 古文 汗簡 六書統 升菴索隱 古文奇字 附通 所以枝鬲者渠容切

彖 說文豕走也通貫切 古文 籀文 汗簡 古周易 同文集 奇字 附通 復陶也劉歆說蝗子也與專切

道邊庳垣也徒玩切　緣也以絹切　口也許穢切　椽也直專切　圭璧上起兆瑑也周禮曰瑑圭璧直戀切　怨恨戶隹切　欺老也丑絹切

【段】說文推物也从殳耑省聲徒玩切　古文　古文奇字　段寄之印　段建　段國　段禁　朱段　段惠君　段長樂　段進信印　段丁　段猜　段光　段沖　段毋方印　印書

附通　小治也丁貫切

【緞】說文履後帖也徒玩切

【斷】說文截也𢇍古文絕徒玩切古文斷从㠯㠯古文叀字也周書曰𧥄𧥄猗無他技　古文　籀文　古尚書　石經　六書統

【𢿢】說文煩也郎段切　古春秋　古文奇字　脩能印書

【𤔔】【亂】說文治也幺子相亂𠬪治之也一曰理也徐鍇曰冂坰也界也郎段切　說文治也乙治之也郎段切　籀文　古尚書　奇字

附通

【孿】說文一乳兩子也五患切　古文

菿也八月薍爲葦也五患切　好視也洛戈切

十諫

【諫】說文証也古晏切　籀文　古文　諫尊

【澗】說文山夾水也一曰澗水出弘農新安東南入洛古莧切　楊桓書學

【譀】【誌】說文誕也下闞切

【晏】【晏】說文天清也烏諫切　說文安也詩曰以晏父母烏諫切　古文　古老子　桓晏私印　公孟晏

附通　目相戲也詩曰矈婉之求於殄切

【鴳】說文雇也烏諫切　義雲章　六書統

摜 遺 說文習也春秋傳曰摜瀆鬼神古患切 說文習也工患切 六書本義 書學 升菴索隱 古文奇字

患 說文憂也从心上貫吅古文一从關省一从貫胡丱切 孝經 古老子 同文集

幻 說文相詐惑也从反予周書曰無或譸張爲幻胡辦切 籀文 小篆 古尚書 摭古遺文 同文集

襻 說文無色也一曰詩曰是紲袢也博幔切 摭古

慢 嫚 說文惰也一曰慢不畏也謀晏切 說文侮易也謀患切 籀文 六書統

訕 姍 說文謗也所晏切 說文誹也一曰翼便也所晏切 籀文 古尚書 六書統 附通 欺也毋官切○正韻又與慢同

篡 說文逆而奪取曰篡初宦切 古文

𢿱 說文小舂也初豢切 書學

粲 燦 說文稻重一𥝩爲粟二十斗爲米十斗曰毇爲米六斗大半斗曰粲倉案切 說文燦爛明瀞皃倉案切○正韻通作粲 書學 名印 附通 璨 玉光也音粲

㛑 說文三女爲㛑㛑美也从女奴省聲倉案切 書學

贊 說文見也从貝从兟臣鉉等曰兟音詵進也執贄而進有司贊相之則旰切 古文 古孝經 雲臺碑 古文奇字 附通 儹 最也作管切 白好也音贊 所以穿也借官切 竹器音儹 三玉二石也禮天子用全純玉也公用駹四玉一石侯用瓚伯用埒玉石半相埒也徂贊切 繼也音儹 以羹澆飯音贊 百家爲酇酇聚也音儹又音贊 汗灑也一曰水中人音贊

歎 嘆 說文吟也他案切 說文吞歎也一曰太息也他案切 摭古

憚 說文忌難也一曰難也徒案切 楊桓書學 摭古遺文

彈 說文行丸也徒案切 古文 工里彈印

爛 說文孰也郎旰切 書學

怛 悬 說文憯也得案切又當割切或从心在旦下詩曰信誓悬悬〇又見入轄

旦 建首明也从日見一上一地也得案切 古尚書 叔旦敦 師毛敦 玉篇表瑜 劉旦白事

附通 坦 安也他但切 鴠 渴鴠音旦 妲 女字

當割切 小䱇徒旱切 笪也音妲 黃病音旦 火起也音妲 白而有黑也音妲

㪔 散 𢿱 說文分離也从林林分㪔之意也穌旰切 說文雜肉也穌旰切 說文繳𢿱也一曰飛𢿱也穌旰切繳之若切 古老子 摭古

散 散督之印 名印

附通 潸 涕流皃詩曰潸焉出涕所姦切 熬稻粻𥹸音散

腕 掔 說文手掔也楊雄曰掔握也烏貫切 六書統 奇字云大篆掔字臂節也

雁 鴈 說文鳥也五晏切 說文䳘也五晏切 古文 籀文 首山宮鐙 齊侯鐘 義雲章 希裕略古 侍郎碑 雲臺碑 奇字大篆 奇字

附通 火色也音鴈

辦 說文瓜中實蒲莧切 楊桓書學

辨 說文致力也蒲莧切 摭古遺文 討穢辦軍印

辨 說文判也从刀蒲莧切 古文 升菴奇字 索隱 脩能印書

釆 建首辨別也象獸指爪分別也蒲莧切 同文集

綻 說文衣縫解也丈莧切〇又見上產 六書統

附通 補縫也丈莧切

飯 說文食也符萬切 古文 大篆 義雲章

萬 說文蟲也無販切 籀文 古孝經 老子 商鐘 比干銅盤 奇字本如此 嘯堂帖如此 達敦 齊侯鐘 伯問父敦 散季敦 大篆 義雲章 王庶子碑 書學 六書統 古文奇字 摭古 升菴索隱 疢疾除永康休萬壽寧 萬歲萬年 萬安使者章 萬金 千萬 里中萬歲 萬延年 萬施 張萬之印 王萬之印 萬農私印 萬延 萬武印 萬崇私印

附通 譀也莫話切 高气多言也訶介切 貨也音萬

曼 說文引也从又冒聲無販切 脩能印書

附通 繒無文也漢律曰賜衣者縵表白裏莫半切 魚名也莫官切 狼屬爾雅曰貙獌似貍音曼 行遲音鰻 葛屬音曼 蜀廣漢鄉也音曼

十一 霰

霰 霓 說文稷雪也穌甸切 古文 古孝經 六書統

線 說文縷也私箭切 六書統 同文集

茜 說文茅蒐也蒼見切 古文 林罕集

俗 芊 說文望山谷俗俗青也倉絢切 說文艸盛也倉先切 ○正韻又倉絢切

薦 荐 說文獸之所食艸古者神人以廌遺黃帝帝曰何食何處曰食薦夏處水澤冬處松柏作甸切 說文薦席也在甸切 古文 籀文 古禮記 石鼓 六書統 古文奇字 脩能印書

附通 瓦器音薦

洊 說文水至也在甸切 書學 奇字

羨 說文貪欲也似面切　籀文　古文　汗簡　六書統　附通 偏緩也昌善切　遮遂也尹線切

殿 說文擊聲也堂練切　汗簡　華嶽碑　商隱字略　殿中司馬　殿中司馬　附通 榜也徒魂切

電 說文陰陽激燿也堂練切　古文　籀文

奠 說文置祭也酋酒也下其丌也禮有奠祭者堂練切　蒯仲敦　升菴索隱　同文集　附通 倂也音奠

澱 𪑾 說文滓垽也堂練切　說文𪑾謂之垽垽滓也堂練切　楊桓書學

瑱 說文以玉充耳也詩曰玉之瑱兮他甸切

練 鍊 煉 漱 說文湅繒也郎甸切　說文治金也郎甸切　說文鑠治金也郎甸切　說文辟漱鐵也郎甸切　籀文鍊　古文煉

湅 說文瀾也郎甸切　漢十二辰鑑

縣 說文繫也臣鉉等曰此本是縣挂之縣借爲州縣之縣今俗加心別作懸胡涓切〇又見平先　齊侯鐘　鐘鼎文　新定縣侯之印　脩能印書　附通 盧童子也胡畎切

硯 說文石滑也五甸切　汗簡　義雲章　六書統

諺 說文傳言也魚變切　古尚書　奇字本如此　稚古文　六書統　成公諺印　宋諺

彥 說文美士有文人所言也从彣厂聲魚變切　樊彥　脩能印書

唁 說文弔生也詩曰歸唁衛侯魚變切　籀文　書學　六書統

鬳 說文鬲屬牛建切　古文奇字

建 說文立朝律也居萬切 汗簡 大篆 古老子 漢壺 嶧山碑 碧落碑 建武將軍章 建節將軍章 建安君

建武偏將軍 建段 建吾 建牛 丁建之印 盧建印 張建 關建之印 陶建 駱建

附通 揵 揵牛也亦郡名居言切 鞬所以戢弓矢音犍

見 建首視也古甸切 古文 籀文 汗簡 南宮中鼎 季婦鼎 摭古遺文 虞見

附通 俔 譬諭也一曰間見詩曰俔天之妹苦甸切 縊女也胡典切 涂也音蜆 莧菜俟澗切 不歐而吐音蜆 突前也臣鉉等曰日重覆也犯同而見是突前也莫紅亡泼二切 日見也詩曰見晛曰消胡甸切 察視也力鹽切 出目也音蜆 繫牛脛也己彳切

炫 旬 眴 說文目無常也黃絢切 說文目搖也黃絢切 光遠集綴 籀文 古文奇字眩

衒 衒 說文行且賣也黃絢切 大篆 六書統 統

願 願 說文大頭也魚怨切 雲臺碑 王庶子碑 碧落碑 周盈願 張願私印 郭願私印 柳願 鞠願之印

顛 說文顛頂也魚怨切 大篆 韓顯

陽通 嫘 好也委員切

𡘾 說文大皃或曰拳勇字一曰讀若傿乙獻切 古文 𡘾敦

䀠 說文目圍也古人以爲醜字居倦切 古文奇字

寏 院 說文周垣也胡官切又爰眷切 籀文 鐘鼎文

瑗 說文大孔璧人君上除陛以相引爾雅曰好倍肉謂之瑗肉倍好謂之璧王眷切 汗簡

附通 媛 美女也人所援也詩曰邦之媛兮音瑗

𨗨 說文相顧視而行也于線切 六書統

獻 說文宗廟犬名羹獻許建切 古文 大夫始鼎 嶧山碑 考古圖 鐘鼎文 古文奇字

獻之　倄能印書

附通　載高兒五葛切　讞議罪也从水獻與法同意魚列切〇楷書作讞

憲　說文敏也从心从目害省聲許建切　附通　憲丘宮印　黃師憲印　韓憲　王憲私印　邢憲公印　程憲私印　沮憲　頃憲私印

[走+憲]　說文走意許建切　大篆　石鼓

勸　說文勉也去願切　摭古遺文

鄄　說文衛地今濟陰鄄城吉掾切　汗簡

狷　獧　說文褊急也論語曰狷者有所不爲也古縣切　說文疾跳也一曰急也孟子通作狷古縣切　希裕略古　摭古

睊　說文視皃於絢切　摭古

眷　說文顧也詩曰乃眷西顧居倦切　義雲章　六書統　倄能印書　附通　摶飯也音眷　囊也今鹽官三斛爲一舂音眷　豆屬音眷　以穀圈養豕也胡慣切　革中辨謂之桊音眷　攘臂繩也音眷　手也巨員切　曲角也音拳　缺齒一曰曲齒也音拳　牛鼻上環音眷　契也券別之書以刀判契其旁故曰契券去願切

倦　券　說文罷也渠眷切　說文勞也臣鉉等曰今俗作倦義同渠眷切　汗簡　古尚書　希裕略古　薛券印數誤爲契券字　印書

宴　說文安也於甸切　古文　汗簡　古文　鐘鼎書學

燕　說文玄鳥也籋口布翄枝尾象形於甸切　古文　汗簡　林罕集　同文集　燕翁　燕次　蔡燕　燕客三印又見平先　附通　星無雲也音燕　馬白州也音燕　女字也音燕

郾　潁川縣於建切　郾前

絢 說文詩云素以爲絢兮絢文皃許掾切 古文从旬 臣絢

楦 說文履法也呼券切 書學 古文奇字

徧 說文帀也北萬切 古文 籀文 汗簡

變 說文更也祕戀切 古文 古文封變之變 古老子 奇字 王變

怨 說文恚也於願切 古文 籀文 書 古尚書 古孝經 汗簡 奇字 古文

面 建首顔前也从百象人面形彌箭切

偭 說文鄉也禮少儀曰尊壺者偭其鼻彌箭切 古文 汗簡 師旜敦 鐘鼎文

六書統 奇字 脩能印書

附通 馬蝒也武延切 勒靼也彌沇切

麪 說文麥末也彌箭切 楊桓書學 摭古遺文

眄 說文目偏合也一曰衺視也莫甸切 汗簡

片 建首判木也从半木匹見切

扇 說文扉也式戰切 古文 籀文

附通 熾盛也詩曰豔妻偏方處音扇 熾盛也音扇 蠅醜搖翼音扇

戰 說文鬬也之扇切 籀文 汗簡 古老子 升菴索隱曰止戈爲武止干爲戰

繕 說文補也時戰切 籀文 六書統

禪 說文祭天也時戰切 古尚書 古史記 虢姜鼎 名印

轉 說文運也知戀切 升菴索隱 摭古

傳 說文遽也直戀切 籀文 汗簡 華嶽碑 古文奇字 錢傳之印 脩能印書

饌 說文具食也士戀切 宰辟父敦 六書統 摭古

撰 頭 卩 說文選具也士戀切 說文二卪也義闕士戀切〇字書以爲頭字古文正譌亦以爲撰字 古文 楊桓書學

健 筋 腱 說文伉也渠建切 說文筋之本也从筋从夗省聲渠建切

忭 說文喜樂皃皮變切 同文集

弁 說文冕也皮變切 古文 籀文 籀韻 義雲章 古文奇字 卞佳之印

附通 拚手

也音卞 門欂櫨也音弁 酒疾孰也方萬切

汴 說文水受陳留浚儀陰溝東入泗臣鉉等曰今作汴非是皮變切 古文 籀韻

箭 說文矢也子賤切 汗簡 六書統

十二嘯

嘯 說文吹聲也穌弔切 古文 陳大科說文異同 光遠集綴 古文奇字 名印 脩能印書

笑 此字本闕臣鉉等案孫愐唐韻引說文云喜也从竹从犬而不述其義今俗皆从犬又案李陽冰刊定說文从竹从夭義云竹得風其體夭屈如人之笑未知其審私妙切 籀文

古老子 汗簡 升菴索隱 同文集 名印

肖 說文骨肉相似也从肉小聲不似其先故曰不肖也私妙切 古老子 未識古印 肖雩 肖漢 脩能印書

附通 出物有漸也所教切 小小侵也

息約切 自關已西凡取物之上者爲撟捎音稍 鑠金也相幺切 盡也音銷 惡艸皃音稍 木也音稍 蟲蛸堂蜋子音消 酸痟頭痛周禮曰春時有痟首疾音消

綃 生絲音消 國甸大夫稍稍所食邑所教切 鞘 刀室也音肖 哨 不容也才肖切

弔 說文問終也古之葬者厚衣之以薪从人持弓會歐禽多嘯切 籀文 華嶽碑 古文奇字

附通 棺中縑裏多僚切 至也都歷切

釣 說文鉤魚也多嘯切 汗簡 義雲章 孫彊集 六書統懸物也玉篇作𠄏丁了切 名印

糶 說文出穀也他弔切 汗簡

糴 說文穀也他弔切 糴褒私印

眺 說文目不正也他弔切 古文 古文奇字如此 希裕略古

覜 說文諸侯三年大相聘曰覜覜視也他弔切 籀文

蓧 說文艸田器論語曰以杖荷莜今作蓧徒弔切 說文田器也徒聊切○六書統以爲蓧字 楊桓書學 六書統

獠 說文獵也力照切 古文 楊桓書學 升菴索隱

療 說文治也力照切

尞 說文祡祭天也从火从昚昚古文慎字祭天所以慎也力照切 銀牀 索隱 同文集

附通 放火也力小切○字書通作尞 好皃音燎 慧也音燎 白金也音遼 蓋弓也一曰輻也盧皓切 雨水大皃音轑 刀鷯剖葦食其中蟲音遼 女字也音遼 周垣也音燎 椽也音轑 宗廟盛肉竹器周禮供盆簝以待事音遼 玉也音嫽 炙也音尞

尿 說文人小便也从尾水奴弔切 古文 汗簡

叫 噭 訆 譥 嘂

說文嘑也古弔切 說文大呼也春秋傳曰或訆于宋太廟古弔切 說文痛呼也古弔切 說文吼也一曰噭呼也古弔切 說文高聲也一

日大呼也春秋公羊傳日魯昭公叫然而哭古弔切 籀文 林罕集 六書統 奇字

陗 說文陵也七笑切 書學

醮 說文冠娶禮祭子肖切 籀文

附通 以物沒水也斬陷切

釂 說文飲酒盡也子肖切

樵 說文盡酒也子肖切

潐 說文盡也子肖切 古文 籀文

附通 釃酒也一曰浚也子小切

譙 誚 說文嬈譊也才肖切古文譙从肖周書曰亦未敢誚公 殷譙

照 說文明也之少切 古文 籀韻 馮照

詔 說文告也之紹切 秦權 黃詔 司馬詔假

卲 說文高也从卪實照切 籀文 鐘鼎文 奇字

邵 說文晉邑實照切 古文 邵縱私印 邵克之印 邵輔

劭 說文勉也實照切 籀文 朱育集字 義雲章

召 說文評也直少切 古文 汗簡 召仲考壺 召父彝 張仲匜 召碧私印 召奉之印 召勝 召異之印

附通 絝上

也市沼切 小車也以招切 悲也敕宵切 大鐮也謙謂之鉊張徹說止搖切 池也之少切 小兒垂結也徒聊切 蟲也都僚切 耕以臿浚出下壚土也一曰耕休田

也之少切 卜問也音招 樹搖皃音鉊 艸也昨焦切

燿 說文照也弋笑切 汗簡 古老子 王庶子碑 碧落碑 商隱字略 古文奇字

覞 建首並視也弋笑切

附通 見雨而止息虛器切

剽 勡 摽
剽 說文砭刺也一曰剽劫人也匹妙切
勡 說文劫也匹妙切
摽 說文擊也一曰挈闞壯也符少切 王庶子碑 六書統 奇字

廟 說文尊先祖皃也眉召切 古文 籀文 雜古文 龙敦 敔敦 父乙鼎 父乙甗 同文集

十三效

效 說文象也胡教切 古文 汗簡 敦 龙升庵 索隱

校 說文木囚也古孝切 漢威武將校尉 軍議校尉 武猛校尉 城門校尉 建武校尉 中軍校尉 贊軍校尉

教 建首上所施下所效也从攴从孝古孝切 汗簡 籀文 古孝經 古老子 貝丘長碑 碧落碑 昭鄉字指
六書統 古文奇字 脩能印書

附通 斆 放也从子爻聲古肴切 解廌屬古孝切 交灼木也从火教省聲古巧切

孝 說文善事父母者从老省从子子承老也呼教切 籀文 古孝經 石經 古老子 伯碩父鼎 仲駒敦蓋 微欒鼎 刺公鼎
刺公敦 嶧山碑 同文集 奇字 孝成君印 田孝 葛孝元印 諸兼孝印 樊孝迪印 周孝

窖 說文地藏也古孝切 籀文 窖磬

豹 說文似虎圜文北教切 石經 籀韻 脩能印書

報 說文當罪人也博号切 籀韻 古孝經 古老子 碧落碑

貌 建首頌儀也莫教切 籀文 義雲章 同文集 皃安國 虞皃

附通 邈 遠也莫角切 美也音邈 茈艸也音邈

帽 建首小兒蠻夷頭衣也莫報切

去聲一 效

冒　說文蒙而前也莫報切　古文　大篆　義雲章　古文奇字　冐侗　冐盧　脩能印書

橫梁　音冒　低目視亡保切　艸也音冒

附通　椙　門樞

媢　說文夫妒婦也一曰相視也莫報切　印書

瑁　說文諸侯執圭朝天子天子執玉以瑁之似犂冠莫報切　奇字

耄　說文年九十曰耄莫報切　古尚書　書學　六書統　奇字　正譌

眊　說文目少精也亡報切　書學

罩　說文捕魚器都教切

罩　說文覆鳥令不飛走都教切　六書統

櫂　說文所以進船也或从水史記通用櫂直教切　六書統　印書

淖　說文泥也奴教切　石鼓　奇字

鬧　說文不靜也奴教切　古文　籀文　六書統　升菴　索隱

号　建首痛聲也胡到切

附通　鴞　鴟鴞寧鴂也于嬌切　枵　木根也春秋傳曰歲在玄枵玄枵虛也許嬌切　南陽淯陽鄉乎刀切

橈　說文曲木女教切　楊桓書學　六書統

秏　說文稻屬伊尹曰飯之美者玄山之禾南海之秏呼到切　書學

好　說文人姓也商書曰無有作㚶呼到切　古文奇字

靠　說文相違也苦到切　汗簡　書學　艸王搞

【部】說文周文王子所封國古到切　碑　南嶽　部衡

【誥】說文告也古到切　古尚書　碑雲臺　鬱林店文

【告】建首牛觸人角箸橫木所以告也易曰僮牛之告古奧切　籀文　汗簡　敔敦　王庶子碑　存乂切韻　同文集

附通　急告之甚也苦沃切

山皃一日　告祭也　牛馬牢　旱气　大自也一日右扶　石聲苦　手械也

山名音告　苦浩切　古屋切　音礐　風郡有浩自音浩　角切　音牿

【奧】說文宛也室之西南隅烏到切　古文　書學　奇字

附通　裘屬烏皓切　隈厓也其內日澳其外日隈於六切　漉米籔也音澳　嬰萸音澳

【隩】說文水隈厓也烏到切　古文　古老子　奇字

【燠】說文熱在中也烏到切　古尚書　學　六書統

【奡】說文嫚也虞書日若丹朱奡五到切○今書作傲　古尚書　楊桓書學

【傲】【嫯】說文倨也五到切　說文侮易也五到切　六書統　古文奇字

【驁】說文駿馬以壬申日死乘馬忌之五到切　石經

【瀑】說文疾雨也一日沫也一日瀑賁也詩日終風且瀑平到切　名印

【虣】【暴】說文虐也急也見周禮薄報切　說文疾有所趣也从日出夲廾之薄報切　古文　寅簋　嶧山碑　義雲章

附通　烏鸔也蒲木切

【暴】說文晞也从日从出从廾从米古文暴从日麃聲薄報切　古文　同文集　奇字　暴不害印　暴守

附通　黼領也詩日素衣朱襮蒲沃切

頭連也補各切　大呼自勉也蒲角切　灼也蒲木切臣鉉等日今俗音豹

【喿】【譟】說文鳥羣鳴也穌到切　說文擾也穌到切

附通　愁不安也詩日念子懆懆七早切　乾也音喿　疾也臣鉉等日今俗別作躁非是則到切　玉飾如水藻之文虞

書曰璪火粉米子皓切

造 說文就也譚長說造上士也七到切　籀文　齊侯鎛　齊侯鐘　齊侯鑪　壽槃　朱育集字
六書統　同文集　張造
附通 艸皃初救切

竈 說文炊竈也則到切　籀文　六書統　程竈

到 說文至也都悼切　碧落碑　同文集

倒 說文仆也當老切〇正韻又音到
菿 說文艸木倒都盜切

翿 說文翳也所以舞也詩曰左執翿徒到切　石經　楊桓書學　六書統　玉篇表瑜　脩能印書

燾 說文溥覆照也徒到切　石經　古文奇字

盜 說文私利物也徒到切　古文　籀文　古老子　陰符經　碧落碑　奇字

悼 說文懼也陳楚謂懼曰悼徒到切　古文　六書統　奇字

蹈 說文踐也徒到切　籀韻　堯母碑

十四箇

箇 說文竹數也古賀切　籀韻　雜古文　六書統

賀 說文以禮相奉慶也胡箇切　同文集　賀異之印　常賀　郝賀　康賀私印　郝賀私印　屈賀

臥 建首休也取其伏也从人臣吾貨切　汗簡　同文集　名印
附通 楚謂小兒嬾餐尼戹切

佐 建首手相左助也則箇切臣鉉等曰今俗別作佐〇又詳上哿 古文 古籀韻 古老子 林罕集 郡五官佐 良佐 附通 㑅㑅行不正音左

那 說文西夷國安定有朝那縣諾何切〇正韻又乃个切俗用之又見平歌 楊桓書學

播 譒 說文種也一曰布也補過切 古文 說文敷也商書曰王譒告之補過切今書作播〇餘詳上哿

破 說文石碎也普過切 古文 古老子 光遠集綴 方俗破虜司馬

磨 說文石磑也模臥切 汗簡 義雲章 希裕略古 摭古 李磨 附通 碎也模臥切

挫 說文摧也則臥切 汗簡 古老子 虎步挫鋒司馬

莝 說文拜失容也則臥切 籀文 六書統

坐 說文止也从土从留省祖臥切 古老子 楊桓書學 升菴索隱 同文集 附通 安也則臥切 訬疾也昨何切 鍑也音娷 喪結禮女子髽衰弔則不髽魯師敗于狐鮐迎喪者始髽莊華切 斬芻麤臥切 走意穌和切 目小也臣鉉等曰案尚書元首叢脞哉叢脞猶細碎也今从月非是昨禾切 小腫也一曰族絫臣鉉等曰今別作瘯蠡非是音娷

貨 說文財也呼臥切 尺柄斗 類釋 附通 貨也或曰此古貨字詭僞切

唾 說文口液也湯臥切〇按水部有涶字河津也土河切此重出 古文

十五 禡

禡 說文師行所止恐有慢其神下而祭之曰禡周禮曰禡于所征之地莫駕切 大篆

罵 說文詈也莫駕切 脩能印書

怕　說文無爲也葩亞切又匹白切　古文　六書統　古文奇字

帊　說文帛二幅曰帊普駕切　籀文　六書統

霸　說文月始生霸然也周書曰哉生霸普伯切臣鉉等曰今俗作必駕切以爲霸王字　籀文　同文集　奇字　素霸　田霸　孫霸　橋霸　沈霸　常霸私印　臣霸啓

乍　說文止也一曰亡也从亡从一徐鍇曰出亡得一則止暫止也鉏駕切　石鼓乍字甚多俱作斜筆無一正直筆　存乂切韻　奇字

附通　詐　斯也側駕切　楚人相謂食麥曰飵在各切　壘日也音飵　禾搖皃音胙　木也音胙

蜡　說文蟲名也一曰年終祭名助駕切　存乂切韻

詐　作　說文慙語也鉏駕切　說文慙也在各切　書學

吒　說文噴也叱怒也陟駕切　奇字

襾　建首覆也从冂上下覆之呼訝切

暇　說文閒也胡嫁切　籀文

墟　罅　罅　說文墟也呼訝切　說文裂也呼訝切　古文　林罕集

嚇　說文唬聲也一曰虎聲呼訝切　古文　籀文　楊桓書學

駕　說文馬在軛中古訝切　古文　汗簡　石鼓　碧落碑　嚴駕私印　脩能印書

嫁　說文女適人也古訝切　汗簡　升菴索隱云鄭樵說女相向爲姬相背爲嫁

稼 說文禾之秀實爲稼莖節爲禾一曰稼家事也一曰在野曰稼古訝切 古文 籀文 義雲章

亞 建首醜也象人局背之形賈侍中說以爲次第也衣駕切 古文 汗簡 石鼓 父乙尊 印書 附通 相毀也一曰畏亞宛古切

闕音亞 錏鍜頸鎧也烏牙切 白涂也烏各切 陋屬音堊

訝 迓 說文相迎也周禮曰諸侯有卿訝發吾駕切 汗簡

崋 說文山在弘農崋陰胡化切 雲臺碑 古文奇字

樺 說文木也以其皮裹松脂乎化切 書學 義雲章

話 說文合會善言也傳曰告之話言胡快切 古文 六書統

匕 化 建首變也从到人呼跨切 說文教行也呼跨切 古老子 碧落碑 義雲章 附通 魚名音匕 鬼變也音匕 動也詩曰尚寐無吪五禾切 鈋圜也音吪

跨 跨 亏 說文渡也苦化切 說文踞也苦化切 說文跨步也苦瓦切○古文以爲跨字 籀韻 古老子

卦 說文筮也古壞切 古尚書 同文集

掛 說文畫也古賣切 說文異同掛扐之掛 楊桓書學 古文奇字 附通 繭滓絓頭也一曰以囊絮練也胡卦切

詿 諣 說文誤也古賣切 說文相誤也古罵切 書學

十六蔗

蔗 說文藷蔗也之夜切

借　說文假也資昔切○正韻又子夜切世俗从之　汗簡

謝　說文辤去也辤夜切　古文　籀文　謝布　謝唐　謝野私印　謝横私印

榭　說文臺有屋也詞夜切　籀韻　脩能印書

舍　說文市居曰舍始夜切　籀文　華嶽碑　仲先彝　古文奇字　馮舍　附通　水出北嚻山入邙澤音舍　釋也書冶切

赦　說文置也始夜切　李赦私印　程赦　馬赦

射　說文弓弩發於身而中於遠也食夜切　古文　昭卿字指如此　義雲章如此　籀文　石鼓　宰辟父敦　光遠集綴　升菴索隱　奇字　射光之印　附通　如小麋臍有香音射

夜　說文舍也天下休舍也从夕亦省聲羊射切　古文　古孝經　己酉方彝　戊命彝　窖磬　師艅尊　義雲章　光遠集綴　奇字　侍郎碑　眾夜敞印　眾夜張印　印書　附通　以手持人臂投地也一曰臂下也羊益切

貰　說文貸也神夜切　籀韻　印書

十七　漾

漾　說文水出隴西柏道東至武都爲漢余亮切　義雲章　同文集

羕　說文水長也詩曰江之羕矣余亮切　同文集　附通　栩實徐兩切

恙　說文憂也余亮切　史恙私印　賈無恙　陳恙

放　建首逐也甫妄切　汗簡　趙放私印　趙放　劉放

舫 說文船師也明堂月令曰舫人習水者甫妄切 楊桓書學

妄 說文亂也巫放切 古文

朢 望 說文月滿與日相望以朝君也無放切 說文出亡在外望其還也巫放切 說文責望也巫放切 商鐘 穆公鼎

伯姬鼎 師秦公鼎 師𩛥敦 師毀敦 書學 望山亭侯 廣望侯相 廉望之 臣望之 李望 吳望之印

尚 說文曾也庶幾也時亮切 古老子 奇字 魏尚私印 尚彊印 石尚存 尚名印

附通 大盆也丁浪切

餉 饟 說文饟也式亮切 說文周人謂餉曰饟人樣切○正韻餉通 古尚書 古史記

倡 唱 說文樂也尺亮切 說文導也尺亮切 集 林罕 楊桓書學 六書統

悵 說文望恨也丑亮切 書學

韔 說文弓衣也詩曰交韔二弓丑亮切 義雲章 六書統

暢 說文不生也臣鉉等曰借爲通暢之暢今俗別作暢非是丑亮切 古文 碧落碑 暢曾 名印

附通 艸茂也女亮切

鬯 建首以秬釀鬱艸芬芳攸服以降神也凵器也中象米匕所以扱之易曰不喪匕鬯丑諒切 古文 籀文 牧敦 同文集

附通 列也疏吏切

障 墇 說文隔也之亮切 說文擁也之亮切 楊桓書學 同文集

將 說文帥也即諒切 大將軍印章 大將軍印 左大將軍章 偏將軍印 偏將軍印 偏將軍印 左衛將軍 折衝將軍章 鷹揚將軍章 虎伏將軍章 伏波將軍章 武衛次飛虎賁將印 司馬將印 部曲將印 右將軍會稽內史印 裨將軍張賽 偏將軍中士 左將軍假司馬 後將別部司馬 虎賁中郎將印

附通 剖竹未去節謂之篛即兩切

醬　說文盬也　卽亮切　古文　奇字

壯　說文大也　側亮切　汗簡　古老子　奇字　公孫壯　脩能印書

附通　奘　駔大也　徂朗切　妄彊大也　音奘

狀　說文犬形也　鉏亮切　泰權　狀不侵印　李狀

匠　說文木工也　疾亮切　古文　古老子

附通　行皃　音匠

讓　說文相責讓　人漾切　齊安鑪　壺讓私印　王讓私印　沒讓私印　馮讓　尹讓　克讓

諒　說文信也　力讓切　古文

亮　說文事有不善言㤩也　爾雅㤩薄也　臣鉉等曰今俗隸書作亮　力讓切　古爾雅　六書統　升菴索隱　徐亮　莊亮之印　彭寅亮印

脩能印書

向　說文北出牖也　詩曰塞向墐戶　許諒切　古文　雜古文　碧落碑　楊桓書學　六書統　升菴索隱　向得私印　向廖私印

向起印書

附通　珦　玉也　音向　曏　不久也　春秋傳曰鄉役之三月　許兩切○今言向者向日之向字

旺　說文光美也　从日往聲　于放切　書學　陸旺私印

況　說文寒水也　許訪切　古孝經　碧落碑　六書統　古文奇字　游況私印　路況　繻況

貺　說文賜也　許訪切　書學

誑　迋　𦣝　⿱狂心

說文欺也　居況切

說文往也　春秋傳曰子無我迋　于放切○正韻誑同

說文誤也　居況切

說文乖也　居況切

書學　六書統

浪　說文滄浪水也南入河來宕切　古文　敔敦　書學

葬　說文藏也从死在茻中一其中所以薦之易曰古之葬者厚衣之以薪則浪切　大篆　石經　王庶子碑　六書統　書學　古文奇字

抗　說文扞也苦浪切或从木臣鉉等曰杭今俗作胡郎切

駠　說文駠駠馬怒皃吾浪切　司馬駠大利

盎　說文盆也烏浪切　存乂切韻　繆盎

附通　醠　濁酒也音盎

曠　說文明也苦謗切

懭　說文闊也一曰廣也大也一曰寬也苦謗切　古老子　碧落碑　孫彊集　王曠私印

纊　說文絮也春秋傳曰皆如挾纊苦謗切

降　說文下也古巷切　師俈敦　博雅　聚降尉右前侯印　名印

䢼　巷　建首鄰道也胡降切　說文里中道胡降切　六書統

戇　憃　說文愚也陟絳切　說文愚也丑江切〇　正韻書學竝同戇

十八敬

敬　說文肅也居慶切　古孝經　石鼓　齊侯鎛　寅簋　龙敦　師毀敦　奇字

附通　檠　榜也巨京切　璥　玉也居領切

竟　說文樂曲盡爲竟居慶切　義雲章　同文集　張竟　冷竟私印

附通　滰　浚乾漬米也孟子曰夫子去齊滰淅而行其兩切　擏　中擊也一敬切

鏡　說文景也居慶切　漢四神鑑當是竟通　漢十二辰鑑　脩能印書

徑　說文步道也徐鍇曰道不容車故曰步道居正切　古老子　六書統　名印

映 說文明也隱也於敬切 伯映彝 碧落碑 書學 升菴索隱

誩 建首競言也渠慶切

競 說文彊語也一曰逐也从誩从二人渠慶切 古文 尹卑碑 華嶽碑 光遠集綴 同文集 脩能印書

慶 說文行賀人也丘竟切 古文 古孝經 盉和鐘 碧落碑 漢鐙 楊桓書學 升菴索隱云从庚从心 同文集 莊慶

慶東 慶福之印 慶行 蓋慶 李慶之印 周慶 過慶 慶寬印 曹慶 庸慶 員慶私印 脩能印書

罄 說文器中空也詩云缾之罄矣苦定切

窒 說文空也詩曰瓶之窒矣去徑切

磬 說文樂石也古者毋句氏作磬苦定切 籀文 汗簡 師𣪊敦 古文奇字

附通 車堅也口莖切 欬也去挺切

側出泉也去挺切

更 說文改也古孟切又古行切 籀韻 汗簡 王庶子碑 華嶽碑 摭古遺文 太子率更令印 陳更生 張更印書

附通

埂 秦謂阬為埂古杏切 琅邪莒邑音埂 竹輿也房連切 交枲也一日緶衣也音箯

迸 說文散走也北諍切 古文 小篆 六書統

孟 說文長也莫更切 孟孫父丁彝 孟祖辛彝 孟姜鼎 孟皇父匜 古文奇字 孟祭尊 孟唐之印 孟道之印

孟昌 孟張之印 孟君昉 孟奉 孟寄之印 孟忠私印 公孟 李孟功 脩能印書

附通 蚱蜢也莫杏切

柄 棅 說文柯也陂病切 楊桓書學

併 說文並也卑正切 印書

病 說文疾加也皮命切 古老子 古孝經 六書統 王病己印 張病去

命 說文使也眉病切 古文 古老子 夏鉤帶 商鐘 齊侯鎛 己酉彝 冊命鼎 師毛父敦 升菴索隱

秦璽命 臨漳璽

詠 說文歌也爲命切 古爾雅 六書統 奇字

醟 說文酗也爲命切 六書統

敻 說文營求也商書曰高宗夢得說使百工敻求得之傳巖朽正切 印書

附通 **讂** 流言也火縣切 **藑** 茅蓄也一名藑渠營切 **𧺆** 走意也居聿切

諍 說文止也側迸切 家諍之印

聘 說文訪也匹正切 **娉** 說文問也匹正切 古老子 六書統 摭古遺文 古文奇字

性 說文人之陽气性善者也息正切 古孝經 陰符經 沈性 名印

姓 說文人所生也古之神聖母感天而生子故稱天子傳曰天子因生以賜姓息正切 孟嘗君鼎

清 凊 說文寒也七正切 說文冷寒也七定切

淨 說文魯城門池也才性切又士耕切 **瀞** 說文無垢薉也疾正切

阱 說文陷也疾正切 說文坑也疾正切

靚 說文召也疾正切 奇字

聖 說文通也式正切 古孝經 古老子 師𠂤敦 華嶽碑 醫聖人 馬聖 臣聖

附通 **檉** 河柳也敕貞切

晟 說文明也承正切 閻晟印章

剩 說文物相增加也一曰送也副也以證切 古文奇字

鄭 說文京兆縣周厲王子友所封宗周之滅鄭徙澮洧之上今新鄭是也直正切 鄭勳 鄭常生 鄭秉 鄭志私印

正 說文是也从止一以止徐鍇曰守一以止也之盛切 古文从二二古上字 古文或从一足足者亦止也 雜古文 同文集小異 商鐘 碧落碑

侍郎碑 正義侯印 附通 諫也音正 鐃也似鈴柄中上下通諸盈切 乘輿馬飾也音鉦 齊也之郢切

政 說文正也之盛切 古孝經 古老子 牧敦 夏政 潘政私印 同政之印 任政私印

令 說文發號也力正切 古老子 華嶽碑 孟嘗君鼎 陽嘉洗 古文奇字 中牟令印 尋陽令印 永新令印

令史台 附通 弄也郎丁切 蟲連行紆行者音伶 獄也音伶 羽也音伶 卷耳也音伶 聽也音伶 蜻蛉音伶 木也音伶 車笭音伶

玲 玉聲音伶

聽 說文聆也他定切 古文 古老子 齊侯鐘 碧落碑 義雲章 同文集 路聽私印

定 說文安也徒徑切 汗簡 張定 李定國 司空定 定武私印 郭定 附通 鐙也丁定切

甯 說文所願也乃定切 書學

佞 說文巧讇高材也从女信省臣鉉等曰女子之信近於佞也乃定切 朱育集字 名印 脩能印書

濘 說文滎濘也乃定切 書學

甑 說文甗也子孕切 說文鬵屬子孕切

孕 說文裹子也从子从几以證切 汗簡 六書統

媵 說文送也呂不韋曰有侁氏以伊尹佚女以證切 籀文 摭古遺文

嬹 說文說也許膺切 雲臺碑 義雲章

譍 說文以言對也於證切 六書統

隥 說文仰也都鄧切 楊桓書學 升菴索隱

鄧 說文曼姓之國今屬南陽徒亘切 籀文 索隱如此 鄧廉之印 鄧尼 鄧之國印 鄧順之印 鄧鎮私印 鄧縱私印

贈 說文玩好相送也昨鄧切 古文 古文奇字

亙 㮓 說文竟也古鄧切 籀文从月 亙鼎 尹卣

十九宥

宥 說文寬也于救切 峚嶽碑 同文集

又 建首手也象形三指者手之剡多略不過三也于救切 同文集 比干銅盤見汝帖 嘯堂帖如此

附通 汝穎之閒謂致力於地曰圣苦骨切 異也古壞切

右 說文手口相助也臣鉉等曰今俗别作佑于救切 古老子 夏鉤帶 穆公鼎 師毛敦 師蒼敦 行營右護軍印 宋右車 右將軍會稽內史印 專軲右

附通 助也音右

𥁕 說文小甌也于救切

侑 說文耦也于救切

柚 櫾 說文條也似橙而酢夏書曰厥包橘柚余救切 說文崐崘河隅之長木也以周切○正韻書學索隱俱云柚同

囿 說文苑有垣也一曰禽獸曰囿于救切 附通 艸也音囿

疚 說文顫也于救切 說文顫也于救切

槱 說文積火燎之也詩曰薪之槱之周禮以槱燎祠司中司命于救切

狖 說文鼠屬善旋余救切 楊桓書學 六書統

臭 說文禽走臭而知其迹者犬也尺救切 說文以鼻就臭也許救切 古文 書學 附通 行也香仲切

救 說文止也居又切 古老子 六書統

究 說文窮也居又切 古文 大篆 奇字本小異 古尚書

疚 說文貧病也詩曰煢煢在疚居又切 籀文 鐘鼎文 碧落碑

廄 說文馬舍也居又切 古文 大篆 六書統 附通 揉屈也音廄 恭謹行也音廄

𩛂 說文飽也民祭祝曰厭𩛂已又切又乙庶切 六書統

舊 說文雎舊舊留也巨救切 古文 齊侯鐘

柩 說文棺也巨救切 古文 昭卿字指

覆 說文覂也一曰蓋也敷救切 古文 陰符經 崋嶽碑 古文奇字 劉覆

復 說文重也扶富切

秀 說文徐鍇曰禾實也有實之象下垂也息救切 古文 古論語 古老子 石鼓 楊桓書學 脩能印書

繡 說文五采備也息救切 汗簡 繡衣執法大夫

岫 說文山穴也似又切 碧落碑 光遠集綴 古文奇字

褎 袖 說文袂也从衣采聲似又切 古文 籀文

就 說文就高也疾僦切 籀韻 古孝經 古史記 貝丘長碑 就都亭宰印 徐就私印 徐就私印 王就私印 汝就私印

左就之印 繆就 印書 附通 僦 賃也即就切 鳥黑色多子疾僦切

嘼 獸 建首犍也象耳頭足厹地之形古文嘼下从厹許救切 說文守備者故从犬舒救切 古文 汗簡 古老子 石鼓

臭 說文腐气也尺救切 楊桓書學

晝 說文日之出入與夜爲界陟救切 古文 籀韻 汗簡 王庶子碑 光遠集綴 升菴索隱

瘦 說文臞也所又切 六書統 豚瘦之印 蘇瘦 名印

驟 說文馬疾步也鉏又切 古文 籀文 希裕略古

胄 冑 說文胤也从肉由聲直又切 說文兜鍪也从冃由聲直又切 希裕略古 六書統冑

籀 說文讀書也春秋傳曰卜籀云直又切 籀韻

翏 說文高飛也力救切 王庶子碑 古文奇字 附通 雡 鳥大雛也一曰雉之莫子爲雡音翏 癡行僇僇也一曰且也音翏 燒穜也漢律曰嫪田茠艸力求切 憀然也洛蕭切 姻也郎到切 犬獿獿咳吠也火包切 天龠也音翏 狂者之妄言靡幼切 誇語也古肴切 蝴蟉也力幽切 火皃逸周書曰味辛而不熮音熮 汁滓酒魯刀切 臬之十絜也一曰綢繆武彪切 縛殺也居求切 經繆殺也音嘐 昵也作之以皮音嘐 空谷也音僇 清深也音熮 器也古巧切

霤　說文中庭也力救切　霤說文屋水流也力救切○正韻霤通　福說文祝福也力救切○玉篇表瑜通作霤

候　說文伺望也胡遘切　古文　關外候印　北軍中候　強弩假候

彀　說文鳥子生哺者口豆切　楊桓書學　脩能印書

穀　說文乳也一曰穀𥄎也古候切　古文　虢叔鬲　六書統

詬　說文謑詬恥也呼寇切　徐邈集

寇　說文暴也苦候切　古文　寇覇私印

附通　郎漚夷水幷州川也音寇

扣　敂說文擊也苦候切　扣說文牽馬也苦后切○正韻音義敂同

漚　說文久漬也烏候切　董漚

茂　說文艸豐盛莫候切　趙茂印信　印書

附通　蕆左氏傳以蕆陳事杜預注云蕆敕也丑善切

戊　建首中宮也象六甲五龍相拘絞也戊承丁象人脅莫候切　祖丁彝　沈子盉　父戊尊　師毛父敦　摭古遺文　韓戊印　印書

楙　說文木盛也莫候切　古文

附通　艸也莫厚切

懋　說文勉也虞書曰時惟懋哉莫候切　碧落碑　光遠集綴　印書

貿　說文易財也莫候切　貿孺卿　貿喜之印　貿充國印　貿樂

附通　會稽縣音貿

袤　說文衣帶以上一曰南北曰袤東西曰廣莫候切

瞀　說文低目謹視也莫候切　古文奇字从月云以月光未能普及

漱 說文盪口也所右切 楊桓書學 名印

嗾 說文使犬聲春秋傳曰公嗾夫獒穌奏切 書學

湊 說文水上人所會也倉奏切 書學 古文奇字 玉篇表瑜

奏 說文奏進也則候切 古文 籀韻 籀文 古尚書 六書統 奇字

脩能印書

鬥 建首兩士相對兵杖在後象鬥之形都豆切 說文遇也都豆切 古文

透 說文跳也過也他候切 書學

脰 說文項也徒候切 古文 籀文

豆 建首古食肉器也徒候切

梪 說文木豆謂之梪徒候切 姫寏豆 古文 單疑豆 六書統

附通 魚名天口切 車鞁具也田候切

逗 止也弘農縣音豆 當侯切

竇 說文空也徒奏切 竇雲私信 竇山印信 尹竇之印 竇欵

漏 說文以銅受水刻節晝夜百刻盧后切

屚 說文屋穿水下也盧后切 碧落碑 正譌

陋 說文阨陝也盧候切 古文 籀文 古爾雅 牧子文 六書統 同文集

附通 側逃也一曰箕屬盧候切○與陋義無涉古人何以通用

槈 說文薅器也奴豆切 六書統

遘 說文遇也古候切

覯 說文遇見也古候切 父丁彝 古文奇字

附通 購 以財有所求也音遘

【冓】建首交積材也象對交之形古候切　古文　籀文　脩能印書

【附通】媾　重婚也音冓　溝　水瀆古候切　韝　射臂決也音溝　斠　平斗斛也古岳切

【幼】說文小也伊謬切　籀文　張幼君　陳幼卿

【附通】魚名於糾切　怮　憂皃於糾切　坳　地不平也於交切　黝　微青黑色爾雅曰地謂之黝音黝

【獳】說文怒犬皃乃侯切又乃豆切　籀文　六書統

二十沁

【沁】說文水出上黨羊頭山東南入河七鴆切　楊桓書學

【浸】說文水出魏郡武安東北入呼沱水从水㑴聲㑴籀文侵字子鴆切　古文　古史記　陰符經　汗簡

【禁】說文吉凶之忌也居蔭切　古老子　禁門大使章　陳禁私印

【附通】噤　口閉也巨禁切

【蔭】說文艸陰地於禁切　書學

【朕】說文我也直禁切　籀文　奇字　摭古遺文

【附通】謄　迻書也徒登切　螣　螣蛇音謄　幐　囊也音謄　眹　目精也真引切　栚　槌橫者直衽切　機持經者識蒸切

【紝】說文機縷也如甚切　六書統

二十一勘

【勘】說文挍也苦紺切　汗簡　摭古遺文

【淦】說文水入船中也一曰泥也古暗切

【琀】說文送死口中玉也胡紺切　楊桓書學

暗　說文日無光也烏紺切　六書統　希裕略古　摭古遺文

闇　說文閉門也烏紺切　雲臺碑　附通　水大至也乙感切

闞　說文望也苦濫切　六書統　闞國印　闞樂

衉　說文羊凝血也苦紺切

暫　說文不久也藏濫切　六書統　摭古　古文奇字

澹　說文水搖也徒濫切　古老子　雲臺碑　摭古　澹如護軍章　魏澹　名印

啗　說文食也徒濫切　說文噍啖也一曰噉徒敢切〇正韻啗同　六書統

濫　說文氾也一曰濡上及下也詩曰觱沸濫泉一曰清也盧瞰切　說文過差也論語曰小人窮斯爁矣盧瞰切　古文　古爾雅

陷　說文高下也一曰陊也戶猎切　說文小阱也从人在臼上戶䧟切　希裕略古　楊桓書學　陷陣司馬　附通　魚名戶賺切　海岱之閒謂相汙曰澗余廉切　憂困也苦感切　火行微燄燄也以冉切　毛蠹也戶感切　泥水皃一曰繅絲湯音餡　丹刺也苦洽切　欲得也他含切　食肉不猒音餡　坎中小坎也易曰入于坎窞一曰旁入也徒感切

梵　說文出自西域釋書未詳意義扶泛切　書學

泛　說文浮也孚梵切　說文浮皃孚梵切　說文濫也孚梵切　古文　籀文　脩能印書

賺　說文重買也錯也佇陷切　書學

二十二豔

豔　說文好而長也春秋傳曰美而豔以贍切　古　文　義雲章　六書統

窆　說文葬下棺也周禮曰及窆執斧方驗切　希裕略古　書學

塹　說文阬也一曰大也七豔切　書學　脩能印書

贍　說文給也時豔切　六書統

覘　說文窺也春秋傳曰公使覘之信敎豔切　書學

㮇　說文炊竈木他念切　書學　六書統　古文奇字

餂　說文舌皃他念切　籀文　書學

附通　以艸補缺一曰約空也直例切

玷　說文缺也詩曰白圭之玷丁念切　說文缺也都念切　希裕略古　書學

墊　𡫹　說文下也春秋傳曰墊隘都念切　說文屋傾下也都念切　六書統

唸　說文吚也詩曰民之方唸吚都見切　古文　六書統

念　說文常思也奴店切　籀文　古孝經

附通　諗　深諫也春秋傳曰辛伯諗周桓公式荏切　穀孰也春秋傳曰鮮不五稔而甚切　濁也乃忝切

釅　醶　說文酢漿也臣鉉等曰今俗作釅非是魚窆切　書學　升菴索隱　古文奇字

驗　說文馬名魚窆切　私驗自發

欠　建首張口气悟也去劍切　徐鉉說文序例　籀文　汗簡

附通　雞頭也巨險切

劒　劍　說文人所帶兵也居欠切　古老子　王庶子碑

海鹽畢弘述既明篆訂

苕溪閔章含貞 程煒赤文 同校

一屋

屋 說文居也从尸尸所主也一曰尸象屋形从至至所至止烏谷切 籀文 名印 脩能印書 附通 霑也於角切 偓 佺也音渥 喔 雞聲也竹角切

沃 說文漑灌也烏鵠切 楊桓書學 附通 鋈 白金也音沃

穀 說文續也百穀之總名古祿切 古老子 碧落碑

榖 說文楮也古祿切 穀城令印 邢穀私印

轂 說文輻所湊也古祿切 古老子 碧落碑

谷 建首泉出通川爲谷从水半見出於口古祿切 汗簡 古老子 師𠑹敦 谷口甬 六書統 谷弘私印 名印 附通

酒身也余蜀切 可以鉤鼎耳及鑪炭一曰銅屑余足切 獨猺獸也音谷

酷 說文酒厚味也苦沃切 希裕略古

哭 建首哀聲也苦屋切 古文 石經 同文集 古文奇字

縠 說文細縛也胡谷切 古春秋

斛 說文十斗也胡谷切 漢壺 六書統

鵠 說文鴻鵠也胡沃切 古文

攴　建首小擊也普木切

卜　建首灼剝龜也象炙龜之形一曰象龜兆之縱橫博木切　卜嵩印信　古文

菐　建首瀆菐也臣鉉等曰瀆煩瀆之瀆一本注云菐衆多也兩手奉之是煩瀆也蒲沃切

濮　說文水出東郡濮陽南入鉅野博木切　古文　古文奇字　楊桓六書統　濮陽尊德

僕　說文給事者蒲沃切　齊侯鐘　齊侯鎛　宰辟父敦　奇字　王僕之印

附通　纀　衺也音濮　裳削幅也音濮　幞　帊也房玉切　轐　車伏兎也周禮曰加軫與轐焉博木切

木　建首冒也冒地而生東方之行莫卜切　汗簡　父巳卣　碧落碑

沐　說文濯髮也莫卜切　六書統　華沐

附通　霂　霢霂也音木

目　建首人眼象形重童子也莫六切　古文　古文　汗簡　古老子　同文集

睦　說文目順也一曰敬和也莫卜切　古文　古孝經　碧落碑　多睦子家丞

穆　說文禾也莫卜切　籀文　穆公鼎　高克尊　許子鐘　遲父鐘　曾侯鐘　碧落碑　光遠集綴

古文奇字　霍穆　薛穆

附通　㣎　細文也音穆

牧　養牛人也莫卜切　說文朝歌南七十里地周書武王與紂戰于坶野莫卜切〇今書作牧　古尚書　光遠集綴　牧皐

速　說文疾也桑谷切　說文餔旋促也桑谷切　義雲章　同文集

附通　鹿迹也音速　牡茅音速

餗　說文鼎實惟葦及蒲陳留謂鍵爲鬻桑谷切　宋公欒鼎　奇字

肅　說文持事振敬也从聿在𣶏上戰戰兢兢也息逐切　古孝經　碧落碑　古文奇字　升菴索隱　同文集

附通　深清　蟰　蟰蛸長股　橚　長木皃　鱐　乾魚尾鱐鱐　音肅　者穌彫切　山巧切　也所鳩切

鷫　說文鷫鷞五方神鳥也東方發明南方焦明西方鷫鷞北方幽昌中央鳳皇息逐切

夙　說文早敬也从丮持事雖夕不休是早敬者也臣鉉等曰今俗書作凤譌息逐切　古尚書　盄和鐘　單癸卣　尨敦

宿　說文止也息逐切　楊桓書學

粟　說文嘉穀實也孔子曰㮚之爲言續也相玉切　古文　名印

鼀　說文圥鼀詹諸也其鳴詹諸其皮鼀鼀其行圥圥七宿切

𤁖　說文歍𤁖也才六切

蹴　說文躡也七宿切

蹙　說文迫也臣鉉等案李善文選注通蹴字子六切

𢼸　說文愁然也孟子曰曾西𢼸然才六切〇今孟子作蹵　書學

踧　說文行平易也詩曰踧踧周道子六切〇正譌亦作蹴　六書正譌

族　說文矢鋒也束之族族也昨木切　古文　古尚書　召公尊　商隱字略　六書統　正譌

附通　鏃　利也作木切　鷟　鷟鷟音族

蔟　行蠶蓐千木切

禿　說文無髮也从人上象禾粟之形取其聲王育說蒼頡出見禿人伏禾中因以制字未知其審他谷切　古文　正譌

讀　說文誦書也徒谷切　光遠集綴　名印

匵　說文匵也徒谷切

櫝　說文匵也一曰木名又曰大梡也徒谷切

韇　說文弓矢韇也徒谷切　汗簡

【犢】說文牛子也徒谷切　光遠　集綴　中犢之印

【隫】【瀆】說文通溝也徒谷切　說文溝也一曰邑中溝徒谷切〇經典通爲媟嬻字　古爾雅　王庶子碑

【黷】【嬻】【遺】說文握持垢也易曰再三黷徒谷切　說文媟嬻也徒谷切　說文媟遺也徒谷切

附通　覿見也徒歷切

【獨】說文犬相得而鬬也羊爲羣犬爲獨也一曰北嚻山有獨浴獸如虎白身豕鬣尾如馬徒谷切　古文　古老子　師偣　尊　義雲章　存乂切韻　奇字

六書統　名印

【髑】說文髑髏頂也徒谷切　昭卿字指

【毒】說文厚也害人之艸往往而生从屮从毒徒沃切　古老子　六書統

附通　水萹筑音毒

【綠】說文帛青黃色也力玉切　統　六書統　名印

【碌】說文石皃盧谷切　古文奇字　古老子

【祿】說文福也盧谷切　古孝經　伯碩父鼎　天祿永昌　天祿永昌　劉隱祿印　朱祿私印　邳祿之印　尹祿之印　被祿私印

名印

附通　金色也音祿　隨從也音祿　行趢趗也音祿　鬼魁皃房六切

【彔】說文刻木彔彔也象形盧谷切　建首　仲駒敦〇以下諸文皆以彔爲祿字用者　虢姜敦　茂敖鬲　寶德鬲　奇字　名印

附通　王芻也詩曰菉竹猗猗音彔　笑視也音彔　目睞謹也音彔　行謹逯逯也音彔

【漉】說文浚也盧谷切

【簏】說文竹高篋也盧谷切　楊桓書學

麓　說文守山林吏也一曰林屬於山爲麓春秋傳曰沙麓崩盧谷切　尨敦　存乂切韻　名印

鹿　建首獸也盧谷切　汗簡　父癸彝　石鼓　升菴索隱　鹿豪私印　左鹿　名印　附通　罜麗魚网也音鹿

六　建首易之數陰變於六正於八力竹切　古老子　石鼓　希裕略古

陸　說文高平地力竹切　古老子　平陸戈　碧落碑　希裕略古　陸續之印　陸譪　陸柯　陸罕　潘陸之印

坴　說文土塊坴坴也一曰坴梁力竹切　古文通作陸　附通　蔞鵞也音坴

圥　說文菌圥地蕈叢生田中力竹切　附通　兩手盛也余六切

稑　說文疾孰也詩曰黍稷種稑力竹切

戮　說文殺也力六切　古尚書　籀韻　秦文　六書統

勠　說文并力也力竹切　古文奇字　脩能印書

福　說文祐也方六切　古文　張仲簠　邾敦　冀師槃　杞公匜　仲考父壺　奇字　六書精蘊　梁福私印　徐福　王福　沈福私印

愊　說文布帛廣也方六切　義雲章　希裕略古　書學　奇字

畐　建首滿也从高省象高厚之形房六切又芳逼切　附通　輻輪轑也方六切　蝠蝙蝠服翼也音幅　治黍禾豆下遺葉蒲北切　由也芳逼切　誠志也音愊　當也音幅

【轉】說文車笭閒皮篋古者使奉玉以藏之房六切　張輯集

【輹】說文車軸縛也易曰輿脫輹芳六切　古老子

【腹】說文厚也方六切　古老子

【馥】說文香气芬馥也房六切　碧落碑

【復】說文往來也房六切　古文　古老子　敔敦　昭卿字指　繹山碑　復德左尉　桿復之印　徐復　趙復　名印

【复】說文行故道也房六切〇古通作復　希裕略古

附通　重衣也一日褚衣方六切　海魚蒲角切　釜大口者方副切　虫也音复　機持繒者扶富切

盜庚也音复　地室也詩曰陶寷陶穴音複

【伏】說文司也臣鉉等曰司今又作伺房六切　古老子　華嶽碑　雲臺碑　王　碧落碑　陰符經　存乂切韻　古文奇字　伏波將軍

伏波將軍章　虎伏將軍之印　伏問

【服】說文用也一日車右騎所以舟旋房六切　古文　孝經　古老子　寅簋　戠敦　六書統　摭古遺文　同文集

奇字　服虔私印　蔣服之印

附通　治也从又从卪卪事之卪也房六切〇通作服　弩矢箙也周禮仲秋獻矢箙音服　說文紱字重文車紱也平祕切升菴索隱辯爲服字詳去寘

【尗】【叔】建首豆也象尗豆生之形也式竹切　說文拾也汝南名收芌爲叔式竹切〇古尗叔通　古文　周穆公鼎　齊侯鎛　叔夜鼎　虢叔彝

古文奇字　叔孫通印　子叔　呂金叔印　名印　脩能印書

附通　茮茮子寮切　善也詩曰令終有俶一日始也昌六切　至也音俶

玉也音俶　气出土也一日始也音俶　艸旱盡也徒歷切

【淑】說文清湛也殊六切　古文　楊桓書學　古孝經　邢淑印信

倏 說文走也式竹切 碧落碑 書學

束 建首縛也書玉切 古文 宰辟父敦 或如此 陀鼎 伯姬鼎 婦庚卣 古文奇字

附通 涑 澣也河東有涑水所俟切

謹也測角切 短椽也丑錄切 布屬所葅切

觸 說文牴也尺玉切 希裕略古 商隱字略 正譌

亍 說文步止也丑玉切 說文躅躅也直六切

畜 說文田畜也淮南子曰玄田為畜魯郊禮畜从茲茲益也丑六切 古文 畜客

附通 慉 起也詩曰能不我慉許六切 媚也音畜 積也音畜 晉邪

俟邑音畜

旭 說文日旦出皃一曰明也許玉切 奇字 脩能印書

勗 說文勉也周書曰勗哉夫子从力冒聲許玉切 古文

祝 說文祭主贊詞者从示从人口一曰从兌省易曰兌為口為巫之六切 郝敦 六書統 奇字 祝聲

燭 說文庭燎火燭也之欲切 王氏鋎 義雲章

粥 說文呼雞重言之之六切 書學

斸 說文斫也陟玉切 義雲章

竹 建首冬生艸也陟玉切 古文 古文奇字 名印

築 說文擣也張六切 古文 演說文 六書統 希裕略古

附通 筑 以竹曲五弦之樂也音築 萹茿也陟玉切

菊 蘜 蘜 說文大菊蘧麥居六切 說文日精也似秋華音菊 說文治牆也居六切〇正韻菊同

鞠 說文蹋鞠也居六切 楊桓書學 鞠之印 鞠顧 闕

𥷚 窾 趜 說文窮理罪人也从夲从人从言竹聲居六切 說文窮也居六切 說文窮也居六切 光遠集綴 林罕集 義雲章

臼 匊 擢 𢺐 建首叉手也居玉切 說文在手曰匊臣鉉等曰今俗作掬非是居六切 說文爪持也臣鉉等曰今俗別作掬非是居玉切〇兩非是疑有誤 說文撮也从手籀省聲居玉切 古文

孰 說文食飪也易曰孰飪殊六切 古孝經 尚方宜子孫鑑

塾 說文門側堂也殊六切 古文 六書統 脩能印書

蜀 說文葵中蠶也从虫上目象蜀頭形中象其身蜎蜎詩曰蜎蜎者蜀市玉切 石鼓 蜀洗 林罕集 升菴索隱

附通 韣 弓衣也之欲切 鐲 鉦也軍法司馬執鐲直角切 短衣音蜀 喙也陟救切 行皃音躅 相易物俱等昌六切 馬蠲也从虫目益聲勹象形明堂月令曰腐艸爲蠲古玄切 盛气怒也尺玉切

屬 說文連也之欲切 古文 古孝經 古老子 同文集 廣漢屬國都尉

附通 謹也音屬 斫也齊謂之鎡錤一曰斤柄性自曲者陟玉切

肉 建首胾肉如六切徐鉉說文序云本作㕥後人相承作肉與月字類 楊桓書學

辱 說文恥也从寸在辰下辰者農之時也失耕時於封畺上戮之也而蜀切 古文 古孝經 古老子 晉姜鼎 義雲章 光遠集綴

奇字

附通 溽 溼暑音辱 縟 繁采色也音辱 鄏 河南縣直城宮陌地也春秋傳曰成王定鼎郟鄏音辱

蓐 建首陳艸復生也一曰蔟也而蜀切

育 毓 說文養子使作善也从𠫓肉聲虞書曰教育子徐鍇曰𠫓不順子也不順子亦教之況順者乎余六切 古文 麗育印信 李育私印

附通 淯 水出弘農盧氏

山東南入沔或曰 艸也 帛青經緣緯一曰
出酈山西音育 音育 育陽染也音育

昱 說文明日也余六切 書學 同文集 附通 煜 燿也余六切 喅 音聲喅喅然音昱

鬻 說文鬻也余六切

賣 說文衒也余六切 說文賣也余六切〇二文正韻通作鬻 古文 附通 牘 書版也徒谷切 讀 痛怨也音牘 殰 胎敗音牘 藚 水鳥也詩曰言采其藚似足切

欲 說文貪欲也余蜀切 古老子 周穆公鼎 正譌 附通 鋊 鑫醜螢坐 腴也音欲

鵒 說文鴝鵒也古者鴝鵒不踰泲余蜀切 六書統

郁 說文右扶風郁夷也於六切 說文水流也於逼切 說文有文章也於六切 古論語 六書統 郁傷禹印

墺 說文四方土可居也於六切 古尙書 古文奇字

玉 說文石之美象三玉之連丨其貫也魚欲切 古文 古老子 王氏錠 雲臺碑 班玉之印 未識古印 附通 頊 頭頊頊謹

見許玉切

獄 說文确也二犬所以守也魚欲切 尨敦 希裕略古 古文奇字 附通 鸑 鸑鷟鳳屬神鳥也春秋國語曰周之興也鸑鷟鳴于岐山五角切

縮 說文亂也一曰蹴也所六切 莤 禮祭束茅加于祼圭而灌鬯酒是爲莤象神歆之也一曰莤榼上塞也春秋傳曰尒貢包茅不入王祭不供無以莤酒所六切 汗簡 書學

同文集 附通 摍 蹴引也音縮

逐 說文追也直六切 古文

朒 說文朔而月見東方謂之縮朒女六切〇正韻作朒 六書正譌

衄 說文鼻出血也女六切 書學

忸 說文慙也女六切 楊桓書學 六書統

麯 說文酒母也駈六切 古文 希裕略古 名印

曲 苗 建首象器曲受物之形或說曲蠶薄也丘玉切 說文骫曲不直也丘玉切 古老子 古文奇字 光遠集綴 部曲將印 軍曲 軍曲

侯丞印 軍曲尉印 說文蠶薄也丘玉切

局 說文促也从口在尺下復局之一曰博所以行棊象形渠錄切 古文 書學

挶 馬 說文戟持也居玉切 說文亦持也居玉切

足 建首人之足也卽玉切 汗簡 古孝經

附通 搤也一曰握也側角切 迫也七玉切 濡也士角切

續 賡 說文連也似足切臣鉉等曰賡今俗作古行切無續音 籀文 韋子尊 義雲章 奇字 陸續之印 續志 續常有

俗 說文習也似足切 古老子 碧落碑 同文集 方俗司馬

篤 笃 竺 說文馬行頓遲冬毒切 說文厚也冬毒切 說文厚也冬毒切〇正韻篤同 古老子 存乂切韻 同文集 奇字

督 說文察也一曰目痛也冬毒切 部曲督印 騎督之印 司馬督印 騎督之印 副部曲督

裻 襑 說文新衣聲一曰背縫冬毒切 說文衣躬縫冬毒切 楊桓書學

二 質

質 嚌 說文以物相贅之日切 說文野人之言之日切 汗簡 古老子 碧落碑 脩能印書

附通 柎也音質 柱下石音質

郅 說文北地郁郅縣之日切 郅車

騭 說文牡馬也之日切 古文奇字

窒 說文塞也陟栗切 說文礙止也陟栗切

失 說文縱也从手乙聲式質切 古文 古孝經 古老子 印書 附通 忘也徒結切 車相出也夷質切 蛈蝁毒長也音跌

水所蕩泆也音軼 笞擊也丑栗切 厲鬼也丑利切 觸也音跌 鋪豉也音跌 菋荎也音跌 目不正也音抶 肯差也音跌 馬有疾足音跌

踢也一曰越也音跌 縫也直質切 日厢也音跌

室 說文實也式質切 宗室鼎 鄭伯姬鼎 冊命鼎 或如此 同文如此 季札墓 鐘鼎文 奇字如此 孫留君

實 說文富也神質切 古文 籀文 古老子 光遠集綴 名印 印書

日 建首實也太陽之精不虧人質切 古文 汗簡 古孝經 古老子 商鐘 父丁彝 峄嶽碑

希裕略古 日吉 日新 印 名印 附通 日日衣音日 日所常明也古老切 驛傳音日 埃皆日無光也奴代切 長沙汨羅淵屈原所沈之水莫狄切

率 建首捕鳥畢也象絲网上下其竿柄也所律切 說文將衛也朔律切 說文先道也疏密切 古尚書 齊侯鐘 穆公鼎 父辛鼎 義雲章

古文奇字 古文集 同文 太子率更令印 率義侯印 脩能印書 附通 素屬音率 小歡也音率 蟋蟀也臣鉉等日今俗作蟀非是音率

悉 說文詳盡也息七切 古文 古尚書 希裕略古 附通 聲也私列切 蟋蟀音悉 粲也音僁

帥 悅 說文佩巾也所律切或从兌又音稅 石鼓 漢歸義胡帥長

七 建首陽之正也親吉切 古文 古老子 附通 訶也昌律切

膝　說文脛頭卪也从卪臣鉉等曰今俗作膝非是息七切　古孝經　同文集

桼　**漆**　建首木汁可以髤物象形桼如水滴而下親吉切　說文水出右扶風杜陵岐山東入渭親吉切　古文　汗簡　漆園司馬　常山漆園司馬　名印　印書

附通　鳥也音漆　齊地音漆　木可爲杖音桼○正韻作榛

嫉　說文妎也一曰毒也秦悉切　楊桓書學

疾　說文病也秦昔切○六書統云智兼廿人是毓疾也非疾病之疾　古文　嶧山碑　疢疾除　匡去疾　李去疾　容疾　樊疾　司馬遠疾　晁不疾印　脩能印書

蹕　說文止行也一曰竈上祭名卑吉切　書學

畢　**戰**　說文田罔也卑吉切　說文戰盡也卑吉切○碧落碑用爲畢字　畢俠君印　畢當私印　畢釗私印　古文

附通　射也畢吉切　韍也所以蔽前音畢　風寒也音畢　熚㶿火皃音畢　檮榆醬蒲計切　木也音畢　藩落也音畢　止也音畢

筆　說文秦謂之筆鄙密切　華嶽碑　六書統

必　說文分極也卑吉切　古孝經　寰鼎　張仲簠　升菴索隱如此　奇字如此　必充印書

附通　魚名毗必切　虎皃房六切　閉門也春秋傳曰閟門而與之言兵媚切　威儀也詩曰威儀佖佖音馝　馬飽也詩曰有駜有駜音馝　俠流也音閟　祕也音閟　慎也周書曰無毖于卹音閟　肥肉也蒲結切　靜語一曰無聲音謐　櫝也音祕　佩刀下飾天子以玉音必　車束音馝　直視也音祕　械器彌畢切　飲酒俱盡也音謐

弼　**㢸**　說文輔也重也徐鍇曰丙舌也舌柔而弜剛以柔从剛輔弼之意房密切　說文輔信也虞書曰㢸成五服毗必切○今書作弼　希裕略古　六書統　左弼私印　名印　脩能印書

皀 飶 苾 建首穀之馨香也象嘉穀在裹中之形匕所以扱之或說皀一粒也又讀若香皮及切 說文食之香也詩曰有飶其香毗必切 說文馨香也䀣必切 古文

楸 楊桓書學 古文奇字

邲 說文晉邑也春秋傳曰晉楚戰于邲毗必切 父乙甗

附通 望火皃都歷切 駁鴟也彼及切

密 說文山如堂者美必切 古文 光遠集綴 同文集

附通 安也音密 芙蕖本音密

蜜 說文蠭甘飴也美必切 六書統

秩 說文積也詩曰稽之秩秩直質切 說文爵之次第也虞書曰平秩東作直質切〇今書作秩 古文 書學 奇字

帙 說文書衣也直質切 書學

姪 說文兄之女也徒結切 義雲章 六書統

栗 說文木也其實下垂故从鹵力質切古文桌从西从二鹵徐巡說木至西方戰栗 古文 籀文 石鼓 栗賞之印 印書

附通 水出丹陽音栗 玉英華羅列秩秩逸論語曰玉粲之璱兮其瑮猛也音栗

凓 颲 說文寒也力質切 說文風雨暴疾也力質切〇正韻作颲 書學

暱 昵 說文日近也春秋傳曰私降暱燕尼質切

和 說文黏也春秋傳曰不義不和尼質切〇今傳作暱

逸 說文失也夷質切 古文 碧落碑 名印

佚 說文佚民也一曰佚忽也夷質切 庚儼字書 脩能印書

【佾】說文振佾也許訖切　六書精蘊　附通　舞行列也夷質切　響布音佾

【溢】說文器滿也夷質切　書學

【一】建首惟初太始道立于一造分天地化成萬物於悉切　古老子　尺一

【繘】說文綆也余律切　古文

【鷸】說文知天將雨鳥也禮記曰知天文者冠鷸余律切

【汩】說文治水也从子曰之曰于筆切　說文水流也于筆切　說文疾流也于逼切

【櫛】說文梳比之總名也阻瑟切　古文

【瑟】說文庖犧所作弦樂也所櫛切　古文　籀文　升菴索隱　脩能印書

【璱】說文玉英華相帶如瑟弦詩曰璱彼玉瓚所櫛切　書學　索隱

【蝨】說文齧人蟲所櫛切　古文

【勿】建首州里所建旗象其柄有三斿雜帛幅半異所以趣民故遽稱勿勿文弗切　籀文　石鼓　周穆公鼎　尨敦　義雲章　升菴索隱

附通

【昒】日冥遠視也一日久也一日旦明也莫佩切　菲也音勿　到也武粉切　日尚冥也呼骨切　青黑色音昒　萬物也牛為大物天地之數起于牽牛故从牛音勿

【甶】建首鬼頭也敷勿切

【髴】說文若似也敷勿切　存乂切韻　升菴索隱

【乀】說文左戾也分勿切

【拂】說文過擊也徐鍇曰擊而過之也敷勿切

弗 說文撟也分勿切 古尙書 竜敦 義雲章 弗讋

附通 擊也音弗 山脅道符勿切 鬱也音弗 茀 道多艸不可行音弗 炥 火皃普活切

咈 違也周書曰咈其耉長音弗 走也音弗 柫 擊禾連枷音弗 目不明音未切 跳也音弗 大也房密切 紼 亂糸也音弗

市 韍 黻 建首韠也上古衣蔽前而已市以象之臣鉉等曰今俗作紱非是分勿切 說文黑與青相次文分勿切 古文 已酉方彝

書學 六書統 升菴 索隱 奇字

佛 說文見不審也敷勿切 名印

屈 說文無尾也九勿切○閔氏詮次曰按說文土部堀兔堀也堀突也俱苦骨切可知屈有二文說文止存其从尾者失其从尸者矣又走部趉許氏注云走也讀若無尾之屈瞿勿切可知二文二音了然明白不知从尸之屈當何音矣 古文 小篆 古老子 屈生敦 或如此 六書統 屈賀私印 屈然 脩能印書

附通 剞劂也音屈

鶌鳩也音屈

壹 建首專壹也於悉切 古老子 泰權 嶧山碑 奇字 壹元私印 戴翁壹

附通 曀 天陰塵也詩曰曀其陰於計切 鷧 鷁也音壹

撎 舉手下手也音壹 饐 飯窒也烏結切 曀 陰而風也詩曰終風且曀音壹

乙 建首象春艸木冤曲而出陰气尚彊其出乙乙也乙承甲象人頸於筆切 祖乙爵 乙鼎 父乙爵 父丁觚 乙信之印 乙忠之印 張乙

解乙 上乙之印 鄒乙 始

乙 鳦 建首玄鳥也齊魯謂之乙取其鳴自呼象形烏轄切○詮次曰此與甲乙字文既不同音義亦異木轄韻字不當置此緣正韻混而爲一俗讀仍之不可復問矣故併次於此且詳其不當併之故庶初學者知分別也 奇字

附通 軋 輾也烏轄切 穵 空大也烏點切

吉 說文善也居質切 商鐘 黃季舟 元子鐘 伊鼎 方寶甗 胡光吉印 顏汝吉印

附通 袺 執衽謂之袺格八切 蛣 蛣蚰蝎也

去吉　蚌也律會稽郡　正也詩曰既　齒堅聲　桔梗　手口共有所作也詩　趌趨怒走　喜也
切　獻鮚醫巨乙切　佶且閑音鮚　赫鍇切　音吉　曰予手拮据古屑切　也音蛣　許吉
切　石堅也一曰　慎也周書曰汝劼　堅黑也
突也音秸　毖殷獻臣音鮚　胡八切

姞　說文黃帝之後百鰍姓　古文
后稷妃家也巨乙切　奇字

訖　說文止也　楊氏　奇
居迄切　阡銘　字

吃　說文言蹇難　說文乖也一曰口不便
也居乙切　言居气切〇已見去霽

矞　說文以錐有所穿也一　古　附通　刮去惡瘡　涌出也一曰水中坻人所爲爲潏　蟠蟥也
曰滿有所出也余律切　文　肉古鍇切　一曰潏水名在京兆杜陵古穴切　音矞
醫也　危也　驪馬白胯詩曰　果出江　窒皃呼
音潏　音矞　有驕有驈音矞　南音潏　決切

術　說文邑中道　籀　雲臺　司馬　李廣
也食聿切　文　碑　術印　術

述　說文循也　印　附通　艸也
食聿切　書　音术

秫　說文稷之黏者或省禾食聿　古　印　附通　山薊也　小風翻　誘也思
切〇正韻朮山薊也無秫義　文　書　音术　聿切　律切

朮
狂走　水出青州
音术　秦鍼也　浸音术

出　建首進也象艸木益　古　汗　古老　石　陰符　漢始　奇
滋上出達也尺律切　文　簡　子　鼓　經　青鑑　字
名　附通　水皃竹律切　獸無前足漢律能捕　無知意也　齚齒也　艸初生出地皃詩曰　蛣
印　又口兀切　豹貀購百錢女滑切　五滑切　仕乙切　彼茁者葭鄒滑切　蚍
也㔶　火光也商書曰予亦炪　走也瞿　咄欸無慙一曰　物在穴中　月未盛之明周書曰丙　頭
勿切　謀職悅切〇今書作拙　勿切　無腸意音出　皃一滑切　午朏普乃切又芳尾切　頡
頡也之　病也五　斷也女
出切　忽切　滑切

黜 絀
說文貶下也丑律切
說文絳也丑律切
牧子文
義雲章
古文奇字

怵
說文恐也丑律切
古文
古老子

恤 卹
說文憂也收也辛聿切
說文憂也一曰鮮少也徐鍇曰从血者言憂之切至也辛聿切
楊桓書學
奇字
倄能印書

戌
建首滅也九月陽气微萬物畢成陽下入地也五行土生戌盛於戌从戊含一辛聿切
師毛敦
漢鑑
杜戌
臣戌
未識古印
附通
獸走皃許月切

律
說文均布也呂戌切
古文
奇字本如此
律了公
附通
艸也音律

膟
說文血祭肉也呂戌切

聿
建首所以書也楚謂之聿吳謂之不律燕謂之弗余律切
印書

遹 遹
說文迴避也余律切
說文人走也余律切
商隱字略
六書統
古文奇字
附通
詮詞也詩曰昳求厥寧音適〇今詩作適

詘
說文詰詘也一曰屈襞區勿切
古文奇字
詘強之印
倄能印書
附通
敘也音詘
山短高也音掘
濁也一曰滑泥一曰水出皃古忽切

搰 掘
說文搰也衢勿切
說文以手有所把也居月切〇書學掘通
雲臺碑

⿱厥力
說文彊也瞿月切
楊桓書學
六書統

鬱 鬱
說文芳艸也十葉爲貫百廿貫築以煮之爲鬱一曰鬱鬯百艸之華遠方鬱人所貢芳艸合釀之以降神鬱今鬱林郡也迂勿切
說文木叢生者迂勿切
存乂切韻
名印
印書

沒 叟
說文沈也莫勃切
說文入水有所取也从又在回下回古文回回淵水也莫勃切
籀文
古老子
升菴索隱
奇字
㲴讓私印
沒未央印
附通
內頭水中也烏㲴切
玉屬音㲴

歿 歾 說文終也莫勃切 林罕集 書學

誖 悖 說文亂也蒲沒切 附通 燀爇也敷勿切

勃 艴 說文排也蒲沒切 艴如也蒲沒切 說文論語曰色 古論語 虢叔鬲 六書統 匡勃 苦成勃

渤 郣 說文郣海地一日地之起者曰郣臣鉉等曰今俗作渤非是蒲沒切 書學 蘄郣

孛 說文𡴘也从宋人色也从子論語曰色孛如也蒲妹切○本去聲字不當置此以正韻又音勃俗讀多從之耳 古文 古孝經 楊桓書學 升菴索隱 附通

䰩 炊釜溢也蒲沒切

猝 踤 說文犬从艸暴出逐人也麤沒切 說文觸也一日蒼踤昨沒切 一日駭也

卒 說文吏人給事者爲卒卒衣有題識者臧沒切 古春秋 石經 附通 大夫死曰𣨛子聿切○經史字書但作卒 副也七內切 崒危高也醉綏切 不雜也雖遂切

讓也國語曰譖申胥音粹 艸皃秦醉切 堅刀刃也音倅 滅火器音倅 齰齰也昨沒切 驚也音倅 捽頭髮也昨沒切 會五悉繒也子對切

周年也从穴中卒子內切 出音捽

咄 說文相謂也當沒切 古文

𠫓 突 建首不順忽出也易曰突如其來如不孝子突出不容於內也他骨切 說文犬从穴中暫出也一日滑也徒骨切

腯 說文牛羊曰肥豕曰腯他骨切 書學

訥 呐 建首言之訥也从口从內女滑切 說文言難也內骨切 老子 存乂切韻 奇字

鶻 說文鶻鵃也古忽切 六書統

【忽】【曶】【桒】說文忘也呼骨切
說文出气詞也春秋傳曰鄭太子曶呼骨切○今傳作忽一日佩也
說文疾也呼骨切
古文
籀文
古老子
王庶子碑
希裕略古
豕涉波則風疾至楊桓說
古文奇字
附通
疾風也音忽
豕屬音曶
古器也音曶
高皃音曶

【笏】說文公及士所搢也籀文作曰象形義云佩也古笏佩之笏字後人所加呼骨切

【堀】【堀】說文突也詩曰蜉蝣堀閱苦骨切
說文兔堀也苦骨切
奇字
脩能印書

【骨】建首肉之覈也古忽切
汗簡
古老子
名印
印書
附通
鬠骨聲音滑
利也户八切
鄃中病户骨切
咽中息不利音滑
結也音骨
掘也音猾
大頭也苦骨切

【疒】建首倚也人有疾病象倚箸之形女尼切
附通
頭瘍也鼻履切

【兀】【阢】【屹】說文高而上平也五忽切
說文石山戴土也五忽也
說文牆高皃詩曰崇墉屹屹魚迄切
楊桓書學
六書統

【扤】【舠】說文動也五忽切
說文船行不安也从舟从則省五忽切

三 曷

【曷】說文何也胡葛切
林罕集
同文集
奇字
附通
白也於歇切
編枲韤一日粗衣音曷
門聲也乙鎋切
禾舉出苗也居謁切
傷暑音謁
飯餲也乙例切又烏介切
蝤蠐音曷
詩曰載獫猲獢爾雅曰短喙犬曰猲獢許謁切
似雉出上黨音曷
屋迫也音謁
趌趨也音楬
息也一日气越泄音猲
不成遂急戾也从弦省曷聲於罽切
微止也烏割切
負舉也渠列切
楬櫫也春秋傳曰楬而書之其謁切
芞輿也去謁切
羊羖犗也音楬

【喝】【⿱辛口】說文㵣也於介切○書學正韻俱音許葛切訶也亦無㵣解俗從之
說文語相訶歫也从口歫辛辛惡聲也五葛切○升菴索隱以為叱喝之喝

【渴】【㵣】說文盡也苦葛切
說文欲歠也苦葛切
鐘鼎文
脩能印書

葛 說文絺綌艸也古達切 林罕集 諸葛恭 薛葛 葛孝元印 葛幼君印
附通 刮也一曰撻也口八切 南陽陰鄉音葛

屵 建首岸高也从山厂五葛切
附通 岸上見也从厂从之省以灼切 岸 水厓而高者五旰切 炭 燒木餘也他案切 騂 馬頭有發赤色者音岸

歺 建首列骨之殘也从半冎五割切 古文 汗簡

割 說文剝也古達切 古老子

闕 說文遮攔也烏割切 說文壁閒隙也魚列切〇正韻闕同

末 說文木上曰末莫撥切 汗簡 古老子 古文 略古 閑末
附通 茅蒐染韋也莫佩切 眛 目不明也音末

秣 說文食長穀也莫撥切 楊桓書學 玉篇表瑜

活 說文水流聲古活切 黃庭經 古老子 六書統

聒 說文讙語也古活切 說文善自用之意也商書曰今汝懖懖古活切〇今書作聒 古尚書
附通 斷也音聒

括 說文絜也古活切 召公尊 南宮中鼎

栝 說文隱也一曰矢栝築弦處古活切 方栝之印

昏 說文塞口也从口氐省聲氐音厥古活切 書學 同文集 古文奇字
附通 佸 會也詩曰曷其有佸一曰佸佸力皃音昏 桰 舂粟不潰也戶括切 髺 潔髮也音昏 噍聲音昏 面醜也音昏 鴰 麋鴰也音昏 苦蔞果蓏也音昏 祀也音昏 短面也五活切又下括切 骨耑也音昏 疾也音昏 桰把也音昏

捾 說文搯捾也一曰援也烏括切 說文捾目也烏括切
附通 短深目皃烏括切 石之似玉者烏貫切

朮 建首艸木盛朮朮然普活切
附通 酒色也音朮 擖也音朮 過弗取也蒲沒切 前頓也一讀若袷又若郅北末切 行皃从辵朮聲蒲撥切

址 [篆] 建首足剌址也北末切 附通 [篆] 以足蹋夷艸春秋傳曰癹夷蘊崇之普活切○今左傳誤作芟夷正譌亦無癹字

鉢 [篆] 說文盋器盂屬或从金从本北末切 [篆] 古文

撮 [篆] [篆] 說文四圭也一曰兩指撮也倉括切 [篆] 說文撮也从𠬪从巳臣鉉等曰巳者物也从爪撮取之指事也力輟切 [篆] 同文集中从卩云今作撮字

脫 [篆] [篆] 說文消肉臞也徒活切 [篆] 說文解挩也他括切 [篆] 王脫之印

奪 [篆] [篆] 說文手持隹失之也徒活切 [篆] 說文彊取也周書曰敓攘矯虔徒活切○今書作奪 [篆] 古論語 [篆] 古老子

捋 [篆] [篆] 說文取易也郎括切 [篆] 說文五指捋也呂戌切 附通 [篆] 牛白脊力輟切 [篆] 商何蟲音捋 [篆] 卑垣音寽 [篆] 木也音寽 [篆] 綴祭也郎外切 [篆] 脅肉也一曰脟腸閒肥也一曰膫也音捋

四　轄

轄 [篆] 說文車聲也一曰轄鍵也胡八切

舝 [篆] 說文車軸耑鍵也兩穿相背从舛萬省聲萬古文偰字胡戛切○正譌轄同 [篆] 古文 附通 [篆] 螻蛄也音舝 [篆] 石似玉者音舝 [篆] 無達也胡蓋切

齾 [篆] 說文缺齒也五轄切 [篆] [篆] 楊桓書學

撒 [篆] 說文𥻦𣀔散之也桑割切 [篆] [篆] 書學

怛 [篆] [篆] 說文憯也或从心在旦下詩曰信誓悬悬得案切又當割切○下字當从得案切今詩作旦 [篆] 古史記

靼 [篆] [篆] 說文柔革也旨熱切

大 [篆] 建首籀文大改古文亦象人形他達切

幸 說文小羊也他末切

達 說文行不相遇也詩曰挑兮達兮徒葛切 說文達或从大或曰迭 達敦 古老子 六書統 名印 脩能印書

附通 闥 門也音撻

撻 說文鄉飲酒罰不敬撻其背古文達周書曰撻以記之他達切 古文 籀文 希裕略古 古文奇字

獺 說文如小狗水居食魚他達切 古文 升菴 索隱

辣 說文楚人謂藥毒曰痛瘌盧達切 楊桓書學

附通 剌 戾也从刀者剌之也音辣 刺也音瘌 木也音瘌 玉也音瘌

稭 說文禾稾去其皮祭天以爲席古黠切 六書統

㓞 建首巧㓞也恪八切

附通 齘契刮也古黠切 縣持也苦結切

八 建首別也博拔切 散季敦 名印 脩能印書

附通 汃 西極之水也爾雅曰西至汃國謂西極府巾切 馬八歲音八

捌 說文方言云無齒杷百轄切 楊桓書學

殺 建首戮也所八切 籀文 古文 汗簡 古尚書 古老子 希裕略古 書學 古文奇字 索隱 夷殺大

附通 鎩 鈹有鐔也所拜切 弒 臣殺君式吏切 樧 似茱萸出淮南音殺 杜也初轄切

察 說文覆也初八切

詧 說文言微親詧也楚八切 古孝經 古老子 夏鈎帶 奇字

札 說文牒也側八切 字林妖死也

伐 說文擊也一曰敗也房越切 古老子 齊侯鐘 南宮中鼎 徐伐私印 蘇伐

附通 閥 閥閱自序也音伐 茷 艸葉多春秋傳曰晉羅茷符發切

筏 說文海中大船臣鉉等曰今俗別作筏非是房越切 古文 六書統

罰 說文辠之小者从刀从詈未以刀有所賊但持刀罵詈則應罰房越切 石經 齊侯鐘 碧落碑

韈 說文足衣也臣鉉等曰今俗作韤非是望發切 古文 六書統 升菴 索隱

髮 說文根也方伐切 古孝經 名印

發 說文射發也方伐切 古尚書 古老子 願君自發 私驗自發 附通 兩刃木柄可以刈艸普活切 治也北末切 進射收繁臭方肺切

拔 說文擢也蒲八切 古老子 附通 走犬皃从犬而丿之曳其足則剌犮也蒲撥切 蠻夷衣一曰蔽郲音撥 一幅巾音祓 鱣鮪鮁鮁音祓 一之日澤汳分勿切 除惡祭敷勿切 旱鬼也周禮有赤魃氏除牆屋之物也詩曰旱魃爲虐薄撥切 蹎跋也音祓 婦人美也音犮 樂舞執金羽以祀社稷音汳 鳥也音拔 治也 一曰臿土謂之坺詩曰武王載坺一曰塵皃音犮 艸根也春艸根枯引之而發土爲撥故謂之茇一曰艸之白華爲茇音撥 火气音犮 舍也詩曰召伯所废音犮 盾也扶撥切 出將有事於道必先告其神既祭軷轢於牲而行爲範軷詩曰取羝以軷音犮 棓也音撥

五屑

屑 說文動作切切也从尸㕡聲私列切 楊桓書學 附通 齒差也千結切 限也先結切

薛 辥 說文艸也私列切 說文辠也私列切 附通 薛平信印 薛中君 薛廷宏 薛券 薛悝 薛農 薛任印 薛葛 附通

嶭 斷也音辥 鸈辥也魚列切

嶭 說文巀嶭山在馮翊池陽五葛切〇正韻又通作薛 書學 古文奇字

紲 說文系也春秋傳曰臣負羈紲私列切 楊桓書學 宅師緤印

渫 說文除去也私列切 義雲章 書學

偰　說文高辛氏之子堯司徒殷之先私列切　說文蟲也讀與偰同私列切〇正韻通作偰　古文

褻　說文私服詩曰是褻袢也私列切　說文論語曰褻衣長短右袂私列切　說文嬻也私列切　說文日狎習相慢也私列切　書學　六書統

孽　說文庶子也魚列切　說文衣服歌謠艸木之怪謂之妖禽獸蟲蝗之怪謂之𧒂魚列切　鐘鼎文　六書學

櫱　說文伐木餘也商書曰若顛木之有甹櫱五葛切　古尚書　六書統

蘖　說文牙米也魚列切　書學

齧　說文噬也五結切　古文　義雲章

臬　說文射準的也五結切　說文門梱也魚列切〇正韻臬闑通　古文

隉　說文危也徐巡以爲隉凶也賈侍中說隉法度也班固說不安也周書曰邦之阢隉五結切　說文槷黜不安也易曰槷黜五結切　說文危高也魚列切　書學

結　說文締也古屑切　古老子　六書統

潔　說文瀞也古屑切　義雲章　六書統

附通　絜　麻一耑也音潔

孑　說文無右臂也居桀切　古文

附通　孓　無左臂也居月切

闕　說文門觀也去月切　說文缺也古者城闕其南方謂之𨶺傾雪切　華嶽碑　雲臺碑　闕豎　闕利私印

闋　說文事已閉門也傾雪切　義雲章　同文集

附通　聅　吳楚之外凡無耳者謂之聅言若斷耳爲盟五滑切

缺　說文器破也傾雪切　古老子　林罕集　六書統

朅　說文去也丘竭切　義雲章　同文集

揭 說文高舉也去例切又基竭切 書學

別 說文分解也憑列切 說文分也从重八八別也亦聲孝經說曰故上下有別兵列切 別部司馬 別部司馬 後將別部司馬 左將別部司馬 後將別部司馬

丿 建首右戾也徐鍇曰其爲文舉首而申體也房密切又匹蔑切

列 迾 迣 說文分解也良薛切 說文遮也良薛切 說文迾也晉趙曰迣征例切○說文去聲字正韻云鮑宣傳男女遮迣晉灼曰古列字 古文 古尚書

古史記 晉姜鼎 鐘鼎文 碧落碑 義雲章 古文奇字 蟜列之印

附通 水流夕夕也从川列省聲臣鉉等曰列字从夕此疑誤當夕省良薛切 比也力制切 蛣蝌也音列 黍穰音列 齒分骨聲盧達切 芀也音列 次第馳也音例 栵也詩曰其灌其栵音列

烈 颲 說文火猛也良薛切 說文烈風也良薛切 碧落碑 楊桓書學 換烈將軍之印 名印

洌 說文水清也易曰井洌寒泉良薛切 奇字

月 建首闕也太陰之精魚厥切 古文 汗簡 商鐘 齊侯鎛 晉姜鼎 南和鐘 大夫始鼎

伊彝 希裕略古 升菴索隱 古文奇字 任月私印 名印

附通 墒耳也音月 折也音月

悅 說文說釋也一曰談說失爇切又弋雪切 同文集 李悅印信 李悅

閱 說文具數於門中也弋雪切 古老子 義雲章 奇字

越 越 說文度也王伐切 說文踰也易曰雜而不越王伐切 古文 許子鐘 同文集小異 碧落碑 奇字 越騎司馬 脩能印書

戉 建首斧也从戈丨聲王伐切臣鉉等曰今俗別作鉞非是○說文鉞車鑾聲呼會切詳見去噦 古文 籀文 同文集

附通 濩泧也讀若㰂又火活切 視高

也火括切 輕也音戉 采彰也一曰車馬飾音戉

粤 說文亏也審慎之詞者周書曰粤三日丁卯王伐切 石經 碧落碑

曰 建首詞也从口乙聲王伐切 古孝經 郝敦 敔敦 嶧山碑 脩能印書

刖 跀 說文絕也魚厥切 說文斷足也魚厥切

穴 建首土室也胡決切 六書精蘊 附通 鼠屬善旋余救切 水从孔穴疾出也呼穴切 鷸飛皃詩曰鴥彼晨風音穴 餅籟音穴 縷一枚也音穴

血 建首祭所薦生血也呼決切 附通 靜也詩曰閟宮有侐況逼切 艸也音血

拙 說文不巧也職說切 古尚書 古老子 陰符經 開元文 存乂切韻 希裕略古 六書統 升菴索隱

名印

旻 建首舉目使人也火劣切 附通 大視也況晚切

歠 吷 說文歙也昌說切 古文奇字 義雲章 六書統 脩能印書

餟 啜 腏 說文祭酹也陟衛切〇本說文去聲字以正韻又音輟俗讀多从之 說文嘗也一曰喙也昌說切 說文挑取骨閒肉也陟劣切〇六書統以爲餟字

罬 輟 說文捕魚覆車也陟劣切〇輟又見車部注云車小缺復合者 古文

叕 建首綴聯也陟劣切 附通 兩陌閒道也音叕 憂也詩曰憂心惙惙一曰意不定也音叕 刊也音叕 疾悍也丁滑切 鵽鳩也音娺 拾也音娺 車具音叕 木也職說切 穴中見也音娺 口滿食音娺 短而也音娺

蔑 懱 說文勞目無精也人勞則蔑然莫結切 說文輕易也商書曰以相陵懱莫結切 正韻通作蔑 書大傳 師淮父卣 同文如此 敔敦 同文如此 同文集 古文奇字 附通 蓋懱也一曰禪被音蔑 禾也音蔑 麩也音蔑 拭滅皃莫達切〇俗用抹字誤矣 目眵也音蔑 汙血也音蔑

蠛 說文蠓化飛蟲也莫結切 義雲章 孫彊集

滅 說文盡也亡列切 古老子 嶧山碑 奇字

烕 說文滅也火死於戌陽气至戌而盡詩曰赫赫宗周褒姒烕之許劣切 古文通作滅

附通 批也音滅

傑 說文傲也渠列切 古文 汗簡 義雲章 奇字

桀 建首磔也从舛在木上也渠列切 同文集

碣 說文特立之石東海有碣石山渠列切 古老子 奇字

熱 說文溫也如列切 古文 籀文 古老子 義雲章 古文奇字

爇 說文燒也春秋傳曰爇僖負羈如劣切 光遠集綴

瞥 覕 說文過目也又目翳也一曰財見也普滅切 說文蔽不相見也莫結切〇正韻瞥同 楊桓書學 郭瞥

雪 說文凝雨說物者相絶切 古文 六書統 名印

蕝 說文朝會束茅表位曰蕝國語曰致茅蕝表坐子說切 春秋書學

絶 說文斷刀絲也古文象不連體絶二絲情雪切 古文 古老子 籀文 林罕集

附通 蠿蟊作网蛛蝥也側八切 踐處也徒管切

說 說文說釋也一曰談說失爇切又弋雪切〇又見前 古孝經 貝丘長碑 光遠集綴 古文奇字亦音稅

節 說文竹約也子結切 古孝經 義雲章 楊世節印

卩 建首瑞信也子結切 汗簡 師寰敦 奇字

附通 卩也闕則候切〇當是節奏之奏 科厄木節也賈侍中說以爲厄裹也一曰厄蓋也五果切 婐妮也一

曰弱也音厄〇按說文娛妮也一曰女侍曰娛孟子曰舜爲天子二女娛烏果切是妮亦女侍之屬也

巀　𡿧　說文巀辥山在馮翊池陽才葛切　析也息隅高山之節子結切　義雲章　書學

截　說文斷也昨結切　楊桓書學　古文奇字　附通　鳥也音截　小蟬蜩音截　束髮少也音截

鐵　銕　說文黑金也天結切　唐韻　六書精蘊　附通　大也直質切　走也音㦸　馬赤黑色詩曰四驖孔阜音鐵

餮　說文貪也春秋傳曰謂之饕餮他結切　古文

劣　說文弱也力輟切　義雲章　書學

鋝　說文十銖二十五分之十三也周禮曰重三鋝北方以二十兩爲鋝力輟切　義雲章

瘚　欮　說文屰气也居月切

蹶　說文僵也一曰跳也居月切　古老子

厥　說文發石也居月切　古文　古尚書　古孝經　商隱字略　義雲章　脩能印書　奇字　附通　魚名居衛切　鼠也一曰西方有獸前足短與蛩蛩巨虛比其名謂之蟨音厥　白鷢王鴡也音厥　鼈也音厥　臂骨也音厥　䠇也音厥　角有所觸發音厥

決　訣　抉　說文行流也廬江有決水出於大別山古穴切　說文訣別也一曰法也古穴切　說文挑也於說切〇以上三文正韻通用　附通　馬行皃音決〇正韻亦通作決

𨙸　窫　說文𠂤宎也於決切　說文深抉也於決切

觼　鐍　說文環之有舌者古穴切　古文

譎　憰　說文權詐也益梁曰謬欺天下曰譎古穴切　說文權詐也古穴切　義雲章　古文奇字

【㚖】說文獸也似牲牲古穴切 石鼓

【屮】建首艸木初生也古文或以爲艸字丑列切

【徹】說文通也丑列切 古文 同文集 隗徹 或如此

【撤】說文發也臣鉉等曰今俗作撤非是丑列切 古文 古老子 義雲章

【轍】說文車迹也本通用徹後人所加直列切 古文

【浙】說文江水東至會稽山陰爲浙江旨熱切 古文 脩能印書

【晢】說文昭晢明也禮曰晢明行事旨熱切 同文集

【哲】【悊】【喆】說文知也陟列切〇悊又見心部注敬也音同 王庶子碑 III 000 同文集 奇字

【折】說文斷也从斤斷艸譚長說籒文折从艸在仌中仌寒故折唯篆文从手食列切 古文 義雲章 折衝將軍章

附通 車樘結一曰銅生五

色時制切

娎娎也許劣切

上擿山巖空青珊瑚墮之周禮曰有硩蔟氏丑列切

扁緒也一曰弩腰鉤帶并列切

【襭】說文以衣衽扱物謂之襭胡結切

【頡】說文直項也胡結切 義雲章

【頁】建首頭也古文䭫首如此百者䭫首字也胡結切

【奊】說文頭衺骫奊態也胡結切 楊桓書學

附通 頭傾也古結切

【設】說文施陳也識列切 古文 雲臺碑 古文奇字

附通 香艸音設

涅 說文黑土在水中也奴結切 升菴索隱 奇字

舌 建首在口所以言也別味也食列切 古文 籀文 希裕略古 同文集 附通 火光也以冉切 犬食也他合切

首 建首目不正也徒結切 附通 火不明也周書曰布重莫席織蒻席也莫結切

耋 說文年八十曰耋徒結切 楊桓書學

絰 說文喪首戴也徒結切 古文

迭 說文更迭也一曰迭待結切 書學

瓞 說文瓞也詩曰緜緜瓜瓞徒結切 古爾雅 六書統 倚能印書

切 說文刌也千結切 碧落碑 義雲章 附通 階甃也千計切

剎 說文傷也親結切 博雅 六書統

竊 說文盜自中出曰竊千結切 古文 義雲章 楊桓書學

㕞 刷 說文拭也所劣切 說文刮也禮布刷巾所劣切 古文 印書

六 藥

藥 說文治病艸以勺切 古文 藥府藏印 倚能印書

躍 趯 𧾩 說文迅也以灼切 說文踊也以灼切 說文趠𧾩也以灼切 義雲章 商隱字略 六書統

礿 說文夏祭也以灼切 書學

瀹 說文漬也以勺切
鬻 說文內肉及菜湯中薄出之以勺切〇正韻瀹兼二義
闟 說文關下牡也以勺切 書學
龠 建首樂之竹管三孔以和衆音也以勺切
籥 說文書僮竹笘也以勺切 古文 古老子 黃庭經 光遠集綴 脩能印書
附通 火飛一曰蓺也音龠
爵麥也音龠
誤視也弋笑切
虐 說文殘也从虍虎足反爪人也魚約切 古文 籀文 古論語 寅簋 牧敦 秦文 林罕集 升菴索隱 同文集 古文奇字
附通 寒熱體作音虐
戲也詩曰善戲謔兮虐約切
嶽 岳 說文王者巡狩所至五角切 古文 籀文 華岳碑 六書正譌 同文集 古文奇字 名印 印書
附通 而前岳岳也音岳
樂 說文五聲八音總名五角切 古孝經 商鐘 石鼓 汾寧鐘 許子鐘 雙魚洗 司徒卣 陰符經 同文集 奇字 樂安王章 樂博 樂天 樂貧印信 郭樂 吳樂成 段長樂 長樂 名印
附通 魚名出樂浪潘國盧各切
銷金也書藥切
車所踐郎擊切
齊魯閒水也春秋傳曰公會齊侯于濼音鱳
木也音轢
小石音轢
灼爍光也音鑠
食辛嚛也火沃切
玓瓅音轢
角也音濼
絲色也以灼切
握 說文搤持也於角切 古文 義雲章 奇字
幄 說文木帳也於角切 書學
約 說文纏束也於略切 古文 同文集
附通 小籟也音約

削 說文鞞也一曰析也息約切

掔 說文人臂皃周禮曰輻欲其掔所角切

噍 嚼 說文齧也才笑切又才爵切〇宜入去聲以嚼多从入聲姑置此 古文

索 說文艸有莖葉可作繩索穌各切〇搜索之索音義文俱異另詳乇陌 古文 落索平 難司馬 索尼 索隆

錯 說文金涂也倉各切 古文 古老子

厝 說文厲石也詩曰他山之石可以爲厝倉各切又七互切〇正韻云音灼曰古錯字 陀鼎 古文奇字

舄 鵲 說文鵲也七雀切〇篆文云舄字象形借爲履舄之舄又見乇陌 龙敦 寅簋 小異 鐘鼎文 小異 同文集 古文

楊桓書學 同文集

附通 犬猲猲而附人也南楚謂相驚曰猲式略切

爵 說文禮器也象爵之形中有鬯酒又持之也所以飲器象爵者取其鳴節節足足也卽略切 古文 齊侯鎛 穆公鼎 子爵 兄癸卣 雷篆爵

寅簋 齊侯罏 父丁卣 義雲章 林罕集 奇字 升菴索隱 王爵之印 公孫爵 脩能印書

附通 水小聲士角切

雀 說文依人小鳥也卽略切 書學 同文集

穛 說文早取穀也一曰小側角切 奇字

作 說文起也則洛切 齊侯鎛 嶧山碑 神像鑑 以上五字俱金石文以乍爲作者

附通 越巂縣名在各切

鑿 說文穿木也在各切 古老子

附通 糳米一斛舂爲九斗曰糳則各切

丵 建首叢生艸也象丵嶽相竝出也士角切

朔 說文月一日始蘇也所角切 古尙書 上林斗 陽嘉洗 注水匜 朔方長印 齊朔私印

【欶】說文吮也所角切　六書統云疾也蘇谷切　附通　利也所右切

【槊】說文矛也所角切　古文　六書統

【勺】建首挹取也之若切　附通　仢也徒歷切　行脛相交牛行腳相交爲彴力吊切　禾危穗也都了切　激水聲也井一有水一無水謂之瀱汋市若切　酌也斟酌二姓也音汋　盛酒行觴音勺　馬白頷也一曰駿也易曰爲駒顙都歷切　胡地風鼠音勺　疾擊也音杓　鳧茈也胡了切　白約縞也以勺切　玓瓅明珠色音馰

馬羈也音玓

【灼】【焯】說文炙也之若切　說文明也周書曰焯見三有俊心之若切○今書作灼

【綽】說文緩也昌約切　古文　伯碩父鼎　晉姜鼎　孟姜敦　脩能印書

【辵】建首作行作止也丑略切

【㲋】建首獸也似兔青色而大丑略切　六書統　奇字　附通　木葉陊也他各切

【若】說文擇菜也右右手也一曰杜若香艸而灼切　古文　古文杜若　古尚書　古孝經　古老子　癸鼎　齊侯鎛　師遣敦　書學　碧落碑　奇字　名印　附通　亡也女力切　不順也春秋傳曰叔孫婼五略切　蟲也从虫若省聲呼約切

【弱】【溺】說文橈也而灼切　說文水自張掖刪丹西至酒泉合黎餘波入于流沙桑欽所說而灼切　附通　按也尼革切　肉表革裏音弱　蒲子音弱　調弓也於角切

【箬】說文楚謂竹皮曰箬而勺切　楊桓書學　石鼓

【叒】建首日初出東方湯谷所登榑桑叒木也而勺切

掠 說文奪取也離灼切 義雲章

却 說文節欲也去約切 石經 古老子

附通 渠蜘一日天社其虐切 徼御受屈也音蜘 勞也音蜘 角械也一曰木下白也其逆也 脛也

居勺切

殼 說文从上擊下也一曰素也又皮甲也苦角切 書學 升菴 索隱

附通 說文幬帳之象从冃㞢其飾也苦江切 張弩也古候切 謹也音殼 小豚也步角切

未燒瓦器讀若筩莩又苦候切 歐皃春秋傳曰君將殼之許角切 餅籟也空谷切 盛觵卮也一日射具胡谷切 日出之赤火沃切 犬屬犬首而馬尾食母猴出蜀北囂山中火屋切

確 确 㲉 礐 說文礊石也臣鉉等曰今俗作確非是胡角切 說文石聲胡角切 六書統

躩 說文大步也丘縛切 古文奇字

附通 足躩如也音躩 隹欲逸走从又持之矍矍也一日視遽皃九縛切 弓急張許縛切 㲉玃也王縛切 母猴也爾雅曰玃父善顧攫持人音玃 扟也音玃 大鉏音玃

恪 說文敬也春秋傳曰以備三愙臣鉉等曰今俗作恪苦各切 齊侯鎛 王庶子碑

覺 說文寤也一日發也古岳切 古文 古孝經 石經 脩能印書

角 建首獸角也古岳切 古老子 石鼓

附通 椽也椽方曰桷春秋傳曰刻桓宮桷音角 角長皃士角切

珏 㱿 建首二玉相合爲一珏古岳切 汗簡 六書統 名印書 脩能印書

蹻 蹻 說文舉足行高也詩曰小子蹻蹻居勺切 說文屐也居勺切〇正譌蹻同 楊桓書學

谷 啣 臄 噱 建首口上阿也从口上象其理其虐切 說文大笑也其虐切〇正譌臄同 古文 同文集云正譌不从口而从凵與去無異

古文奇字

醵 說文會飲酒也其虐切 義雲章

閣 說文所以止扉也古洛切 王閣臣私印 閣 趙閣名印

各 說文異詞也从口夊夊者有行而止之不相聽也古洛切 古孝經 古老子 石鼓

附通 詻 論訟也傳曰詻詻孔子容五陌切 略 經略土地也离約切

鮥 叔鮪也盧各切 鉻 鬄也音骼 貉 鼠出胡地皮可作裘下各切 垎 土乾也一日堅也胡格切 鵅 烏鸔也音骼 茖 艸也古額切 烙 灼也音骼 酪 乳漿音骼 賂 遺也洛故切

眪也音骼 胳 亦下也音各 骼 骨角之名古百切 笿 桮笿也音酪 𩊚 生革可以爲縷束也盧各切 骼 禽獸之骨古覈切

雘 說文善丹也周書曰惟其敗丹雘烏郭切 義雲章 古文奇字

鑊 說文鑴也胡郭切 光遠集綴

籰 說文收絲者也王縛切 六書統

靃 說文飛聲也雨而雙飛者其聲靃然呼郭切 霍光 霍闕 霍 霍崇私印

附通 藿 尗之少也音霍

託 說文寄也他各切 侂 說文寄也他各切 古文

橐 說文囊也他各切 古老子 荆山文 希裕略古 脩能印書

柝 說文判也夜行所擊者易曰重門擊𣏚他各切 六書統

蘀 說文艸木凡皮葉落陊地爲蘀詩曰十月隕蘀他各切 古文 林罕集 光遠集綴 希裕略古 印書

洛 說文水出左馮翊歸德北夷中東南入渭盧各切 古文 古尚書 敔敦 部洛王章 曹洛 呂洛巴

雒 說文鵅鶨也盧各切〇東漢以火德忌水用代洛字 朱育集字 雒功私印

落 零 說文凡艸曰零木曰落盧各切 說文雨零也盧各切 古老子 碧落碑 林罕集 同文集 落索平難司馬 名印

脩能印書

絡 說文絮也一曰麻未漚也盧各切 古文 綦毋絡

駱 說文馬白色黑鬣尾也盧各切 義雲章 駱建 駱果能

犖 說文駁牛也呂角切 楊桓書學嗥 嗥辯捷也

諾 說文譍也奴各切 古文 古老子 六書統

博 簙 說文大通也从十从尃尃布也補各切 說文局戲也六箸十二棊也古者烏胄作簙補各切 古孝經 書學 義雲章 古文奇字 同文集

徐博印 張博印 樂博 王博私印 萇博之印 苑博私印 名印

搏 說文索持也一曰至也補各切 古老子

鎛 說文鎛鱗也鐘上橫木上金華也一曰田器詩曰庤乃錢鎛補各切 齊侯鎛

剝 卜 說文裂也北角切 北角切 古尚書

駁 說文馬色不純北角切 六書統

雹 說文雨冰也蒲角切 古文

泊 說文淺水也匹白切 書學 名印

拍 說文拊也普百切 書學 名印

薄 說文林薄也一曰蠶薄旁各切 古老子 古文 薄戎奴 附通 大鐘淳于之屬所以應鐘磬也堵以二金樂則鼓鎛應之匹各切 壁柱从木薄省聲弼戟切

剫 說文判也徒洛切 古尚書呂刑何度非及六書精蘊云 古文奇字

鐸 說文大鈴也軍法五人為伍五伍為兩兩司馬執鐸徒洛切 古文

朴 說文木皮也匹角切 說文木素也匹角切 古老子 古文玉璞說文無璞字正譌樸通 楊桓書學 同文集

墣 說文塊也匹角切 附通 挨也音朴

莫 說文日且冥也从日在茻中莫故切又慕各切〇已見去暮 古孝經 光遠集綴 名印 脩能印書 附通 鏌釾也音莫 帶結飾也莫駕切 似熊而黃黑色出蜀中莫白切 北方流沙一曰清也音莫 蝦蟆莫遐切 上馬也莫白切 肉閒胲膜也音莫 嫫母都醜也莫胡切 病也音莫 廣求也莫故切 涿郡縣音莫

嗼 墓 募 說文啾嗼也暮各切 說文宋也莫白切 死宋墓也暮各切 書學

鶴 說文鳴九皐聲聞于天下各切 古文 升菴索隱 名印 印書

隺 說文高至也从隹上欲出冂易曰夫乾隺然胡沃切 義雲章 附通 肉羹音隺 灌也口角切又公沃切 灼也音隺 白牛也五角切 艸也詩曰食鬱及隺余六切 敲擊也苦角切 苑名一曰馬白頟下各切 水上橫木以渡者江岳切 鳥之白音隺

涸 瀩 說文渴也下各切 六書統

郝 說文右扶風鄠盩厔鄉呼各切 古文 郝賀私印 郝譚私印 郝闞 郝延年印

【壑】說文溝也呼各切　古文　古爾雅　名印　脩能印書　【附通】走皃詳遵切

【鷽】說文雗鷽山鵲知來事鳥也胡角切

【澩】說文夏有水冬無水曰澩胡角切

【斆】【學】說文覺悟也从教从冖冖尚矇也臼聲胡覺切　古老子　古文　安成王國學官令印　名印　【附通】山多大石音學　治角也音學

說文闕臣鉉等按今篇韻音皓又音效注云誤也　馬行徐而疾也音學

【擴】說文弩滿也苦郭切　書學　六書統

【鞹】說文去毛皮論語曰虎豹之鞹苦郭切　張輯集　義雲章

【廓】說文雨止雲罷皃臣鉉等曰今別作廓非是苦郭切　古文　石鼓　碧落碑　同文集

【槨】說文葬有木椁也古博切　古孝經

【𩫏】【郭】建首度也民所度居也从回象城𩫏之重兩亭相對也或但从口古博切　說文齊之郭氏虛善善不能進惡惡不能退是以亡國古博切　古文　鳳棲記　同文集

郭璣　郭德之印　郭廣成印　郭充世印　郭遵　平昌郭湯私印　郭張成　郭福印信　郭悍　郭顒　郭定　郭犮私印

郭世之印　郭蒲　郭訢印信　郭注之印　郭安漢　郭意信印　【附通】山在雁門古博切　水在魯苦郭切

【惡】說文過也烏各切　石經　古老子　六書統

【貈】【貉】說文似狐善睡獸論語曰狐貈之厚以居下各切〇今論語作貉音惡　說文北方豸種孔子曰貉之爲言惡也莫白切〇許氏引聖言言其音也何不據以爲正音而以莫白爲重音乎且一字兩音亦常事也　古論語　六書統　古文奇字　貉安　脩能印書

鍔 說文刀劒刃也臣鉉等曰今俗作鍔非是五各切 義雲章 六書統

鰐 說文似蜥易長一丈水潛吞人卽浮出日南五各切 書學

萼 鄂 說文江夏縣五各切○正韻華下柎也詩曰鄂不韡韡與萼同 古文 王庶子碑 光遠集綴

諤 說文譁訟也五各切 書學 古文 同文集 古文奇字 附通 相遇驚也音咢

籗 䉶 說文罩魚者也竹角切

斲 斵 說文斫也竹角切 古老子 楊桓書學 古文奇字云从斲 附通 夲至地也音斲

椓 斀 斀 說文去陰之刑也周書曰刖劅斀黥竹角切○今書作椓 說文擊也竹角切 說文擊也竹角切 附通 治玉也音啄 中寒腫覈陟玉切

涿 ⿰日乙 說文流下滴也上谷有涿縣竹角切 附通 豕絆足行豕豕丑六切

啄 說文鳥食也竹角切 古文 升菴索隱

卓 說文高也竹角切 古文 籀文 升菴索隱 印書 附通 特止也徐鍇曰特止卓立也音卓 箸大也詩曰倬彼雲漢音卓 忢然鯙鯙都教切

搖也春秋傳曰尾大不掉徒弔切 女病也奴教切 踶也知教切○正韻通作卓

趠 逴 說文遠也敕角切 說文遠也敕角切 汗簡 趠盦 六書統 古文奇字

濁 說文水出齊郡厲嬀山東北入鉅定直角切 朱育集字

海鹽畢弘述既明篆訂

苕溪閔章含貞 程煒赤文同校

七 陌

佰 說文相什佰也博麥切○案說文無陌字正韻云古陌字 漢佰長印 佰從 佰嘉私印

麥 建首芒穀秋種厚薶故謂之麥莫獲切 古文 脩能印書

脈 說文血理分衺行體者莫獲切 籒文 古孝經

覛 說文衺視也莫狄切○正韻云文選作脈脈 說文目財視也莫獲切

霢 說文霢霂小雨也莫獲切 古文奇字

䰐 說文陰神也普百切 霸 說文月始生霸然也承大月二日承小月三日周書曰哉生霸普伯切臣鉉等曰今俗作必駕切以爲霸王字○餘詳去禡 古老子 牧敦

百 說文十十也从一白數十百爲一貫相章也博陌切白音自 古文 古老子 牧敦 師毀敦 司寇匜 正譌 奇字

伯 說文長也博陌切 古孝經 古老子 媍氏鼎 名印 華陰伯印 伯有初印 伯鸞氏 韓伯私印 同伯私印 泠伯私印

迫 說文近也博陌切 敀 說文迮也周書曰常敀常任博陌切

柏 說文鞠也博陌切 任柏 至印

白 建首西方色也陰用事物色白从入合二二陰數旁陌切 古文 古文奇字 白可之印 白威私印 白平私印 白方 徐軌之白㦰○此音自說詳去寘凡兩肩起者皆自名字然混讀久矣不可正也 印

附通 魄 海魚音白 大白澤也古文以爲澤字古老切 糟粕酒滓也匹各切 如狼善驅羊音粕 皛 顯也烏皎切

帛　建首繒也旁陌切　籀文　汗簡　石鼓　附通 錦　襄邑織文居飲切

宅　說文所託也場伯切　古孝經　南宮中鼎　宅師繹印

澤　說文光潤也丈伯切　碧落碑　義雲章　書學集　同文　彭澤令印　黃原澤　宋澤　孫澤　脩能印書

擇　說文柬選也丈伯切　古孝經　尗商鐘　許子鐘　齊侯鎛　尗古文奇字　存乂切韻

莊印　擇書　附通 引給也羊益切○此與擇字音義俱不相涉古多通用何也必有其說恨字書不載

策　說文馬箠也楚革切

敕　說文擊馬也楚革切　古文　古老子　王庶子碑　六書統　同文集　附通 莿也音策　以穀萎馬置莖中音策

折　說文裂也詩曰不㡾　㡾不驪丑格切　楊桓書學

冊　建首符命也諸侯進受於王也象其札一長一短中有二編之形楚革切　說文告也楚革切　古文　古尚書　夏鉤帶　父乙尊　媍氏鼎

戚冊　光遠集綴　義雲章　奇字　印書　附通 編樹木也音冊　珊瑚蘇干切　惡健犬所晏切

檗　說文黃木也博尼切　印　檗慶

赫　說文火赤皃呼格切　商鐘　南宮中鼎　奇字

黑　建首火所熏之色也从炎上出㐫㐫古熜字呼北切　呂黑　李黑　司馬黑　附通 怒皃音黑　索也音黑

客　說文寄也苦格切　古老子　商鐘　索隱如此　同文如此　客廣德印　司馬客印　客富之印　燕客　名印

印書

克　建首肩也象屋下刻木之形徐鍇曰肩任也負何之名也與人肩膊之義通能勝此物謂之克苦得切　古文　籀文　汗簡　石經　古老子

穆公鼎 師𩩲敦 伯克尊 碧落碑 楊桓書學 同文集 克讓 脩能印書

尅 說文尤極也苦得切 陰符經 顏黃門說文 楊桓書學 古文 奇字

刻 說文鏤也苦得切 齊侯鐘 嶧山碑 漢三神鑑 義雲章 二 同文集 奇字

格 說文木長皃古百切 古文 義雲章 倪格之印

挌 說文擊也古百切 說文技格也古百切 古文

革 建首獸皮治去其毛革更之象古文革之形古文革从三十三十年為一世而道更也臼聲古覈切 說文飾也一曰更也古覈切 汗簡 宰辟父敦 周敦 寅簋

同文集 寅簋 義雲章 書學 系革 脩能印書

附通 雨濡革也匹各切

額 **䫘** **頟** 說文鼻莖也烏割切 說文頟也臣鉉等曰今俗作額五陌切

畫 **劃** 建首界也象田四界聿所以畫之胡麥切 古文 牧敦 六書統

附通 靜好也呼麥切

捇 說文裂也呼麥切 楊桓書學

蒦 **彠** 說文規蒦商也从又持萑一曰視遽皃一曰蒦度也徐鍇曰商度也萑善度人禍福也乙虢切蒦或从尋尋亦度也楚詞曰求矩彠之所同 古文

魚名胡化切 擊獲也一曰布獲也一曰握也一號切 雨流霤下皃音獲 尺蠖屈申蟲音獲 大視也許縛切 佩刀絲也音蒦

附通 刈穀也胡郭切

獲 說文獵所獲也胡百切 徐獲私印 孫獲私印 楊獲私印 類獲 宋獲私印 脩能印書

剨 說文錐刀曰剨呼麥切〇已見畫字古文此重出 書學 古文奇字

虢 說文虎所攫畫明文也古百切 古文 虢姜鼎 虢叔鬲 命屬鼎 奇字

附通 水裂去也音虢

馘 說文軍戰斷耳也春秋傳曰以爲俘聝古獲切 古文 敔敦

國 說文邦也古惑切 古文 古孝經 古老子 南宮中鼎 齊侯鐘 義雲章 希裕略古 奇字

同文集 京兆郡開國公章 高安縣開國侯章 學官令印 安成王國相印 永山國象國 李昌國 韓定國印 韓定國 丙充國

李定國 朱國 解廣國 段國 趙國 脩能印書

附通 摑 筐當也古悔切 摑 婦人冠飾音摑

色 建首顏气也所力切 汗簡 古老子 義雲章 同文集 六書精蘊

嗇 建首愛濇也从來从㐭來者㐭而藏之故田夫謂之嗇夫所力切 籀文 汗簡 古尚書 甘泉鐙 古文奇字 印書

附通 轖 車籍交錯

也音嗇 嬙 婦官也才良切 濇 不滑也音嗇 薔 薔虞蓼音嗇 悲意音嗇

穡 說文穀可收曰穡所力切 古老子 正譌

索 說文入家搜也所責切○經史但作索正韻亦無此字 伯索孟 王惟恭黃庭經 義雲章 六書統

迮 笮 說文迮迮起也阻革切 說文迫也在瓦之下棼上阻戹切 說文笮也在各切○正韻三俱通作窄

諎 說文大聲也壯革切

齰 說文齧也側各切

磔 說文辜也陟格切 古文 義雲章 林罕集

嘖 說文大呼也士革切○徐鉉新修字義云說文無賾字周易疏義曰賾深也按此亦假借之字當通用嘖 楊桓書學

簎 說文刺也周禮曰簎魚鼈士革切 說文矛屬士革切○書學簎通 書學

謫　說文罰也陟革切　古老子

摘　說文拓果樹實也一曰指近之也他歷切又竹尼切　義雲章　同文集

夨　仄　昃　側　建首傾頭也阻力切　說文側傾也阻力切　說文旁也阻力切　說文日在西方時側也易曰日昃之離臣鉉等曰今俗別作昃非是阻力切

古史記　碧落碑　存乂切韻　古文奇字　脩能印書

戹　阸　說文隘也於革切　說文塞也於革切　書學

附通　科厄木節也賈侍中說以爲厄裹也一曰厄蓋也五果切○音義與厄無涉字書皆讀如厄音　喔也音厄

搹　說文把也於革切

附通　飢也音厄

⿰鼠益　說文鼠屬於革切

軶　說文轅前也於革切　義雲章　光遠集綴　奇字

嗌　說文咽也伊昔切籀文　上象口下象頸脈理也　益鼎　玉篇表瑜

昔　腊　說文乾肉也从殘肉日以晞之與俎同意思積切　古孝經　古老子　郙敦　書學　升菴索隱

附通　長脛行也一曰踧踖資昔切

所以攤水也漢律曰及其門首洒浩所責切　斬也側略切　敬也左傳衛大夫石碏七削切　趬趞也一曰行皃音碏　迹遺也倉各切　驚皃音碏

惜　說文痛也思積切　義雲章

錫　說文銀鉛之閒也先擊切　古文　汗簡　漢清白鑑　名印　脩能印書

舃　說文䧿也象形七雀切○此說文鵲字重文已見藥韻後人借爲履舃之用音昔　鐘鼎文　楊桓書學　名印　印書

析　說文破木也一曰折也先激切　古文　古文奇字

附通　汰米也音析　蜥易也音析　人白色音析

【息】【鄎】說文喘也相即切　姬姓國在淮北今汝南新鄎相即切○左傳但作息　古文　碧落碑　義雲章　升菴索隱　附通 畜火也亦曰滅火音息

木也音息　寄肉也音息　石除息印　朱息私印　王息○三印偶遺借附於此

【戚】說文戉也倉歷切　古文　古孝經　古文奇字注云所未詳也尚有數字似此等者以其不類且不雅觀刪之　同文集　戚戎私印

戚歐　戚官私印　戚冊　戚欀　脩能印書　附通 木可作大車輮子六切　捎也沙劃切　憂也音戚

【鼜】說文夜戒守鼓也禮昏鼓四通爲大鼓夜半三通爲戒晨旦明五通爲發明倉歷切　古禮記

【席】說文籍也禮天子諸侯席有黼繡純飾祥易切　古文　古孝經　楊桓書學　匡席手　臣席

【蓆】說文廣多也祥易切　林罕集

【藉】【耤】說文祭藉也一日艸不編狼藉慈夜切又秦昔切　說文帝耤千畝也古者使民如借故謂之耤秦昔切○正譌藉通　戩敦　奇字小異　林罕集　成公耤

附通 蜀地音耤

【籍】說文簿書也秦昔切　籍偃　籍關　曹籍

【夕】說文莫也从月半見祥易切　寅簋　伯冏父敦　附通 窀穸也音夕

【寂】【啾】說文無人聲前歷切　說文嗼也前歷切　古老子　碧落碑　光遠集綴　奇字

【績】說文緝也則歷切　籀文

【積】說文聚也則歷切　古老子　同文小異　碧落碑　六書統　附通 求也側革切　髮有巾曰幘音責　債負也側賣切　齊也音責

稜積也子賜切　齒相值也一曰齧也春秋傳曰皙幘士革切　牀棧也阻厄切　水陼有石者七迹切　漚也前智切

迹 説文步處也資昔切 古老子 碧落碑 商隱字略 六書統

瘠 説文瘦也 楊桓書學

踖 説文小步也詩曰不敢不踖資昔切

趚 説文側行也詩曰謂地蓋厚不敢不趚資昔切

脊 説文背呂也資昔切 古文 王氏同文備攷 義雲章 六書統

附通 鰿 魚名音脊

釋 説文解也賞職切 古老子 義雲章 名印

適 説文之也適宋魯語施隻切 古文 義雲章 馬適恢印 馬適僑印 名印 脩能印書

附通 擿 搔也一曰投也直隻切

奭 説文盛也此燕召公名讀若郝史篇名醜徐鍇曰史篇謂所作倉頡十五篇詩亦切 古尚書 六書統

識 説文常也一曰知也賞職切 古文 敦 古文奇字 名印

飾 説文㕞也一曰橡飾賞隻切 雲臺碑 碧落碑

式 説文法也賞職切 古老子

附通 軾 車前也音式

侙 説文惕也春秋國語曰於其心侙然恥力切 義雲章 楊桓書學

乇 建首艸葉也从垂穗上貫一下有根象形陟格切 升菴索隱

尺 建首十寸也人手卻十分動脈爲寸口十寸爲尺尺所以指尺規矩事也从尸从乙乙所識也周制寸尺咫尋常仞諸度量皆以人之體爲法昌石切 古文 古老子 楊桓書學

名印

赤 建首南方色也昌石切 汗簡 尨敦 寅簋 義雲章 升菴索隱 古文奇字 赤泉侯印 赤垣 赤潘

附通

溫溼也 右扶風鄠盩厔鄉呼各切 女版切

斥 說文郤屋也昌石切 古文 古尚書

螫 說文蟲虫行毒也施隻切 古文 籀文 古老子

敕 說文戒也臿地曰敕恥力切 古文 諸旅鬲 雲臺碑 同文集 勅賜司馬 敕昌

飭 說文致堅也恥力切 書學 脩能印書

鷘 說文鷘鶒水鳥恥力切 書學

彳 建首小步也象人脛三屬相連丑亦切 徐鉉新修字義云李斯筆小變不言爲異

摭 拓 說文拾也之石切 書學

炙 建首炮肉也之石切 古文 汗簡 奇字 附通 碎石隕聲所責切

職 說文記微也之弋切 古孝經 古文奇字 附通 闕音職

織 說文作布帛之總名也之弋切樂浪挈令織从式臣鉉等曰挈令蓋律令之書也 古文 古尚書 存乂切韻 希裕略古 附通 弋也音職

陟 說文登也竹力切 汗簡 希裕略古 六書統 附通 牡馬也之日切

石 建首山石也常隻切 汗簡 石黔 石恭 石生 石闕 附通 百二十斤也稻一秳爲粟二十升禾黍一秳爲粟十六升大半升音石 衣袥也各切

宕 過也一日洞屋汝南項有宕鄉徒浪切 五技鼠也能飛不能過屋能緣不能窮木能游不能渡谷能穴不能掩身能走不能先人音石 宗廟主也一曰大夫以石爲主音石 足下也之石切

擊也音斲 桑也之夜切 附通

碩 說文頭大也常隻切 石鼓 姬奐匜 伯碩父鼎

食 說文建首一米也从皀亼聲或說亼皀也乘力切 古文 汗簡 漢十二辰鑑 古老子

蝕 說文敗創也从虫人食乘力切 楊桓書學

擲 說文搔也一日投也直隻切 義雲章 書學

躑 說文住足也或曰蹢躅賈侍中說足垢也直隻切 存乂切韻 書學 奇字

直 說文正見也徐鍇曰乚隱也今十目所見是直也除力切 古文 古老子 晉姜鼎 碧落碑 淳于直來 成直 張青直印

附通

稙 說文早種也詩曰稙稚尗麥音直 淔 水也恥力切

益 說文饒也伊昔切 古尚書 古老子 楚鐘 牧敦 虞敦 石益之印 益壽 益彊之印 臣益

附通

䴥 鹿䴥

粻音益 溢 器滿也音益 搤 捉也音益

肊 臆 說文胷骨也於力切 書學

憶 意 說文滿也一日十萬曰意於力切 義雲章 親意

億 說文安也於力切〇正韻十萬 古尚書 同文集 如此 書學

啬 說文快也於力切 古文 汗簡 仲父敦 古文奇字

附通

薔 薔苡也一日薔英音啬

檍 梓屬大者可爲棺椁小者可爲弓材音啬

抑 說文按也从反印於棘切 奇字

譯 說文傳譯四夷之言者羊昔切 奇字

驛 說文置騎也羊昔切 雜古文 希裕略古

𢍉 說文引給也羊益切〇以昔人多借為擇字用又附擇下 同文集

睪 說文伺視也从横目从㚔令吏將目捕罪人也羊益切 義雲章 脩能印書

附通 綒也徒各切 圛 回行也尚書曰圛圛升雲半有半無音繹 山在東海下邳音睪

懌 說也經典通用 釋 音睪 釋 漬米也施隻切 繹 抽絲也音睪 斁 解也詩云服之無斁斁厭也一日終也音睪

腋 建首人之臂亦也从大象兩亦之形臣鉉等曰今别作腋非是羊益切 古文 牧敦 周穆公鼎 亦鬲 古老子 華嶽碑 雲臺碑 附通

帟 在上曰帟音亦

奕 弈 說文大也詩曰奕奕梁山羊益切 說文圍棊也論語曰不有博奕者乎羊益切〇正韻二字通用無分别 奕車觚 同文集 古文奇字

液 說文𤅊也羊益切 叔殷鼎 漢甗

易 建首蜥易蝘蜓守宮也象形祕書說日月為易象陰陽也一日从勿羊益切 古文 汗簡 古孝經 古老子 鐘鼎文 碧落碑

升菴索隱

附通 袒也先擊切 疆也音易 犬張耳皃陟革切 日覆雲暫見也音易 骨閒黄汁他歷切 脈瘍也音易 目疾視施隻切 飴和饊者徐盈切

弋 隿 說文橜也象折木衺銳著形从厂象物挂之也與職切 說文繳射飛鳥也與職切 籀文 義雲章 同文集 弋陽郡丞之印

附通 酒色 婦官音弋 劉劉杙音弋

翼 說文翄也與職切 王庶子碑 六書統 處君翼

附通 水出河南密縣東入潁音翼 趨進趩如也音翼

翊 說文飛皃與職切 古尚書 谷口甬 碧落碑 光遠集綴

壁 廦 說文垣也北激切 說文牆也北激切 古文 升菴索隱

璧 說文瑞玉圜也北激切 商隱字略

甓 說文瓴甓也詩曰中唐有甓扶歷切 古文奇字

辟 建首法也从卩从辛節制其辠也从口用法者也必益切 古文 汗簡 古尚書 古孝經 宰辟父敦 義雲章 王毋辟印 王辟

孫辟彊 附通 韠衣也臣鉉等曰韠革中辨也衣襞積如辨也必益切 治也周書曰我之不辟音辟 便嬖愛也博計切 鷿鷈也普擊切 繴謂之罿罿謂之罬罬謂之罦

捕鳥覆車也博尼切 炊米者謂之檗音檗 牡贊也蒲計切

副 疈 偪 說文判也周禮曰副辜祭芳逼切 說文判也芳逼切

逼 楅 說文近也彼力切 說文以木有所逼束也詩曰夏而楅衡彼即切 古史記 古文奇字

煏 說文以火乾肉符逼切 六書統

僻 廦 說文避也詩曰宛如左僻一曰從旁牽也普擊切 說文反也普擊切 楊桓書學 升菴索隱 古文奇字云急速也

躄 躃 說文人不能行也必益切 古文 僻書學

劈 擘 釽 說文破也普擊切 說文撝也博厄切撝裂也 說文裂也普擊切〇正韻从爪 書學 奇字

碧 說文石之青美者兵彳切 碧落碑 召碧私印

皕 建首二百也彼力切

惄 愵 說文飢餓也一曰憂也詩曰惄如輖飢奴歷切 說文憂皃奴歷切 奇字

【休】【溺】說文沒也 奴歷切　說文而灼切○詳六藥弱下然經史韻書俱同休音無弱音矣

【闢】【開】說文開也虞書曰開四門从𠂢房益切　古文　齊侯鎛

【虩】說文易履虎尾虩虩恐懼一曰蠅虎也許隙切　古文　齊侯鐘　盄和鐘　書學　奇字

【赩】說文大赤也許力切　義雲章

【衋】說文傷痛也周書曰民罔不衋傷心許力切　義雲章

【戟】說文有枝兵也周禮戟長丈六尺紀逆切　師𣪍敦　宰辟父敦　義雲章　脩能印書

【擊】【毄】【轚】說文攴也古歷切　說文相擊中也如車之相擊故从殳从軎古歷切　說文車轄相擊也周禮曰舟輿擊互者古歷切　古莊子

附通　憅也苦計切　堅也

瓴適也一曰未燒也音毄　難也苦賣切　虎聲古覈切　器中盡音𢡟　艸也音毄　且吐聲一曰小笑許壁切　繘耑木古詣切　玉也郎擊切

楷革切

【棘】說文小棗叢生者已力切　古文　古老子　王庶子碑　庾儼集　希裕略古

附通　衣領也詩曰要之襋之音棘

【茍】建首自急敕也已力切

【丮】建首持也几劇切　同文集

【劇】【𠞰】說文尤甚也渠力切　說文相踦𠞰也其虐切○正韻劇同倦也　升菴索隱

【屐】說文屩也奇逆切　古文

【極】說文棟也渠力切　古老子　光遠集綴　嶧山碑　悟明極印

屰 逆 說文不順也魚戟切 說文迎也關東曰逆關西曰迎宜戟切 古文 古孝經 嶧山碑 義雲章 六書統 古文

奇字

附通 啻 齊謂春曰啻匹各切 綏維也音逆

鷁 鶂 鷊 鵜 說文鳥也春秋傳曰六鶂退飛五歷切或从鬲司馬相如說鶂从赤〇今春秋作鷁 六書統

隙 㡰 說文壁際孔也綺戟切 說文際見之白也从白上下小見起戟切 石經 古文 六書統 同文集

附通 蚩蟟也一曰蜉

蝣鬲灼切

郤 說文晉大夫叔虎邑也綺戟切 郤王之印 郤彊 郤勝 郤踚之印章 郤齊

綌 說文粗葛也綺戟切 古文 義雲章 正譌

覓 說文不見也美畢切 古文〇正韻云通作覛覛見本韻脈字下

冂 幎 建首覆也臣鉉等曰今俗作羃同莫狄切 說文幔也莫狄切

附通 鼏 以木橫貫鼎耳而舉之周禮廟門容大鼏七箇即易玉鉉大吉也莫狄切 飯剛柔不調相著施隻切

糸 建首細絲也徐鍇曰一蠶所吐之為忽十忽為絲糸五忽也莫狄切

的 說文明也易曰為的顙都歷切 希裕略古 書學 六書統

嫡 說文孎也都歷切 古文奇字

鏑 說文矢鏠也都歷切 義雲章 奇字

逖 逷 說文遠也他歷切

剔 說文解骨也他歷切 義雲章 希裕略古 六書統

惕 悐 說文敬也他歷切 古尚書

緆 說文細麻也先擊切

倜 說文倜儻不羈也他歷切 古文奇字

狄 說文赤狄本犬種狄之為言淫辟也徒歷切 古文 義雲章 狄齊

翟 說文山雉尾長者徒歷切 義雲章 同文集 翟應 翟時 當

附通

濯 澣也直角切

燿 禺屬音濯

擢 引也音濯

藋 堇艸也一曰拜商藋徒弔切

敵 說文仇也徒歷切 古老子 齊侯鐘

迪 㣙 說文道也徒歷切 說文行㣙㣙也徒歷切 希裕略古

糴 說文市穀也徒歷切 楊桓書學

滌 說文洒也徒歷切 古老子

笛 說文七孔筩也羌笛三孔徒歷切 古周禮 義雲章 正譌

曆 說文曆象也史記通用歷郎擊切 古文 敔敦 奇字 升菴索隱 李曆

歷 厤 說文過也郎擊切 說文治也郎擊切○正韻厤同 古文 周穆公鼎 商隱字略

附通

瀝 浚也一曰水下滴瀝音歷

履下也音歷

石聲

櫪 櫪撕椑指也音歷

秝 建首稀疏適也郎擊切

鬲 建首鼎屬實五瞉斗二升曰瞉郎擊切 籀文 虢叔鬲 京姜鬲 師鬲 帛女鬲 某父鬲

鬲 仲斯鬲 古文奇字 林罕集 義雲章 附通 障也古 夫離上也音鬲 酯也音鬲

槅 大車枙音隔 石地惡也下革切

䰛 建首䰛也古文亦鬲字象孰飪五味气上出也郎擊切

躒 說文動也郎擊切 石鼓

力 建首筋也象人筋之形治功曰力能圉大災林直切 古文 古老子 齊侯鎛 雲臺碑 武力司馬 張力私印 附通 易筮再扐而後卦盧則切

肋 脅骨也音扐 仂 材十人也音扐

酈 說文南陽縣郎擊切 酈妨 酈裔 酈成

覡 說文能齋肅事神明也在男曰覡在女曰巫胡狄切 義雲章

喫 說文食也苦擊切 楊桓書學 六書統

狊 說文犬視兒古闃切 古文 附通 靜也苦狊切 蔡邑也音狊

鶪 說文伯勞也古闃切 六書統 附通 綬也詩曰邛有旨鷊是五狄切

洫 淢 說文十里為成成閒廣八尺深八尺謂之洫論語曰盡力乎溝洫況逼切 說文疾流也于逼切○正韻洫通 同文集

寔 說文止也常隻切 古文 雲臺碑 脩能印書

湜 說文水清底見也詩曰湜湜其沚常隻切 脩能印書

殖 說文脂膏久殖也常職切 廣殖 古文

埴 說文黏土也常職切 古尚書 古老子 碧落碑 楊桓書學

植 說文戶植也常職切 集綴光遠 同文集 曹植私印

萴 說文烏喙也阻力切 開元文 薦前

賊 說文敗也从戈則聲昨則切 古文 古老子 陰符經 印書

鰂 鯽 說文鰞鰂魚名昨則切 義雲章 楊桓書學

即 說文即食也徐鍇曰即就也子力切 古文 古敦 伯姬鼎 同文集

附通 揤 捽也魏郡有揤裴侯國子力切

稷 說文齋也五穀之長子力切 古尚書 古孝經 古老子 義雲章 六書統 印書

附通 畟 治稼畟畟進也初力切

細理木也音稷

或 域 說文邦也从口从戈以守一一地也于逼切臣鉉等曰或今俗作胡國切以爲疑或不定之意域今無復或音 古文 敦牧 碧落碑

古文奇字 義雲章 光遠集綴 印書 古老子 齊侯鎛

附通 惑 亂也胡國切 罭 魚網也音域 瓦器音域

吹气音域 頭痛吁逼切 羔裘之縫音域

棫 說文白棫也于逼切 石鼓

閾 說文門榍也論語曰行不履閾于逼切

蜮 蟈 說文短狐也似鼈三足以气射害人于逼切臣鉉等曰蟈今俗音國以爲蝦蟇別名

役 說文戍邊也營隻切 華嶽碑 脩能印書

附通 種樓也一曰燒麥柃椴與辟切

德 說文升也多則切 悳 說文外得於人內得於己也多則切 古文 古孝經 古老子 蔑敖禹 或如此 盄和鐘 史籀書見淳化帖 師餘尊 王庶子碑 雲臺碑 碧落碑 升菴索隱 同文集 奇字 武德長 復德左尉 郭德之印 客孫廣德 德義 陳德 子德 馬德 名印

得 說文行有所得也多則切 古文 古孝經 古老子 雲臺碑 碧落碑 漢長生鑑 正譌 奇字 薛得之印 汲得 韓得私印 王得意印 高得之印 張得 王得福印 向得私印

忒 ⿰亻忒 說文更也他得切 說文失常也他得切 古孝經 附通 从人求物也他得切○正韻通作忒

特 說文朴特牛父也徒得切 古文 汗簡 義雲章 正譌

蟘 說文蟲食苗葉者吏乞貣則生蟘詩曰去其螟蟘臣鉉等曰今俗作⿹弋虫非是徒得切 復古編 楊桓書學

勒 說文馬頭絡銜也盧則切 寅簋 附通 玲⿱埶玉也音勒

泐 阞 朸 說文水石之理也周禮曰石有時而泐徐鍇曰言石因其脈理而解裂也盧則切 說文地理也盧則切 說文木之理也平原有朸縣盧則切

北 建首菲也从二人相背博墨切 汗簡 古孝經 父乙鼎 谷口銅甬 同文集 北軍中候 附通 惡米也周書有棐誓兵媚切

背也補妹切 故商邑在河內朝歌以北是也蒲妹切

匐 說文伏地也蒲北切 書學

菔 說文蘆菔似蕪菁實如小尗者蒲北切 書學

踣 ⿺走咅 說文僵也春秋傳曰晉人踣之蒲北切 說文僵也蒲北切

僰　說文犍爲蠻夷蒲北切　書學

墨　說文書墨也莫北切　墨丘中君　名印

默　說文犬暫逐人也莫北切　王默信印　苗默私印　名印

塞　說文室也穌則切

寒　說文實也虞書曰剛而寒先則切〇今虞書作塞正韻塞同　古老子　古月令　存乂切韻　升菴索隱　古文奇字

則　說文等畫物也子德切　古文　籀文　古孝經　蘇則印　作則

附通　痛也初力切　清也初吏切　過遮也音惻

覈　說文實也考事襾笮邀遮其辭得實曰覈下革切　楊桓書學

核　說文蠻夷以木皮爲篋狀如籢尊古哀切〇字本平聲正韻覈同俗多從之　書學　六書統

翮　說文羽莖也下革切

䩩　說文翅也古覈切

八緝

緝　說文績也七入切　六書精蘊

咠　說文聶語也詩曰咠咠幡幡七入切〇今詩作緝　升菴索隱又見話字下

附通　雨下也一日沸涌見姊入切　藏兵也詩曰載戢干戈阻立切　茨也音咠　讓也一日手箸胷曰揖伊入切　鼓無聲也他叶切　舟櫂也音湒　和也音戢

輯　說文車和輯也秦入切

咠　說文詞之咠矣秦入切〇今詩作輯

習　建首數飛也似入切　古文　義雲章　孫習

附通　鰌也音習　言謵讋也音習　懼也之涉切　盛光也詩曰熠燿宵行羊入切　馬豪骭也

似入切 敗也音熠 木也音習

【襲】 說文左衽袍似入切 古文 秦權 秦斤 秦度

【隰】 說文阪下溼也似入切 義雲章

【鏶】【鍓】 說文鍱也秦入切

【雧】【集】 說文羣鳥在木上也秦入切 漢鐙 南嶽碑 李集私印

通附 噍也子入切 合也音噍

【亼】 建首三合也秦入切

【執】 說文捕辠人也之入切 古老子 齊侯鎛 南宮中鼎 敔敦 召公尊 敔敦 王庶子碑 繡衣執法大夫 倏能印書

通附 重衣也巴郡有褺江縣徒叶切 禮巾也輸芮切 讋讘也音執 藏也直立切 悑也音執 抵也陟利切 羊名汝南平輿有摯亭郎刃切 寒也或曰早霜都念切 艸木不生也一曰茅芽姊入切 擊殺鳥也脂利切 馬重皃音蟄 蟄足也徒俠切

【馽】【縶】 說文絆馬也从馬口其足春秋傳曰韓厥執馽前陟立切 古文 希裕略古縶云又與滿同

通附 馬一歲也从馬一絆其足戶關切 馬後左足白二絆其足之戍切

【㗊】 建首衆口也阻立切

【十】 建首數之具也一爲東西丨爲南北則四方中央備矣是執切 父乙鼎 文姬匜

通附 會也算也古詣切 相什保也音十

【拾】 說文掇也是執切 華嶽碑用爲十字 于拾

通附 湁湒沸也丑入切

【溼】 說文幽溼也从水一所以覆也覆而有土故溼也㬎省聲失入切 古文 石鼓

入　建首内也象从上俱下也人汁切　古老子　林罕集　俱出入日利　出入大吉

廿　說文二十并也人汁切　古文奇字

澀　濇　說文不滑也色立切　說文不滑也色立切　古文　書學口不能言　書學慳也

立　建首住也从大立一之上力入切　汗簡　郝敦　嶧山碑　碧落碑　立義丞印　王立私印　芮長立印　附通　明日也余六切

天狗音立　石聲盧荅切　飛皃與職切　簦無柄音立

粒　䬘　說文糂也力入切　古尚書　義雲章　升菴索隱

挹　說文抒也於汲切　華嶽碑　雲臺碑　孫彊集

邑　建首國也先王之制尊卑有大小於汲切　汗簡　郝敦　升菴索隱　晉蠻夷率善邑長　漢叟邑長　附通　不安也音邑　从反邑音義闕

裛　說文書囊也於業切　瑕裛　附通　溼也音邑

吸　歙　說文內息也計及切　說文縮鼻也丹陽有歙縣許及切〇正韻亦作吸　王惟恭黃庭經　耿吸　附通　地名音歙

翕　說文起也許及切　楊桓書學　楊翕私印　附通　水疾聲音翕

泣　說文無聲出涕曰泣去急切　古孝經　古老子　碧落碑　六書統

給　說文相足也居立切　朱育集字　李給之印

急　說文褊也居立切　古文奇字　升菴索隱

級　說文絲次第也居立切　古文　王庶子碑　漢甗　書學

伋 說文人名學者勉思以及人也居立切 郭伋

汲 說文引水於井也居立切 黯汲 得汲

及 逮 說文逮也巨立切 古文 石鼓文 古孝經 許子鐘 仲偁父鼎 奇字

附 通 鈒 鋋也蘇合切

蒲席䈆也古沓切 芨 菫艸居立切 馺 馬行相及也音鈒 收也楚洽切 病劣也呼合切 急行也音芨 小兒履也音鈒

岌 說文山高皃魚汲切 古孝經

九合

合 詥 說文合口也侯閤切 說文諧也侯閤切 華嶽碑 牧子文

附 通 閤 門旁戶也古沓切 市也音合 蜃屬有三皆生於海千歲化爲蛤秦謂之牡厲又云百燕所化魁蛤一名復累老服翼所化音閤 姶 女字也春秋傳曰嬖人婤姶曰無聲烏合切 韐 防汗也音閤 祫 大合祭先祖親疏遠近也周禮曰三歲一祫侯夾切 鴿 鳩屬音閤 迨 遝也音合

敆 佮 說文合會也古沓切〇正韻音合 說文合也古沓切 碧落碑

欱 呷 說文歠也呼合切 吸呷也呼甲切 楊桓書學

郃 說文左馮翊郃陽縣詩曰在郃之陽侯閤切 吾丘郃

盦 說文覆蓋也臣鉉等曰今俗别作罯非是烏合切 仲印盦 同文集 古文奇字 梅花盦元吳仲圭用爲菴字 名印菴〇以上盦字又見平覃

脩能印書 希裕略古

盍 說文覆也从血大胡臘切 古文 奇字 存乂切韻

附 通 榼 酒器也音盍 溘 奄忽也口荅切 磕 石聲苦盍切又口太切 跛病烏盍切 餉田

也詩曰饁彼南畝筠輒切

鄐　說文地名胡蠟切　伯鄐父鼎

嗑　說文多言也候榼切　楊桓書學

闔　說文門扇也一曰閉也胡臘切　古文　古老子　王惟恭黃庭經　希裕略古

㕉　說文閉也口盍切　義雲章　六書統　升菴索隱云㕉闔同

㬎　說文衆微杪也从日中視絲古文以為顯字或曰衆口皃讀若唫唫或以為繭繭者絮中往往有小繭也五合切〇又見上銑　古文

附通　下入也敕立切

趿　說文進足有所擷取也爾雅曰趿謂之擷穌合切　昭卿字指　六書統

颯　說文翔風也穌合切　郭颯印信

卅　建首三十并也穌合切　石鼓　書學

帀　建首周也从反之而帀也周盛說子荅切　汗簡　唐韻　奇字

雜　說文五彩相合徂合切　寅簠　敔敦　雲臺碑　奇字

雥　建首羣鳥也徂合切

荅　說文小尗也都合切　石經　希裕略古　書學　升菴索隱

附通　榙　榙樑果似李土合切

沓　誻　𧬻　說文語多沓沓也遼東有沓縣徒合切　誻說文𧬻誻也徒合切　𧬻說文語相反𧬻也他合切

言語　譶　說文疾言也徒合切　同文集云沓本从川若从水則與汨字混矣　楊桓書學

附通　錔以金有所冒也他荅切　涾涫溢也河朔方言謂沸溢為涾音沓　㑿俛伏也一曰伏意音𧬻　搭縫指揩也一曰韜也音沓　歠也音𧬻

春已復擣之音沓

濕 說文水出東郡東武陽入海桑欽云出平原高唐他合切○今以爲溼字而别爲㬎字以易之不知何始 升菴 索隱

土 踏 蹋 他達切 說文蹈也 說文跛也他合切 說文踐也徒合切 書學

拉 柆 說文摧也盧合切 說文折木也盧合切 義雲章 六書統

臘 說文冬至後三戌臘祭百神从肉巤聲盧合切 衛宏 脩能印書

鞈 ⿱鼓合 說文鼓聲也徒合切 說文鼓聲土盍切 書學

塔 說文西域浮屠也土盍切 古文

榻 說文牀也土盍切 義雲章

附通
飛盛皃 音榻
虛鰨也 音𦐇
毾㲪也 音𦐇
樓上戶 徒盍切
嗑也 音闒

鰈 說文比目魚也土盍切 古文

洽 說文霑也侯夾切 義雲章 古文奇字

峽 說文隘也臣鉉等曰今俗从山非是侯夾切 古老子 六書統

匣 ⿰木合 說文匱也胡甲切 說文劒柙也胡甲切

柙 說文檻也以藏虎兕烏匣切 古論語 演說文 六書統

恰 說文用心也苦狹切 古文

帢 說文士無市有帢制如榼缺四角爵弁服其色韎賤不得與裳同裳纁色古洽切 楊桓書學 古文奇字

挾　說文俾持也胡頰切　書學

夾　鋏　說文持也古狎切　說文可以持冶器鑄鎔者古叶切　古文　商鐘　鐘　遲父鼎　遲父　脩能印書

思皃苦叶切　赤黃也一曰輕易人蘇姁也許兼切　洽也徹也子協切　蛺蜨也兼叶切　捷也飛之疾也一曰俠也山洽切　辟也胡甲切　艸實古叶切　附通　妄語音莢

梜　檢柙也音夾　目旁也子葉切　鞮鞅沙也音夾　紝綊也胡頰切　潁川縣工洽切　病息也苦叶切

袷　說文衣無絮古洽切　書學

跲　說文躓也居怯切　書學

甲　建首東方之孟陽气萌動从木載孚甲之象一曰人頭宜為甲甲象人頭古文甲始于十見于千成於木之象古狎切　古文　古老子　父甲爵　六書統

升菴索隱　同文集　李甲　稱甲　陰小甲　附通　閘　開閉門也烏甲切　入脈刺穴謂之窜烏狎切　犬可習也胡甲切

箑　篓　說文扇也山洽切

歃　說文歠也春秋傳曰歃而忘山洽切　說文飲歃也一曰吮也衫洽切又先活切

插　說文刺肉也楚洽切　升菴索隱　脩能印書

鍤　說文郭衣鍼也楚洽切　古文

臿　說文舂去麥皮也楚洽切　希裕略古　六書正譌　附通　從後相臿也音臿　疾言失次也丑聶切

壓　厭　擪　說文壞也一曰塞補烏狎切　說文笮也一曰合也於輒切又一琰切　說文一指按也於協切　六書統　附通　山桑也於琰切　中黑也音檿

鴨　說文鶩也俗謂之鴨烏狎切　昭卿字指　書學　六書統

【姂】說文婦人皃房法切 古文奇字

【乏】說文春秋傳曰反正爲乏房法切 書學

附通 屆尼也直立切 艸浮水中皃匹凡切 下平缶也音昜 鵖鴔也平立切 反覆也方勇切 目動也側洽切

【䁍】說文目陷也苦夾切 書學

【灋】【法】【金】說文刑也平之如水从水廌所以觸不直者去之从去方乏切 古孝經 秦權 希裕略古 六書精蘊 繡衣執灋大夫

名印

十 葉

【葉】說文艸木之葉也與涉切 古文奇字 葉君之印 名印

附通 南楚謂禪衣曰褋徒叶切 宋衛之閒謂華僷僷音葉 城上女垣音褋

【枼】說文楄也枼薄與涉切 古文枼葉通用 商鐘 同文集商鐘 齊侯鐘葉

附通 鍱也齊謂之鍱音葉 篇也音葉 薄切肉直葉切 札也音褋

【[illegible]】說文姿也於叶切 楊桓書學

【曄】【爗】【皣】說文光也筠輒切 說文盛也詩曰爗爗震電筠輒切 艸木白華也筠輒切 古文 昭卿字指 奇字 書學

呂曄私印 傳曄之印信

【笈】說文驢上負也或讀若急其輒切 汗簡 石鼓 光遠集綴 書學

【妾】說文有辠女子給事之得接於君者春秋云女爲人妾妾不娉也七接切 古老子 孫彊集 義雲章 同文集 六書正譌 妾胥 妾志

印 書

附通 魚名出樂浪潘國音妾 水也音妾 小雨山洽切 棺羽飾也音霎

【接】說文交也子葉切

【椄】說文續木也子葉切

緁 說文緶衣也七接切 書學

睫 說文目旁毛也子葉切 書學

疌 說文疾也从止从又屮聲疾葉切 說文獵也軍獲得也春秋傳曰齊人來獻戎捷疾葉切 華嶽碑 義雲章 附通 機下足所履者从止从又入聲尼輒切

倢 華嶽用爲捷字 佽也子葉切〇 書學以爲緁同 緁緣也七入切〇 居之速也 子感切 廚也古田器 也楚洽切 女字也 音倢 萐莆瑞艸也堯時生於庖廚扇暑而凉士洽切

攝 說文引持也書涉切 古文 古老子 升菴 索隱

韘 說文射決也所以拘弦以象骨韋系著右指詩曰童子佩韘失涉切 書學

涉 說文徒行厲水也時攝切 義雲章 孫彊集 同文集

讋 說文失气言一曰不止也之涉切 弗讋

慴 說文失气也一曰服也之涉切 說文心服也齒涉切

讘 說文多言也河東有狐讘縣之涉切 說文多言也从品相連春秋傳曰次于嵒北讀與聶同尼輒切〇正韻讘嵒俱尼輒切嵒下不从山與嵒字異 義雲章 書學

聶 說文附耳私小語也尼輒切 聶佽私印 聶奉 聶横 附通 木葉搖白也音聶 蹈也音聶

鑷 說文箝也尼輒切 林罕集 六書統

㚔 建首所以驚人也一曰大聲也一曰讀若瓠一曰俗語以盜不止爲㚔尼輒切

𦘒 建首手之疌巧也从又持巾尼輒切

輒 說文車兩輢也陟葉切 馬輒之印 附通 耳垂也春秋傳曰秦公子輒者其耳下垂故以爲名音輒 領耑也音耴 鉆也音耴 馬疾步也尼輒切 拈也丁愜切

敜 捻 說文塞也周書曰敜乃穽奴叶切 捻 說文指捻也奴協切

獵 說文放獵逐獸也良涉切 古老子

邋 說文搚也良涉切 石鼓邋邋員斿注云旌旗搖動皃 脩能 印書

巤 鬣 躐 說文毛巤也象髮在囟上及毛髮巤巤之形良涉切 說文鬣巤也良涉切 也音巤

附通 儠 長壯儠儠也春秋傳曰長儠者相之音巤 理 特

貼 帖 聑 說文以物爲質也他叶切 帖 說文帛書署也他叶切○正韻貼通 聑 說文安也丁帖切○書學貼同 楊桓 書學

諜 說文軍中反閒也徒叶切 書學

蝶 說文蛺蜨也臣鉉等曰今俗作蝶非是徒叶切 博雅 書學 名印

疊 說文揚雄說以爲古理官決罪三日得其宜乃行之亡新以爲从三日太盛改爲三田徒叶切 古文 張有復古編 書學稠疊 書學排疊 古文奇字

揲 說文閱持也食折切 書學 正譌

協 叶 叶 說文衆之同和也臣鉉等曰从十衆也胡頰切 古文 商鐘 盄和鐘 齊侯鎛 齊侯鐘

附通 協 同心

勰 同思之和音協 和音協

劦 說文同力也山海經曰惟號之山其風若劦胡頰切

附通 拹 摺也一日拉也虛業切 珕 蜃屬禮佩刀士珕琫而珧珌郎計切

脅 說文兩膀也虛業切 書學

附通 歙 翕气也 音脅

俠 說文俜也胡頰切 名印

頰　說文面旁也古叶切　六書統

愜　說文快也苦叶切　說文得志㛍㛍一曰㛍息也一曰少气也呼帖切　說文疑也戸兼切〇正韻又愜同平爲嫌疑入爲快足義以音異也巳見平鹽　書學

篋　說文藏也苦叶切　雲臺碑

劫　說文人欲去以力脅止曰劫或曰以力止去曰劫苦怯切　古文　同文集

怯　說文多畏也杜林說怯从心去劫切　古文

燮　說文和也从言从又炎籀文燮从羊羊音飪穌叶切　說文大孰也从又持炎辛辛者物孰味也穌俠切　古文　演說文　同文集

附通　璵　石次玉者音燮

屧　說文履中薦也穌叶切　義雲章　書學

業　說文大版也所以飾縣鐘鼓捷業如鋸齒以白畫之象其鉏鋙相承也詩曰巨業維樅魚怯切　古文　古尚書　盉和鐘　楊桓書學　崔希裕略古　李業私印　名印

附通　鄴　魏郡縣音業

（清）畢星海　輯

自敘

先大父輯六書通若干卷剞劂後曾復爲手訂星海猶及見藁本塗乙改寫不知幾歷歲月後竟失去每痛惜焉星海少弄筆學篆隸書以習舉業愷佐輟既而久困場屋乃棄帖括稍二肆志及之歲丁巳同郡葛君杖陂蔡延余課兒子杖陂好學與其兄春嶼嵩每與余商確古今疑義余無所隱杖陂不以余爲妄嘗令余佐箋註數種不敢問世嘗成輙置之獸於篆籀結習耽焉杖陂以余所好亦好之爲出金石文字是影相與摩挲參考點畫形聲究所指歸往往有前人所未發者而二三同志若張文魚燮昌吳穎父東發張叔未廷濟每以古器物銘漢晉甎拓本及秦漢印譜寄示凡六書通所未載之字及筆跡有不同者輙爲摹錄杖陂昆季勸令編次爲六書通摭遺且促付梓星海以是賽先大父之志也遂手書成上下二卷附六書通後意星海老矣無所成就而祗此區區

字畫之未彌足以繼先人未竟之緒者交賴杖陂有以贊成之則星海之所有憾於生平者不誠多矣夫方今文教昌明即六書之學亦度越前古海内金石家相望成風尚搜羅剔抉靡復潛隱吾烏知此二卷者之所遺及所訛者不更多于前書耶是不能無望於好古君子

嘉慶六年八月望日海鹽畢星海書於基聞艸堂

凡例

一本書所載説文字乃分韻之本非許氏原書中有舛譌如塙從喬還為遹之類不勝枚舉茲悉遵宋本補正其失收者依本書例分附各字後

一字以説文為主無者不録然如崆峒之峒即説文之同滹沱之滹即説文之虖此六書之假借非無其字也此類各注明本義分附本字之下其有攷據未的者槩不闌入

一鐘鼎尊彝自宋迄今代有所出茲據金石家所藏拓本本書未收之外筆畫完好確鑿可釋者摹入或有已見博古諸書而拓本不同亦竝載入以存其真

一印以秦漢為尚明顧氏印藪王氏印統最為大備近維揚馬氏新安汪氏搜羅益廣頗有前人所未見者及袁氏漢印分韻桂氏繆篆分韻悉甄别采入

一秦漢瓦當近世始出足以考證六書之遺今悉采入晉磚有篆文者亦附録之

一古文奇字見之義雲汗簡諸書者屢經刓改點畫失真故所收至慎惟碑碣真本鑿鑿可據苟有小異具録於編

一篆古詮釋以前人為據閒有未允竊為攷訂其有出自當代前輩緒論者載明本字下不敢掠美

一本書篆文實出　先大父手書其屈伸離合不免舛錯者剞劂之誤也晚年重訂未及剜改令手訂藁本失去而原本行世既久無從更修故重録原文注明本書誤刻用仰副　先人未竟之志

一鄙性拙滯耳目未周即令所見恐復漸〻散失故急續此漏萬之譏所不能免倘海内好古君子能出所藏補其所未及實有裨於篆學不獨小子一人之私幸而已

六書通摭遺

上平聲上第一

海鹽畢星海萇原輯

門人嘉興葛畤徵向之校

一東

東 三公山碑 安東將軍章 防東長印 東武亭侯 河東太守章 單門東 東幼蒼印

冬 郭冬居 冬永之印 王冬可 居冬古 臣冬有 冬壽 漢印分韻

通 頌尊壺 頌敦 通威將軍章 馬通 侯史通印 楊通賢印 季通印 樂通 王通 王通之印 彭通私印 張通 單字印 姚通 程通 趙通 漢印分韻

同 古老子 尹同之印 同來怌 漢印分韻

峒 廣韻崆峒山名本作同 碧落碑 漢印分韻

銅 綏和壺 大官壺 建初尺

童 童永私印 童延印

潼 梓潼令印

桐 楊桐名印 許桐之印 單字印

彤 摭古遺文 焦山鼎 馬彤之印

龍 頌鼎 摭古遺文 魚龍亭侯 龍驤將軍章 龍驤將軍長史 馮龍之印 徐龍 冷龍私印 臣龍 專龍

張觸龍　甄龍之印　和龍　龍伯

籠　朱育集字　六書統

瀧　朱育集字

礱　說文繫傳　唔臺銘

蠪　張蠪

蘢　六書索隱

隆　摭古　摭古遺文　樂隆私印　王隆私印　李隆私印　楊隆私印　史隆之印　左隆之印

吳國隆印　轅隆之印　荆隆　石隆私印　薛隆

漢印分韻○葛檕按本書碧落碑二文見秦泰山碑當是陞字誤入

聾　摭古遺文

蓬　摭古遺文　蓬吉

蒙　摭古遺文　碧落碑　蒙陰宰之印　冡祀之印　侯蒙　禹蒙之印　侯蒙之印

鏓　古文

宗　宗嬰　王宗印信　宗杜印信

堫　摭古遺文

蹤　碧落碑

叢　叢宗印　摭古

潨　摭古

從　秦泰山碑　立義從事　胡從之印　李從之　司馬從　單從　曹從

樅　說文汲古本

松　公孫松　漢印分韻

鴻　鴻符世子　大鴻臚丞　鴻山　飛鴻　漢印分韻　李鴻私印

𨾊
古文

空
司空定
司空

公
乙公尊鼎
楚公鐘
京兆郡開國公章
李中公
公孫充印
公孫昌
公孫寬
彭長公
公孫宏
徐中公

公乘勝印
公偉
公南陽印
顏君公
徐子公

功
古老子
統注
紀功
郭功子
段干功子
成功豫印
任子功
吳功子
胡子功
李仲功印
廓功

𦐔
王翁

項
項時私印

攻
古老子

翁
王翁主尉
司馬翁
燕次翁
楊少翁印
朱翁君

風
八風壽存當王莽八風臺瓦
漢印分韻

豐
癸亥父己鬲
姑敦
卩敦
三公山碑
漢豐宮瓦見張燕昌氏續金石契
古老子
新豐令印
豐縣令印
胡豐私印
郭豐私印

豊
王豐私印
史豐私印
田豐

酆
梁酆私印
卞酆私印

麷
六書索隱荀子注从豐音禮與醴同義

寷
汗簡古周易

丰
摭古遺文

夆
新附
說文繫傳大水也胡翁反

蜂
說文古文省

封
六書正譌
開封亭侯
馮封私印
張封私印
封筐印
李封
封多牛
封本私印
臣封
封完請發

單字印

馮
馮龍之印
馮黨
馮宣
馮大受印
馮抵之印
馮洛之印
馮循
張馮私印
馮霸
馮宮印信
漢印分韻

逢 石鼓　張逢之印　逢成　召逢時印　尹逢逢　雍逢逢　殷逢憙　逢廣　逢賢　逢延之印

嵩 摭古　李嵩

充 公孫充　汝充私印　口充國　田充國　桓充信印　徐充　秦充　漢印分韻

沖 摭古　碧落碑　古老子　劉沖　張沖安　蔡种印信

翀 廣韻直上飛也通作沖　張翀

衝 六書索隱古衝字　素問陰陽[illegible][illegible]

中 焦山鼎　頌尊壺　卯敦　東方像贊碑額　刑中私印　劉中士印

芇 芇閔之印

衷 新附　說文裏褻衣春秋傳曰皆衷其衵服陟弓切

忠 古老子　摭古遺文　忠譚　張忠　臣忠　楊忠　拾忠信　口忠臣印　李忠　茂忠　忠仁私印　周忠之印

敬忠印信　富忠　長忠　漢印分韻

終 頌尊壺　終元之印　張令終印　程終私印　宛終私印　終賞　左終私印　曾終私印　終口私印　六書索隱終同日在甲上日早日在癸上曰暴

鍾 邾叔鍾　摭古遺文　鍾溫印信　鍾晏私印　鍾青史　鍾離意　漢印分韻

戎 繹山碑　古老子　綏戎將軍章　守軍口揚戎　程戎私印　左戎私印　王戎私印　彭戎私印　戎可　公師戎印　張戎私印

鬆 六書正譌

崇 應崇 星崇 李崇私印 張崇私印 張崇

蠱 新附 說文腹中蟲也春秋傳曰皿蟲爲蠱晦淫之所生也梟桀死之鬼亦爲蠱皿物之用也公戶切

融 存乂切韻 符融 周生融印 兒融私印

彤 蘇彤 胥彤印信

容 古老子 卑容印信 容干私印 王容之印

鎔 陶鎔

穹 三墳記

躳 王躳印信 史躳言事 馬躳私印 郭躳之印信 躳詘

宮 頌尊壺 眞宮之印 吳宮 陳宮印信

恭 王恭之印 兒恭 尹恭 王恭敬節印信 史恭 張恭之印

龔 古通作恭 公華鐘 頌鼎 頌敦 㝵龔父簋 彭龔信印 龔年 韓龔 龔遂 龔可印 龔勝 原龔私印 龔宏私印

龏 龏魯人 常龔 龔翁伯 漢印分韻

窮 古老子 魶窮

農 漢上林農官瓦 撫古 農前丞印 胥農之印 張農私印 謝農 鄭農之印 左農私印 柯農私印 王農

醲 林罕集綴

凶 除凶去央

兇 新附 說文擾恐也春秋傳曰曹人兇懼許拱切

匈 漢匈奴惡適姑夕且渠 張匈奴

【雍】 口簠　師箎敦　六書正譌　雝奴令印　雝奴左尉　雝護之印　成雍　丙雍之印　雝彭之印　雍山　雝富私印　雍游

雝 雍逢　廱丁之印　董廱　廱安　廱勝印　漢印分韻

【雄】 上雄口印　雄功私印　太叔雄印　世雄○葛榮按本書雄尊宜作蜼尊入霽韻按博古圖蜼尊云象蜼形蜼似獮猴而大尾長四五尺似獺尾末有岐此象形字周禮司尊彝祼用蜼彝當卽類此無所謂雄尊者朱伯時金石韻府收入東韻殆因雄蜼形似致誤非別有據也

【熊】 虢叔鍾　詛楚文　汗簡　熊淚將印　高熊印信　高熊　楊熊言事　臣熊　熊樂　侯熊

二支

【支】 支美

【伎】 古老子

【鬾】 女鬾

【枝】 摭古遺文

【祇】 六書正譌　檀祇　臣祇

【之】 節銘　王與之印　鄭之純印　王于之印　星口之印　星已之印　所習之印　梁舩之印　軸口之印

【淄】 廣韻水名本作甾　齊侯鎛鐘　菑川熗爐　臨淄侯印　菑川印信　胡甾之印

【施】 李陽冰謙卦　古老子　摭古遺文　施咸私印

【詩】 古文　六書正譌　劉詩　漢印分韻

【師】 漢書通獅　僨師將軍印　曹師季眾　師守之印　服師定國　張師侯印　獅摭古遺文

【時】 趙當時印　傅時明印　每當時印　宋當時印　穀般時　新時　時翁須　范當時印　召峯時

【兒】 亦通倪　古老子　劉馬兒　張兒公　丁兒　倪尊之印

【闐】 義雲章

而 謙卦　三墳記

輀 李陽冰遷先塋記　摭古遺文

腝 六書統

斯 泰山碑　存乂切韻

虒 建初尺

私 鄭志私印　郜衡私印　劉遵私印　趙口私印　班邑私印　劉口私印　韓義私印　蘇長私印　馬級私印　蘇立私印　許景私印

長譚私印　步重私印　賈歆私印　王崇私印　王安私印　李黃私印　里中父兄私印　段立私印

思 汗簡　徐思宗　孟思賢　左思思　漢印分韻

司 焦山寺鼎　王庶子碑　巧工司馬　司馬客印　司禁私印

髭 存乂切韻

咨 王庶子碑　諮議參軍

資 孫資　种資印信　資君仲

澬 摭古遺文

姿 摭古

齍 王伯鼎　汗簡　六書統

兹 陽城石闕　摭古遺文　仲兹　陰兹之印　浯臺銘

滋 奇滋之印

疵 閻疵之印　伯士疵　馬疵　張疵　口疵

餈 碧落碑

茨 具茨山人

知 張知之印

馳　六書統　路趒生

墀　漢印分韻

徲　徲伯敦　口鼎

遲　中敵尊　汗簡　遲喜私印　遲年唯印　遲武　尉遲同

治　焦山寺鼎　頌尊壺　卯敦　古老子　治章之印　治土

持　弓持之印

罷　古韻　摭古遺文

卑　謙卦　昭卿字指　摭古　卑參私印　卑豊私印　徐毋卑　耿卑之印

椑　椑彭印信

婢　翟婢

脾　黃庭經

鼙　新附　說文騎鼓也部迷切　摭古

碑　鄭固碑額　孔宙碑額

禆　禆將軍印

皮　皮護宗印　皮懿　田皮　漢印分韻

鮍　馬日磾集羣書古文

詖　光遠集綴

疲　摭古

蚍　孫彊集字

夷　安夷將軍章　晉蠻夷率善仟長　蠻夷邑侯　劉夷吾

荑　六書統　荑周

彝　王姬彝　伯申鼎　師淮父卣　虎敦　虡彝　父乙彝　卯敦　口壺　竝古尊彝　庚姬彝　稟彝　可伯彝　存乂切韻　漢印分韻

遺　甄遺　遺登　韓遺之印　杜遺之印　賈遺

宧　泰山碑　宧富貴當瓦　三墳記　宧都亭侯　秦宧　李常宧印　薹宧枉　宧子孫　漢印分韻

儀　儀呈　董儀私印　漢印分韻

疑　秦權　吳不疑　張不疑　中不疑　孫不疑印

匜　孟皇父匜　季姬匜　眞公匜　漢注水匜

台　台良　台字

怡　怡朗極印

紿　專紿

頤　郭頤印信

[illegible]　新附　說文司空也復說獄司空息茲切

圯　六書正譌　本書王圯一印乃印字誤入應歸下平陽韻

琦　廣韻玉名本作奇　王士琦印　孫琦

畸　賈畸

綺　商綺

騎　騎部曲將　騎督之印　騎部曲督　騎部曲印

祁　祁蒲之印　祁豐私印　祁辛　祁株　漢印分韻

岐　徐岐

其　石鼓　三公山碑　雙魚洗　古老子　張意其　尚其印　其長壽印　其國　漢印分韻

期　汗簡　期門僕射　漢印分韻

旂　頌尊壺　伯姬鼎　楊旂

綦　古文　古尚書　父乙鼎　汗簡　綦毋肆　綦毋仲　綦毋從印　綦毋孫　綦毋偃　漢印分韻　綦毋次仲

麒　摭古遺文　賈麒

騏　摭古遺文

祈　周師旦鼎　叔夜鼎　劉祈印信　謝斳之印

蘄　新附　說文艸也从艸斳聲江夏有蘄春亭臣鉉等案說文無斳字他字書亦無此篇下有𤝞字注云江夏平春亭名疑相承誤重出一字也渠支切○葛檕案漢書地理志江夏郡縣蘄春則蘄春自有其地史記秦本紀蘄年宮注蘄求也蘄年蘄春同義徐氏疑其重出疎矣此字莊子數見竝音祈訓求則蘄本通祈爾雅音義謂古芹字訓艸本義也

譏　存乂切韻　漢印分韻

儀　摭古遺文　麃儀令印

熹　三公山碑　六書統

熙　熙子私印　韓熙印信

希　國山碑　摭古遺文

郗　郗口之印

伊　憲伊　皇伊印信　伊宮私印　摭古伊水之伊

猗　六書索隱魯詩猗儺作椅檹

衣　頌尊壺　戎衣私印

依　依護私印

醫　太醫丞印　許醫　六書統

殹　石鼓

辭　繹山碑　摭古遺文

辤　齊侯鐘　幽伯敦

騶　摭古遺文

祠　沛祠祀長

微　〔篆〕石鼓　〔篆〕微定國印　〔篆〕徹少卿　〔篆〕漢印分韻

惟　〔篆〕任區惟印　〔篆〕臣區惟　〔篆〕段惟印信　〔篆〕武惟私印

蜚　〔篆〕裴公碣額

肥　〔篆〕肥駿私印　〔篆〕肥安成　〔篆〕肥定國印　〔篆〕肥仁之印　〔篆〕肥終　〔篆〕分韻

非　〔篆〕唐非　〔篆〕〔篆〕漢印分韻

屝　〔篆〕摭古

飛　廣韻通用蜚　〔篆〕飛鴻　〔篆〕郭飛　〔篆〕漢印分韻　〔篆〕摭古遺文

徽　〔篆〕六書索隱

維　〔篆〕楊維印信

三齊

齊　〔篆〕齊刀　〔篆〕范齊印　〔篆〕孫齊　〔篆〕齊充之印　〔篆〕張何齊　〔篆〕楊齊私印　〔篆〕萬齊私印　〔篆〕齊利　〔篆〕齊咸私印　〔篆〕〔篆〕〔篆〕張齊　〔篆〕齊典醫丞

亝　賈齊私印　〔篆〕齊平印　〔篆〕齊順之印　〔篆〕孫仲齊　〔篆〕蓋齊

齋　〔篆〕齋崇　〔篆〕齋崇私印　〔篆〕任齋軍印信

西　棲　〔篆〕摭古遺文　〔篆〕膠西侯相　〔篆〕西門舍　〔篆〕碧落碑　〔篆〕先塋記

妻　〔篆〕古孝經　〔篆〕〔篆〕摭古遺文

隮　〔篆〕汗簡　〔篆〕〔篆〕摭古

隄　〔篆〕河隄謁者

怩　〔篆〕汗簡

齏　〔篆〕六書正譌

提　〔篆〕三墳記

秜　新附　〔篆〕說文敕其切○汲古閣本有此

題　〔篆〕說文○葛藥案長箋凡題柱題額當用題字以題本訓額若用題字是兩額也所以當辨

輗　〔篆〕汗簡

離　三公山碑　鍾離意印　鍾離宮印　鍾離城印　正離平

黎　秦泰山碑　摭古遺文　黎陽謁者之印

邌　說文繫傳

犂　犂常有印　犂田　犂順之印

犛　說文西南夷長髦牛也从牛𠩺聲里之切○葛檠案本書莫交切从牛里之切从毛二字音義雖通然據二徐本則从𠩺聲里之切入齊韻从毛莫交切入肴韻爲是　犛□　六書正譌

釐　伯碩父鼎　師酉鼎　新莽量銘　敔敦至大本博古圖

貍　六書統

雞　光遠集綴　摭古遺文

稽　新莽量銘　天發神讖碑　右將軍會稽內史印○葛檠案稽本从禾然吳天冊碑已从禾古印相沿容或有之未可因甘氏之言而疑印藪之譌也故復補此　趙盧稽

卟　存乂切韻

筓　六書統

羈　峿臺銘　六書正譌

幾　古老子

譏　摭古遺文

嘰　摭古遺文

璣　趙璣印信

姬　中獻尊　姬伯壺　平姬槃　叔姬鼎　□□尊　潘伯姬印

朞　六書正譌　李陽冰裴公紀德碑

基　魚基鼎　摭古遺文

箕　義雲章　六書正譌　摭古遺文　韓昌箕印

萁　摭古遺文　萁眞

僛　新附　說文醉舞皃詩曰屢舞僛僛去其切

欹　杜欹之印

奚　摭古遺文　楊大夫碑　李傒　分韻

溪　古老子　陝溪關長之印

䳘 雝壽

迷 汗簡 古老子

彌 國山碑 古老子

四 魚

魚 石鼓 古老子 魚賢私印 口魚子印 魚平

鱻 汗簡

漁 石鼓

虞 虞霸私印 虞騆私印 高虞君 虞武之印 楊虞官印 虞敞私印 虞放 虞祿 虞稱 虞大中印 梁虞人

愚 古老子 馬愚

隅 古老子

于 淳于輔印 淳于蒼 淳于遷印 于宗私印 淳于慶

芋 妾芋

盱 刑盱私印

紆 趙紆印信

雩 曾侯鐘 齊侯鐘

余 石鼓 汗簡 余長樂印 余禁 王香余印

艅 師艅尊

敘 六書正譌从文秩然之意

荼 孔荼 處長荼 荼少卿 衛長荼 陳荼私印 魏荼

輿 古老子 摭古遺文

餘 成餘 餘口蓋印 宋地餘印

俞 齊侯鐘 郭俞之印 俞大鵬印

愉 新附 說文正端裂也山樞切

輸 輸符唯印

瑜 董瑜印信

踰 謙卦

諛　干祿諛福

於　庚公頌　古老子

虛　古老子　朱虛侯印　虛末之印

㝵　廣韻毀冠名本作吁　摭古遺文　㝵陳

區　任區惟

毆　石鼓

居　大徐本居或从足　說文繫傳俗居从足一本从居○葛槃案⿸尸足之誤踞類篇固已非之而字書仍皆作踞今考說文字凡有加省者必自注明居在尸部但云从足不言加足明是从尸而去古从足可知下云一本从居則即此踞字而繫傳無之者以踞見足部不重出也繫傳在宋時未顯但見大徐本作踞遂相承爲居字重文不復知有此⿸尸足字矣二本不同當从類篇以繫傳爲正　居巢令印

渠　多渠　劉渠私印　孫渠私印　賈渠　熊渠将　醫渠

蘧　蘧護印　蘧毅印信　蘧志

豦　豦彝

勮　勮聖之印　勮右尉印

瞿　瞿寶之印　漢印分韻

胥　國山碑　王君胥印　尹蒲胥印　臣蒲胥

須　須昌左尉　時翁須　梁須印　秘須　李須

需　陶需之印

繻　繻況

且　漢匈奴惡適姑夕且渠

苴　苴晏私印

沮　沮長之印　任彭沮印　巨沮彈印

駔　王駔

菹　菹遂

睢　睢陵家丞　張睢

諏　李諏

徐 徐橫之印 徐壽 徐杜之印 徐護之印 徐萬之印 徐升 徐平之印 徐蓋之印 徐口之印 徐福私印 徐亮 徐軌之白

箋 徐軌之啟事 徐兄 徐朝 徐明 徐咨 徐福 徐歐之印 徐斌 徐林之印 徐咸之印 徐謚壽印 徐忠信印

書 頌尊壺 頌鼎 國山碑 天發神讖碑 謙卦 金陵男典書丞 汝南公典書丞 霸白書 李黻書印 分韻

舒 懷溫舒印 蒲舒私印 馬溫舒印 舒長年印 劉舒

紓 庾公頌

郤 杜溫郤印 解郤 鄧安郤印 謝郤之印 馮郤

諸 古通用者 周提梁卣 張仲簠 子尊彝 摭古遺文 諸口遂印 諸口縣諸印 諸音私印 諸臣清印 中孫諸侯 丁諸侯印 漢印分韻

豬 筦豬之印 王豬信印 董口豬

朱 杜朱 朱護私印 朱湳私印 朱延之印

銖 漢武帝五銖 竝錢文

株 虞株私印

邾 司馬邾印 邾志

珠 新補 說文蚌之陰精春秋國語曰珠以禦火災是也章俱切 國山碑

除 石鼓 除凶去央 石除疾印 楊除憂印

殊 國山碑 汗簡

祋 祋羽丞印 太子祋口

如 石鼓 古老子 臣如意 筥莫如印

茹 摭古遺文

儒 楚儒 柯儒方印 李儒印信

樞 徐樞之印

閭 霍閭 閭丘沛

臚 大鴻臚丞

盧 范式碑額 周盧 盧置 盧次孺 盧口私印 漢印分韻

五 模

逋 存乂切韻 綏逋長印

餔 汗簡 六書索隱

殂 汗簡 六書索隱

鉏 鉏壽

蒲 蒲舒私印 徐蒲 蒲調 張蒲 蒲印 焦蒲蘇

都 都司空瓦 平都侯印 亢都亭侯 騎都尉印 都鄉侯印 駙馬都尉之印 虎步都尉司馬 駙馬都尉 王安都印

公孫安都 聃子都 宋都之印 都信 栗都

徒 石鼓 焦山寺鼎 申徒詔 徒師視 申徒罨 齊鍾

塗 涂 漢綏和壺 鮑涂 朋推涂 古孫涂印 徐涂

茶 茶廣年印 茶信 茶宣 茶宣私印 茶宏私印 許茶

圖 焦山鼎 碧落碑

屠　漢屠各率衆長　魏屠各率善佰長　晉屠各率善仟長　屠左　郭毋屠　申屠義　信屠廣　屠武信印　勝屠勳

盧　張掖屬國左盧水長　漢盧水阡長　盧丙　盧利

鑪　說文籒文盧　六書索隱

奴　雖奴左尉　干奴之印　譌奴　魏奴　陽寄奴　薄戎奴　鄧肆奴　劉木奴　李奴　藍奴　漢印分韻

胡　親晉胡王　胡從之印　胡戎私印　宋胡　胡晉之印

瑚　許雲瑚印

[illegible]　摭古遺文

湖　明印

壺　僕尊壺　姬伯壺　綏和壺　摭古遺文　壺瓌印信　壺青□印　方方壺

姑　姑臧右尉

沽　王之沽印

呼　焦山鼎　師遽敦　盉和鐘

虖　先瑩記　古老子　虖豎

滹　廣韻滹沱水名本作虖　六書統

吾　古老子　摭古　荇蓀吾

衙　楊衙

吳　石鼓　汗簡　□□鐘　吳鼻　吳公海印　吳遂成印　吳楚客　吳子朝　吳來青　吳晏　吳衞私印　吳不

□　吳福私印　吳賢　吳良　吳畔　吳冠　吳公孫印

烏　許子鐘　碧落碑　魏烏丸率善佰長　魏烏丸率善仟長　烏程侯印　烏眴閭　烏如年印

蘇　庾公頌　蘇湯之印　蘇奉　蘇溫之印　蘇豆之印　蘇貢之印　蘇宴　蘇長兄印　蘇勳　蘇植私印　蘇趙　蘇充之印

蘇□　蘇宣之印　蘇長私印　蘇立私印　蘇政私印　蘇枚　蘇泱　蘇猜　蘇黃　蘇褒私印　蘇就之印

初 叔姬鼎　犀伯敦　郿初之印　張初　戎初　吳初私印　劉初私印　孫初　建初尺　仲信父甗

芻 芻長壽印　芻令印信

疏 新補 說文通也 所菹切　王疏中印　徐軌之言疏　軌之白疏　安載言疏　矯言疏　張震白疏　緒之言疏

敷 口口鐘　天發神讖碑　謝敷　臣敷　齊侯鐘

榑 六書正譌

溥 吳公溥印　王溥　李溥

孚 先塋記　六書正譌

桴 摭古遺文

夫 泰山碑大夫二字　古老子　趙相夫印

邞 邞平印

鈇 齊侯鐘

蚨 新附 說文青蚨水蟲可還錢房無切

扶 右扶風丁潛印　孔扶

鳧 六書正譌

無 魏石經　師旦鼎　叔夜鼎　季娟鼎　張仲簠　元壽鏡銘　與天無極瓦　永奉無疆瓦　繹山碑

古老子　無當司馬　賈無恙　謙卦　汪無擇印

毋 長毋相忘瓦　汗簡　綦毋肆　郭毋屠　王毋辟　宋毋何　張毋何　韓毋故　滕毋害　綦毋孫　張毋知

巫 巫信平印

六書通摭遺

六書通摭遺 上平聲下第二

海鹽畢星海莀原輯　　門人嘉興葛時徵向之校

六皆

皆 峿臺銘

喈 存乂切韻

佳 邪佳　郭佳私印

乖 汗簡　六書索隱本說文𠁥　同上古文乖加人為傘散同

懷 窰磬　王懷　懷珍

槐 槐里令印　王槐之印

淮 師淮父卣　仲偁父鼎　臨淮太守章

齋 六書索隱躋　摭古　明齋

豺 豺達之印　豺孫安印　豺閎之印　李丙宇豺　趙中豺印

柴 柴仲之印　柴安丞

厓 強萬厓印

崖 繒崖信印

開 古老子　摭古遺文　京兆郡開國公章　開國男章　高開私印　漢印分韻

臺 古老子　南臺令史印　李臺　元臺

駘 莊駘之印　趙駘　漢印分韻

來 魏石經　石鼓　三公山碑　義雲切韻　吳來青　君來恢印　來譚之印　來宗私印　彭將來印　來咸私印

⿱來土 謝球之印

萊 東萊守丞

斄 斄令之印　向滑斄

猜 段猜　王史長猜　原猜　王高之印字為口猜　李幼猜

哉　古老子　古摭

裁　新附　說文制衣也昨哉切

災　繹山碑

材　村官將軍印　漢印分韻

財　古老子

七灰

擕　碧落碑　謙卦

隳　古老子

眭　眭毋故印

睢　睢陵長印　王氏睢印

輝　國山碑　張輝印信　江暉私印　陳輝利

恢　古老子　馬適恢　游恢　范恢之印　李恢私印

徽　碧落碑　徽德

徽　國山碑

悝　趙悝

魁　桓魁　甄魁　王魁

睽　六書索隱

虧　謙卦　汗簡

威　虢叔鐘　公華鐘　虎威將軍章　明威將軍　明威將軍印　宣威將軍　威寇將軍司馬　振威將軍之章　明威將軍章

傀　六書統

瑰　來瑰　壺瓌印信

規　摭古子規之規

歸　魏石經　天發神讖碑　古老子　漢歸義長印　歸趙侯印　楊旂歸書　越歸漢蜻蛉長　宋歸私印

龜　庚公頌　郭龜年印

茥　漢印分韻

桂　金應桂印

觟　觟陽充印

回　國山碑　義雲章　宋回印　許君回印

洄　浯臺銘

危　蘇危　高危之　分韻

姽　單字印

頹　六書正譌从禿

魋　單字印

雷　楚公鐘　或合上雨字　汗簡　漢印分韻

瓃　復古編琲瓃郎蓓蕾

纍 六書索隱纍同亦古文畾見管子侈靡篇 馮纍鼎 公孫纍印 韓纍

嬴 古老子 任嬴印信 陰嬴 鄧都嬴印

崔 六書統 崔猛私印 崔不害 崔昌私印 崔樂昌印 張崔 崔禹

杯 義雲章 六書索隱 名印

枚 先塋記 摭古遺文 張枚

夊 六書索隱

梅 六書統 摭古遺文 梅陶 梅道 梅賀私印

眉 嘉孀彝 公華鐘 叔夜鼎 師旦鼎 頌尊壺 口卣 史頙鼎

隨 古老子 隨興之印 漢印分韻

垂 齊侯鐘 陲 泰山碑 碧落碑 垂臣

售 石售私印

隹 石鼓 焦山鼎 頌壺 會侯鐘 古老子

騅 漢印分韻

追 頌尊壺 繹山碑

雖 盄和鐘 古老子

綏 魏石經 綏賓鐘 摭古遺文綏綏之綏 綏遹長印

爲 公華鐘 庚公頌 浯臺頌 古老子 徐自爲 趙爲 李爲 董自

爲 單尉爲百衆刻千歲印 齊侯鐘

圍 樊圍

韋 韋順 漢印分韻

幃 摭古遺文

違 謙卦

葵 沈延銓韻纂 葵調私印

逵 楊九逵印

裴 李裴印信 裴儁之印 漢印分韻

陪 先塋記

衰 三公山碑 存乂切韻

八眞

眞　字子眞
南宮中鼎　國山碑　碧落碑　行子眞印　楊眞君印　眞敢　王眞常印　董眞印信　羊眞　漢印分韻　尚普私印

滇
胡滇中

珍
三墳記　嚴珍之章　史珍印信　杜珍印信

申
石鼓　尚方鑑　庚公頌　申宏之印　楊申　申淑私印　焦申

伸
存乂切韻　浯臺銘

身
公華鐘　身昌私印　身須私印　古老子

㑗
曹㑗

瞋　**䀼**
六書索隱○字典案說文瞋或从戌从辰徐本譌从戌非是以䀼與瞋音義相牴牾也

辰
尹公命卣　慶敦蓋　賈辰　李辰　摭古

晨
來晨私印　來晨　劉晨印信　郭晨印信

神
詛楚文　三公山碑　陽城石闕　天發神讖碑　黃神越章

人
謙卦　莊人　羊國人　張齊人　左積射五百人督印

仁
古文　天發神讖碑　嚴陵董仁　程問仁印　豚仁私印　郭仁　杜子仁印　張仁之印

辛
商父辛爵　辛垣重印

莘　通作辛
李莘君印　口尹莘印

新
頌尊新壺　癸亥父巳鬲　新莽量銘　新定縣侯之印　新平郰閣督印　劉德新印　新時　新成輔國

津
觀津尉印

親
親晉胡王　親晉羌王　原親之印　井親之印　親宋玉印

秦
秦頡碑額　秦充　秦㓜印　秦定　秦穆印信　丁秦印信　秦捐　秦空　秦循之印　漢印分韻

賓　綏賓鐘　張仲簠　汗簡　李賓　漢印分韻

繽　六書正譌

彬　文彬之印　夏斌印信　徐斌

民　開母石闕　三公山碑　古老子　樂民之印

珉　浯臺銘

陳　六書正譌　陳逸人碑　陳受私印　陳寔　陳安載　陳章　陳宮信印　陳菜　陳意　陳口　陳孪　金石韻府

臣　季娟鼎　臣福

茝　茝夫人印

宦　齊侯鐘　佢乙信印　趙宦　宦口

塵　說文繫傳籀文塵　六書索隱　古老子　應塵

麟　叔與父簠　摭古遺文　采夢麟印　孫聖麐印　天麐

因　泰山碑　六書索隱因古文烟裀絪同此一字

駰　虞駰私印

絪　漢書通作茵　朱絪私印

垔　說文繫傳垔或從阜

甄　陽城石闕　國山碑　甄遺　甄尊　甄龍之印

殷　虢叔鬲　董殷　薛殷　殷未央印　趙殷私印　殷昱印信　殷賽私印　張殷　殷盛　殷崇　殷熹　薛殷

殷　殷春　殷市之印　殷參私印　趙殷　殷敦　殷壽

雲　雲陽右尉　商雲　琴雲私印　漢印分韻

芸　古老子

妘　季娟鼎　孫強集字

魂　新附　說文陽氣也戶昆切

均　千乘均監　公孫均印　漢印分韻

君　口謙簠卦　許少君　賈君口　王君胥印　祝大君

涒　國山碑

莙　光遠集綴

【軍】
齊侯鑄
軍假司馬
安東將軍章
歸義將軍章
廣武將軍章
軍曲候印
任齋軍印信

【餫】
六書統

【頎】
新附　說文繫傳頭佳也从頁斤聲巨希反

【沂】
王沂之印

【堇】
古通謹
說文ㄖ葛縈案說文堇从土从黃省故中口兩肩不起凡从堇者皆然他本作𠮛非說文本字
丘周謹章
徐公謹

【僅】
三墳記

【勤】
開母石闕
古老子
楊勤印信
勤美
尹勤印信
石勤

【芹】
六書統
芹封

【銀】
史銀印信
史銀

【垠】
土垠令印

【訢】
張訢之印
王訢之印
傳訢
夏訢
趙訢私印
漢印分韻

【寅】
周方鼎
彭寅亮印
王子寅口
孟寅之印

【黃】
光遠集綴

【簧】
簧譊

【箘】
汗簡

【嚚】
汗簡

【勳】
劉勛
彭勳私印
趙勳
華勳
左勳之印
張勳私印

【羣】
繹山碑
存乂切韻
六書索隱

【欣】
滿欣之印
爰欣之印
陽欣
緜欣
黽欣
申欣之印

【屯】
虢姜敦
荊父鐘
屯田丞郎

【窀】
先塋記

【村】
摭古
名印

【春】
魏石經
庾公頌
公孫春
張春
王春
郭春

【椿】
六書索隱

【純】
古書經
賈純私印
鄭之純印
梁純
黃純印信

淳 漢印分韻 淳于長碑額 淳于直來 淳于敬印 淳于慶印 淳于輔印 淳于衡 淳于蘇蒲 淳于遷印 淳于德印

錞 師毀敦

存 八風壽存當〇王莽八風臺瓦 王存 慶長存印

句 漢印分韻

荀 庚公頌 荀延私印 郇蒼之印

詢 杜詢私印

巡 古老子 鄭巡巡 胡巡私印 朱巡私印

循 高循私印 秦循之印 林循印 李循私印

倫 王倫之印 公孫倫印 孫倫 張倫山 漢印分韻

侖 崙同 碧落碑 黃庭經崙 簡侖私印 漢印分韻

綸 高綸私印 漢印分韻

文 說文汲古本 周正考父鼎 師酉敦 宮伯鼎 戹文私印 王堯文 漢印分韻

駮 說文繫傳

閔 汗簡 閔王孫

蚊 六書索隱

芬 王芬私印

紛 語臺銘 古老子

分 繹山碑

汾 碧落碑 汾陰鼎

粉 高粉

盼 侯盼私印

昐 駱昐印信 駱昐〇葛檗案玉篇昐日光音分說文無之本書从甘氏作貧恐誤

渾 渾咸印信

昆 昆昌私印

溫 蘇溫之印 棱溫舒印 溫建 溫御 鍾溫印信 杜溫舒印 賈溫 馬溫舒印 謝溫 漢印分韻

婚 遣磬 司毀敦

閽 碧落碑

坤 說文汲古本 國山碑

奔 石鼓

歕 蔿歕

門 伯姬鼎 師酉敦 古老子 邗門將印章 宮陽門侯 單門當時 王門之印

孫　焦山鼎　陽鼎　公孫諫　吾丘王孫　孫邊　公孫吳主　公孫昌　孫友大印　孫得　孫譚　宜子孫

父乙子孫　子子孫永保

蓀　六書統

飧　張仲簠

尊　頌尊壺　頌敦　焦山鼎　中𠭯尊　乙公尊　尹卣　史張公敦　虎敦　䢅伯敦　父丁彝　庚姬彝　冊彝

卩口敦　周方鼎　丁亥父乙尊　宮伯鼎　碧落碑　甄尊　師旦鼎　叔姬鼎　王尊之印　勒尊　宜尊信印

顔尊　公孫尊印　南尊唯印　許尊　楊尊私印　許尊私印

䔿　新附　說文叢艸也　慈損切

遵　苗遵　苗遵白牋　苗遵言疏　遵事　白遵印　左遵　祝遵印信　李遵　祭遵　漢印分韻

豚　汗簡　史豚　豚仁　豚治

敦　師酉敦　卩敦子　古老　敦步私印　敦忠印信　殷敦印信　屠敦延印　敦德尹曲後侯　漢印分韻

臻　三公山碑　六書索隱臻同見汲冢周書　陳臻印信　臻杞

榛　汗簡　六書統　亲青口　亲副私印　亲儉印信

侁　趙侁

駪　召公尊

根　古老子　吳根之印　王根之印　張根　張根私印

恩　邱恩　張恩　漢印分韻

九寒

寒　寒邑私印

韓　韓仁碑額　韓願　韓普　韓柱　韓義　韓來　韓不　韓霸私印　韓淵　韓輔白記　韓護私印　韓禹　韓禁之印

韓橫印　韓萬私印　韓定國印　韓子功　韓延壽印　韓遂印　韓尊之印　韓賽私印　韓伯私印　晉率善韓伯長　韓棱

韓信　韓口　韓去疢　韓喜之印　韓翮

邯　范邯私印　邯鄲恩印

刊　癸亥父巳鬲

干　干安之印　段干唐

訐　六書索隱

安　石鼓　公華鐘　三墳記　安武君印　安夷將軍章　安東將軍章　安定太守章　王安都印　張安國　解安私印

單字印　漢韻分印

佞　義雲章作晏

驪　徐驪印　延驪之印　趙常驪印　同驪

讙　六書統　孟讙之印　寇讙罻　丁讙罻　宋讙

獾　獾得

寬　新莽量銘　時寬印　劉寬白事　韓寬之印　王寬　弓寬

官　摭古　中官府印　郡五官佐　戚官私印　咫官齋印

涫　孫涫私印

潘　晉潘氏墓磚　六書索隱通潘莊子止水之審爲淵與審不同　潘商之印　潘武之印　潘慶

幋　新附　說文覆衣大巾也或以爲首幋薄官切

盤　六書索隱盤同管子盤桓作泮桓

磐　廣韻大石通作盤　王磐印信

端　侯端私印　張端　段端　謝端　漢印分韻

褍　摭古遺文

瑞　國山碑　瑞文圖書

䜌　古通鑾　頌尊壺　焦山鼎　微䜌鼎　盄和鐘鑾　伯姬鼎　戠敦　邾敦　六書統　䜌德私印　䜌齡

䜌欣　䜌市　漢印分韻

鑾　石鼓　摭古

欒　宋公鼎　欒賀　欒信私印　欒遷　欒相　小欒孫

孿　孫強集字

奱　庾儼字書

桓　魏石經　齊侯鐘　桓望私印

完　伊寬封完印信　李饒之印封完　張霸印鉩

莞　漢印分韻

丸　魏匈奴率善伯長　丸鞅之印

雈　新附　說文萑也胡官切　摭古

十刪

山　漢黃山宮瓦　三公山碑　孔宙碑額　中山私印　永口山國相印　馮山之印　魯山信印　壽山

關　碧落碑　關內侯印　關中侯印　關元印

鰥　魏石經　六書索隱鯤魚子也公渾切說文作鰥

還　尹宙

瞏　瞏偏

菅　菅譚　菅禹

蕑　詩傳蘭也漢書地理志作菅　蕑須

閒　古老子　六書統　專閒　張閒

艱　三公山碑

顏　古文　顏舜私印　普顏　顏咸之印　顏尊私印　顏師孔印　顏柯　晉顏　顏守私印　顏黨私印　顏湯之印　顏君公

六書通摭遺

顏翁子　顏奴印　漢印分韻　顏騖　顏生

頑 古老子

班 班玉之印

蠻 晉蠻夷率善仟長　晉蠻夷率善邑君　填蠻軍司馬

虤 汗簡

蘭 蘭干左尉　蘭臺令史印　皇蘭私印　蘭豐私印　馮蘭

闌 共子闌印

閑 汗簡○玉篇嫺閑同

番 番黨私印　楊番印　番陽周鼎○借作鄱

蟠 新附　說文鼠婦也附袁切

蕃 蕃令之印　蕃拾

藩 藩彭私印　胡藩之印

繁 三墳記

蘩 蘩延壽　蘩廣志

樊 樊府君碑額　先塋記　樊調印信　樊堅　樊升之印　樊圜　樊穀勝印　樊宗　樊豐私印　樊恕　樊農　樊況

樊外人印　樊耐之印

單 攻生單印　萬歲單三老　單車刺史　單長史印

僤 成僤之印

鄲 邯鄲淳　邯鄲延年　邯鄲恩印

蕇 兼并州陽河蕇督

壇 上谷府卿石龕　三公山碑　新越餘壇君

難 三公山碑　古老子　田君難印　落索平難司馬

攤 新附　說文開也他干切

⿱艹難 新附　說文艸也如延切○集韻⿱艹難亦作蘮

六書通摭遺 下平聲上第三

海鹽畢星海莀原輯　　門人嘉興葛時徵向之校

十一先

先 卯敦　碧落碑　古老子　苛先印信

仙 華岳碑　陳僊印信　木僊私印

鮮 石鼓　晉鮮卑率善仟長　鮮卑王章　鮮于口印　漢印分韻

癬 六書索隱史記吳疥癬也

鱻 古老子

天 古老子　天帝使者　黃神越章天帝神之印　天錫　漢印分韻　樂天

千 千秋萬歲瓦

遷 說文繫傳古文遷从手西　古尚書　遷先塋記　遷鸞　內遷印信　彭遷私印　成遷私印　賈遷　仙遷　劉遷　申徒䙴

䙴 夏䙴　薛遷私印　范遷私印　周遷

箋

[illegible] 說文幡幟也則前切　檀祇白牋　陳安載白牋　徐執之白牋　馮照白箋　錢郡白牋　朱象白牋　漢印分韻

前 前將軍司馬　樂浪前候丞　農前丞印　兼前將軍司馬　左前之印　空身至前

錢 錢郡白牋　錢超　錢超白事　錢君瑜　錢鼎

邊 綏邊將軍章　邊武印　邊生印

籩 金石韻府

緜 陽城開毋石闕　古老子

翩 陽城開毋石闕

偏 偏將軍上士　中部偏將軍章　偏將軍印　偏祟私印　偏將軍司馬　罠偏　口偏　樂偏　董偏

顛 縉雲廟碑 汗簡 楊顛 傎良 陳顛

塡 汗簡 塡蠻將軍司馬

田 田與私印 田豐私印 田長 田孝

年 魏石經 頌壺 卩尊敦 公華鐘 焦山鼎 中平洗 延年益壽瓦 億年無疆瓦 永初元年瓦

延年瓦 上谷府卿石龜 徐君年 徐延年 成公年 傅道年 侯年之印 臣年 王賜年 大年 任延年 邯鄲

延年 梁長年 龔大年 遠延年印 馬長年 張長年 辛延年 楊年 長年 馬萬年 日利大年 王延年

畱年唯印

聯 傅聯印信

堅 范堅 臣堅

肩 桑肩 肩崇

猏 獸三歲廣韻豜同 石鼓或作猏

賢 楊賢私印 王賢私印 周賢私印 趙賢之印 富賢私印 張賢 麗賢私印

弦 蓋弦私印 弦蔵之印

延 汗簡 孫延 趙延

延 延年瓦 狼干萬歲瓦 延壽萬歲瓦 延年益壽瓦 王延私印 袁延印信 延丙 袁延年印 王延年印

趙延壽印 有史延印 沈延年印 任延年 蘇延壽 張延壽 孫延壽 朱延年印 徐延壽印 侯延壽印 程延壽 延壽萬年

漢印分韻

綖 廣韻冕上覆也本作延 碧落碑

埏 古老子 口埏印

研 說文摩也从手 義雲章 研聲禦堅切

焉 三公山碑 三墳記 趙焉 吳焉 何焉

傿 傿陵馬丞印

言 說文字原 古老子 [illegible] 汗簡

燕 國山碑 燕定之印 燕青直 徐燕 漢印分韻

鋗 梁山鋗

涓 涓楚口印

遄 石鼓 節銘○葛檠案正字通云遄俗遄字今觀石鼓及節銘乃知古已有之古文專耑二字通用剸即剸通剬亦通專从辵之字亦从走三文雖異實皆遄之變文耳

淵 國山碑 古老子 六書正譌 韓閈

然 三墳記 古老子 和然

旜 六書統

鸇 六書統

旃 說文旃或从旜

軒 軒綏之印 梁軒 郭軒印

乾 說文繫傳籒文乾 縉雲城隍廟碑 三墳記○古寒切 乾口

便 王便之印 李交便印 郭便私印 趙便私印 便長卿 張便之印 張便 魏便印

宣 宣陽門候 宣惠長史 宣威長印 孫宣

[illegible] 盂和鐘

全 古老子

荃 劉荃

銓 王銓

泉 六書索隱反〈為泉向左水東流也 雲臺碑 甘泉鐙 王莽大泉五十 楊近泉印 李泉

穿 楊穿

川 古老子 三川尉印 史川私印 口川侯印

專 張專私印 專閒 大專 晉淳于氏墓磚○葛檠案紡專之專詩傳作塼三國志注作甎古史考作磚陸氏毛詩音義云塼本又作專然于書傳未見也乾隆口口海市見于海鹽東郭

外三日居人拾得古甓甚多皆典午時人家墓磚有元康永康年號或篆或隸朴茂可愛此二文上一从寸从石乃今磚字下則說文叀字其右畫皆連下作一筆磚之爲專僅見于此而說文之學在晉時猶未盡廢亦可見矣

萱　趙萱

塤　汗簡

員　石鼓　何員　員諉

捐　秦捐

爰　義雲章　爰欣之印

援　李援　李援之印

袁　袁寧　袁調之印　袁君遺　袁誕　袁延印信　袁賽之印　袁興私印　袁就之印　袁子游印　袁□之印　袁廣私印　袁揚私印　袁昌　袁瑋　袁宗私印　袁渭　漢印分韻

園　漆園司馬　常山漆園司馬　房園

轅　轅固　轅孟

榬　榬溫舒印　榬慶私印　榬無害印　榬渭印　榬讓氏○葛檠案說文無榬字通志氏族略有轅氏爰氏袁氏溒氏亦無榬氏考前漢西南夷傳樓船軍卒榬終古表作轅疑榬轅古本一字㞢通志失收而漢書互異耶

垣　辛垣　垣重印　垣騰之印　張垣　張垣長印　望垣　漢印分韻

元　師旦鼎　永初元年瓦　張元　元臺　元輔私印

沅　沸沅私印

原　石鼓　南宮中鼎　先塋記　原親之印　原猜　原龔私印　原長之印　漢印分韻　原蠶之原見金石韻府

獂　單字印

權　漢印分韻

十一蕭

蕭　蕭春名印　蕭賢

簫　六書索隱

雕　馮雕

琱　焦山鼎　摭古遺文

刀　刀珍印信　刀堯之印

銚　六書統

膋　籀文

調　張調　樊調印信　郭調　耿調　袁調之印

條　三公山碑　摭古

寥　廖

廖　古老子　廖立　廖嵩　□廖私印　王廖私印

遼　捎遼私印

徼　古老子

繳　汗簡

敫　義雲章

驕　樣□驕

僑　驕通　僑雖之印

要　義雲章　六書統　古老子　古孝經

妖　說文　六書正譌　古老子

焦　石經　焦博私印　焦博之印　焦義　焦憙　焦貞　焦忠　李焦　焦黨　焦□

椒　椒欽私印　椒音之印　全椒丞印

飆　六書統

標　三墳記　六書正譌

膘　說文牛脅後髀前合革肉也數紹切

票　王票

驃　驃騎將軍

鷹　魯王墓石人胸字　摭古遺文　鷹剛私印　鷹鳳私印　鷹承

超　頌尊　超武將軍之印　劉超印信　臣超　楊超

昭　碧落碑　史昭私印　王昭私印

韶　田韶印信

釗　釗季君印　王釗私印

盄　邾父鐘　卯敦

朝　口殷父敦　古老子　徐朝　朝博　吳子朝　祭朝私印　朝法之印　楊朝　羆朝

鼂　張鼂　鼂恢　鼂萬年印　孔鼂○漢碑楊君石門頌鼂省作鼌末筆本向右此左轉耳其人疑即註逸周書者吳芸廬東發說

堯　刀堯之印　王堯文

譊　貧譊

饒　廣饒令印　聊饒　公孫饒印　上官饒　濡饒之印　孟饒

遙　左遙私印

繇　李繇私印　繇貫

謠　國山碑

鷂　古文

搖　陽城開母石闕則文燿以消搖卽逍遙

翹　殷翹　口翹

姚　姚嬌　姚富私印　姚房之印

橋　橋口　橋庾私印　橋朗私印　橋口私印　漢印分韻

僑　趙僑　徐僑　王僑私印　栗僑

喬　汗簡　張喬印信　喬鈞

趫　趫合成印

蟜　王蟜　漢印分韻

墧　說文堅不可拔也从土高聲苦角切○葛檠案此字本書作墧今考二徐本及玉篇廣韻竝从高此从喬者承分韻本之譌也依書例當與確通以原本附喬故仍列此

囂　說文囂或省

唬　摭古

十三爻

郊　古老子　國山碑

絞　新附　說文縊也古巧切　孫強集字

哮　六書統　杜詨

標　六書統

苞　董苞言事　張苞印信　劉苞

袍　袍古忠印　袍休尋印

茅　三公山碑　茅毌　茅治　漢印分韻

巢　居巢令印

犛　說文犛牛尾也从犛省从毛莫交切○說見齊韻　吳犛

毛　乙毛鼎　毛定之印　毛富　毛壽之印　毛良　毛顯私印　毛防私印　毛綬

豪 張豪 董子豪 羽子豪 許豪印信 許豪世聖 馮豪

號 古老子 張名印

高 說文○葛檠案高从冂口口古文圖非口也本書竝从口宜改正 三公山碑 高登 靳高 楊高 高乙 景高 高綸私印 高兄

縞 焦山鼎 伯姬鼎

郜 六書統

稿 稿許之印

蒿 摭古

皋 皋門亭侯 皋大之印 皋園○葛檠案皋从夲从白三印俱非說文字故本書不收然與東觀漢記馬伏波之言成皋令印皋字爲白下羊丞印四下羊尉印白下人人下羊者合顧亭林云西漢古文不過隸書近古減筆借書施之官印即此是矣今竝收入不惟備繆篆之變亦見俗書之有本也

羔 丁羔 單字印

敖 說文二徐本左作出非𠂭凡从敖竝同 孫子敖 杌敖私印

勢 張勢私印 王勢之印

褒 董褒私印 檀褒私印 耀褒私印 杜褒私印 干褒 蘇褒私印 闞褒 顧褒 張褒 尹褒

艘 楊氏阡銘

操 操乘之印

曹 三公山碑 三墳記 曹植私印 曹函光印 曹登

漕 漕防

遭 三公山碑 三墳記

糟 說文鼛傳籀文从酉

滔 石鼓

陶 陶母故印 陶口口 陶鑄之印 楊陶 陶訊

匋 匋監

綯 本匋 希裕略古

桃 桃循 桃市 桃忠私印

檮 六書索隱

嘮 新附 說文嘮呶讙也敕交切

瓔 碧落碑柔○本書作瓊在庚韻葛檠案錢竹汀宮詹此碑及釋文跋尾云瓔之爲柔同音相借也說文有瓔字从玉夒聲夒與猱同故瓔有柔音不當釋瓊

栲 說文山樗也苦浩切○本書譌作杌

十四歌

柯　柯儒方印

牁　集韻牂牁郡通作柯　六書統

苛　苛先印信

阿　阿陽長　廣阿侯夫人印　阿伯

何　公何忠印

河　河内太守章　河陽令印　河東公主丞印

訶　昭卿字指

巂　存乂切韻

嗟　汗簡

多　石鼓　謙卦　古老子　曹多　苑多

佗　許佗之印　段千佗　王佗　壽佗　尹佗　漢印分韻

它　張它人印

沱　蘭池宮瓦　張揖集古　張池　漢印分韻

鉈　造磬　胡鉈之印

鼉　六書索隱

羅　羅侯司馬　口羅令印

騾　汗簡

儺　六書索隱魯詩檴椽卽猗儺

戈　焦山鼎　宰辟父敦　戈門訢印

過　古老子　過安　梁過　過橫　師過　許過之印　過常○本書方過印乃迴字誤入

諣　新附　說文疾言也呼卦切

和　公華鐘　井叔鐘　綏和壺　古老子　和善國尉　世和　單和字印

波　元德觀碑　波左尉印

髍　新附　說文痛病也莫鄱切

十五麻

葩 蔡葩印信

戲 中戲尊 晉敦

差 石經 朱育集奇字瘥

⿰麥差 汗簡

秅 說文二秭爲秅周禮曰二百四十斤爲秉四秉曰筥十筥曰稯十稯曰秅四百秉爲一秅宅加切

⿸广乇 說文開張屋也濟陰有⿸广乇縣宅加切

嘉 石鼓 許子鐘 鐘鼎文 晉潘氏墓磚 摭古遺文心嘉之嘉 申屠嘉印 楊嘉 李嘉 車嘉 孫嘉 呂嘉私印

枷 六書正譌 摭古遺文架

家 東鄉家丞

華 公華鐘 三墳記 六書索隱 汗簡 華沐 華登之印 華動 漢印分韻

驊 玉篇驊騮駿馬本作華 驊騮別丞

花 石鼓 六書索隱

狐 令狐賀印 令狐樂世 令狐得之

⿱宀洼 古老子

十六遮

奢 步奢 張奢 員奢 王奢

車 六書索隱 車輿

邪 古老子 許去邪 邪千秋 莫邪永陽 馮莫邪 南邪 王邪 琅邪劉箕

衺 義雲章

下平聲上第三

六書通摭遺 下平聲下第四

海鹽畢星海葊原輯　　門人嘉興葛時徵向之校

十七陽

陽 石鼓　陽鼎　師艅尊　秦頡碑額　中嶽泰室陽城石闕　謙卦　東陽亭侯之印　陽平亭侯　原陽右尉　文陽長印　口陽令印　雲陽右尉　兼井州陽河菓督　陽寄奴印　陽壽　陽縱　陽嬰齊　陽成張　陽德　陽與成　陽少卿　陽城勝　伊陽　李陽宇司　陽偃　韓陽　馮陽私印　李陽　陽承

昜 番陽周鼎

暘 碧落碑借作陽

腸 光遠集綴　摭古遺文　陽光之印

瘍 專瘍

碭 碭勝之印

楊 楊廣　楊獲私印　楊後之印　楊桐名印　楊隆私印　楊韶之印　楊超　楊延年印　楊滿意　守軍口楊戎　楊口私印

郄楊

揚 師淮父卣　頌鼎　頌敦　師酉鼎　季娟鼎　齊侯鐘　揚烈將軍章　鷹揚將軍章　朱揚

羊 古通祥　大吉祥洗　吉祥洗　趙多祥　羊咸之印　羊讓

庠 徐庠

方 尚方故治　朔方太守章　郝庶方印　方讓私印　伯方　方倫白事　方伯口　方聖　左方元政　方中立印　白方

張方印　漢印分韻

坊 劉坊私印　徐坊

枋 徐枋之印

房 房諠壽印　房唐　吳房長　房園　徐房　張房　郝君房　孫房私印　王君房印

防 防東長印 鄭防印信 丁防 毛防

魴 馮魴之印 呂魴

亾 古老子

芒 陰芒 芒訴之印

鎰 鎰喜私印

忩 交忩之印 成忩 授忩之印 張忩邁

襄 說文古文襄 趙國襄國宋諺字子口 于襄山 陳襄 高襄 宋襄軍印 馬襄私印 單字印

穰 齊穰印 尹穰 李穰 馬穰印 莫成穰

箱 林罕集字

相 古老子 永安山國相印 下相令印 冠相 長社侯相 口相

驤 龍驤將軍長史 龍驤將軍章 龍驤司馬之印 程驤之印

鏦 六書正譌 錄立印

槍 槍蒼私印 槍博

將 孫強集 丏門將印章

[illegible] 六書正譌

祥 國山碑 古老子

翔 翔初氏

商 說文古文商 師酉敦 元壽鏡銘 商竝私印 商喜 王商之印 商口私印 柏商私印 曹夢商

傷 古老子 佴毋印 左無傷 王毋傷 田毋傷

觴 庚姬彝 王姬鼎 六書統

昌 求昌印 昌孺印章 袁昌 夏昌

章 曾侯鐘 永安郡開國公章 憲遠將軍章 寧朔將軍章 陳思王章 澹如護軍章 樂安王章 陳章私印 范章之印 寒章

章 張章私印 章寄 督章私印

鄣 故鄣尉印 故鄣長印

彰 古老子

璋 史璋

張
張遷碑額
裨將軍張賽
張光
郭張成
張霸啟事
張廣生
張林
張幼君
張汝
張不問
張長兒
張宏昌印
張遂
張萬遵印
張係
張禹私印
張垣
張宏私印
張度
張審私印
張端
張封私印
張栖私印
張廣
明
張仁

常
古老子
常山漆園司馬
常孰之印
季常
常龔

創
碧落碑

窗
顯鄉字指
六書糸隱

莊
莊□衆印
莊宏印
莊博私印
莊緒之印
莊緒白䐐
莊中卿
莊賜之印
莊上
莊武之印
分韻

長
張遷碑額
淳于長碑額
韓仁碑額
長樂未央瓦
竝長生未央瓦
長樂萬歲瓦
碧落碑
嘼臺銘
古老子
長貴亭侯
故鄣長印
西平郡長史印
魏率善胡佰長
昌邑長印
餘杭長印
沛祠邑長
陳衛士長
長官
漢青羌邑長
小單長印
余長樂印
許長卿
張長兒
任長之印
蘇長私印
長丁
長宏私印
單字印
長樂

帳
帳下行事

場
碧落碑
義雲章

良
良佐
郭良印信
王良私印
左良
良里單印
閻良之印
魏良
又
良彤
羌良
呂良
伊良

閬
閬通
王閬私印

莨
新附
說文艸也
魯當切

狼
狼千萬延瓦
狼□私印
狼孟長印

梁
竝籃銘
新莽量銘
梁寬
梁珂
梁遂
梁本
畜梁
梁帶
梁長年
梁壽
梁軒
趙梁
分韻

涼
顏涼之印
涼詡私印
涼閏印信
嗛涼私印

香
六書正譌
劉香印信
梁香
薌□□印
漢印分韻

鄉
六書正譌从古香　三墳記　都鄉侯印　原鄉左尉　廣鄉亭侯　東鄉家丞　訾鄉子印　世　金鄉國丞　茅鄉　孫鄉

羌
王羌　劉羌　羌良　羌孟

彊
古鐘　周正考父鼎　周師旦鼎　張仲簠　緑彊　晉姜鼎

薑
摭古遺文

僵
義雲章

江
范式碑額　天發神讖碑　古老子　淩江將軍章　江寧長印　江少周　江師周印　江子聖印　江口印信

王江之印

姜
遲父鐘

疆
公華鐘　古老子　王強之印　閻強私印　臣強　張強　王強私印　王強之印　司馬強印　任強之印

强
傅孫強　曹彊　馮強　李強　李漢強印　趙強　劉強

央
長生未央瓦　長樂未央瓦　郭未央印　臣未央印　殷未央印　王未央印　周未央印　劉央

鞅
丸鞅之印　苴鞅之印

狂
古老子

王
碩尊　華岳碑　古老子　王口　王溥

匡
汗簡　黃篚　分韻

唐
謙卦　唐赤　唐後之印

堂
摭古　尹堂私印

闛
六書統

當
宜富貴當瓦　八風臺瓦　無當司馬　周當時印　虞當印

湯
晉姜鼎　綏和壺　蘇湯之印　顏湯之印　湯名印

琅
琅槐丞印

郎
殿中中郎將印　戎郎私印　郎樂之印　張郎　彊郎寶印　郎印惠存

旁 梁旁家丞

傍 新附 說文近也 步光切

龐 龐賢私印 龐彭私印 龐山印 龐滿 龐口 龐利主印 龐黑私印 龐承私印 龐鳳私印 龐擲 分韻

桑 桑尚私印 桑陽私印 桑肩私印 桑解事

喪 古鼎 穆公鼎 碧落碑 卯敦 古老子

倉 太倉令印 央倉之印 荊倉私印 鮑倉

蒼 浯臺銘 林罕集 槍蒼私印 殷蒼私印 淳于蒼

臧 姑臧右尉 臧況 臧㤪 臧懋循印 臧高之印 臧通成印 西陽臧印 臧強之印 臧孫永印

藏 先塋記 中藏府丞 藥府藏印 董藏 名印

康 秦九字璽 永祐慶長壽康 夏康私印 劉康 摭古遺文 糠

剛 王剛之印 麃綱私印 徠剛 郭剛

岡 先塋記

綱 夏綱

伉 胡伉

缸 汗簡 六書統

昂 張昂之印 師昂印信 寒卭之印 王卭之印○ 本書作卭譌

汪 汪賢印 汪大雅 漢印分韻

㡆 新附 說文設色之工治絲練者一曰㡆隔 呼光切

光 魏石經 石光 謙卦 殷光 劉光 張光 荻光

黃 黃匡 黃憲 黃請白事 黃裕之印 中黃尊 黃據印信 黃主私印 黃由 古汴黃粲 單字印 黃口

潢　高潢之印

皇　卩敦　頌尊壺　繹山碑　皇佼之印　皇伊印信　皇尊

湟　蘇湟悳印

蝗　三公山碑

隍　繒雲城隍廟碑

⿰舜𡳿　汲古說文訂从舜𡳿聲毛本从生誤○葛棨案說文舜訓蔓地連華𡳿訓艸木妄生二文正合華榮之義觀汗簡及本書奇字諸文則从𡳿可知然字書惟類篇有⿰舜𡳿字云篆文⿰舜生餘並从生蓋隸書从𡳿之字多省作王依篆文作古字則省作𡳿沿誤既久因并篆文失之段氏此訂可正向來字書之失不獨毛本也

邦　邦司馬印　孫康邦

絳　絳光之印　絳昌私印　絳公子

十八庚

庚　彝銘　六書索隱　長庚私印　橋庚私印　焦庚

賡　彝銘　周賡

秔　新補　說文稻屬古行切

耕　裴公碣

阬　六書統

萌　趙萌私印　公孫萌印　孫萌私印　孫萌　漢印分韻　朱萌

鏗　本磬　古爾雅　金石韻府

亨　汝亨

烹　古老子

行　說文汲古本　叔夜鼎　北周五行大布錢　謙卦　行唐令印　行吉　行眞子印　甘口行事　漢印分韻

衡　馬適衡印　捕衡私印　衡未央　衡騰　王衡私印　分韻

恆　汗簡　恆嘉　張恆　漢印分韻

橫　橫海候丞　范橫　程橫

宏 張宏　呂宏印信　孫宏宏

閎 王閎私印　臣閎

肱 趙肱　卑肱由　郢肱

彭 彭女擧　彭如意印　龐彭私印　臣彭祖　彭澤令印　彭黑私印　彭城中子　彭強私印　彭安印　雝彭私印　彭靚　徐彭

掤 新附　說文所以覆矢也詩曰抑釋掤忌筆淩切

朋 說文古文汲古本　師遽敦　丁雲鵬　名印

堋 摭古遺文

鎗 遣磬

撐 六書正譌　党輔私印　党仍

幷 兼幷州陽河亶督　幷官武

兵 古老子　繹山碑　將兵都尉　李子兵　高子兵

平 平姬盤　陽平侯印　平都亭侯　平陵男印　平昌侯相　桓平翁印　廣平　李平　陽城平印　平大印　王平　臣平　齊平印　尹平

馮 開母石闕　碧落碑

明 謙卦　古老子　明義侯家丞　楊宣明印　羽明之印　宋明私印　明上　在明　明齋　謝明　漢印分韻

盟 齊侯鐘　公華鐘

鳴 石鼓　謙卦　鳴珂私印

名 楊桐名印　孫成名印

銘 天發神讖碑　韓仁碑額

生 長生未央瓦　陽城石闕　譚空生　張廣生　長生安樂單祭尊之印　未識古印　陳生印

牲 說文牛完全所庚切　陳牲

京 京姜鬲　京博　京相丘印　郭京　京安主　京諸之印　京口之印　京當　城京印

椋 椋安國　椋始昌

荆 王荆之璽　祝荆之印　孫荆　荆勝　周子荆印　荆和親印

驚 古老子　摭古　六書正譌

麠 六書正譌

涇 臨涇令印　唐涇私印

巠 汗簡　摭古遺文

莖 正譌

陘 袁陘

矜 汗簡　石經　六書正譌从令

卯 六書正譌

卿 司馬長卿　茂卿　沈少卿　趙來卿　許長卿　猛少卿　張少卿

英 三墳記　英口私印

瑛 漢印分韻

罌 國山碑　顯卿集

嬰 宗嬰　趙嬰　陽嬰齊　趙嬰兒

鷹 鷹揚將軍章　鷹揚將軍之印

膺 曲周逮膺

應 古老子　應戎私印　應說印信　應元私印　應寶之印　應崇　任應　廉應　徐應　金應桂印

營 行營右護軍印　營邱太守丞印

熒 爾雅通作螢　摭古遺文

榮 古老子　榮口私印　榮賢之印　榮安之印　榮誤

禜 存乂切韻

兄 徐兄　定長兄印

訇 汗簡

爭 說文　古老子　爭同

頩 新附　說文好皃詩所謂頩首　疾正切　今詩作螓

能 繹山碑　庚公頌　浯臺銘　張良能印

罷 王罷軍印　件罷軍印　仲罷

寧 三公山碑　古老子　寧朔將軍章　口寧長印　袁寧　補寧私印　江寧長印　寧臣

清 魯清

青 趙青弓印

蜻 越歸漢蜻蛉長

倩 周中倩 王倩私印
精 義雲章
晴 六書索隱从月星竝見之形

騂 同文集
聲 古老子
陞 本陞 希裕略古 摭古遺文

升 漢鐎斗 劉升 樊升之印 徐升 孫升 悉升 許升之印 漢印分韻

勝 碧落碑 古老子 杜勝 石勝 成功勝之 趙勝客 田勝之印 張勝 王勝胡印 陳勝
王勝之印 臣勝 李勝之 荊勝之印 唐勝 聶勝 張勝之印 饒勝 譯勝客印 董勝客 尹勝私印 天勝 董勝
李勝印信 馮勝 馬畜勝印

貞 碧落碑 古老子 虞貞之白事 胡貞
征 征羌侯印 征虜將軍章

烝 焦山鼎 六書正譌 摭古遺文
徵 州徵史印 漢印分韻

成 古老子 安成土國學令官印 陽成禁印 苦成喜印 陽成張 趙壽成印 王成 蓋成 逢成 呂成 徐樂成
高成之印 成憲之印 蘇成私印 郭成 靳廣成 臣廣成

城 張遷碑額 三墳記 彭城中子 金城令印 彭城醫長 方城長印

盛 口盛簠 盛竝私印 葉盛印信 洋盛印信 漢印分韻
誠 王守誠印 張以誠印

丞 石鼓 口平丞印 陳丞私印 寒丞之印 就武男家丞

承 辛承私印 劉承 子承 曹承仲 張承祿 楊承祿印 子承 左承祿印 各承私印 司馬承祿之印 田承私印
龐承私印 楊承 史承賢印 夷承 陳承言事 應承私印 繆承章印 漢印分韻

乘　說文古文乘从几　公乘舜　甘譜如此　操乘之印　苗乘之印　臣乘　公乘小孫　公乘勝　公孫乘　高乘之印

程　烏程侯印　程赦　程長年　程禁之印　程□子　程齒　孫程定　程蒲私印　程柱國印　程由

澄　六書索隱澄同出管子　浦澂　趙澄　徐涅之印

頳　石經　汗簡　六書統

稱　開母石闕　鐘鼎文　國山碑　朱稱之印　杏稱之印　虞稱　趙稱　稱延

泠　泠路私印　泠反　泠竟私印　泠循私印

靈　維天降靈瓦　國山碑　靈右尉印　靈長　張靈印信

零　開母石闕

霝　石鼓　頌尊壺作令　碧落碑　霝尉

⿰霝頁　古通令　史頭鼎

齡　逢齡印　漢印分韻

軨　軨定　軨建

陵　季娟鼎　開母石闕　王庶子碑　泉陵令印　雎陵長印　陵臨私印　王陵　馮奉陵　嚴陵董仁　博陵

淩　淩江將軍章　淩嚴私印

凌

⿰月夌　⿰月夌□　⿰月夌雲印信

盈　石鼓　謙卦　古老子　周盈願

嬴　吳嬴私印

瀛　登瀛

迎　古老子　王迎　成迎

刑　刑昉私印　刑貴私印　刑福印信　刑章之印　刑忠息印　刑衆之印　刑寄之印　刑道

邢　邢晨印信　邢昌

鉶 宋君夫人鼎葛縈案釪廣韻羽俱切錞釪形如鐘以和鼓而鐘鼎作于俱云鉶省 鉶習私印

頂 古老子 頂邱唯印 漢印分韻

星 星巳之印 星赤 星有之印 星崇 張星之印 柳星

丁 石經 丁欽 丁回 右扶風丁潛印 丁諸侯印 丁宏印信 丁釗私印 丁讙眾印 丁譚 丁氏長年唯印 丁汜

釘 椒釘

汀 汀陰伯典衛丞 趙汀之印

廷 師酉敦 焦山鼎 鄭廷私印 寶廷

庭 庭循

梃 說文一枚也徒頂切

珽 屠珽私印

亭 杜亭侯印 宜都亭侯 平都亭侯 漢壽亭侯印 漢都亭侯印 安昌亭侯 都亭侯印 亭長 馮亭 景亭

同 汗簡 張垌

詗 新附 說文知處告言之杇正切

繩 古老子 漢印分韻

仍 党仍 公孫仍

興 叔興父簋 泰山碑 中嶽泰室石闕 義興太守章 任興私印 宋口興印 王興之印 紹興 陳興印 袁興私印

趙興 名印

鄉 新附 說文繫傳地名香應反

登 孟口敦 古老子 遺登 登瀛 高登印信 時已登印 登遂之印 張登之印

騰 李騰 垣騰之印信 騰矰私印 梁騰

滕 滕毋害印 滕買印

縢 緘縢

曾 石鼓 丁曾之印 范曾子印

增 徐增之印

[illegible]　孟[illegible]之印　石[illegible]

鄫　鄫奮印

繒　開母石闕作鄫　繒崖之印　繒昌

十九尤

尢　庾公頌　尢買之印

猷　古老子　猷湯私印

游　石鼓　三墳記　游步將軍章　袁子游印　游敞　游恢　游福之印　虞子游印　王游　雍游　漢印分韻

牛　牛馬宇印　牛季子

件　伴罷

廖　廖奉私印　廖人印

髹　六書正譌

樛　莊樛

丘　六書正譌　營丘太守丞印　閭丘沛　憲丘音印　吾丘王孫

求　求昌　家求私印

絿　絿彊

優　石鼓○錢竹汀宮詹張氏石鼓亭記斿夒即游優與優游同　庾公頌　六書正譌

憂　六書正譌　申毋憂　蘇湟憂印　楊除憂印

幽　穆公鼎　漢元壽鏡銘　白寶敦

儵　六書統

攸　頌尊壺　焦山鼎　頌敦　□□鼎　段攸私印

鋚　石鼓　寅簋

周　頌尊壺　周仁之印　李周私印　周業　周始　周永之印　史周私印　印週私印　周□

州　州俊之印　州□之印　兼幷州陽河韋督　州乃始印　洲孫

舟　周虔敦博古圖釋周　汗簡　大舟鄉印

儔　林罕集綴　焦儔

疇　陽城石闕　裴公碣

雔　古文　雔雲之印　夏延雔

【驪】驊驪別丞

【畱】張畱佳印 畱申 專畱

【流】繹山碑 謙卦 六書索隱

【劉】劉庚私印 劉解私印 劉始印 劉子承 劉渠印信 劉慶 劉年 劉勝私印 劉鄣私印 劉超印信 劉猛印信 劉沇印信 劉沖 劉昌 劉房印 劉奉元印 劉木奴 劉君平 劉遵私印 劉子張 劉□期 劉子孟 劉得之印 劉見之印 劉寬白事 漢印分韻 鐳濬

【䶉】新補 說文竹兒也 如犬力求切 摭古遺文

【鏐】齊侯鐘 公華鐘

【修】六書正譌 古老子 胡修準印 漢印分韻

【脩】六書正譌 脩武丞印 尹脩私印 脩竝私印 王脩

【蓨】蓨郭

【秋】六書正譌 張千秋印 李千秋 漢千秋萬歲瓦

【湫】詛楚文

【萩】萩赦之

【鍫】銀牀頌

【輶】義雲章

【收】癸亥父巳鬲 張收 魏收 秦華收印 宋收之

【搜】虎步叟搜司馬

【蒐】陽城石闕 蒐喜私印

【柔】三墳記

【鄒】鄒遂 鄒定國印 鄒涑印章 鄒覃私印 鄒左奎印 鄒通之印

【騶】騶丙

【浮】單字印 馬浮

【彪】漢印分韻

【侯】漢宜侯王洗 六書正譌 烏程侯印 故成平侯私印 關中侯印 侯□ 侯立私印 侯武 侯志 侯史通印 侯兟

歐 楊歐 程歐 趙歐 田歐私印 □歐

裒 謙卦

頭 冬頭私印

樓 樓唯印 樓賢 樓譚 樓如意印 樓福

二十侵

侵 謙卦 王孫侵印 伏侵 孫不侵

梣 說文青皮木子林切 或从𡨋省𡨋籒文寑

尋 庚公頌 尋陽令印 張尋私印 袍休尋印 王尋

濅 新莽量銘 天發神讖碑 演說文 濅章私印 古老子

任 任讓印信 任諫之印

參 汗簡 古老子作三 李參之印 卑參私印 張參印信 楊參私印 漢印分韻

岑 楊岑私印 李岑之印信

沈 詛楚文 摭古遺文 劉沈

臨 父乙彝 泰山碑 銅虎符 義雲章 臨淄令印 臨津左尉 臨陽君璽 畢臨 賈臨官印 張臨私印 陳臨私印

臨 臨吉 伯臨 □臨私印

矛 六書正譌 六書索隱

偷 史偷

兜 新羅兜騎

投 投丘子兄 投丘貴印

婁 古文 婁壽碑額 六書索隱

賃 節銘

琛 李若琛

淫 六書正譌从壬

針 鄭針

僭 六書索隱

蓡 碧落碑作濅

槮 六書統

霃 摭古遺文

黕 黕許私印 黕定之印

𡈼 六書正譌

心 齊侯鐘 古老子 于乃心 得之心

音 磬窖 椒音之印 陳音之印 公孫音印 胡音私印 寧音

陰 石鼓 敔敦 開母石闕 張遷碑額 三墳記 汀陰伯典衛丞 陰槃左尉 陰館丞印 陰嬴 陰止 陰茲之印 陰憙印信

歆 石歆私印 張歆私印 魯歆私印 趙歆

金 周叔姬鼎 楚公鐘 口簠 仲偁父鼎 繹山碑 金陵男典書丞 金城令印 金關封完 執金千人 金應桂印 金鳳

萬金

禽 石鼓 摭古 禽適將軍章 禽吏之印

崟 六書正譌

吟 汗簡

欽 孫欽私印 李欽 程欽 侯欽

琴 六書正譌 琴譚 琴雲私印

二十一覃

覃 說文 說文繫傳 覃喜 摭古遺文見管子五行篇

蕈 說文桑萸慈衽切 蕈山

簟 說文竹席也徒玷切

鐔 虞鐔私印

瞫 張瞫

潭 浯臺銘

曇 劉曇印信

譚 桓譚私印 司馬譚印 閭譚私印 忠譚 陳譚私印 蔡譚 譚寧印 徐譚 賈譚 來譚 王譚

南 焦山鼎 晉潘氏墓磚 南亭侯印 濟南侯印 南陽太守章 南典長印 南郭音印 南邪 汝南支成宋外字外人

湳 朱湳

楠 陳楠私印

堪 孫堪私印 堪琢印信 石堪私印

男 周伯琦字原 魏銅虎符 開國男章 平陵男印 就武家丞 金陵男典書丞 廣次男典利長

龕 新補 說文龕兒从龍合聲口含切 汲古本从含 李龕印信

含 靳含印

菡 曹菡光印

庵 單字印

談 張談

惔 摭古

倓 魏率善倓邑長

儋 史儋 馮儋 成儋 任儋

紺 謝紺 王紺印信

咸 齊咸私印 趙咸私印 口咸之印 郭咸印 齊鐘

監 頌壺 泰室石闕 右泉苑監 千乘均監 監營司馬 刺馬監印 監廣成印 監延年印 監吉之印 陳監私印 漢印分韻 監明耐印

檻 新附 說文楚謂無緣衣 魯甘切

嵌 峿臺銘

彡 汗簡

藍 口藍印信 藍奴

減 減充印 減充

鹹 義雲章 摭古

諴 新附 說文和也周書曰不能諴于小民 胡㲨切

甘 甘如 甘壽私印 甘陵庶丞

泔 王泔

鑑 碧落碑

二十二鹽

閻 閻壽 閻宗之印 閻憲私印 閻晏印信 閻義 閻始 閻方 烏珦閻寄 閻千秋 閻敞

詹 摭古

甜 古老子

嚴 碧落碑 嚴助私印 嚴延年印 陳嚴私印 凌嚴私印 嚴陵董仁 馮嚴私印 吳子嚴印 葛嚴

舚 開元文字

郯 徐郯私印

韱 汗簡 尚韱

讖 天發神讖碑

㦰 六書正譌 瀸同

僉 希裕略古 辛僉印信

斂 鏡斂長孟

噞 林罕集字

詹 顯平詹事丞印 詹事丞

瞻 景瞻

襜 襜守

潛 右扶風丁潛印

廉 六書正譌 从厂 古老子 廉叔度 廉應 王廉君印 廉廣漢 廉信之印

溓 溓女印 溓遂 溓廣德印

謙 謙卦 張謙印信 陳謙印信

黔 繹山碑 傅黔

兼 碧落碑 兼并州陽河華督 兼偏將軍司馬 兼前將軍司馬 張兼

恬 摭古 陳恬 張恬 呂恬

六書通摭遺 上聲上第五

海鹽畢星海莀原輯　門人嘉興葛時徵向之校

一 董

【董】董宏陽印　董將來　嚴陵董仁　董修　董意私印　董積　董宗之印　董眞印信　董嗣成印　董橫　董耳　董誤私印
董翁中　董萇言事　董青口　董倫私印　董萬方、　董鄭人　董永私印　漢印分韻

【龍】集韻龍從山峻皃　龍通見魏大饗碑　師龍之印　馬師龍印

【恐】齊侯鐘

【孔】孔宙碑額　孔得印　孔遇　孔扶　孔口之印　孔安樂印

【巩】義雲章

【鞏】鞏傳士　鞏方山　黃鞏信印　鞏利　鞏武彊印　鞏客　鞏歸之印

【奉】孔奉世印　劉奉元印　錡奉　梁奉　張奉之印　司馬奉　廖奉私印　江奉宗　慶奉世印　耿奉德　楊奉常
張奉　左奉　郭奉太　張奉義勇　鄭奉光印　薛奉

【瘇】汗簡

【冢】潘氏墓磚　三墳記

【慫】國山碑

【寵】成寵

【勇】古老子　昭勇將軍　武勇司馬　武勇史印

【湧】石鼓　庚儼演說文

【拱】拱董

【擁】孫強集字　六書統

【甬】沐甬印

二 紙

【咫】六書統　名印

【鮨】古爾雅　省文

【指】國山碑　華岳碑

黹
汗簡
摭古遺文

雉
汲古本古文雉

⿱此手
新附　說文積也詩曰助我舉⿱此手摵頬旁也前智切

子
古老子
謙卦
焦山鼎
麗子孟印
子良
朱子高印
行羊子
程口子
范子儀
孫客子
夏子儀印
許務子印
吳子朝
胡子功
任子功
子德印
郭子廣印
長空子孫鑑
夏子

胏
汲古本說文
徐邈集古
六書統

訾
訾鄉世子印
李少訾
訾順私印

始
頌尊壺
古老子
楊始昌印
左始之印
褚始
趙始
張乃始
椋始昌
王始印
王始昌
馮始成

家
臣家
翟家之印

矢
父丁斝
焦山鼎

史
頌鼎
師酉鼎
史中殷印
史儋
史勳
史就

禔
禔子魚印承天德獲休禔永安寧傳無口

踶
踶忠臣印

氏
頌尊壺
鄭季宣碑陰額
駒氏鏡銘
李敏道氏
李氏

士
祝其卿石龕
范式碑額
太卜博士
樂士私印
劉忠士中

以
齊侯鐘
繹山碑
頌尊壺

錡
錡義之印
錡印
錡奉
錡海之印
錡嘉
錡楊吾印

倚
古老子
倚全印信
漢印分韻

晢
晢鼎○此字前人未釋因與籒文相近姑置此以俟博識

齒
程齒
陽成齒
少君齒

梓
梓潼令印

市
峿臺銘
徐市之印
漢印分韻

是
古老子

堤
鄭堤

忯
仲忯

仕
新附　說文學也鉏里切
三墳記

迆
六書正譌

齮
呂齮
李齮
繇齮

矣
繹山碑

涘
反涘之印
分韻

耳 古老子 高耳

邇 說文古文邇○葛棨案說文分韻本誤脫此字遂以遷作古文邇摭古遺文從之玉篇廣韻未有也陸氏爾雅音義云馹本或作遷又引聲類云亦馹字同則遷乃馹傳之馹說文雖並訓近自有本義豈可混合本書字宜刪

佴 佴無傷印

爾 卓爾堪印 漢印分韻

杝 新附 說文檫裂也井止切

邐 摭古遺文

啚 六書正譌 六書索隱 六書統

似 古老子

巳 漢尚方鑑 蔡巳私印 王疾巳 雍巳之印

姒 廣韻夏姒一曰娣姒本作似 師旦鼎

汜 興頌敦 孟姜匜 黃汜之印 孟汜私印

祀 師遽敦 公華鐘

死 頌壺 繹山碑 古老子

喜 漢長貴富鑑 魏喜 張喜

匪 伍匪私印

斐 朱斐之印

尾 六書統

三 薺

薺 漢印分韻

濟 南濟侯印 檀道濟印

釃 三墳記 林罕集字

徙 李娟鼎 師遽敦 碧落碑 王徙 張徙 張徙之印

氏 魏率善胡氏長 晉率善氏邑長 晉率善氏佰長

邸 新平邸閣督印

里 汗簡 里中父兄私印

鯉 石鼓 周鯉

抵 馮抵私印

郢 李郢印

理 庸理 何理

李 李赦私印 李繇私印 李弗 李業 李悍 李尊 李歷 李宮之印 李口 李晃印信 李常宜 李固印信

李定私印 李楚 李兄 李建 李賢 李順 李狀 李育私印 李豎 李勝印信 李甲 李陽字司

豐 楊豐 孟豐印 單字

醴 新附 說文酒一宿孰也盧啟切

履 漢印分韻

蠡 汗簡 漢印分韻

己 張己印

改 郙口鼎

紀 三公山碑 繹山碑 古老子 紀忠印 邦紀之印 紀福 紀延私印 紀橫私印

起 繹山碑 趙起印信 張起之印 楊起文印 楊起印信 口口公起

啟 徐執之啟事 張啟方

㠱 㠱公匜

桀 古泔黃桀

稽 季娟鼎 頌尊壺 宮伯鼎 康彝

杞 杞上偏

米 漢印分韻

芊 芊長公印 張芊

弭 弭口印

四 語

敔 石鼓 敔敦

圉 圉長鄉印 趙圉

與 與天無極瓦 摭古遺文 楊與成印

予 天發神讖碑 生予

伃 趙倢伃印

斞 六書正譌

庾 庾公頌 庾公孺印 庾德私印 漢印分韻

窳 三墳記

雨 庾公頌 縉雲城隍廟碑 古老子 楚公鐘

禹 胡禹之印 周禹 鄭禹 虞禹 禹免 兒禹 史禹 李禹信印 左禹私印 田禹 潘禹 禹安國 鄧禹 夏禹

羽 羽憙之印 羽廣

栩 祋栩丞印 栩昭

宇　台宇　王宇印信　陳宇　楊宇

傴　綦毋傴

許　鄗許鼎　許成　許兄之印　許豪信印　許荼　許景之印

詡　蘇詡印信　口詡私印　趙詡私印　淳詡私印　杜詡　成詡私印　丁詡印

舉　舉鼎　六書正譌　張舉印　劉舉　堪琢公舉

筥　筥莫如

巨　馬巨君　董巨印　巨沮彈印　閭丘巨印　郭巨言事

距　距銘　成距私印

鉅　袁鉅私印　魏鉅適印

柱　芮柱

褚　褚始　褚充都印

竪　六書正譌　趙竪　李竪　置竪坤

處　石鼓文　古老子　范式碑額　鄭季宣碑陰額　處長縈　處君翼　朱處　漢印分韻

呂　口呂　得呂將

膂　膂竪

乳　伯碩父鼎

旅　口簠　廛簠　開母石闕

汝　古通用女　汝南公典書丞

椒　椒釘

女　古通作汝　焦山鼎　彭女舉　汝充私印　郝女印　馮女私印　張女　越女

緒　莊緒之　緒之白疏　張緒印信　黃緒之印

鱮　石鼓

五　姥

普　王普私印　爰普　尚普私印字子眞　袁普私印　漢印分韻

浦　浦陽長印

補　漢印分韻　補郎私印

陼　陼相如

土 土根令印 土霸私印

吐 吐患畱利口邪 摭古遺文

杜 杜雄印信 杜宏私印 杜褒私印 杜調私印 杜竝私印

魯 頌尊壺 邾父鐘 口彝 尉氏碑陰 裴公碣 庚公頌 魯顏私印 魯漢宗印 許魯 魯便 魯給印 魯淸

虜 討虜將軍 征虜將軍章 方俗破虜司馬 陷陣破虜司馬 征虜將軍章 鄭虜

櫓 六書正譌

弩 強弩都尉章 強弩將軍章

虎 石鼓 師酉鼎 公命敦 古老子 虎伏將軍之印 白虎邑長 漢銅虎符 顏虎 萇虎 印虎 齊侯鐘

古 古汼黃棨 居冬古印

詁 長詁

苦 漢印分韻 苦成樂

賈 賈譚 賈長公 賈麒

鼓 說文繫傳右竝從攴

監 監朔

扈 王扈 扈良私印 扈子偉印 漢印分韻

戶 浯臺銘

五 新莽差布五百 漢印分韻

伍 伍翁君印

午 蘇午印 茅午 孟午私印

所 石鼓 所習之印 所章印 所病已 所比于

楚 楚公鐘 季娟鼎 齊盤 戠敦 詛楚文 吳楚客 涓楚儀印 楚儒 楚同 段楚之印 楚志 耿楚

楚 王楚人 楚臣 楚卿

撫 撫戎司馬

鋪 劉公鋪簠同 任悲世鋪

酺 朱酺

府 御府寶繪

父 父丁爵 辛父舉卣 郜口敦 萬歲左父老印 父老 名印 周𡊻○俗父字爾雅權輿父音義本或作𡊻

簠 説文。本書有闕筆 竝古簠 張仲簠 廔簠

輔 新成輔國 王輔私印 華輔私印 張輔之印 漢印分韻

俌 名印

斧 義雲章

武 古鐘 厲武 超武將軍之印 奮武將軍章 陏武將軍章 韓武之印 潘武之印 公乘武印 虞武之印 黄武 趙武 慶武私印 蘇武 王武 王武印 遲武之印 武勇史印 正武之印 吕武之印 張武 馮武 武安長印 雷武將 漢印分韻

舞 舞陽丞印

六 解

解 古老子 天發神讖碑 先瑩記 六書索隱 解遂 劉解私印 戚解私印 解賢 解中 解護

駭 六書索隱 霍駭

楷 天發神讖碑 張楷

買 張買臣印 公孫買 尤買私印

海 汗簡 景君碑額 海陵左尉 橫海候丞 張東海 錡海 錡海之印 劉海 錢海

亥 説文古文亥 癸亥父已鬲 公華鐘 卯敦 馬亥之印 名印

采 古老子 六書索隱采邑之采。本書寀字下闕寀印乃褒字誤入

荄 摭古遺文

宰 碧落碑 三墳記

待 摯待

闓 國山碑作開

乃 師艅尊 繹山碑 毛乃始印

嬭 楚邛仲南和鐘 王子申盞

七 賄

委 晉姜鼎 汗簡 委來 委柱私印 漢印分韻

倭 親魏倭王

偉　宋偉私印　公偉　張偉之印　謝偉

唯　豐姑敦　樓唯印　頓邱唯印

每　漢印分韻

壘　六書統　中壘校尉

水　漢盧水阡長　晉盧水率善伯長　橫水從事

垝　說文毀垣也詩曰乘彼垝垣過委切　垝或从阜

癸　商父癸爵　齊癸　張癸　焦癸　柏癸　石口癸

簋　白其父簋　叔興父簋　叔姜簋　朹道　朹罛私印

厬　古爾雅

鬼　古老子

八軫

鬒　六書索隱見左傳

尹　頌尊壺　元尹　尹恭私印　尹橫之印　尹未央印　尹慎私印　尹勝私印　尹王遂　尹常有　尹同之印　尹筍　名印

盡　遷磬　繹山碑

謹　碧落碑　郭謹中

閔　閔口遂閔　郝閔之印

潤　六書統

準　王準初印　胡修準印

蠢　六書索隱

葦　摭古遺文

隗　郭隗　隗黨私印　漢印分韻

辠　新附說文山皃徂賄切　六書統

惢　六書統

毀　晉磚文　古文

郯　朱育集字

揆　六書正譌　處子賤碑

軌　六書統　謝軌　徐軌之白箋

文　說文汲古本

瑾　說文。本書有闕筆　浯臺銘

敏　雍敏印信　漢印分韻

引　三墳記

六書通摭遺

惲　張惲私印　楊成惲印　李惲　趙惲

隱　汗簡　張隱　名印

本　三輔宗慈本中　梁本

霣　古文　汗簡

衰　六書索隱　漢印分韻

詪　張詪印

鯀　開毋石闕

九旱

稈　六書統　禹笴之印

滿　王滿之印　滿秋之印

曈　摭古遺文

盌　國山碑

伴　石扶

煖　何煖私印

琯　國山碑

短　古老子

十產

產　王產

縮　張縮　陳縮　李縮　孔縮　臣縮　翟縮　成公縮印　張縮私印

反　頌尊壺　六書索隱　反少卿印　公孫反之

晚　古老子

顫　薰顫

檀　檀祇　檀爰　檀壽　道檀濟印

赧　蘇赧

輓　成輓之印

蟺　六書統通鼉

盞　口彝

版　石鼓　先塋記

亶　晉平吳六年磚。葛檠案即太康六年　亶成

擅　苛擅　李顫私印

但　但口私印

簡　簡崙私印

海鹽畢星海莧原輯　門人嘉興葛時徵向之校

十一銑

尟 汗簡

編 編行

免 新補 六書正譌釋也从兔脫其足會意說文偶遺此字非無也凡勉鮸等字皆曰从免聲可證其有故補之美辨切 古老子 任免青 宰免青 免譚私印

辯 賈辯 周辯 古老子

冕 穆公鼎 張冕

沔 石鼓

勉 勉襃印信

典 天發神讖碑 城隍廟碑 汝南公典書丞 典廣印信 孫典印信 桓典

琠 新附 說文玉也多殄切 希裕略古

顯 師酉鼎 焦山鼎 繹山碑 高顯子典祠長 姚顯印信

翦 韓翦私印

繭 汗簡 本書馮繭印乃霸字誤入

犬 王犬

選 方應選印

[illegible] 新附 說文蟲食也子兗切

熼 六書索隱

碝 新附 說文石次玉者而沇切

善 卯敦 古老子 晉鮮卑率善邑君 和善國尉 曼善印 漢印分韻

鉛 碧落碑

展 展武世子印 展就 展口 朱展展

變 采變之印

輦 義雲章

璉 繁璉

蹇 單字印

衍 趙衍私印 司馬衍印 蔡衍印信

遣 季娟鼎 天發神讖碑

昝 說文二徐本如此

阮 侯阮之印

遠　說文繫傳　寧遠將軍章

苑　新補　說文茈苑出漢中房陵於阮切　清苑令印　漢印分韻

苑　石泉苑監　苑勝　苑賞之印

㫃　說文古文汲古本　周伯琦字原　六書正譌

偃　李偃之印

鰋　石鼓

十二篠

篠　六正正譌

小　魏石經　石鼓　王子　公乘小孫

裹　裹林私印

窅　杜窅

稻　稻農左長　口簠銘

矯　光遠集綴　姚矯言事　矯言疏　臣矯

紹　說文繫傳古文紹从邵　汲古本古文　汗簡

趙　陽城石闕　趙武之印　趙長私印　趙護私印　趙文　趙徽　趙禹之印　趙國良印　趙青邸　趙賢之印　趙延　趙勝

趙　趙偉之印　趙嵩印信　趙榮印信　趙之　歸趙侯印　趙延壽印

兆　莊兆人　秦兆之印

眺　唔臺銘

少　司馬少公　李少訾　少內　許少君印　李少卿　眊少卿　徐少翁　絺少平印　陳少公　孟少兄印　少年唯印

宛　宛護私印

晼　郭晼私印

匽　匽輔之印　王匽

扵　新附　說文旌旗杠皃丑善切

繚　呂繚私印　繚赦

窈　六書統

芺　說文汲古本

擾　擾閻

繞　六書索隱

肇　公命敦

朓　新附　說文祭也土了切从肉與从月異　六書正譌

穰少君　庾少孺　袁少生印

表　張遷碑額　李翕西狹頌額　國山碑　夏表私印

十三巧

佼　六書統

飽　光遠集綴亦作𩜺

卯　漢印分韻

鮑　鮑賞　鮑開方印　鮑宜昌印　鮑雲私印

夼　六書索隱

昦　說文訂云篆文上从白　六書索隱

晧　程暠

顥　蘇顥印信

鎬　齊侯鐘

好　石鼓

考　虢叔鐘　頌尊壺　中戲尊　師淮父卣　徲伯敦　公命敦

考工令印

槀　六書正譌

榙　荅同　王荅　師荅

叉　許叉

寶　虢姜鼎　師淮父卣　仲偁父鼎　師旦鼎　焦山鼎　楚公鐘　史鼎　頌鼎　口簋　邿敦　頌尊壺　叔姜簋

埽　埽逆將軍司馬

寶　叔與父簋　召敦　六書正譌　先塋記　瞿寶之印　寶晉

葆　張葆私印

保　王子申簋　三公山碑　子孫永保　劉保之印　單字印

藻　李藻先印

草　漢印分韻

早　敔敦　古老子

漅　汗簡　周漅

擣　說文繫傳

禱　縉雲城隍廟碑

道　石鼓○錢竹汀宮詹石鼓亭記云衍前人釋道此文凡兩見皆與陽叶疑即行字　中嶽泰室石闕　三公山碑　語臺銘　謙卦　古老子

義溝道宰印　夷道長印　與復道長　楊道之印　杌道　中道之印　李敏道氏　趙道之印　傅道年　成道　漢印分韻　庸道

老　古老子　鄉老印信　鄉三老印章　萬歲左父老印　高利三老　父老　三老　彭以老印

導　古孝經　左導　王孫導

剬　王剬　剬延之印

十四　哿

可　程可之印　漢印分韻

軻　楊軻之印　顔軻

我　石鼓　三墳記　分韻

莪　莪忠印

左　古老子　左衞將軍　林慮左尉　左長孫印　左珍

禍　古莊子　古老子

播　摭古遺文

彼　古易

叵　新附　說文不可也从反可普火切　楊叵私印

鞸　六書索隱霊雲不族也通作鞸

課　課立廷印

黟　六書統

十五　馬

馬　別部司馬　司馬客　馬適僑印　馬級私印　扶風馬煜　馬豎　馬御私印　司馬鄮　司馬蔡　司馬遠疾　司馬從○葛槃案鐘鼎重文下一字俱作二石鼓尤多明李文正云二古文上字言字同於上省複書也而如司馬諸印則非此例葢司馬本二字恐混爲一故於上司旁作一短畫下馬旁作二短畫以別之亦有單作下字二畫者此正古印縝密處非重文亦非馬字別有二畫也本書載有三印竝連二畫而未明著其義特拈出之

闖　六書索隱

下　古文　魏石經　繹山碑　古老子　男錢　下洛左尉　下相令印　下定

夏　古文夏汲古本　國山碑　夏終私印　夏昌　夏侯忠印　夏賞　夏意　夏侯池　夏官之印　夏樓　夏譚

夏熹之印　夏宏之印○葛榮案本書晉姜鼎盉和鐘及古文奇字第二第三共四文據考古圖俱作西夏二字宜審用

假　軍假司馬　左將軍假司馬　朱假　假福私印　假如私印

霞　摭古　名印

葭　摭古　葭衆私印

雅　摭古　仲雅

罣　六書正譌

寡　魏石經　謙卦

瓦　漢都司空瓦

十六者

者　國山碑　者室忠

渚　京渚之印

社　古尚書　古老子　何社

寫　開母石闕　董寫之印

且　説文繫傳古文以爲且又以爲几字

也　謙卦

野　巨野侯印　張野臣　謝野私印　張野株　薛野

阤　繹山碑

十七養

養　古老子　漢印分韻

像　碧落碑

象　説文汲古本　嘉興象西潘氏墓磚　六書正譌　謙卦　漢印分韻

蔣　蔣石私印　蔣易之印　蔣詡　蔣滿

奬　傅奬

仰　六書正譌卬從二人相向會意　碧落碑

兩　晉姜鼎　秦錢

敞　陳敞私印　史敞之印

掌　執金吾掌記　任掌之印

饗　口簋

享　師旦鼎　史頭父鼎　焦山鼎　開母石闕　世享

丈　杜丈之印

上　晉上郡率善伯長　終路賞　上莊　皇天上帝制萬神章　上官定　上趙上　汪上諠印　漢印分韻

賞　終路賞　賞　陳賞印信　傳賞

蕩　張遷碑額　蕩邊將軍章

黨　呂黨私印　李黨

莽　楊莽　華莽私印

廣　廣漢屬國都尉　廣化長印　張廣　王廣之印　高廣　臣廣　王廣山　聊廣國　廣平

壙　魏壙

棒　節銘　漢印分韻

傷　古蕩通黨　郁傷禹印　公孫去傷

讜　任讜私印

伉　六書索隱

講　三墳記　汗簡

蜯　六書索隱

仿　倆常

昉　孫昉私印　曹應昉印　宋昉

榜　漢印分韻

晃　李晃印信。本書脫中畫。

港　六書索隱

朗　三墳記　高朗印信

十八梗

梗　王梗

苻　苻不意　苻蒸吾

丙　石丙鼓　李丙字豺　侯丙印

猛　古老子　武猛都尉　閭丘猛　趙猛私印　劉猛印信　石猛之印　崔猛私印　續猛　李猛　孫猛

秉　叔秉號鐘　羅秉昌印　漢印分韻

郉　郉閎之印　郉青印　郉蓋之印　郉義

竝　古老子　盛竝私印　本書字誤刻　脩竝私印　乘竝之印　王竝之印　王竝　魯竝　樂竝私印　趙竝私印

迥　方迥私印　迥奴印　馬迥定　韓迥之印

縈　存乂切韻

皿　汗簡。葛棨案皿亚二字相似說文皿上無畫古文亚中無點本書所引二文俱亚字誤入

炅　炅寬　炅宮之印　炅瞻之印

省 石鼓○葛棨案此字舊篆作眘又作眘鄭潘竝以眘字釋之及見北宋舊拓篆實作眘即近日所搨惟左旁有闕右尚可辨正與綏和壺字同前人或未及細審耳 綏和壺 鐘鼎款識如此

潁 國山碑 潁川郡長私印

郢 賈郢 王郢之印 分韻

憼 古通作敬 齊侯鐘 碧落碑

景 北海相景君碑額 許景私印 景陶印 景長賓印 景就之印 景青 漢印分韻

永 王子申彝 ○殷父敦 蓄君簋 叔姜簋 頌尊壺 ○鼎 天發神讖碑 永祐護長壽康 永新令印 張永 趙永私印 ○孫永印 王永私印 王永之印 王永印信 孫永私印 董永私印 漢印分韻

泳 摭古遺文

耿 耿外人 耿幼公

幸 樂幸私印 萬幸私印 侯幸置印

黽 黽○ 漢印分韻

靜 謝靜 孟靜 霍靜

騁 徐騁

請 華嶽碑 黃請 汝請史印 家請私印 封完請發

項 王項

鼎 陽鼎 ○卣 周○鼎 周麻城鼎 焦山鼎 乙公鼎 王鼎 張鼎 番陽周鼎 錢鼎 鼎○

町 六書索隱

壬 汗簡

拯 六書正譌

等 三公山碑 摭古遺文

十九有

有 魏石經 孔宙碑額 莫常有印 穉常有 吳有後 謙卦

友 高友私印

酒 汗簡 樂未央瓦

酉 說文古文酉从丣丣爲春門萬物已出丣爲秋門萬物已入一閉門象也 師酉鼎 齊酉

首
師旦鼎　季媜鼎　虞彝　樂首私印

守
漢銅虎符　常山太守章　南無太守章　守軍口揚戎　茅守　楊守印　楊守

丑
榮丑印　荆丑　張丑　許丑

受
頌尊壺　師𩛥敦　張仲簠　三公山碑　王受私印

授
國山碑　授育　漢印分韻　張仲簠

壽
魏石經　公華鐘　周師旦鼎　焦山鼎　楚公鐘　乙公尊　頌尊壺　張仲簠　口簠　豐姞敦　漢延壽萬

歲瓦　延年益壽瓦　八風臺瓦　六書正譌　先塋記　老子　秦九字璽　漢壽亭侯印　壽昌長印　壽張典書令印

李延壽　趙延壽印　徐壽　賈壽　梁壽　高壽　賈長壽　王延壽印　陽壽　冬壽　程壽印　壽山

韓壽　趙壽成印　左壽之印　夏侯壽　王壽貴印　善壽　秦壽　張益壽　邵壽之印　宋壽之印　張壽之印

向壽之印　楊延壽印　蔡延壽印　蘇延壽印　殷壽私印　陳壽私印　王壽私印　韓壽印信　延壽萬年　田壽私印　爰壽私印

益壽　貫壽　習止壽　五壽之印　費壽私印　房益壽印　王長壽印　毛壽之印　夏壽印　楊延壽　夏壽

單字印　尹壽　檀壽　郝壽　楊壽　虞壽　戴壽　朱延壽　日壽大年　口壽全

梛
侯梛私印　梛游私印　殷召梛　口梛長印　張梛私印

九
口簠　焦山鼎　鄭常九印　楊九逵印　張九

久
古老子　繹山碑　汗簡

手
手奢

紐
樊紐私印

綬
姜綬

受
侯受之印　張受　杜受之印　李受印信　口受　師旦鼎

鈕
戔鈕

仇
仇翁壹印

[illegible]
詛楚文

醜
醜夫

不 古鐘鼎文通作不　師遽敦義作丕丕　陽冰謙卦　莽不意　吳不疑　張不害　尹不識

皁 師淮父卣　張皁印　夏皁印　閭丘皁印

厚 六書正譌　林罕集字　古老子　葉厚

後 三公山碑　繹山碑　天發神讖碑　後將軍假司馬　呂後生印

垢 古老子

部 別部司馬　部曲將印　部曲督印　王部之印　段部中

母 商母乙卣　頌尊壺　杜母私印

走 走翟丞印　古老子

料 六書索隱

茉 陳茉

負 國山碑　案皁

后 后登之印

敂 碧落碑舊作叨

狗 狗未央印

畆 王庶子碑

牡 古老子

斗 菑川鋗爐　綏和壺　國山碑　新莽量銘　浯臺銘

斟 六書索隱斗尋斗灌城見漢書今作斟

二十寢

審 呂審　張審之印

甚 古老子

廩 廩犧令印　漢印分韻

沈 劉沈　沈順　沈日貫　沈意

二十一感

黮 尹黮私印

漸 任漸

斬 摭古遺文　斬俞之印　斬延之印

敢 說文古文敢　虢叔鐘　宮伯鼎　焦山鼎　頌敦　三墳記　古老子　真敢　齊侯鐘

湛 遂湛之印 王湛之印 牟湛之印 伏湛

范 范蓋 范乃始印 范少公 范恢之印 范賢 范孟貫 宛范私印 口范言事 范金封 范武之印 范常之印 范口印 范横 范饒 范甬 范且

犯 家犯之印

二十二琰

剡 六書索隱

酓 新補 說文酒味苦也於檢切 汗簡通作𡪂

陝 陝信之印 陝溪關長

忝 楊忝

儼 虢叔鐘

染 染香

點 六書索隱

奄 任奄私印 單字印

㜝 新附 說文含怒也一曰難也詩曰碩大且㜝五感切

儉 程毋儉

六書通摭遺 去聲上第七

海鹽畢星海萇原輯

門人嘉興葛時徵向之校

一送

宋 三公山碑 趙宋兒

鳳 說文亦古文鳳 蓮勺爐 國山碑 商鳳私印 辛鳳 周鳳私印 劉鳳私印 麃鳳私印 潘鳳私印 蘇鳳 畢鳳私印 苛鳳私印 尹鳳私印 田鳳私印 漢印分韻 蘇鳳

頌 頌尊壺 張遷碑額

縱 綜 邵縱私印 陽縱 夷縱 鄧縱私印 臣縱 李綜

衕 貝上 長碑

統 仲長統印

貢 贛 張子貢印 王贛之印 劉贛之印 虞子贛印 服贛之印 李贛 李贛私印 揚子贛 藥贛 芮贛

衆 汗簡 六書正譌 徐衆之印 張衆 刑衆之印 和衆

夢 卯敦 國山碑 采夢鱗印

仲 仲鼎 柴仲之印 綦毋仲 趙仲 孫仲齊 分韻

穜 趙穜

用 王子申彝 焦山鼎 謙卦 古老子 單字印

重 陽城石闕 重長孺 史重之印 步重私印

共 單字印

珙 王珙之印

二寘

至 伊寬私記 空身至前 口至 至富

樀 樀賀

志 鄭志私印 胥志 侯志 錢志選 江志私印 王志 漢印分韻

事　頌尊壺　古老子　州廨事印　陳安載白事　敬事　張霸啟事

視　開母石闕　古老子　尹視

貳　僨師將軍章

拭　新附　說文當也从手貳聲直異切

四　三公山碑

泗　方泗水印

牭　息牭之印

駟　駟守之印　駟戎

肆　張肆　陳肆之印　鄧肆奴

賜　周簠　遣磬　馬賜　耿賜之印　賜口賜　漢印分韻　高賜

郝　郝口敦

嗣　義雲章

時　郝時印信

飤　張仲簠　節銘　義雲章　古老子

自　古老子

眉　莊眉

白　李固白記　張霸白箋　張震白疏

字　三墳記　趙國襄國宋諺字子義

智　說文古文智汲古本　古老子　夏君智　張臨智　臣智　杜女智印　吳母智

致　漢印分韻

㨖　新附　說文刺也一曰刺之財至也陟利切

置　趙置　韓置之　侯口置印　吳可置

制　皇天上帝　制萬神章

製　新附　說文裁也征例切

毳　賈毳私印

稺　張稺之印　門稺卿印　程稺公　周稚卿　董稚君　江稚君印　李稚子

異　國山碑　先塋記　古老子　呂異　趙異　張異衆印　尹異　異田　美異

肄　六書索隱　進肄之印

冪　古文冪　六書正譌

趩　石鼓　趙趩

義：虢叔鐘　古老子　率義侯印　立義行事　立義將軍之印　杜義　張義　霍義之印　傅義　許義　李義

焦義　祝義　江陽義印

鄭：遣磬

誼：臣祟誼印　蘇誼　漢印分韻

議：張議　孫議之印　臣議　漢印分韻

藝：三墳記

商：漢印分韻

駛：商隱集字

試：守東試陶長印　增試印

殺：孫殺印信　蘧殺印信　李殺

譬：古老子

忌：古尚書　陳逸人碑　張忌　泰忌　忌翁

諰：顏諰

畀：師酉敦　口簠

敝：張敝

幣：敢敦

被：朱被

比：所比干

備：先瑩記　孟備印信

噬：古文

逝：古老子

未：長生未央　甘泉宮瓦　禺氏洗　王庶子碑　鍾龍未猜　殷未央印　周未央　馬未央印

次：活臺銘　郭次天　蘇次卿印　張次公印　高次君印　宋次公印　陽次　王次　趙次孺

佽：孫佽私印

朿：古文

洓：六書統

憙：陳憙　原憙　羽憙之印　張憙　殷憙　尹憙　陸憙印信　殷逢憙　程憙私印　蔡憙私印　孫憙　孫憙之印

懿：六書　皮懿印信　漢印分韻

戲：三墳記　王戲

意：郭意印信　董意私印　彭如意印　苻不意　樓如意印　焦奉意　賈意　張廣意　漢印分韻

沸 沸口私印

世 古孝經　庾公頌　六書索隱　呰鄉世子印　世世祿　秋世之印　李世世　世雄　漢印分韻

摩 楊摩

賁 賁里子尉　賁之昌印

茈 茈多

變 石鼓

泄 汗簡　張泄

費 古老子　費閎私印　費壽　費宗

臂 畢臂私印　左臂

三

壽 漢印分韻

祭 公華鐘　祭朝　東單人祭尊　單人祭尊　萬歲祭尊　祭長壽　空士祭尊

帝 齊侯鐘　新莽量銘　天發神讖碑

弟 虞彝　三墳記　上郡太守虎符第一　魏虎符

地 謙卦　六書索隱　漢印分韻

利 繹山碑　謙卦　毋利　利生眞印　日利　利出

吏 里吏

隸 司隸校尉　司隸從事

器 公華鐘　器市尊　古老子　蔡大器印

齕 孔臣齕

替 魏石經

盩 石鼓

曬 六書索隱

迄 石鼓

髮 古莊子

遞 遞守私印

棣 董棣私印　鐔棣　張棣私印

梨 梨遂之印

麗 韓子麗印　漢印分韻

厲 厲口

气 國山碑　貴案氣印　張從氣印

劍 劍信　劍央之印

繼 平姬槃 三墳記 王繼 楊繼裴印

寄 碧落碑 古老子 張寄之印 尹寄 屈寄 中寄之印

季 季孺 季彊 晉季唯 韋季 管翁季 季世印 季通常 季 漢印分韻

記 孫彊集字 里中記事 力安進記 白記

係 夏侯係 張係 宋係 係安成

冀 陽城石闕 冀州刺史章

既 繹山碑 頌尊壺 焦山鼎 三墳記 原既

四御

御 石鼓 繹山碑 三公山碑 汗簡 史御寇印 聶駁 馬御私印 肥駁私印

遇 古老子 李遇 王遇私印 陳遇奇 巨遇唯印

寓 寓公

豫 六書索隱 成功豫印 漢印分韻

諭 漢印分韻

裕 黃裕之印 封裕 裕長年印

譽 漢印分韻

孺 傳國孺 字長孺 季孺 趙三孺印 程張孺 靡父仲孺 昌孺印章 褚孺白牋 榮少孺 公孫夬孺 陳少孺

去 古老子 趙去疾 除凶去央 司馬去疾 臣去疾 韓去疢 吳去病印 馮去疾

祛 汗簡

據 刺公敦 黃據印信 陰據私印

耇 口簋

昫 烏昫閒

遽 師遽敦 遽武之印

筍 尹筍

痀 新附 說文曲脊也其俱切

俱 新附 說文偕也舉朱切

㬥　新附　說文約也　居玉切

尌　六書正譌

署　三墳記　署無傷

壴　汗簡

慮　林慮左尉　林慮子章　魏慮之印信

覻　六書正譌

侸　碧落碑　六書統

⿰石著　新附　說文斫也　張略切

歖　二徐本从喜　與古文喜同

五　暮

暮　庾公頌

布　小布一百。　王莽布貨　五行大布。北周泉　相布私印

步　天發神讖碑　碧落碑　虎步都尉司馬　田步昌　步重私印

故　秦頡碑額　故彊令印　故鄣長印　陶毋故印　故平成侯私印

詛　說文繫傳祝也从示虘聲側慮反　案漢書五行志師古注禮古詛字

度　義雲章　張度　汗簡

渡　黃渡私印　孫渡私印

路　曹路　路況私印　路洽　路安世印　路戎之印

護　行營左護軍印　行營右護軍印　護軍中尉　周城護軍司馬　鄧護　王護　王護私印　容護私印　謝護私印　楊護私印　馬護　趙護私印　依護私印　韓護私印　田護　張護私印

捕　捕衡私印　捕臨私印

庶　石鼓　六書索隱庶通四十并也　郝庶方印　漢印分韻

樹　六書正譌从又　名印

注　六書索隱呂氏春秋以瓦投者巧以黃金投者惛莊子作注　古老子

鑄　鑄齒　陶鑄之印

素　董素　建素私印

佈　廣韻偏也通作布抪　李子佈　抪薌口印

步　原步衆印　步定之印　步子山

祚　王祚印信　東承祚

助　李助　嚴助

兔　國山碑　口兔太守章　兔明

露　露樓

固　碧落碑　轅固

顧 顧聖之印 顧褒 漢印分韻

誤 新補 說文謬也五故切 唐誤印 張誤私印 兒誤之印 董誤之印 榮誤

符 上郡太守虎符 輸符唯印

輣 輣霸

柎 六書正譌 楊柎之印

賻 說文助也符遇切

傳 汗簡 傳慶 雔傳私印 傳國孺 呂傳中印 傳堂之印 傳音印 張傳 傅許 傅生 傅革 傅敞之印 傅中卿

富 謙卦 富貴昌洗 雙魚洗 禺氏洗 中平二年洗 宜富貴瓦 辛富之印 周常富 富美之印 姚富私印 富口

賦 三墳記

附 虢叔鐘 六書正譌

駙 竝駙馬都尉

楘 新附 說文車歷落東交也詩曰五楘梁輈莫卜切

務 國山碑作務

六泰

泰 太 古老子 六書索隱 泰室石闕 孔宙碑額 東方畫贊碑額 先塋記 常山太守章 河內太守章 口口太守章 太上長印 太史壽王 太卜博士

大 石鼓 北周五行大布 司馬大印 俞大鵬印 分韻

代 胡代 張代 高代印 侯代印 臣代印

貸 古老子 漢印分韻

帶 頌壺 宰辟父敦 天發神讖碑 劉帶之印 梁帶 張帶印信 李帶私印 李帶之印

戴 戴霸 戴中君 戴仲安 戴峻 戴音

柰 古老子

耐 樊耐之印 五耐之印 張耐印 又 漢印分韻 耐段

蔡 蔡忠私印 蔡喜 蔡葩印信 蔡賞 蔡公信印 蔡憙私印 蔡長史 蔡延 蔡口 蔡瑞

蓋　六書索隱　徐蓋之印　許蓋之　謝蓋私印　蓋齊　唐蓋　蓋象之印　蓋強私印　陶蓋　蓋捕　蓋成　蓋沈

蓋買私印　蓋乙私印　常　董蓋邑

匈　卯敦　文　鐘鼎　伯碩父鼎

愛　六書正譌　樂愛信印　漢印分韻

艾　艾勝　艾遂私印

害　說文　石鼓　繹山碑　古老子　滕毋害印　楊不害印

欬　趙欬　竇欬

外　六書索隱　樊外人印　邚外人　尹外人印　外里祭尊　尹外私印　周外之印　倉外之印　張外印　蔡外信印

載　石鼓　陳安載白箋　安載言疏

栽　設敦　六書統

芥　說芥之印

介　介慶之印　漢印分韻

在　天發神讖碑　蓋宜在　韓長在

忦　六書正譌

隘　汗簡　漢印分韻

敗　六書統

拜　虞彝　師酉敦　頌敦　頌壺　季娟鼎　頌鼎　國山碑　三墳記

賁　黃賁　陳賁私印

邁　邁禮起台　張忩邁

塞　塞邑私印

賽　王賽之印

叏　叏祿之印

鈌　說文刺也於決切

澮　籀韻　古尚書

蔽　蔽明私印

壞　新補　說文毀也古賣切

禬　新補　說文祭福也周禮曰禬之祝號古外切　昭鄉字指　趙士禬印

七隊

兌　吳兌　司空兌根　臣兌根　兌君害氏

稅　古老子

憝　六書統

對 頌尊壺 焦山鼎 季娟鼎 師艅敦 師酉敦 虢叔鐘

配 古老子 分韻

佩 頌鼎 頌敦 郭佩 萇佩私印

歲 曶鼎 延壽萬歲瓦 長樂萬歲瓦 新莽量銘 三墳記

遂 遂湛之印 王遂私印 王遂印 時遂 謝遂印 張遂私印 趙遂 謙遂 呂遂 陳遂 艾遂之印 彭遂之印 鄒遂

鑒 六書正譌

翠 臧加翠

會 國山碑 會忠之印 江會之印 會翁中 漢印分韻

[黑會] 張揖集古文

諱 朱諱私印

惠 焦山鼎古文奇字作專張力臣釋惠 謙惠 封彭惠印 惠成 史子惠印 杜惠之印 名印

憓 王憓私印

貴 宜富貴當瓦 明貴私印 呂貴 王壽貴印 壽貴 富貴

饋 林罕集字 光遠集綴

蕢 喬蕢成氏

燧 江燧

聵 六書統

噲 王噲之印

慧 漢印分韻

叡 陳叡

匱 國山碑

墜 公華鐘 摛先塋記

退 六書正譌 臨退

貝 周方鼎 親貝○貝母之貝

浿 浿水徒丞印

采 采禁 東光采丞

繪 御府寶繪

膾 膾賢私印

旝 說文 石經 正譌

[言歲] 新附 說文聲也詩曰有[言歲]其聲呼會切

芮 芮長立印 芮贛

穢 漢歸義穢伯長 漢印分韻

慰 六書正譌

尉　殿中都尉　奉車都尉　折尉之印章　虎步都尉司馬　强弩都尉章　林慮左尉　觀津尉印

渭　渭城右尉　渭斜之印　鐘渭印信

謂　石鼓

胃　古老子作謂　韓胃私印　漢印分韻

位　焦山鼎　頌尊壺　敔敦○古竝以立爲位　黃正位印

衛　咸陽宮秦瓦　折衛將軍章　衛晏私印　衛昌　衛强　衛育　衛通　王衛

魏　魏率善叟阡長　魏率善羌邑長　魏興太守章　魏衡私印　魏剛　魏山私印　魏奴之印　魏赦　魏畜　魏樂成　魏信成

魏常私印　邵魏印信　魏壙　魏信　邵魏　魏嚴　魏副

塊　塊年

毳　毳續

內　河內太守章　河內山會

納　有秩獄史富納

最　庾公頌　王最之印

八震

震　古文　張震　徐震揚　漢印分韻

振　碧落碑　振武將軍章　振威將軍章　孫振之印

鎮　鎮南假司馬印　鎮北將軍章　張鎮私印　呂鎮印信　劉鎮私印

印　漢三老信印　平都侯印　行營右護軍印　宣惠長史之印　太史之印　永昌長印　馬超之印　夏侯忠印　口當印　王常私印

口印　皇建之印　張仲印信　蓋廣成印　涼儉印信　公孫吾印　所習之印　口賞印信　苦成喜印　王興之印　馬級私印　韓憙

印信　王常賢印　楊豊印信　范乃始印　張封私印　王憲私印　長譚私印　蔡里之印　賈歆私印　樂安私印　趙當時印　公乘舜印

王隆私印　劉彊之印　李順私印　勝屠勳印　步重私印　佴毋傷印　吳印　郭宜印

慎　尹慎私印　黎慎私印　郝慎私印　瑚慎之印　漢印分韻

遜　張遜私印

訊　三墳記　陶訊私印

晉　晉平吳六年磚　晉歸義夷王　晉率善胡邑長　親晉胡王　晉陽令印

駿　張駿私印　衞駿　服駿私印　上官駿印　夏駿　屈駿

瞵　新附　說文目精也力珍切

釁　公華鐘　口殷父敦　叔夜鼎　太公簋　六書統

舜　星舜之印　田舜之印　潘舜

蕣　古文

問　馮不問　程問仁　思問

奮　奮武將軍章　邢奮　奥奮　鄃奮

郡　西平郡長史印　錢郡白牋　臣郡　武陵郡長

頓　頓宮之印　單字印

巽　六書正譌　任巽印信

濬　鏳濬　吳有浚

鄰　古文

瞬　六書索隱

覲　頌壺

汶　汶陽長印

遯　遯定　張遯

朮　王朮臣印

信　徐年信印　郭完封印信　漢信印信　蔡口信　紀信　韓信

進　進廣之印　孫進　進德　力安進記　單字印

晉　張大晉印　晉忠　晉叔　晉憲　陳晉　寶晉

俊　州俊印信　劉俊印信　吳雋　張邦俊印　蘇俊

疢　汗簡　焦疢　韓去疢　趙去疢　司馬去疢

閵　閵口

藺　藺平私印

靳　靳高　靳賓

艮　艮當

順　王順　韓順私印　李順　過順

近　楊近泉印

䊷　新附　說文載米部也陟倫切

運　國山碑

韻　曾侯鐘

澗　澗安之印　張圂　荆圂　李圂

訓　碧落碑　六書索隱　漢印分韻

六書通摭遺 去聲下第八

海鹽畢星海萇原輯

門人嘉興葛時徵向之校

九翰

翰 石鼓 翰 蘇翰

悍 龐悍 范悍

榦 榦安私印

馯 汗簡 六書正譌

漢 孔宙碑額 北海相景君碑額 宗俱碑額 夏承碑額 秦頡碑額 王純碑額 樊敏碑額 張遷碑額 東方畫讚碑額 漢漯陽侯

漢叟邑長 廣漢屬國都尉 漢歸義胡師長 漢假司馬 漢輔 陽成漢印 李漢彊印 郭漢印信 曹安漢 臣安漢 杜廣漢印

按 貴按氣印 按頁

緩 毛緩 王緩 孫緩

換 換烈將軍之印

渙 丁渙

貫 齊侯鐘 貫曠私印 貫壽 李貫

觀 古老子 觀津尉印 孫觀

灌 新補 說文水出盧江雩婁北入淮古玩切 漢印分韻

泮 楊泮之印

半 秦半兩錢 呂后時半兩錢

畔 段郎畔 吳畔

袢 新附 說文無色也詩曰是紲袢也博謾切

[illegible] 新附 說文治車軸也所眷切

[illegible] 新附 說文黃黑而白也一曰短黑初括切

匴 新附 說文淥米籔也蘇管切 算卜

掾 三公山碑 五威將焦掾竝印 苦城胡像○漢建平郫縣碑五官掾作像

彖 張彖私印

椽 董椽印

緣 新附 說文依純也以絹切

段 段朝印 段未央印 段元私印 段干唐 段市之印 段干佗 段丁功子 段口 段丁 段異方 田段周

段廣成 段武 段攸私印 段口憙印 段黑 段竟

斷 三墳記

【𤔔】石經　古老子

【覶】摭古

【孿】林罕集字

十　諫

【諫】齊侯鐘　荏諫之印

【患】說文汲古本　古老子　吐患留利口邪

【晏】閭晏印信　衛晏私印　王晏　吳晏　袁晏

【幻】郝幻

【贊】東方畫贊碑額　贊車校尉

【瓚】作瓚印信

【饡】林罕集綴　又省文

【彈】巨沮彈印

【旦】師旦鼎　旦元之印

【散】散部曲將印章

【鴈】六書索隱　汗簡

【辨】馮辨之印　鞏辨私印　朱辨

【萬】史僕尊　周叔姬鼎　楚公鐘　楚公華鐘　並簠銘　開母石闕　漢延壽萬歲瓦　皇天上帝制萬神章　馮萬方印　萬年

萬　張萬遵印　萬麗哉　蘇万私印　田萬

【曼】曼龔父簠　何曼之印　古曼之印　郭曼之印　馮曼之印　杜曼信印　杜曼　韓曼

【娩】新補　說文兔子也娩疾也芳萬切　收子文

【𤯺】新補　說文生子齊均也从女从生兔聲芳萬切

十一　霰

【霰】六書正譌　六書索隱與霄不同

【線】汗簡

【薦】辛壺　籀文　石鼓　薦顱　程薦私印

【殿】摭古遺文　殿中司馬　殿中中郎將印

【縣】泰室石闕　縉雲城隍廟碑　高安縣開國侯章　新定縣侯之印　鄭縣馬丞之印　口縣馬丞之印　李縣

彥 褚彥子 龍彥佐 郭彥 曹彥樞印

建 建初尺 繹山碑 三墳記 建武將軍章 建義將軍章 建威偏將校尉 建武校尉 建威校尉 建陽令印 李建
軨建 張建私印 馬建私印 陽建之印 徐建 駱建印 王建

楗 新補 說文限門也其獻切 三墳記 六書統 古老子

鍵 新附 說文鉉也一曰車轄渠偃切

願 樂願 宋願 願君自發 庚公頌 上官顯

獻 漢印分韻

憲 宣憲私印 憲丘音印 晉憲 郭憲 司馬憲印 口憲

絢 臣絢

緬 新附 說文微絲也弭兗切

戰 繹山碑 古老子 傳戰司馬印 賢戰 戰豐私印

傳 柯傳之印

十一嘯

嘯 新附 說文吟也詩曰其歗也歌 漢印分韻

肖 肖意 肖安國

覿 義雲章

賓 師賓鼎 汗簡

援 摭古遺文

眄 碧落碑

抃 六書索隱同抃見莊子

耀 義雲章

唁 六書索隱唁今爲者箇之義非也 楊郖這

犍 犍吾

衍 汗簡

遣 袁君遣 荆遣 尚遣私印

桊 桊張兒

倦 六書統

郾 六書統郾隱通作堰 宋郾 秦郾

怨 公華鐘 古老子

轉 義雲章

汴 古汴黃粲 八關齋會記碑額

笑 古老了

眺 語臺銘

醮　六書統

詔　詔假司馬

召　召輔　召君口印　王召尉印

耀　古老子　宋耀印信

廟　師酉鼎　焦山鼎　華山廟碑額　國山碑　縉雲城隍廟碑　東海廟長

妙　廣韻好也彌笑切本說文紗　古老子妙　義雲章。葛蘗案說文無妙字世竝借用紗然據王弼易傳妙萬物作眇萬物漢書元帝紀窮極幼眇師古讀要妙郎中鄭固碑淸眇冠乎羣英陳君閣道碑以眇思省去根閣隷釋竝作妙國三老袁良碑厥以妙身襲寵繼業又以妙作眇則妙古正用眇字也

譙　濟南集　殷譙

邵　詛楚文

覞　汗簡

照　馮照白陵　臣照

邵　邵彭祖印

沼　李沼君千萬歲樂未央

剽　蘇剽容印

十三效

效　綦毋效印

校　天發神讖碑　典軍校尉　殿中校尉　校尉之印章　校督之印

孝　頌尊壺　郭口郭　孝成君印　陽孝私印　彭孝私印　審孝公　周孝　公孫孝　衛孝

蘋　碧落碑　三墳記　庾公頌　蘋倚之印

瑁　汗簡　希裕略古幬帽俗作玳瑁。漢書作毒冒

耗　先瑩記

燠　六書統

敎　說文古文敎本書刻譌

誥　甄誥

獻　六書正譌　六書統

報　三公山碑　王報之　異報

号　汗簡

冒　詛楚文　江冒私印

淖　石鼓　淖宏之印

奥　奥奮　古牖銘懊通

㬥　六書索隱

喿 公孫譟

造 頌尊壺 頌鼎 頌敦 造磬○本書作窖 中平洗 上谷府卿石龕 祀其卿石龕 永初元年瓦 元壽鏡銘 漢印分韻

到 三公山碑 尹到之印 董到 鄧到 檀到印 漢印分韻

纛 六書正譌 摭古遺文郎幬

趮 古老子 趮口

懆 新附 說文斂髮也七搖切

礮 廣韻礮石本抛去聲 六書統

十四箇

賀 天發神讖碑 任賀 欒賀 臣賀 駱賀 口賀

佐 漢印分韻

播 李播私印

破 陷陳破虜司馬 破胡侯印

磨 磨抒

挫 虎步挫鋒司馬 漢印分韻

剉 新附 說文折傷也粗臥切

貨 古老子 六書索隱 周圖法文 貨泉范

十五禡

怕 古老子澹泊之泊

霸 虞霸私印 曹霸 董霸 和霸私印 張霸白牋 臣霸啟 霸白書 張霸 馮霸私印 名印

柞 石鼓 柞常私印

嚇 盄和鐘作呼 摭古文作號

駕 任駕私印 許比駕

亞 汗簡婭○姻亞之亞

華 西嶽華山廟碑額 華憲之印

化 廣化長印 毋化印信

沙 說文見平聲麻廣韻周禮云鳥皫色而沙鳴注沙嘶也所嫁切 古老子 六書統

笮 說文見入聲陌廣韻酒器也側駕切 六書統

十六蔗

謝：謝章私印　謝斬私印　謝口之印章　謝布　謝衡　謝農　謝球印信　謝丹印　謝世之印　謝株私印　謝郤之印　謝藺

舍：摭古　靳舍印　周舍　西門舍　公孫舍

赦：魏赦　孫赦　鄭赦印　莪赦之　宋赦之印　賁赦之印　李赦　徐赦　繂赦

捨：古老子

夜：師觩尊　豊姑敦蓋

掖：張掖屬國左盧水長

射：汗簡　左積射五百人督印　左積射將軍

十七漾

羕：齊侯鐘作永　臨羕

樣：六書正譌从手式法也

放：沱放私印　江放印

妄：晉姜鼎　古老子　夏妄信印

舫：石鼓

望：石鼓。葛檠案此字郭氏作朢鄭氏施氏作亞今考漢隸雍勸闕碑陳球後碑朢並作朢衡立碑作望類篇云望或從立則朔即望之省文其胡孔庶承上帛魚四句而言與吉日詩瞻彼中原一章語意正同特文法有倒順耳作朢似較的確吳東發氏石鼓文考異始詳其說茲因從之　焦山鼎　師望簋　古老子　摭古　徐望　高望私印　靳望之印　宋望私印　張望　師望私印　劉望之印　陳公望印

餉：林罕集　六書統

尚：古老子　仲考父壺　徐尚之印　尚晉私印字子眞　單字印　尚章

暘：浯臺銘　六書正譌　暢欣　暢贛私印

牆：說文古文牆　六書正譌古文牆　籀文

將：奮威將軍章　廣武將軍章　陏武將軍章　厲武將軍章　右將軍印　綏邊將軍章　征虜將軍章　武口將軍章　寧遠將軍　章　明威將軍之章　寧朔將軍章　討寇將軍章　龍驤將軍章　左衞將軍　龍驤將軍長史　中部偏將軍章　部曲將印　王將私印　孟將來

壯 壯武侯印 壯武將軍章
諒 諒福
嚮 向 開母石闕 魏大嚮碑額 向崇 漢印分韻
況 古老子 李況印
駟 司馬駟 大利
巷 汗簡 郝巷 臣巷

狀 李狀 漢印分韻
亮 馮亮 莊亮之印 周亮
浪 樂浪前侯丞 分韻
盎 繆盎
匠 大匠 古老子

讓 吳讓私印 方讓私印 傁讓 武讓 孟讓私印
鄉 摭古遺文
珦 摭古遺文
抗 碧落碑 古老子 臣抗
降 繹山碑 古老子 歌降尉右前丞

十八敬

敬 石鼓 師酉敦 齊侯鐘 碧落碑 六書正譌 口敬 敬玫私印 敬事 鄭敬之印 敬仲私印 淳于敬 王恭敬節印信 漢印分韻
儆 魏石經
竟 張竟私印 傁竟私印 趙竟私印 督竟 阜竟私印
滰 任滰
競 汗簡 趙競
慶 楊珣碑額 永祐長壽康 慶丹 成功慶印 潘慶之印 吳慶 馮慶 介慶之印 萬之慶印 周慶 劉慶 箕慶 慶輔私印 馬慶 彭慶私印 慶口之印 胡慶私印 方慶之印 掖留慶忌 公孫慶 慶福之印 黃慶信印 傅慶 傁慶私印 慶奉世印 慶文私印 任慶私印 慶初之印 石慶之印 專慶 慶安衆 慶豪私印 漢印分韻
徑 六書正譌 六書統
詠 徐詠
鏡 漢尚方鑑 鏡斂長孟
映 峿臺銘

更　朱更生　陳更之印　郭更生印　李更

孟　孟口敦　孟明之印　孟賞　孟常私印　孟起　孟龐子印　鏡斂長孟　孟汜私印　孟子私印　孟常　孟當　范孟賁　孟口君印　孟安私印　孟篆　司馬翁孟　杜子孟印

磬　逪磬

諍　漢印分韻

聘　莊承聘印

病　董擇病　王去病　吳去病

性　石性之印

姓　趙姓　古老子

命　魏石經　節銘　古老子

靚　彭靚

剩　孟口敦

阱　說文○本書脫中點　籀韻

聖　口簠　古老子　張聖　趙聖之印　許世聖　口聖印信　郭聖印　史聖之印　孫聖麟印　漢印分韻　方聖

鄭　魏石經　六書索隱　新鄭邑長　鄭之純印　鄭循　鄭戎　鄭斯　鄭赦印　鄭乙　鄭市　鄭禹　鄭武　鄭恰　鄭乃始　鄭鍼　鄭安和

正　張仲簠　古老子　正離平　正武　黃正位

鉦　王鉦之印

政　成政私印　任政私印　蘇政私印　宋政私印　呂政私印

孕　六書正譌

令　頌尊壺　太子率更令印　安豐令印　許昌令印　扈令　木羅令印　令史台　郝令私印　越歸漢蜻蛉長

定　高定國　張定之印　靳定　陳定　田定國

聽　李陽冰　六書正譌　沐新聽印　黃聽

甯　甯玉印　甯未央印　甯福之印　甯實　甯音　甯祿之印

鄧　鄧護　王鄧印信　鄧都贏印　鄧肆奴　鄧到

隥　浯臺銘

十九宥

又 古通作有 石鼓文 鐘鼎

祐 三公山碑 李祐 張祐

舊 齊侯鐘 公華鐘

就 天發神讖碑 就武男家丞 孫就之印 徐就私印 申就私印 景就之印 蘇就私印 馮就私印 就博之印 郭就印 陳就

獸 石鼓

瘦 張瘦 漢印分韻

（犭翏） 六書統

候 軍候司馬 軍曲候印 軍假候印 濟南候印 守軍候楊戎

彀 宋右君田鼎 卯敦 單字印

寇 威寇將軍司馬 平寇將軍章 橚寇將軍章 寇霸私印 分韻

茂 尹茂 趙茂 呂茂印信 卓茂 分韻 明印

懋 碧落碑 懋口 汪懋學印 分韻

豆 六書正譌 古文豆

耨 古莊子 裴公碣

怪 浯臺銘

復 漢印分韻

覆 劉覆

晝 王庶子碑

冑 王冑印信 趙唐冑

繆 繆盎 繆承章 分韻

竇 竇木

冓 六書索隱 二𣏟相背

右 李右之印

秀 石鼓 國山碑

廄 甘陵廄丞 未央廄丞 廄倉口印

祝 說文見入聲屋韻傳詛也 咒同職救切 六書統

翏 翏況之印 翏戍

膠 膠西司馬 膠西侯相

霤 六書索隱石帘齊地漢書作石霤

奏 漢印分韻

戊 周方鼎 蓋戊 管戊印 秦戊 石戊

貿 貿陽太尉 貿孺卿

扁 扁調

溝 摭古遺文 義溝道宰

構 新補 說文蓋也杜林以爲椽桷字古候切 單字印

泑 新附 說文澤在昆侖下於糾切

㓜 古孝經 王㓜公印 㓜安私印 漢印分韻 靳子㓜

㗘 六書統

二十沁

禁 賈禁私印 左禁之印 程禁之印 趙不禁

噤 六書索隱

朕 頌壺 尊敦 師遽簋 周史頌父鼎 伯碩父鼎

縢 縢光之印

紝 紝悲世鋪

二十一勘

淦 新淦令印

闞 六書統 闞倫之印

諂 六書統

陷 何陷私印 陷陣慕人 陷陣破虜司馬 同上

澹 古老子 汗簡

㰹 六書統

泛 古老子

二十二豔

念 念君私印

鹼 說文鹵也魚欠切 六書索隱

欠 古文

劍 吳季子之子永用鐱。葛槩案此劍向藏北平孫氏先生審定爲吳季子劍者今觀拓本乃季子之子耳篆文鋒穎秀發真有千里不畱行之勢鐱字說文所無玉篇集韻音訓亦別然朱竹垞跋謂合上士之制則爲劍無疑从金从刃不同叶僉聲則一古今字義固不可拘以一律也 劍士

六書通摭遺 入聲上第九

海鹽畢星海莨原輯

門人嘉興葛時徵向之校

一屋

穀 穀成令印 穀樊勝印 張穀 程穀土印 穀勝

哭 石經 汗簡

卜 太卜博士 卜口之印 卜子孫印

僕 史僕尊 楊僕印信 王僕之印 解僕私印 尹僕私印 袁僕之印 李僕 陳僕私印

木 木僊私印 木口私印 木處 淳于木彊 漢印分韻

穆 商母乙鬲 師淮父卣 公華鐘 三墳記 秦穆印信 范霍穆

㣎 汗簡

肅 碧落碑 漢印分韻

竃 李竃

匵 義雲章

䢱 石鼓

毒 古老子 毒宣私印 毒君孟 希裕略古幬帽 漢書作毒冒

攴 古文 汗簡

牧 牧敦 牧口鼎 牧丘家丞

鷫 商隱集字

族 師酉敦 漢印分韻

犢 蘇犢之印 李犢私印

覿 國山碑 六書統

穀 摭古

谷 開母石闕 正譌 陽谷

睦 陳睦

沐 沐口印 華沐 分韻

速 龍速 公孫速

夙 師酉敦 伯首父敦 齊侯鐘 國山碑

宿 豐姞敦蓋 宿闕私印 辛宿私印

瀆 瀆宏之印 分韻

獨 六書統

頓 新附 說文顱也徒谷切徐鍇今幷作髑字

祿　伯碩父鼎　史祿之印　李祿　蘇祿　干祿諛福　王祿印　張祿　甯祿之印　漢印分韻

彔　頌尊壺　彔大之印

逯　曲周逯膺　逯豊

麓　季娟鼎○葛縈案拓本右从屮非木也冀州从事郭君碑贊傷春樹不垂馨樹字作樹與此相近或恐當釋樹別本作𣓪左右竝从木失其眞矣本書作龙敦亦譌

鹿　石鼓　三墳記　鹿忠　鹿充　左鹿

六　繹山碑　謙卦

陸　陸旺私印　史陸印信　史陸　口陸　陸定之印　陸駿印信

福　師淮父卣　張仲簠　口簠　碧落碑　謙卦　古老子　公孫福　扈福之印　奚福之印　紀福　游福之印　曹福

福　郭福印信　刑福印信　胡福之印　胡福福　梁福私印

畐　說文如此　汗簡

輻　古老子

𨍭　六書統

腹　古老子

復　古老子　庚公頌　椑復之印　復成　復　楊復

鍑　周陽侯鍑　考古本

寑　㝵寑

箙　摭古遺文

伏　伏侵私印　伏震私印　伏治之印

服　尹卣　口彝　古老子　謙卦　魚服　服守私印　服駿　服定國　服師　服謚

叔　頌尊壺　叔戎私印　叔明　晉叔　叔仲漢　太叔赦之　太叔長子　陳叔孫印　李翁叔　張翁叔　呂得翁叔

俶　王俶

旭　靳旭

涑　鄒涑印章

束　頌尊壺○曝書亭集釋爲　頌鼎　頌敦　焦山鼎　口簠　伯姬鼎　束晳

畜　李畜之印

鄗　鄗長私印　鄗成之印

觸　張觸龍　司馬車　專車　單字印

祝 古文 祝說印信 祝宏之印 祝睦之印 祝大君印

鮈 新附 說文魚名出樂浪潘國一曰鮈魚出江東有兩乳居六切

蚼 新附 說文蚼蠹詹諸以脰鳴者居六切

鵴 新附 說文桔鵴鳲鳩居六切

掬 說文繫傳

韣 汗簡

歜 商隱字略

辱 古老子

育 古老子 衞育之印 蘇育私印 授育 臣育 師毓印信

鬻 儥 說文鍵也臣鉉等曰今俗作粥古或借爲賣鬻字之六切 王鬻 林罕集字

贖 新附 說文貿也殊六切

玉 太原玉食長官 伯玉子章 親宋玉印 蔡玉私印 漢印分韻

逐 義雲章 駱逐 王逐私印

曲 部曲將印 曲成侯印 軍曲侯印 騎部曲將 曲陽丞印 曲式

局 語臺銘

⿹勹幸 新附 說文曲脊也从⿱竹匊省聲巨六切

⿱臼鳥 新附 說文鳥也居玉切 六書統

孰 古老子 先瑩記

⿺走蜀 楊氏阡銘

屬 張掖屬國左盧水長 分韻

蓐 說文籀文蓐从茻 汗簡

郁 張郁

足 王足

竹 唔臺銘 竹成

鞠 鞠建 鞠何 鞠常

驧 新附 說文馬曲脊也巨六切

蜀 蜀郡任朔 王蜀私印 李蜀之印

⿰言蜀 奴

肉 汗簡

昱 殷昱印信

欲 古老子

牘 徐牘文口

戫 李彧私印

獄 有秩獄史富納

茜 汗簡

續 續平 續充私印 毳續 漢印分韻

俗　國山碑　方俗破虜司馬　杜俗

篤　古文　義雲章　篤常私印　季篤　篤閭私印

督　部曲督印　積射督　騎督之印　親督王氏　紹興大寧廠爐　督章

裂　杜裂

二　質

質　詛楚文　質敞　質忠私印　君質

隲　隲除病

厔　穆公鼎　厔禹私印

失　古老子

泆　劉泆

室　焦山鼎　卯敦　豐姞敦　口敦　泰室石闕　者室忠

日　古老子　縉雲城隍廟碑　日利　日入

桼　國山碑七

漆　三墳記

畢　畢鳳私印　宋畢信印　畢宏私印

祕　陽城石闕

柲　柲須　柲豐私印　柲栘

密　汗簡　劉密

秩　有秩獄史富納

匹　新補　說文四丈也从八从匚八揲一匹普吉切　寅簋　牧敦○二文考古作匹

栗　栗安世　栗博　栗宗　栗都　栗長兄　栗僑　栗官印信　栗口之印　栗口

郅　郅官　郅口　郅襲　郅臨私印　郅漢昌印

芺　光遠集綴

眣　汗簡

率　魏石經　齊侯鐘

汩　六書統

疾　三公山碑　王疾巳　口疾

必　古通作韠　焦山鼎　張仲簠　張必

珌　汗簡

弼　張弼私印

溧　漢溧陽侯

三 曷

瑮 論瑮私印

物 古老子

茀 茀武

壹 詛楚文 趙壹之印 仇翁壹印 龔翁壹

詰 新附 說文問也去吉切 古老子

出 頌尊壺 頌鼎 齊侯鏄鐘其配口公之妣而餓公之女葛槳案爾雅男子謂姊妹之子爲出凡外甥書皆言出傳中尤多茲因無女甥之稱故於出旁加女義與出同字彙云[illegible]字之譌又是後人俗書迥非此義 庚公頌 出入大年

炪 六書統拙

戌 頌尊壺 焦山鼎 侯戌○葛槳案本書附通狘字宂刪說見戌字下

没 古老子○本書二文誤

觱 新附 說文羌人所吹角屠觱以驚馬也从角𤼽聲𤼽古文悖字卑吉切 摭古遺文

忽 石鼓 忽鼎 碧落碑 古老子

涽 新附 說文青黑色呼骨切

搰 三墳記

肸 碧落碑 尚肸

弗 鄗敦 弗福私印 弗閭 弗口

怫 怫隆之印

詘 口詘 馮詘

柮 柮勝

悖 六書統

匢 說文古器也音曶○从匚本書譌从厂

疕 宋疕之印

蝨 名印

黻 李黻書印 漢印分韻

吉 漢吉羊洗 謙卦 莊吉 臨吉

術 說文○汲古本 臣術 靳術 李術之印

鬱 張鬱

卹 齊侯鐘 汗簡

律 律子公 律口 張律

渤 嬫渤 魏渤 李渤

勃 田勃

突 無當突 陣司馬

滑 向滑 藜

謁 河隄謁者

褐 石經 省文

竭 古老子

藹 新附 說文蓋也 於蓋切

址 汗簡

脫 古老子 張脫印信 張脫 李脫 王脫之印 漢印分韻

奪 古論語 摭古遺文

竭 汗簡

歇 開母石闕 商隱字略 古老子

渴 華嶽碑

割 焦山鼎

蹳 本址 說文蹷傳蹎蹳也北末切

寽 師淮父卣

蝎 朱育集字

葛 薛葛白疏 葛一龍印 諸葛澄印

沫 新附 說文水出蜀西徼外東南入江莫割切

闊 新附 說文疏也苦括切 臣闊 謙闊 明印

四 轄

達 豣達之印 吳伯達印 漢印分韻

殺 說文 六書索隱 綱見周禮

鎩 商隱字略

罰 魏石經 庚公頌

察 明印

髮

頒 高頒

撻 六書索隱 笪今作撻

剌 剌公敦 剌馬釋監

伐 仲偁父鼎 石鼓 謙卦 徐伐 徐伐私印

發 封完請發 願君自發

五 屑

薛 通作薩唐元度一切經音義菩薩本作扶薛 泰室石闕 義雲章 薛晏 薛葛 薛葛白事 薛中君 薛野 薛宮私印 薛長君 薛破胡 薛林 薛憲 薛武印 薛公 薛長受 薛任印 薛石

紲　史紲之印　孔緤私印　陳紲

蘖　蘖賀私印

槷　國山碑

別　汗簡　驊騮別丞　張別　別部司馬

列　焦山鼎　晉姜鼎○至大本

烈　揆烈將軍章　揚烈將軍章　陸烈之印　于臣烈

月　月星尊　召夫鼎　公華鐘　焦山鼎　正考父鼎　楚公鐘　仲偁父鼎　平姬槃　建初尺　漢印分韻

戉　六書正譌

犮　新附　說文獸走皃从犬戉聲許月切○葛槃案犮說文及經書竝从戊無犮字分韻本譌从戍非是

日　三墳記　古老子

蔑　師淮父卣

威　威解私印

説　喬應說印信　李說之印　芥說之印

節　立節將軍長史　張節節度　彭君節印

氒　新補　說文木本也从氏而大于末也居月切○廣韻古文厥　復古編

隉　義雲章

揭　汗簡

裂　新附　說文繒餘也良薛切　古老子

跋　新附　說文輕也王伐切

血　汗簡　子血千

穫　股盉

傑　張傑

晢　汗簡

結　存乂切韻　比結慶印

悦　先瑩記　祝悦印信

越　新越餘壇君　越青邑君　李越　黃神越章

粤　先瑩記

輟　古老子

𩰪　說文涼州謂鬻爲𩰪从糠鬻聲莫結切　或省从末

碣　義雲章

雪　松雪齋

卩　卩鼎

鐵　蒹鐵公

亅　新補　說文建首鉤逆者謂之亅象形　其月切

蕨　商隱字略

決　三墳記　汗簡

浙　六書正譌

折　軍章　折衝將

六藥

龠　錢龠

樂　繹山碑　禺氏洗　樂浪前尉丞　公孫樂　王長樂印　苦成樂　樂君　樂幸之印　賓樂　長樂

樂　樂通　樂豐　樂畢　樂博　孫樂　樂武

櫟　櫟德　櫟況私印

索　碧落碑　索尼　索成私印　漢印分韻

錯　口簠銘　司馬錯印　公孫錯之　楊錯之印　帶錯　周錯之　焦厝

爵　古老子　主爵都尉　漢印分韻

爝　新附　說文苣火祓也呂不韋曰湯得伊尹爝以爟火釁以犧豭　子肖切

糕　張仲簠

𠢇　新附　說文𠢇也　瞿月切

饡　存乂切韻　義雲章

晢　說文繫傳

設　責設

虐　六書正譌

瓅　摭古遺文

鑿　古老子　六書統

𠄏　新附　說文鉤識也从反亅　居月切

橜　新附　說文弋也一曰門梱也　居月切

徹　三墳記　趙徹　馬徹　漢印分韻

哲　李哲

嶽　西嶽華山廟碑額　中嶽泰室石闕

嫽　玉篇美好也通作鑠　魯峻碑令德孔嫽　嫽郭　巨嫽

約　縉雲廟碑　王約印信　沈約之印

作　祖辛卣　楚公鐘　槍銘　焦山鼎　作瓚印信

朔 寧朔將軍章 李朔私印 李朔之印 齊朔 楊朔 朔方太守章 寧朔將軍章 監朔

槊 六書統

樕 新附 說文樸樕木 桑屋切

汋 義雲章淪

焯 古書經 三墳記

弱 朱弱公 力弱私印 朱弱 在弱公 名印

卻 六書正譌

攫 古老子

㱿 國山碑

谷 韓晗

各 古通作格 焦山鼎 漢屠各率衆長 晉屠各率善仟長 各承私印

茖 張茖

略 略賞私印 略漢私印

霍 古爾雅 霍商 霍穆 霍都 霍央 霍晏 霍義之印 霍倫私印

藿 藿武 藿慶紀 藿高

魠 新附 說文哆口魚也 他各切

洛 下洛左尉 馮洛 馮洛之印 呂洛已

駱 趙駱臣 駱會印信 駱猛之印 駱逐

博 義雲切韻 焦博私印 趙博私印 莊博私印 趙博 段博 樂博私印 周博 博陵

搏 古老子 虎步叟搏司馬

䈆 新附 說文手足指節鳴也 从筋省 北角切 筋或省竹

剝 六書索隱古文易剝从雙刀又殺字 索隱古文殺亦音剝

勺 汗簡

灼 晉灼之印

若 古老子 漢印分韻

角 四角羌王 四角胡王 靳角

閣 新平邸閣督印 閣門 漢印本書王閣臣閣趙閣三印皆閤字誤入

鉻 義雲切韻

䨥 六書正譌

零 古通作露 古老子 零坤

絡 天發神讖碑 鄭絡

薄 林罕集字薄 六書統箔 趙薄

雹　希裕略古

樸　石鼓　古老子　周樸　朴匡私印

莫　古老子　王莫當　臣莫　馮莫耶　莫賢　莫常有　莫理私印　漢印分韻

募　陷陣募人

郝　郝延年印　郝賀私印　郝艾　郝女　郝守之印　郝生　郝宮　郝慶　郝唐

壑　三墳記

廓　廓功

郭　說文或但从口　郭遵　郭常印　郭常私印　郭將信印　郭武之印　郭武　郭豐私印　郭詩印信　郭毋曆　郭未央印

郭成　郭明　郭次天　郭信印　郭照私印　郭俞之印　郭忠　郭勳私印　郭悍　郭雲　郭敬　郭賜　郭聖印

郭剛　郭豎　郭黿年印　郭世　郭漢印信　郭疥　郭君威印　郭立印　郭廣成印　郭口之印　郭鼻

貉　趙貉臣　貉昭私印

籗　說文繫傳籗或从隺

涿　涿信開印

鐸　田毋鐸

鄚　鄚縣馬丞印

學　敬學

椁　義雲章

亳　新補　說文京兆杜陵亭也从高省旁各切　摭古遺文

漠　摭古遺文

鶴　高鶴印信

嚳　六書統

鄂　國山碑

諤　汗簡　王噩之印

㱿　說文椎擊物也冬毒切

惡　漢匈奴惡適姑夕且渠　杜惡夫

卓　卓茂

六書通摭遺 入聲下第十

海鹽畢星海蓖原輯

門人嘉興葛時徵向之校

七陌

佰 古老子 佰從 分韻

脈 三墳記

伯 伯方 開母石闕伯 伯玉子章 伯□ 龍伯 臨伯 潘伯姬印

柏 繇作柏敍

百 齊侯鐘

澤 六書正譌 宋亾澤 澤 黃原澤

擇 公華鐘 遙磬 張仲簠 庚公頌 相里擇

冊 焦山鼎 冊方之印 冊□彝

黑 彭黑私印 龐黑私印 徐黑 張黑

克 魏石經 高克尊 □簠 古老子 程克

格 古通用各 格更得 樂格之印 漢印分韻

穫 汗簡 六書統

擭 名印

獲 徐獲私印 史獲印 丁獲 楊獲私印 程獲日利 顏獲 皮獲宗印

虢 虢叔鐘 虢叔彝 頌敦 頌壺 六書正譌

霡 汗簡

迫 義雲章 迫事無閒

白 古老子 白虎邑長 白威私印

赦 石鼓

赫 赫令私印 赫貫

張擇 董擇

客 師遽敦 典客丞印 張客之印 客孫廣印 畜客

刻 天發神讖碑 單尉爲百衆刻千歲印 孟刻 臣刻

革 六書正譌 路革之印 傅革生 宋革始 □革大利

畫 義雲章 六書索隱 晉府書畫之印

蠖 義雲章

國 六書索隱　謙卦　古老子　輔國將軍章　開國男章　和善國尉　華充國印　李昌國　杜定國　趙國良印　宋廣國印　趙國馬馱　吳定國印　張國私印　張國　陳廣國印

色 六書正譌

嘖 義雲章

笮 六書正譌窄非

昃 說文繫傳日西也阻力切

尼 說文塞也。本書誤刻　尼竝私印　幷尼成

昔 詛楚文　繹山碑　漢印分韻

錫 古通用易　口簠銘　天錫　漢印分韻

塩 古老子

析 析尉之印章

息 息夫躬　公息更　李息。本書升菴索隱當是悉字誤入

措 成公措

籍 時籍當　分韻

瘠 義雲章

脊 郭脊

積 楊琁碑額　古老子　左積射將軍　積射督印　左積射五百人督印　王積私印　左積積中

迹 泰山刻石　六書統

趚 石鼓

寂 義雲切韻

適 漢匈奴惡適　禽適將軍章　馬適昭　馬適褒印　馬適衡印　馬適眾印　馬適定印　馬適守印　魏鉅適印

毛適私印　摭古遺文　適莫之適

奭 奭應

瞥 先塋記

側 焦山鼎

趞 趞印

碏 趙碏

臨 義雲章

晳 東晳

戚 戚冊

窔 魯正叔槃　先塋記

績 義雲章

識 三墳記 古老子 尹不識印 朱不識印 陽成不識

蚖 新附 說文蚖蝨草上蟲也陟格切

赤 赤子夫 唐亦

式 王式印信 宗式 丁式私印

尺 建初尺 語臺銘 古老子

螫 古老子

拓 王拓之印

柘 汗簡

石 石除息印 石猛之印 石利私印 石立之印 李石頭 石生 石安信印

斫 封斫□印

食 樂未央瓦

職 三墳記

糸 說文繫傳糸也旨石切

謚 北海相景君碑額 謙卦 謚延壽瓦 徐謚 韓謚壽 王謚眾印 趙謚壽 張謚壽 汪□謚印

諡 新補 說文笑皃伊昔切 遣磐謚○葛榮案盧氏鍾山札記云諡曰累行其字必當从謚今說文作笑皃者是後人改謚爲諡而取字林所云諡笑聲者竄入之也愚謂說文之改雖無可徵然謚之爲諡見于石經及楊桓書學漢隸中或从謚或从益从皿未有从兮从皿者此遣磐更省言作謚則从謚確有明據盧氏實爲卓識也

齸 摭古遺文

憶 牛憶 親憶

繹 汗簡繹○繹祭之繹 摭古遺文

亦 古老子

液 摭古

易 古通錫或作賜 季娟鼎 焦山鼎 師艅尊 周方鼎 齊侯鎛 齊侯鐘 師泰宮鼎 六書正譌 蔣易之印

弋 陳弋 弋顫

翼 張翼印信 翼穰

遷 摭古遺文

翊 谷口甬 左馮翊丞

璧 語臺銘

甓 義雲切韻甓 汗簡

壁 詛楚文 國山碑 古老子

薜 高青薜 李薜彊印 薜閭昌印

幦 新附 說文髼皮也周禮龍車大幦莫狄切

擘 古孝經

副 副部曲將 張副 魏副 □副私印

惄 公華鐘

璥 說文本如此

極 古老子 芮明極印

郤 六書正譌 六書統 摭古 樂郤胡信 楊郤這 郤葢

狄 狄宣印信 狄禁 狄齊 狄賢

翟 翟竝私印 張翟印

鬲 叔興父簋 帛女鬲 口鬲 敔敦 鬲左尉印 鬲福

酈 酈明 酈令之印

卽 石鼓 頌尊壺 向卽

或 石鼓 捕或私印

䵻 義雲章

德 邿父鐘 繹山碑 古老子 豐德長印 張廣德 王德之印 周德信印 石德之印 王德信印 進德 臧德

得 得鼎 虢叔鐘 謙卦 先塋記 杜得之印 趙得 朱得之印 張得之印 侯得 陳得 獾得 董得印

李得 孫得 淳于成得 中得之印 呂得將 呂得翁叔

勒 石鼓 頌尊壺 頌鼎 師酉鼎 勒山 勒尊

戟 焦山鼎

棘 棘少卿 平棘長印

逆 埽逆將軍司馬 田逆

迪 樊孝迪印

鵙 汗簡

揤 揤裴國尉

域 古老子 汗簡

役 六書正譌 焦役私印

擊 游擊將軍章

劇 三墳記

的 寶的

逖 祖逖

荻 字典引說文萑也爾雅疏荻亦作狄 光遠集綴 六書索隱 荻恭之印

隔 泰山刻石

䰜 汗簡 國山碑

寔 侈耳匾甗 陳寔

黬

緎 光遠集綴 義雲章

蟦 朱育集字

㭁 三墳記 漢印分韻

則 謙卦 古老子 汗簡 則長之印 則臣 則侯 張則私印 田則

惻 義雲章

八緝

習 所習之印

襲 繹山碑 古老子 王襲私印 郭襲印信 郅襲 分韻

計 古老子

拾 徐拾 蕃拾

立 蘇立私印 楊立私印 陳立私印 吳立私印 黃立私印 員立

笠 笠君長印

吸 傳吸

給 魯給 朱育集字○本書作緝誤

汲 汲慶私印

及 仲偁父鼎 碧落碑○葛榮案鄭承規釋文作逮又作建本書兩收之俱誤 繹山碑

九合

㸮 尹卣 六書索隱㸮同 漢印分韻

測 新附 說文淚所至也初側切

摺 汗簡

什 古老子

入 出入大吉 出入大利

邑 白虎邑長 安邑

歙 李歙私印 高歙私印

級 馬級私印

鈒 郭知元字略

默 苗默私印 王默信印 漢印分韻

厠 希裕略古

㒊 新附 說文行皃一曰此與騀同蘇合切

執 石鼓 執金吾左掌記 執金千人 漢印分韻

汁 新附 說文液下之石切

卅 頌尊壺

浥 浥安

翕 程翕私印 文翕私印

伋 離伋私印 東門伋印 焦伋私印 許伋

合 古老子 段合口印

冊 國山碑

㞢 灌山之印

図 新附 說文下取物縮藏之从又从口女洽切

挾 挾留 慶忌

歙 歙姬壺

荅 白荅

洽 茅洽

夾 三公山碑

十葉

緁 趙緁伃印

攝 古老子 先塋記

聶 六書索隱 聶馭

勰 存乂切韻 孫強集字

業 邢業私印 史業私印 陳業私印 李業私印 王業私印

鄴 鄴偃 樂鄴私印 李鄴之印 鄴丞之印 司馬鄴印

捷 張捷私印 向捷之印

讋 郭讋 宋讋

疊 氎通 六書統

俠 劉俠君印 畢俠君印

盍 古老子

沓 趙沓

陜 玉篇亦作狹 古老子

恰 鄭恰

倢 華嶽碑。本書右作疌誤刻

涉 石鼓 謙卦 趙涉人

協 王協嘉印 王協印信

燮 鐘鼎文

接 張接

筆畫索引

五画

七画

八画

九画

【一】

型 一三八
珌 四九八
珂 一〇四
珉 六〇·四一九
珍 五七·四一八
玷 三二二
春 六五·四二〇
奏 三一九·四九三
毒 三二六·四九五
契 二五八
垔 六一·四一九
要 九四·四三一
迺 一八九
酊 二二七
畐 三二七·四九六
羿 三九九
軌 一九二·四六〇
刺 五〇〇
政 三一四·四九二
故 二六六·四七八

胡 四二·四一三
南 一五五·四五一
東 二〇〇
勃 三四〇·四九九
某 二三三
甚 二三五·四七一
巷 三一一·四九一
枼 三八七
封 六·三九九
哉 五〇·四一六
赴 二六六
垚 九七
者 二一九·四六七
壴 二六三·四七八
幸 三四四
郝 四七四
耇 四七七
垓 四九
垠 六三·四二〇
垣 九一·四三〇
城 一三五·四四五
垢 二三三·四七一
垝 四六〇

查 一〇九
柰 二六九·四七九
柱 一八〇·四五七
柆 三八五
柈 七四
柲 四九八
柯 一〇四·四三四
柄 三一二
枯 四三
⿰木去 四七七
枷 四三五
柫 四九九
柩 三一六
枱 二一
柧 四三
柳 二三〇·四七〇
析 三五七
柏 三六三·五〇五
柎 四七九
柞 四八九
柤 一〇九
相 一一五·四三八
柟 一五五

柚 三一五
柙 三八五
柮 四九九
范 二三七·四七二
苾 三三五
苛 一〇五·四三四
苣 一七九
茅 九九·四三二
茗 九三
茄 一一〇
若 一八三·四五八
茀 四九九
苗 九五
英 一三一·四四四
苦 一六〇
首 三五二
苴 四一〇
苑 二〇八·四六四
茂 三一八·四九三
苔 四九
若 三五五·五〇三
苞 九九·四三二
苟 二三三·三七四
芙 四九八

革 三六五·五〇五
廼 三四七
威 五一·四一六
咸 一五七·四五二
厚 二三二·四七一
郁 二三一·四九七
奔 六九·四二一
歪 一一一
虺 一九二
耏 二六九
耐 二六九·四七九
耎 二〇六
面 二九七
頁 三五一
砭 一六一
斫 五〇七
殂 四〇·四一二
殃 一二一
殆 一八九
殄 二〇四
皆 四七·四一五
匽 二〇八·四六四
匧 二九九

郅 三二三·四九八
按 二八七·四八五
持 一八·四〇四
指 一六五·四五三
拱 一六五·四五三
拯 二一八·四六九
拭 三六九
挑 九二
括 三四二
挌 三六五
拾 三八一·五〇九

【丨】

娄 一五
歫 一七九
卣 九三
貞 一三四·四四五
虐 三五三·五〇二
韭 二三一
削 三五四
迴 五二
囿 三一六
恍 四四一
幽 一四四·四四八

峒 三九七
耑 七四
省 三四六
虹 五
虵 五〇七
咳 四九
咬 二一二
咤 二六四
咷 一〇三
哂 一九四
咺 二〇八
咥 二五二
⿰𧾷卜 二六六
品 一九八
咠 三八〇
昭 九六·四三一
昧 二七五
昵 三三五
映 三一二·四九一
昫 四七七
眄 二九七·四八七
⿰目叉 三四二
盱 二五九

毦 三〇二
盼 四二一
則 三八〇·五〇九
罘 一四八
咼 二一九
昷 三三一·四九七
昜 一一三·四三七
是 一六八·四五四
恳 二九二
畀 二一二·四六五
星 一三八·四四七
咠 三四一
昴 二一二
冒 三〇二·四八八
思 一四·四〇三
毘 一九
胃 二七九·四八二
畏 二七八
冑 三一七
胄 三一七·四九三
禺 二六〇
畋 八三
畎 二〇五

県 九三
昃 三七七
旻 三四八

〔丿〕

拜 二七二·四八〇
看 七二
香 一一九·四三九
重 二四二·四七三
臿 三八六
种 七
科 一〇七
秋 一四六·四四九
秔 四四二
郗 三八·四一一
郤 八四
复 三二八
缷 二七六
缸 一二四·四四一
矧 一九四
牭 二四五·四七四
牲 四四三
籽 一六七
追 五五·四一七

畁 二五〇·四七五
泉 八九·四二九
皇 一二五·四四二
禹 一七八·四五六
段 二九〇·四八五
郵 三三九·四九九
帥 三三三
敀 三六三
卽 三七八·五〇八
信 二八二·四八三
便 八八·四二九
佪 二六二·四七八
侯 一四八·四四九
侵 一五〇·四五〇
俌 一八六·四五九
侙 三七九
俠 三八九·五一〇
俜 一三三
保 二一三·四六五
㑭 三七〇
俄 一〇五
俟 一七二
俛 一八五

侮 一八七
係 二五九·四七七
俊 二八三·四八三
俗 三三二·四九八
㑥 四一八
盾 二八四
徠 一九
待 一八九·四五九
很 一九七
衍 二〇六·四六三
律 三三九·四九九
後 二三二·四七一
徇 二八二
逃 一〇三
爰 九〇·四三〇
采 二七六·四八一
叜 三
俎 一八五
徂 四六六
剉 四八九
盆 六九
瓮 二四二
俞 三四·四〇九

弇 二三八
食 三七一·五〇七
郃 三八三
叙 四〇九
風 六·三九九
盈 一三七·四四六
胤 二八一
怱 三
負 二三二·四七一
奂 二八八
皀 三五五
急 三八二
勉 二〇三·四六三
昝 二三六
怨 二九七·四八七
胑 一一
胎 四九
胙 二六四
脉 三六三
胗 一九三
訇 一三二·四四四
郇 六六
敂 三一八·四七一

〔丶〕

施 一二·四〇二
哀 四九
亭 一三九·四四七
音 一五二·四五一
帝 二五五·四七六
彦 二九四·四八七
亮 三一〇·四九一
弈 三七二
奕 三七二
度 二六五·四七八
庢 三三三
庠 四三七
疣 一四一
痈 一六〇
疢 二八三·四八三
郊 九八·四三二
迹 三六九·五〇六
訃 二九九
計 五〇九
恒 一二七·四四二
恃 一六九
恢 五一·四一六

恬 一六二·四五二
恑 一九二
恤 三三九
恪 三五六
恰 三八五·五一〇
恞 二四九
炫 二九五
炬 一七九
炪 四九九
迷 三二·四〇九
送 二四一
迸 三一二
逆 三七五·五〇八
穿 八九·四二九
究 二〇六
宎 二〇九
窆 三二二
突 三四〇·四九九
窀 四二〇
宣 八八·四二九
宥 三一五
室 三三三·四九八
宦 四一九

十画

〔丶〕

十二画

聊　九三
聃　一五五
酗　二六三
副　三七三・五〇七
敔　一七七・四五六
敎　三七〇・五〇五
豉　二四五
欶　三五五
勘　三二〇
勒　三七九・五〇八
乾　八八・四二九
麥　三六三
桼　三三四・四九八
卒　三四一
戜　三三一
尃　四五
專　八九・四二九
軝　一九
斬　四七一
培　五六
埻　一九五
埽　二一四・四六五
堀　三四一

域　三七八・五〇八
埴　三七八
堆　五三
埤　一九
堋　四四三
逵　五六・四一七
赦　三〇八・四九〇
殼　三五六
埶　二五四
執　三八一・五〇九
梳　四五
梓　一六七・四五四
梧　四四
栝　五三
梗　二二四・四六八
桓　三一九
梱　一九七
桍　四五〇
桴　四五・四一四
梅　五四・四一七
梃　四四七
梭　一〇六
彬　五九・四一九

婪　一五五
埜　二一九
梵　三二一
莞　七六・四二四
莘　四一八
莨　四三九
菩　四三
菪　四一九
莖　四四四
莤　三三一・四九七
萋　二七
莑　一六五
莫　三五九・五〇四
荼　四一・四一二
荽　五五
莪　四六六
莠　二二八
莅　二五六
莓　一九〇
荻　五〇八
莊　一一八・四三九
研　八五・四二八
勔　二〇三

爽　二二一
脅　六五
累　三〇三
盇　三一五
真　三七一
奞　五五
匏　九九
瓠　二六五
盛　一三五・四四五
戚　三六八・五〇六
厠　五〇九
雩　三三
雽　四〇九
雪　三四九
區　三五・四一〇
匭　一九二
殹　四〇六
堅　八四・四二八
頃　二二七・四六九
救　三一六
𨾴　三七二
掊　一四九
掠　三五六

接　三八七・五一〇
掖　四九〇
捾　三四二
採　一五五
捲　二〇七
措　二六四
掩　二三八
掛　三〇七
捷　三八八・五一〇
掃　二一四
掘　三三九
掤　四四三
排　四八
掄　六七
推　五六
捼　一〇七
捶　一九一
掾　一八八
授　二三〇・四七〇
捭　一八七
捻　三八九
捨　四九〇
悊　三五一

晢　三五一・五〇二
【丨】
虛　三四・四一〇
虖　四三・四一三
虘　一〇六
處　一八〇・四五七
彪　一四八・四四九
鹵　一八三
𢍐　三一三
逴　三六一
祡　四八
常　一一七・四三九
堂　一二一・四四〇
雀　三五四
圉　一七七・四五六
國　三六六・五〇六
婁　一五〇・四五〇
患　二九一・四八六
匙　一三
過　三七五
崧　七
崇　八・四〇一
崖　四八

崔　五三・四一七
崩　一三三
崟　一五三・四五一
華　三〇七・四八九
崤　九八
崢　一二八
帷　二五
帳　四三九
蚔　一八
蛆　三七
蛇　一〇六・一一二
啞　二一八
啄　三六一
唶　三六六・五〇六
啁　一〇〇
唱　三〇九
㖩　三六八
唫　一五三
唯　一九〇・四六〇
啗　三二一
啖　三二一
唸　三二二
唾　三〇五

十二画

十二画

握 三五三
掾 四八五
禁 二五五

【丨】

髡 六九
駇 二六〇
適 一四四
殖 二九五·四八七
晛 三二二
紫 一六七
恣 三七三·五〇八
胔 二四四
悲 一八
斐 一七二·四五五
棐 一七二
背 一六六·四五四
業 三二四
棠 一二一
掌 二二一·四六七
敞 二二一·四六七
敝 二五〇·四七五
嵐 一五五
嵌 一五八·四五二

剴 四八
凱 一八八
崵 四三七
遄 八六·四二九
過 一〇七·四三四
遇 二六〇·四七七
愊 三二七
帽 三〇一
愉 四〇九
㥚 四八三
幄 三五三
幃 四一七
蚀 六八
蛙 一一二
蛛 三八
蜂 一四九
啼 二七
喧 九〇
喫 三七七
喈 四一五
喟 二八〇
喝 三四一
喉 一四八

喚 二八八
晙 二八三
距 一七九·四五七
跛 二一六
跇 二五四
践 五〇一
嵒 一五七
喦 三八八
單 七九·四二五
罣 二一八·四六七
罕 三二九
㗊 三八一
鄂 三六一·五〇四
晶 一三三
晴 一三四·四四五
睆 一九八
睅 一九八
睊 二九六
貯 一八〇
貼 三八九
貺 三一〇
貽 二一
貴 二七八·四八一

量 一一九
景 二二六·四六九
最 二八〇·四八二
敭 二四七
罦 一四八
買 一八七·四五九
罩 三〇二
罝 四六〇
黑 三六四·五〇五
圍 五五·四一七

【丿】

甥 一三〇
毯 二三六
毳 二八〇·四八二
頊 四九五
喬 九八·四三二
黍 一七九
稂 一二二
稅 四八〇
程 一三六·四四六
稇 一九七
稈 一九八·四六一
稀 二四

犂 二八·四〇八
郵 一四一
剩 三一四·四九二
無 四六·四一四
短 一九九·四六一
智 二四六·四七四
掣 二五四
筐 一二一
等 二二八·四六九
策 三六四
筋 六三
笄 二九·四〇八
筍 一九五
筏 三四四
筆 三三四
衆 二四二·四七三
臮 二四九
舄 三五四·三六七
皐 一〇一
粵 二四八·五〇一
皓 二一二
順 三八四·四八三
鳦 三三七

斞 四五六
焦 九四·四三一
集 三八一
貸 二六七·四七九
傍 四四一
備 二五一·四七五
傳 二六六·四七九
傚 三〇三
傒 三一
傀 五二·四一六
條 一〇三
偺 一四二
傑 三四九·五〇一
傁 二三三
覞 三六三
須 三六·四一〇
徧 二九七
衕 二四二·四七三
循 六六·四二一
遁 二八六
復 三二八·四九六
徦 一〇九

番 七九·四二五
爲 五五·四一七
舜 二八四·四八三
爵 二九〇·四八六
貂 九二
畬 三四
傘 二〇一
翕 三八二·五〇九
逾 三四
舒 三八·四一一
飦 八七
創 一一八·四三九
敘 三八九
殽 九八
鈇 四一四
鈔 一〇〇
鈞 六二
欽 一五三·四五一
釽 三七三
鈕 二三〇·四七〇
鈌 四八〇
鈒 五〇九
象 二二〇·四六七

貿 三一八・四九三
飧 七〇
卿 一三一・四四四
然 八七・四二九
觚 四三
觝 一七九
猵 八三
猶 一四二
猱 一〇四
腑 一八五
腋 三七二
腔 一二〇
腕 二九二
勝 一三四・四四五
滕 一三七・四四六
腊 三六七
腆 二〇四
⿰月留 一九六
脾 四〇四
腏 三四八
〔丶〕
童 一・三九七
衰 一〇二

裒 一四九・四五〇
高 二二五
啻 二四四
廋 一七七
痞 一七一
痛 二四一
就 三一七・四九三
敦 七〇・四二二
孰 三四六
斌 五九
竦 一六四
竢 一七二
詠 三一三・四九一
訶 一〇五・四三四
詁 四五八
詍 二四九
詛 二六四・四七八
詘 三三九・四九九
詗 四四七
詞 二五
詔 三〇〇・四八八
詖 四〇四
詒 二一

詆 一七四
訴 二六四
愜 三九〇
惰 二一七
惲 一九六・四六一
愓 二二三
愒 二五八
惻 五〇九
惇 一三八
愀 二一〇
惱 二一五
勞 一〇四
焱 二三七
焯 三五五・五〇三
甯 三一四・四九二
寒 七一・四二二
富 二六七・四七九
寓 二六〇・四七七
寐 二六〇
寔 三七七・五〇八
寊 九一・二九五
四八七
惪 二〇八

寑 二三四
窒 三一二
窫 三五〇
窖 三〇一
窗 四三九
割 三四二・五〇〇
粢 一五
絭 四八七
孳 一六
尊 七〇・四二二
曾 一四一・四四七
普 一八一・四五七
善 二〇六・四六三
奠 二九四
適 一四七
道 二一五・四六五
遂 二七五・四八一
翔 一一五・四三八
粧 一一八
凓 三三五
馮 七・三九九
四四三
滋 一六・四〇三

湔 八二
游 一四二・四四八
渡 二六五・四七八
湮 六一
湎 二〇四
湖 四二・四一三
⿰氵軌 一九三
湅 二九四
渤 三四〇・四九九
湳 四五一
減 四五二
渚 四六七
湛 二三七・四七二
港 二二三・四六八
渫 三四五
湊 三一九
渾 六八・四二一
湍 七五
温 六九・四二一
湯 一二二・四四〇
渴 三四一・五〇〇
湜 三七七
渭 二七九・四八二

測 五〇九
渺 二一一
消 二二五
湟 四四二
淵 八六・四二九
湩 二四一
渙 二八八・四八五
湫 四四九
湄 五四
湣 一九五
湧 一六五・四五三
渠 三五・四一〇
盜 三〇四
惢 一九一・四六〇
峴 三四九
運 二八五・四八三
棨 一七六・四五六
雇 一八四
扉 四〇七
⿸广夋 二三七
祺 二三
禊 九四
祿 三二六・四九六

裸 二八八
裯 二一四
裋 二六二
補 一八二・四五七
裕 二六〇・四七七
〔乛〕
逮 八二
遐 一〇九
尋 一五〇・四五〇
巽 二八二・四八三
弼 三三四・四九八
費 二五三・四七六
畫 三六五・五〇五
屖 二六
屠 四一・四一三
孱 七八
屟 三九〇
閔 一九五・四六〇
悶 二八六
開 四八・三七四
四一五
閏 二八一
閑 七八・四二五

十三画

〔一〕

十四画

【一】

銓 八八·四二九
銚 九二·四三一
銑 二〇三
銖 四一一
銘 一二九·四四三
鉻 五〇三
銀 六三·四二〇
疑 二〇·四〇五
賓 六四·四二〇
陻 二八一
雒 三五八
奧 三五一
魠 五〇三
膎 四七
膀 一二二
遯 二八六·四八三
鳳 二四一·四七三
𢕌 三一六·四九三
觪 一三四
觫 一四三
獄 三三一·四九七
獄 四〇五
摎 四九三

〔丶〕

齊 二六·四〇七
豪 一〇〇·四三三
旗 二二
膂 一八〇·四五七
遮 一一二
適 三六九·五〇六
敲 九九
塾 三三〇
端 七四·四二三
竭 五〇〇
𡎦 三八二
颯 三八四
辤 二〇三
辣 三四四
韶 九六·四三一
鄭 一一七·四三八
彰 四三八
廓 三六〇·五〇四
麽 二一六
廑 六三
腐 一八六
廐 三一六

廏 四九三
塵 六〇·四一九
廖 九三·四三一
瘕 一一〇
瘍 四三七
瘉 一七七
瘇 一六四·四五三
瘦 三一七·四九三
誌 二九〇
誚 三〇〇
詰 三一二
說 三四九·五〇一
誣 四六
語 一七七
誌 二四四
誡 二七一
誖 三四〇
誎 三二四
誤 四七九
誕 二〇一
誘 二二八
誨 二七六
誥 三〇三·四八八

詐 三〇六
誑 三一〇
誦 二四三
認 四七五
慷 二二三
慳 七八
慢 二九一
慨 二七〇
慘 二三六
熵 二一二
焅 四五二
脊 九三·四三一
榮 一三二·四四四
犖 三五八
熒 四四四
康 一二三
寧 一三三·四四四
蜜 三三五
寡 二一九·四六七
窳 三二二
寨 四八
寋 三八〇
寠 一七九

實 三三三
察 三四四·五〇〇
賓 五九·四一九
寥 九三·四三一
寢 二三四
寤 二六六
寣 四二九
窪 一一二·四三五
剸 一九七
愬 二六四
槷 三五五·五〇三
精 一三三·四四五
粽 二四一
粼 四八三
滷 一八三
漯 三八五
滹 四一三
漁 三二·四〇九
漑 二六九
漏 三一九
漩 八九
滸 一八三
演 二〇六

漉 三二六
滰 四九一
漾 三〇八
滑 六五
漂 九五
漚 一四八·三一八
漙 七五
漱 三一九
漆 三三四·四九八
漸 四七一
滫 二二九
滿 一九九·四六一
滯 二六〇
漢 二八七·四八五
漕 四三三
漠 五〇四
肇 二一〇·四六四
肈 二一〇
禡 三〇五
禠 一四
𥛚 三一八
褌 六八
褚 一八〇·四五七

禱 三三二
褍 四二三

〔乛〕

屢 一七九
盡 一九四·四六〇
劃 三六五
閩 六〇
聞 六七
閥 二七〇
閣 三五七·五〇三
牄 一一五
弊 二二〇
奬 二二〇·四六七
鼓 三三七
頗 一〇八
嫡 三七五
嫩 二八六
嫣 二五三
嫚 二九一
嬒 四七二
膂 三一八
翠 二七六·四八一
翟 三七六·五〇八

十五画

【一】

歐 一四八·二三三
四五〇
毆 二三三
歐 三五
毆 四一〇
賢 八五·四二八
豎 一七九·四五七
遷 一七〇

【丨】

駒 三五
駘 四九·四一五
⿰馬瓜 一一一
駟 二四六·四七四
駐 二六三
駙 二六七·四七九
駔 四一〇
鬀 三三六
髮 三四五·五〇〇
膚 四五
慮 二六三·四七八
劇 三七四·五〇八
勮 四一〇
⿰豦攵 九三
齒 一六六·四五四

⿰角并 二七六
輩 二七四
⿱非巴 四〇七
斷 三六一
輝 五〇·四一六
賞 二二二·四六八
幣 二五〇·四七五
嘶 二七
嘲 一〇〇
嗥 一〇〇
嘖 二八〇
噀 二八二
噈 三二五
噍 三五四
嘰 四〇八
嘮 四三三
罶 三一七
鄲 四二五
剭 二〇八
蝹 二〇八
蜎 二七九
蝶 三八九
蝗 四四二

蝎 五〇〇
幡 七八
幢 一一八
幟 二四四
暯 二八七
暱 三三五
瞋 五七·四一八
賜 二四六·四七四
賦 二六七·四七九
踋 一七
踐 二〇五
踝 二一九
踞 二六一
踧 三二五
踤 三四〇
踣 三七九
瞌 一〇六·四三四
𩥇 五一〇
數 一八七
數 三三四
畱 二三〇
罵 三〇五
罷 四四四

墨 三八〇
摹 三〇三
暴 三〇三
綦 一九一
嶢 九六
遺 二〇·四〇五

【丿】

稽 二九·一七六
四〇八·四五六
稺 二四七·四七四
稼 三〇七
稷 三七八
稻 四六四
黎 二八·四〇八
簪 二八
箭 九二
箴 一五〇
篹 一九五
篆 二〇七
範 二三七
箭 二九八
篙 三三二
箱 四三八

節 三四九·五〇一
箸 三五五
耦 二三三
舒 二四六
靠 三〇二
儀 二〇·四〇五
儇 九〇
儃 一二〇·四四〇
儋 一五七·四五二
儌 二二六
儉 二三九·四七二
億 三七一
僻 三七三
鋚 四四八
詧 八四
⿰月悤 一一八
牖 二二八
皚 四九
魄 三六三
皛 二一二
緜 四二七
樂 三五三·五〇二
槃 二六九

⿱身多 八二
甈 二四八
⿰臬出 三四六
魅 二七五
閶 二三二
譽 四六三
衝 七·四〇〇
徵 一三五·四四五
徹 三五一·五〇二
德 三七九·五〇八
徲 四〇四
慫 四五三
艘 一〇二·四三三
盤 七四·四二三
磐 四二三
質 三三二·四九八
鋒 六
鋙 一七七
銳 二七七
鋝 三五〇
鋏 三八六
鋗 四二九
鋪 四五八

餅 二二五
餌 二四五
餂 三二二
蝕 三七一
餉 三〇九·四九〇
辤 二五·四〇六
號 三六五·五〇五
劍 三二二
頫 一八五
膢 四〇
膰 一三六
滕 一四〇·四四七
膝 三三四
膟 三三九
膘 四三一
膠 四九三
魴 一一四·四三八
鴇 二一四
魯 一八二·四五八
夐 三一三
頟 三六五
獠 二九九
頪 二二五

十六画

盥 二八八
隩 三〇三
縞 四三三
縒 一三
縊 二五三
縫 七
縚 一〇三
險 二三八
繆 三八八

十七画

【一】

環 七六
璱 三三六
璬 五〇八
贅 二七九
覯 三一九
聰 三
聯 八四・四二八
鄹 一四七
豎 二六二
鬴 一八六
醢 一八八
醜 二二九・四七〇
壖 八九
壎 九〇
趨 四〇
趚 八三
幫 一二五
舙 一七一
盩 四七六
戴 二六八・四七九
賫 三三一
螌 五〇七・三七〇
縶 三八一
聲 一三四・四四五
罄 三一二
轂 三二三
歗 六九・四二一
麰 一四九
麯 三三二
韓 七二・四二二
輿 三三・四〇九
擊 三七四・五〇八
輾 二〇六
轄 三四三
轅 九一・四三〇
鞎 七七・四二四
鞠 三三〇・四九七
檀 四六一
檄 四九一
橾 一〇二
櫃 三七八
懋 三一八・四九三
薪 五八
薦 二九三・四八六
薄 三五九・五〇三
薐 四五〇
薑 一二〇・四四〇
薔 一一六
薳 一八九
薙 二七三
薇 二五
懃 二二六・四六九
薊 二五八
薛 五〇〇
蕭 九二・四三〇
嫭 一〇一
薌 一一九
辥 二五〇
豲 四三〇
斢 三五
臧 四九七
曆 三七六
壓 三八六
磽 九九
磻 一〇八
邇 一七〇・四五五
霜 一一七
霝 一三六・四四六
霡 三六三
霞 四六七
鵓 二七
匱 三二五・四九五
臨 一五二・四五〇
翳 四〇六
擯 二八一
擣 二一四・四六五
擥 二三七
擭 五〇五
擬 一七〇
擽 二七二

【丨】

繇 五九
舉 一七八・四五七
虧 五一・四一六
虨 七七
勴 二六三
戲 二五二・四七五
[illegible] 三六〇・五〇四
黹 一七三
齔 一九七
騂 一三四・四四五
駴 一八七
騁 二二七・四六九
駿 二八三・四八三
嶶 三三七・四九九
瞥 三四九
嶷 二〇
嶺 二二七
嶽 三五三・五〇二
嶸 一二七
覬 二五八
懤 一四五
懢 四五二
髁 一九七
骾 二二四
嚌 二五五
嚇 三〇六・四八九
蹃 三八五
蹺 三〇七
蹋 三八五
蹌 一一五
蹊 二五九
蹈 三〇四
蹐 三六九
蹞 八三
雖 五五・四一七
螭 一六
蟦 一九四
螵 九五
螮 二五五
蟈 三七八
瞫 四五一
瞯 七八
瞬 二八四・四八三
瞵 七八・四八三
嬰 一三一・四四四
賺 三二一
賻 四七九
鄉 四九一
翼 二〇五
罾 三七二
罽 二五九
數 二六四
斁 三六一
歜 四九七
點 二三九・四七二
黜 三三九
曈 一九九・四六一

【丿】

矯 二一〇・四六四
矰 四四八
罅 三〇六
繁 七九・四二五
穜 二四二・四七三
穟 二七六
穗 二七六
鍪 九二
黏 一六一
[illegible] 四〇七

十八画

〔一〕

廿画

廿二画

廿三画

鶂 三六五
黴 四〇七
襱 二
鑣 九五
鑢 二六三
餯 三
𩟗 二四四
鱗 六一
鰿 二一七
竈 二七·四〇七
讋 三八八·五一〇
麟 六〇·四一九
癯 三六
攣 七五
欒 七五·四二四
戀 二〇七
變 二九七
孿 四二四
讇 二三八
竊 三五二
躅 四九七
瀨 三七〇
蠡 一四九
鷚 三三六
劙 二九
纓 一三一
纖 一五九
纗 二五九
續 三三二

廿四画

瓛 七五
鬮 三一九
趲 三五二
𧾨 五〇七
韇 三二五
魘 二三八
靈 一三六·四四六
靄 二七〇
蠶 一五六
鹽 一五八
攬 二三七
齵 一七九
驟 三一七
鹼 四九四
蹮 八一
鷺 二六五
蠵 三一
巘 二三八
鷊 二九·四〇八
𦌾 二五一
邋 八二
齅 三一六
雥 三八四
衢 三六
鑪 四二
糴 二八八
鸒 三六〇
鱣 八七
鱢 一〇二
鱷 一三一
鸛 八七·四二九
贛 二四二·四七三
鷹 一三一·四四四
櫝 二五三
讕 七八
讓 三一〇·四九一
讖 四五二
灝 二一三
櫸 二九一
孄 二〇一
鸙 三二五·四九五
盧 三七四

廿五画

釂 三〇〇
觀 二八八·四八五
䨲 一五九
鬣 三八九
顱 四二
鬻 三四三
𪉩 五〇七
鼉 一〇六·四三四
鬵 二八四·四八三
顲 二九五
驓 四八一
邍 四二七
纚 七八
蠭 四六三
貛 七三
鱮 一八一·四五七
蠻 七八·四二五
纘 二〇七
讙 七三·四二三
讘 三八八
闟 三五三
斸 三二九
糶 二九九·四八七

廿六画

鬭 一四九
釃 一七三·四五五
虉 八二
顬 四四六
醫 二四二
驢 四〇
躧 一七四
雙 三五七·五〇三
纂 四八五
饞 一五七
饟 三〇九
鑷 三八八
韄 三六五

廿七画

飌 六
釅 三二二
趯 三五六
酈 四五五
驤 一一五·四三八
驧 四九七
黷 三二六
鸛 四九七
𧰼 六六
鑾 七五·四二四
讜 四六八
顴 一四七
闤 七八

廿八画

驩 七三·四二三
豔 三二二
鑿 三五四·五〇二
黸 四二
鬱 三三九
雧 三八一
饡 四八六

廿九画

鬱 三二九·四九九
灩 三九九
驪 二八
鸜 三六
灪 二五一
戇 三一一
爨 二八九

卅画以上

鸝 二八
鸞 七五
鱺 二九
鬻 三三一
𩱧 三五三
靐 五三
籲 二六一
龖 三九八
麤 四四
鱻 八一·四二七
灪 五〇一
𩏪 七四
𧮫 三八八

圖書在版編目（CIP）數據

訂正六書通 / (明) 閔齊伋輯 ; (清) 畢弘述纂訂.
上海 : 上海書店出版社, 2024.11. -- ISBN 978-7-5458-2398-1

Ⅰ. H122

中國國家版本館CIP數據核字第2024PQ9128號

責任編輯 章玲雲 何人越

封面設計 汪 昊

訂正六書通

(明) 閔齊伋 輯 (清) 畢弘述 纂訂

出 版 上海书店出版社
（201101 上海市闵行区号景路159弄C座）
發 行 上海人民出版社发行中心
印 刷 上海新華印刷有限公司
開 本 889×1194 1/16
印 張 35.5
版 次 2024年11月第1版
印 次 2024年11月第1次印刷
ISBN 978-7-5458-2398-1/H.41
定 價 168.00元